F.A Witz

Versuch einer Geschichte der theatralischen Vorstellungen in Augsburg

von den frühesten Zeiten bis 1876

F.A Witz

Versuch einer Geschichte der theatralischen Vorstellungen in Augsburg
von den frühesten Zeiten bis 1876

ISBN/EAN: 9783743610606

Hergestellt in Europa, USA, Kanada, Australien, Japan

Cover: Foto ©ninafisch / pixelio.de

F.A Witz

Versuch einer Geschichte der theatralischen Vorstellungen in Augsburg

Versuch einer Geschichte

der

theatralischen Vorstellungen

in

Augsburg.

Von den frühesten Zeiten bis 1876

von

F. A. Witz.

Mit einer Abbildung.

Als Jubiläumsgabe

für den 100sten Gedächtnißtag der Eröffnung

des Stadt-Theaters am Lauterlech

16. Oktober 1776.

Motto:

Die historische Darstellung ist, wie die künstlerische, Nachahmung der Natur. Die Grundlage von beiden ist das Erkennen der wahren Gestalt, das Herausfinden des Nothwendigen, das Absondern des Zufälligen.

W. v. Humboldt.

Vorwort.

Versuch einer Geschichte der theatralischen Vorstellungen in Augsburg habe ich das Buch genannt und wahrlich nachdem es nun fertig, fühle ich leider nur zu gut, wie schwach dieser Versuch ausgefallen, denn ein Buch, das sich auf so lückenhafte Quellen stützt, wie die hier dafür vorhandenen, kann nicht auf den Namen einer Geschichte Anspruch machen.

So schmeichelhafte Aufmunterungen zur Herausgabe mir aber auch von Manchen zu Theil wurden, denen ich meinen Versuch zur Durchsicht unterbreitet, so schnell war meine Autor-Eitelkeit entmuthigt, als mich ein sehr gebildeter Mann, dem ich die Mühe auseinandersetzte, die mich das Sammeln der vielen kleinen zerstreuten Notizen zu einem Ganzen kostete, achselzuckend fragte: „aber wozu soll das nützen?"

Der Mann kann recht haben! Nützen wird das Buch wohl Niemanden, aber eine Annehmlichkeit wird es wenigstens jenen Wenigen bieten, die so viel Interesse für die früheren Vorgänge an unserer Bühne haben, auch einmal wissen zu wollen, wann Der oder Die hier angestellt war, und unter welchem Direktor? in welchem Jahre dies und jenes Stück oder Oper hier zuerst gegeben worden? u. s. w.

Wie oft wurde ich bei entstandenem Streit darüber oder gar bei Wetten als Schiedsrichter aufgerufen!

Wie ich aber überhaupt auf den Gedanken gekommen bin, das Buch zu schreiben? Dies zu erzählen glaube ich zur Entschuldigung meines Wagnisses schuldig zu sein.

Den ersten Gedanken daran erregte in mir die Herausgabe der Geschichte des Würzburger Theaters von W. Dennerlein, Senior dieser Bühne. Groß 8°. Selbstverlag 1853. — Doch gab ich im Drange meiner damals vielseitigen Beschäftigung den Gedanken bald wieder auf. — Als aber auch der Jubilar der Nürnberger Bühne J. E. Hysel — „das Theater in Nürnberg von 1612 bis 1863 „nebst einem Anhange über das Theater in Fürth, „Gr. 8°. Selbstverlag 1863" — herausgab, da setzte sich der Vorsatz definitiv in mir fest, auch eine solche Geschichte des **Augsburger** Theaters zu schreiben; denn in dem gleichen Falle mit den beiden Herausgebern als langjähriges Mitglied ein und derselben Bühne — sogar im gleichen Fache — glaubte ich mir wenigstens eben so viel Befähigung dazu zutrauen zu dürfen und an Muth und Ausdauer in Ausführung eines einmal festgefaßten Entschlusses hat es mir ja nie gefehlt. — Ich hatte damals noch keine andere Quelle in Händen, als ein kleines handschriftliches Büchlein, das mir in den 30ger Jahren ein nahezu 80jähriger Mann schenkte. (S. Fischer im Register.) Dieses Büchlein enthält genaue Verzeichnisse sämmtlicher Theater=Direktoren und ihrer Ge=

sellschaften von 1769 an bis 1825, von wo an ich selbst diese Listen fortsetzen konnte. — An der Richtigkeit der Angaben dieses Tagebuchs darf ich um so weniger zweifeln, als mir erstens die pedantische Pünktlichkeit des alten Mannes noch persönlich bekannt ist und ich zweitens beim Vergleiche mehrerer älterer Theater = Zettel, die ich aus dem Nachlasse des lang= jährigen Büffet = Pächters Königsberger erworben, alle dortigen Angaben bestätigt fand. Nur mit der Schreibart der Namen nimmt es mein Gewährsmann nicht genau, eine Kalamität, die der Zuverlässigkeit des Buches manchen Eintrag thut.

Unter den weiteren Quellen desselben glaube ich ver= pflichtet zu sein, hier meinen Dank besonders für die Er= laubniß zur Durchsicht für folgende drei aussprechen zu müssen.

Erstens für die 25 Jahrgänge des Gothaer Theater= kalender — im letzten Viertel des vorigen Jahrhunderts erschienen — die mir 1870 der sehr geehrte Herr Direktor der hiesigen Handelsschule Welsrum, damals in Gotha lebend, aus der dortigen Staats = Bibliothek verschaffte. So nützlich die daraus entnommenen Notizen auch dem Buche waren, für das ich namentlich alle biographischen Aufzeichnungen entlehnte, so traurig war mir die daraus geschöpfte Ueber= zeugung, um wie viel Augsburg besonders damals gegen das übrige Deutschland in seinen Bühnen = Zuständen zurück war.

Zweitens verdanke ich nächst der Bereitwilligkeit, mit der der verstorbene Herr Stadt = Bibliothekar und Gym= nasial = Professor Conr. Greiff Alles hervorsuchte, was er meinem Zwecke förderlich glaubte, ganz besonders dessen Bruder Herrn Lektor Ludwig Greiff die Mittheilung von alten Handschriften, die sehr Vieles über das hiesige Theater ent=

halten, was werth ist, der Vergessenheit entzogen zu werden, und worauf ich bei Erwähnung der Ereignisse stets hinweisen werde.

Drittens endlich und ganz besonders fühle ich mich verpflichtet, hier öffentlich meinen innigsten Dank auszusprechen für die vertrauensvolle Güte mit der mir Herr Bürgermeister Fischer im Frühjahre 1869 die Einsicht in die Theaterakten der städtischen Registratur und des Stadt=Archives gestattete.

Auffallender Weise gehen die ersteren nur bis 1828 zurück, und Früheres im Stadt=Archive selbst ist sehr lückenhaft, da für manche Perioden gar nichts aufzufinden ist. — Zwar enthalten alle nur die Verträge mit den jeweiligen Direktoren, kleine Streitsachen und die Belege für die dem Theater auf=erlegten Lasten und der spät erst gewährten Zuschüsse. Aber schon diese von den schweren Abgaben an die Armenkasse, die noch bis 1834 entrichtet werden mußten, bis zu der jetzigen Höhe der Zuschüsse heranwachsen zu sehen, sowie die Rechnungen über die auf Verbesserung des inneren und äußeren Theaters verwendeten Summen ist interessant genug.

Um nun also meinen festgefaßten Entschluß, diese Ge=schichte zu schreiben, zur Ausführung zu bringen, benützte ich die mir ohnehin spärlich gegönnten Mußestunden mehrerer Jahre, um alle vorhandenen Chroniken und Geschichten von Augsburg durchzulesen, mochten es noch so viele dicke Bände sein. — Ein unendlich mühevolles und doch wenig lohnendes Geschäft, denn die Klagen über die stetige Theilnahmslosigkeit an den Interessen des hiesigen Theaters finden auch darin eine Bestätigung, daß die besten Geschichtschreiber der Stadt aus älterer und neuerer Zeit das Theater nie einer Erwäh=nung gewürdigt haben und nur erst der jüngste — Gull=mann — enthält etwas Weniges.

Ich wollte anfangs das ganze Verzeichniß aller der durchgearbeiteten Werke hier abdrucken lassen, aber es würde wirklich zu lang geworden sein, ich habe mich daher begnügt, bei dem Wenigen, was ich daraus entlehnte, die Quellen an der betreffenden Stelle zu nennen.

Demnächst glaube ich auch über die Einrichtung des Buches einige Erläuterung geben zu sollen:

Was unwesentlich für die hiesige Geschichte, doch oft nicht uninteressant für manchen Leser sein kann, habe ich dem alphabetischen Verzeichnisse einverleibt, wo man namentlich die citirten Quellen, Schriftsteller und ihre Werke, aus denen etwas aufgenommen worden, alle biographischen Notizen der hier angestellten Schauspieler, Zusätze und Erläuterungen aus der deutschen Theatergeschichte u. s. w. findet; es ist daher wünschenswerth, daß der Leser auch dieses wenigstens durchblättere.

Ueberhaupt aber haben mich die Theatergeschichten von Nürnberg und Würzburg gelehrt, daß ein solches Register, das bei jenen mangelt, für den Werth des Buches fast allein maßgebend ist, denn wie oft mußte ich das schon öfter Gelesene noch einmal durchblättern, um den Namen eines Direktors oder eines Mitgliedes wiederzufinden, den ich eben wissen wollte.

Obgleich mir nun allerdings dieses Namens-Verzeichniß fast mehr Mühe machte, als das Buch selbst, und dasselbe durch seinen Umfang sehr vertheuerte, mochte ich es doch nicht ohne dasselbe herausgeben.

Auch noch eine andere Entschuldigung glaube ich hier beifügen zu müssen. Der wissenschaftlich Gebildete wird vielleicht die eingestreuten längeren Erklärungen mancher Dinge überflüßig finden. Aber man möge stets bedenken, daß der bei weitem größte Theil des Lese = Publikums mit der deutschen Kunst = Geschichte doch nicht so vertraut ist, die ungeheuren Lücken — oft von vielen Jahrzehnten — zwischen den einzelnen aufgefundenen Daten über das hiesige Theater selbst ausfüllen zu können. — Ich mußte demnach die allgemeine deutsche Theatergeschichte zu Hilfe nehmen, mußte mich länger bei der Erzählung aufhalten, was anderswo geschah, um einen Anknüpfungspunkt, gewissermaßen einen Ursprung unserer hiesigen Ereignisse zu haben.

Und nun zum Schluß noch an alle gütigen Leser dieses Buches die dringende Bitte: Wenn Jemand hieher bezügliches Material in Händen haben sollte, den Herausgeber dadurch auf's höchste zu verbinden, daß er ihm dasselbe auf kurze Zeit zur Einsicht anvertraut, oder gütige Bemerkungen und Rügen von Mängeln durch Stadtpost = Briefe zukommen läßt, nicht durch Briefkasten = Artikel, die alle zu lesen ich leider häufig keine Zeit habe; denn wenn je das Buch so viel Anklang bei dem theaterliebenden Theile des Publikums finden würde, daß sich eine zweite Auflage verlohnte, könnten Berichtigungen und wichtige Zusätze nur erwünscht sein.

F. A. Witz.

Es ist wohl kaum einem Zweifel unterworfen, daß die Römer als leidenschaftliche Freunde von Schauspielen in ihrer großen Kolonie Augusta auch ein Theater gehabt, das ja selbst in minder bedeutenden Ansiedelungen nicht fehlte. — Wagenseil sagt zwar: „Daß seine „Spuren ganz verschwunden sind, mag wohl daher kommen, weil „die Gebäude bei dem Mangel natürlicher Steine in unserer Gegend „aus Backsteinen aufgeführt waren, die dem Untergange mehr „als jene ausgesetzt sind."

Dem möchte ich jedoch entgegensetzen, daß die noch jetzt vorhandenen zahlreichen und wohlerhaltenen Reste römischer Backstein-Bauten gerade einen glänzenden Beweis ihrer Dauerhaftigkeit geben.

Natürlicher ist es anzunehmen, daß bei den Einfällen der Gothen, Sueven und Alemanen zu Ende des 4. und Anfang des 5. Jahrhunderts die ganze römische Kolonie mit furchtbarer Wuth geplündert, und zum Steinhausen gemacht wurde, wobei mit der ganzen Pracht derselben, in der sie seit 500 Jahren glänzte, auch das Amphitheater verschwand.

Markus Welser bestimmt zwar — um das Jahr 1594 — sogar den Platz, wo das Theater gestanden hat und setzt es in die Gegend des Stiftsgartens von St. Stephan, in welchem er Spuren eines römischen Bades gefunden haben will, und daraus schließt, daß in dessen Nähe das Theater gewesen sein müsse. Allein vor wenigen Jahren noch wurden auch bei einem Baue im Hofe des Hauses von Herrn Maurermeister Treu Spuren eines römischen Bades gefunden, und da bei den Römern fast jeder Wohlhabende sein eigenes Bad hatte, so möchte daraus kein Schluß für die Nähe eines Theaters zu ziehen sein. — Noch ältere Schriftsteller behaupten,

Bischof Zayso — 687 bis 708 — habe das römische Theater — Andere sagen das Kapitol — in die Domkirche verwandelt. So unbestimmt — und gleichgiltig — dies aber auch für uns sein mag, so viel ist gewiß, daß mit der antiken Welt, mit der heidnischen Religion, auch die antike Kunst im Sturme der Zeiten untergegangen und erst an der Hand der christlichen Religion zu neuem schönerem Leben erstand.

Für diese ersten Jahrhunderte der Finsterniß nun, über die fast alle Quellen versiecht sind, war ich genöthigt, um des Zusammenhanges willen für Solche, die damit gar nicht vertraut sind, die Lücke mit der allgemeinen deutschen Theater-Geschichte auszufüllen, an die ich dann die ersten dürftigen Nachrichten über hiesige theatralische Schaustellungen anknüpfen konnte.

Bei allen Völkern des Alterthums leiten sich Beginn und Fortgang der theatralischen Vorstellungen von ihren religiösen oder kriegerischen Festen her, wobei man das Andenken gewisser Begebenheiten, die einem Volke wichtig waren, auf eine feierliche Weise erhalten wollte. Fast alle hatten ihre Mysterien, einen geheimen Gottesdienst, wobei die Schicksale ihrer Götter und Helden dramatisch vorgestellt wurden. — Anfangs blos Mummerei mit Gesang und Tanz, dann Reden eines Einzelnen, und zuletzt der theatralische Dialog. — Der Kirchenvater Chrisostomus mahnte zwar in den ersten christlichen Zeiten von dem Besuche der römischen Schauspiele ab, weil er dieselben als eine Art Götzendienst ansah, da sie von der ethischen Stellung, zu welcher im schönen Hellas die tragische Muse des Sophokles sie erhoben, in Rom zu einer Pflanzstätte der Sittenlosigkeit und Brutalität herabgesunken waren.

Doch schon vom 12. Jahrhundert an waren scenische Verherrlichungen eines Heiligen- oder Märtyrer-Festes auch in den christlichen Klöstern Italiens, Frankreichs und Spaniens im Gebrauche, und wurden auch da Mysterien genannt. Die Geistlichkeit ging nemlich darauf aus, sobald sie einsah, daß der Hang

des Volkes zu theatralischen Vorstellungen schlechterdings nicht zu
unterdrücken sei, dem Schauspielwesen das heidnische Kleid auszu-
ziehen und es in christliche Gewänder zu hüllen. — Dies gelang
und die Verchristlichung des Theaters wurde ein sehr brauchbares
Mittel, die Popularität des Christenthums zu erhöhen. — Die
christliche Kirche selbst war es daher, von der frühzeitig Ceremonien
und Vorträge in mimische Aufführungen und sinnliche Begehungen
übergingen, und es ist nichts gewisser, als daß die ersten deutschen
Schauspielhäuser Kirchen und Klöster, die ersten Schauspieler
Geistliche und die ersten Gegenstände des Drama biblische Stoffe
waren. — So ist denn der Anfang unsers Dramas ein religiöser,
so wie der Natur des Stoffes gemäß ein tragischer, gleichwie das
Lustspiel später aus den bänkelsängerischen Umgängen mit Bildern und
den auf den Märkten gesungenen und erklärten Balladen hervorging.

Als sich aber in diese Schauspiele im 13. und 14. Jahrhunderte
auch das komische Element durch Einflechtung lächerlich muthwilliger
Scenen eindrängte, und außerhalb der Kirche Gelage, Musik, Tanz
und Maskeraden damit verbunden wurden, verbannten sie zahlreiche
Verbote von Provincial-Synoden, einzelne Bischöfe und
endlich auch ein Konsilium zu Ende des 15. Jahrhunderts wenigstens
aus den Kirchen.

Die Schauspiele mit ihren Vermummungen und ärgerlichen
Possen wurden jetzt in's Freie verlegt, die lateinische Sprache
fiel weg, wodurch sie nur um so volksthümlicher wurden und so
haben sie sich an einzelnen Orten in Süddeutschland bis heute erhalten.
(Tirol, Ober-Ammergau.)

Ob solche Mysterien auch in hiesigen Klöstern stattgefunden,
ist mir nicht bekannt; dennoch sind es Geistliche auch hier, bei deren
kirchlichen Festen der Pflege der Musik, und bei deren Gastmälern
theatralischer Vorstellungen Erwähnung gethan wird. Bischof
Adalbero (887 bis 909) war selbst ein vortrefflicher Musiker und
der heilige Ulrich ließ sowohl bei kirchlichen Festen eigens für
diesen Tag passende Gesänge aufführen, als auch seine Gäste bei
Tische durch eine vollständige (?) Musik aufheitern. (Placidus Braun.)

Was aber auch bis dahin für Kunst und Wissenschaft geschehen
sein mochte, das wurde durch die öfteren Einfälle der wilden und
rohen Hunnen — 955 — wieder zerstört und ging entweder
in Feuer auf oder wurde die Beute der rohen Horden. Später
während der Streitigkeiten zwischen den Bischöfen Siegfried

1*

und Wigold — 1088 bis 1090 — ließen die Domherren in zuchtlosem Wohlleben ihre kirchlichen Verrichtungen durch Stellvertreter abthun, um sich mit dem Becher, **Theater** und anderen Lustbarkeiten zu beschäftigen. (Braun.) Noch später — 1160 bis 81 — lag während des Schisma zwischen Pabst Urban II. und Alexander III. mit der Kirchendisciplin auch die Wissenschaft derart im Argen, daß die Wenigen, die noch Liebe dafür hatten, ihre Bildung auf französischen und italienischen Schulen holen mußten.

„Das glückliche Band eines gemeinschaftlichen Lebens der „Kanoniker zerriß; in dem gemeinschaftlichen Haus schlief Niemand „mehr und in dem Speisesaale wurde nur bei Gelegenheit **theatralischer** „Spiele zusammengespeist."

Zwar fanden in den Klosterschulen erweislich theatralische Spiele von den Schülern gerade um diese Zeit statt, wofür wir einen Be= weis haben. Der berühmte Gerhoh — 1119 bis 24 — Scholastiker an hiesiger Ulrichsschule klagt sich in seinen späteren Jahren, wo er sich im Kloster Raitenbuch einem ascetischen Leben hingab, selbst an, daß er „als Vorstand dieser Schule und Lehrer der „Jugend **theatralische Spiele** angeordnet, und überhaupt der Jugend „einen großen Spielraum zu Thorheiten gelassen habe." (S. Prof. J. Hans.) Der Zweck dieser Schule war indeß nur, junge Geistliche zu bilden und diese Schulspiele zur Uebung in der lateinischen Sprache gedichtet; um diese aber zu verstehen, war nach der allgemeinen Klage geistlicher und weltlicher Behörden mit seltener Ausnahme die Geistlichkeit zu unwissend. (Braun.) Welcher Art mögen also jene Spiele bei Gelagen gewesen sein, um diese Epikuräer anzuziehen?

Und doch fallen gerade in diese Zeit wissenschaftlicher Ver= wilderung die ersten Anfänge deutscher weltlicher Dichtkunst, die sich rühmt nach Griechenland und Rom von allen Nationen Europa's das älteste Schauspiel zu haben, und setzt die ersten Anfänge theatralischer Vorstellungen schon in die Zeit der Karo= linger — 752 bis 987 — an deren Hofe deutsche Komödien in niedersächsischer Mundart gegeben worden sein sollen. Man beweist dies mit einem noch vorhandenen Verbot derselben: „daß Niemand „dabei Priester=, Mönchs=, Nonnen= oder andere dem geist= „lichen Stande ähnliche Kleidung anziehen solle — bei Ausweisung."

Eine gelehrte Nonne **Roswitha** hatte auch schon um 980 in der Mark Brandenburg sechs geistliche Schauspiele — lateinische

Dialoge — gedichtet, um damit den frivolen Terenz aus den Klöstern zu verbannen.

Die Kreuzzüge, welche zuerst die Deutschen andere Länder und Menschen kennen lehrten, sonst das Verderben von Europa, erzeugten in Deutschland eine neue schöne Literatur und hatten auf die Sprache den günstigsten Einfluß. — Ritterliche Abenteuer, heilige Schwärmerei und der daraus entstandene Geist der Galanterie erhitzten die Gemüther zu einer neuen Denkungsart, und schufen neue Sitten. Neben den fast gleichzeitigen französischen Troubadour's mit ihren Jongleurs und Minstrels erwachte unter dem Schutze der Kaiser aus dem schwäbischen Stamme — 1152 bis 1254 — den sie deutschen Dichtern angedeihen ließen, der Lebensfrühling der deutschen Poesie, die erste klassische Periode unserer Literatur, das Jahrhundert der

„Minnesänger,"

die ritterlichen Standes, als Edle und Fürsten geboren, und deren Kunst eine höfische war.

Melodischer und klangreicher ist vielleicht kaum jemals in irgend einer Sprache gedichtet und gesungen worden, als im Anfange des 13. Jahrhunderts in Deutschland, als in dem Minnesänger-Saale zu Wartburg, wo den süßen Liedern Wolfram's von Eschenbach, Walther's von der Vogelweide, und Anderer die wunderbare Königs-Tochter Elisabeth gelauscht hat, deren Herz durch diese melodischen Klänge irdischer früh hinaufgezogen wurde zu himmlischer Minne, und deren Leben ein kurzer Leidenstraum war von tiefem irdischen Leid und hoher göttlicher Freude.

Hatte jedoch schon im 13. Jahrhundert die Literatur durch die Aufhebung des gemeinsamen Lebens bei den Stiften nicht wenig verloren, so wurde durch das immer weiter greifende Faustrecht, welches das 14., 15. und einen Theil des 16. Jahrhunderts erfüllte, und durch den wilden blutigen Befehdungs-Geist die literarische Thätigkeit ganz und gar verdrängt und Roheit und Unwissenheit trat an ihre Stelle. — Der Sinn für den zarteren Minnegesang erlosch wieder, und wie die französische Literatur-Geschichte die Anfänge ihres Drama's mit den Troubadours beginnt — 1250 — so mögen auch bei uns aus den fahrenden Sängern des 13. Jahrhunderts Possenreißer, Gaukler oder eine Art von Komödianten geworden sein, die im Lande umherzogen, doch aber immer noch zu großen Festlichkeiten bei fürstlichen Vermählungen gesucht, verschrieben, und mit Zehrpfennigen abgelohnt wurden.

Auch hier wurden solche Zehrpfennige an reisende Sänger — Joculatores — gereicht; ein Name der wohl den französischen Jongleurs nachgebildet ist, die auch im Lande umherzogen, um die Gesänge der Troubadours vorzutragen. Stetten, d. jüng. fand in den alten Baurechnungen:

„Duobus histrionibus missis civibus de nuptiis ducis Karin-„thiae... V ₰ Haller 1327. (Zweien Komödianten, welche den „Bürgern von der Hochzeit des Herzogs von Kärnthen zugeschickt „wurden.)"

„Item Joculatoribus domini imperatoris de nuptiis ducis „Rudolphi 5 ₰ Haller 1329. („Desgleichen den Komödianten „des Kaisers, die von der Hochzeit des Herzog's Rudolph kamen.")

„Endlich 1330 uni Joculatori, quem dux Karinthiae misit „civibus de quibusdam nuptiis. M. ₰ (Einem Komödianten, „den der Herzog von Kärnthen den Bürgern von irgend einer „Hochzeit schickte.)"

Während aber diese nur vereinzelt wanderten, die Ritter ihre Zeit in nutzlosen Einzelkämpfen vergeudeten, Raufspiele — Turniere — die einzigen Vergnügungen waren, und Gelehrte ihr Latein und Griechisch ganz vernachlässigten, waren es gewöhnliche Handwerksleute, Sänger welche zugleich Dichter waren, die aus Liebe zum Singen und Dichten sich in eine „freie Gesellschaft" begaben, nach festen Gesetzen in geordneten Vereinen an ständigen Wohnsitzen ihre heitere Kunst übten, sich

Meistersänger

nannten, und in ihren Nebenstunden das deutsche Lied pflegten. Wenn man die spätern Meistersänger hört, so waren Moses, Salomo und David von ihrer Zunft. Sie betrachteten sich als die Erben der ersten Einrichtungen, Privilegien und Freiheiten, die Dichtern und (Minne?-) Sängern von Kaiser Otto dem Großen 936 und 973, sowie von Papst Leo VIII. 963 gewährt wurden, und welche überdem das frühere Dasein des deutschen Minnegesanges beweisen, und die gewöhnliche Annahme widerlegen, daß er eine Nachahmung der Troubadours sei.

Als ersten Lehrer des Liedes in deutscher Zunge verehrten sie den **Heinrich v. Meißen**, der von dem Inhalte seiner Lieder den Beinamen „Frauenlob" erhielt; er war noch einer der letzten

Minnesänger, aber wie die meisten derselben kein Ritter mehr, sondern ein fahrender Sänger mittleren Standes, der mit einem andern Nachkommen derselben, **Konrad von Würzburg** die erste Meistersänger-Schule zu **Mainz** gegründet haben soll. Eine Art hoher Schule, wo ihre Freiheiten und Ordnungen verwahrt wurden. Von dort aus bildeten sich Pflanzschulen theils unter den Meistern einzelner Gewerke, wie der **Schuhmacher** von **Kolmar**, der **Weber** zu **Ulm**, theils aus verschiedenen Handwerken zu **Nürnberg**, dem deutschen Venedig der damaligen Zeiten, wo sich die Sänger auch zuerst auf dramatische Poesie legten; wie denn diese Stadt im 16. Jahrhundert überhaupt nächst **München** der Mittelpunkt deutscher Musik war, obgleich bereits auch hier im 15. Jahrhunderte Kanzionen und Motetten waren gedruckt worden. — Fernere Schulen bildeten sich zu **Straßburg**, **Memmingen** und hier in **Augsburg**, wo schon 1449 eine Singschule bestand, denn in Voigts Wiederbelebung klassischer Literatur steht ein Gesang aus diesem Jahre von **Ulrich Wiest**, Augsburger „Meistersinger."

„Zu Anfange des 16. Jahrhunderts" — ich folge hier ganz der Abhandlung von Dr. Beyschlag — „waren sie hier zu einer „ordentlichen Zunft vereinigt, die gewöhnlich über 100 Mitglieder „zählte. — Stets wurden diese Schulen — Produktionen — an „Sonn- und Festtagen gehalten. Ihre Vorsteher waren: der „**Büchsenmeister**, Kassier — der **Schlüsselmeister**, Verwalter des „größtentheils sehr bescheidenen Vereinsvermögens — und der **Merk-** „**meister** zur Beachtung guter Zucht und Ordnung. Neben ihm standen „die **Merker** zur Beurtheilung der Kunst und zur Zutheilung der „„**Gewunner**" — Gewinnste — die in goldenen **Kronen** bestanden. „Die Meister sangen nach besonderen Weisen, die man Ton nannte, „und die theils nach ihrem Erfinder, theils nach der Stimmung des „Inhalts oft possirliche Benennungen führten, z. B. die überkurz „Abendroth-Weis, die Weber-Krätzenweis — Weberkorb — der „Frauenlobs Leibton u. s. w. — Der Inbegriff aller Töne, „deren es überhaupt 100 gab, hieß die **Tabulatur**. — Während sie „sangen, wurde ihnen vom **Kronenmeister** eine vergoldete Kette „mit verschiedenen Schilden um den Hals gehängt. — Doch leider „gedieh die schöne Blüthe des Minnegesangs im alten Meister- „gesange zu keiner vollkommenen Frucht und nur Wenige ver- „dienen außer **Hans Sachs** genannt zu werden, so daß ihre Gesänge

„überhaupt gar nicht von p o e t i s c h e r Seite betrachtet werden
„dürfen, da sie eher den äußersten Verfall der Minnesänger-Lyrik
„bezeichnen, wo man statt dem S t o f f e jetzt mit der F o r m Alles zu
„haben glaubte. Es wird, wie ich glaube, entschuldigt werden,
„wenn ich hier die zwei berühmtesten Meistersänger aus Augsburg
„nenne, unter denen die Schule ihre Glanzperiode hatte. — Der
„erste war **Hans Spreng**, Präzeptor bei St. Anna, der seiner Lieder-
„kunst den Anstrich gelehrter Bildung geben wollte, selbst die Iliade,
„die Aeneide und viele andere Gesänge der Griechen und Römer in
„Meisterlieder übersetzte, und deßhalb Hans Sachs gleichgestellt wurde,
„hinter dem er jedoch weit zurückbleibt. — Der zweite aber —
„**Onoferus Schwarzenbach** — war ein Dichter, auf den die Schule
„wegen seiner natürlichen Gemüthlichkeit stolz sein konnte. Von der
„Zeit dieser Sänger sind noch viele Gesänge auf hiesiger Stadt-
„Bibliothek in einem Buche gesammelt, das den Titel führt:

„„Hoch Teutsche Maister-Gesäng, Aus Hailliger Göttlicher
„„schrifft gezogen, Auch etlicher wunderbarlicher Historien und
„„Stampeneyen (?), Aus den Philosophi durch Johann Sachs
„„und Johann Springen, Auch etlicher Gedicht Onosseri Schwarzen-
„„bach In der zwelff alten und sonst mancherlei Maistergethon,
„„Ganz lustig und kurzweillig hier Innen verfaßt. 1565.""

„So gewaltig oft darin der Künstlerstolz anklingt, der die
„bürgerlichen Sänger bewegte, so entspricht doch der Werth der
„Lieder ihrer eigenen hohen Meinung nicht. Wenn wir uns auch
„oft bei ihrem kleingroßen Treiben des Lächelns kaum enthalten
„können, so darf man ihren Liedern doch das Gepräge liebenswürdiger
„Biederkeit nicht absprechen, wie sie dem Deutschen, und vor Allen
„dem Schwaben eigen ist. Ihre Verse erinnern dann an die Zart-
„heit und Lieblichkeit der alten schwäbischen Minne und der Meister-
„gesang dürfte kaum an einem andern Orte so gemüthreich an-
„geschlagen haben, wie in hiesiger Stadt!"

Auch ein **Daniel Steichele**, Weber von hier, hat um dieselbe
Zeit viele geistliche Lieder verfaßt.

Wenn nun auch in dem Dunkel des 13. und 14. Jahrhunderts
der Schleier über noch manch' Anderem, Besseren liegt, so viel ist
doch gewiß, daß hier wie überall in dieser Zeit schon **wandernde
Gesellschaften**, ähnlich dem lustigen Gefolge, das den Thespis-
Karren umgab, von Dorf zu Dorf und Stadt zu Stadt ihre Bretterbude aufschlugen, und die Zuschauer durch geistliche Schauspiele,
Sprichwörter, Sittensprüche und biblische Geschichten belustigten.

Satyren auf die „**Siemänner**" (Hahnrei), Charlatanerie,
Quaksalberei, Apotheker-Szenen, Verspottung des Ritterstandes und
des zarten Minnedienstes, Parodie des ascetischen Lebens, bei weitem
aber am häufigsten die damalige Prozeßform waren die Gegenstände der **Villanesischen Canzoni, Vilanellen** oder
Vilotten — **Bauernspiele** genannt — des 15. Jahrhunderts.

In welchem Rufe jedoch diese Spiele standen, können wir daraus
schließen, daß Bischof Heinrich IV. auf der Synode zu Dil-
lingen 1506 gebot, daß die neugeweihten Priester sich bei ihrer
Primizfeier von Gastmalen, Komödien und Possenreißern zu enthalten haben, und durch die erneuerten Statuten des Bischofs
Stadion 1524 den Geistlichen der Besuch von Theatern gänzlich verboten wurde.

Indessen sind uns doch einige Daten über die **dramatische**
(**Schul**-) **Poesie** in unserer Stadt aus jener Zeit erhalten. Mit
dem Wiedererwachen der Wissenschaften ward nemlich das
Uebersetzen lateinischer Komödien von **Terenz** und **Plautus** beinahe
zur Monte. Kaum hatte der Ulmer Bürger Hans Rydhart 1486
oder 88 eine Uebersetzung des „**Eunuchen**" von Terenz erscheinen
lassen, als ein Augsburger 1497 auch hier ein Paar Komödien
drucken ließ: „J. G. Boivarii Comedie utilissime omnen latini
Sermonis elegantiam continentes." (J. G. **Bayer's** äußerst
nützliche Komödien, welche die ganze Zierlichkeit der lateinischen Rede
enthalten,) die von der „hiesigen **ehrbaren Jugend**" — vor-
nehme Knaben aus hiesigen patrizischen Familien — wirklich aufgeführt worden sind und die wenigstens von einer guten Portion
Einbildungskraft des Verfassers zeugen. — Professor Hans in
seinem Aufsatze über das Schulwesen (Hist. Vereinsschrift 1875)
nennt den Verfasser Grüped, dem Stetten d. j. „Kunst-Gewerbe-
und Handwerks-Geschichte" Band II Seite 313 — 16 den obigen
Namen beilegt; Hans sagt ferner davon, daß darin Stellen vor-

kommen, die jetzt nicht mehr für Erwachsene niedergeschrieben werden könnten.

Auch ein **Dr. Albrecht von Eibe** von hier übersetzte zwei Stücke des Plantus und ließ sie hier 1518 drucken. Diesem folgte der Augsburger **Christoph Wirsung**, der das berühmte Stück Celestina von Rodrigo Cota (Sevilla 1501) nach einer italienischen Uebertragung von Venedig 1520 übersetzte. — Ehe ich jedoch eine hier vorgekommene merkwürdige Produktion dieser Zeit erwähne, muß ich vorausschicken, daß schon seit dem 13. Jahrhunderte bei fürstlichen Gelagen ein fabelhafter Luxus mit sogen. **Zwischenspielen** getrieben wurde. — Durch Maschinerie bewegte wilde Thiere, ganze bewegliche und sich verwandelnde Burgen im Vereine mit deklamirenden, tanzenden oder singenden Menschen füllten die Zeit aus zwischen den Gängen der Tafel, und wurden deshalb auch **Entremets** genannt. — Ein solches Zwischenspiel wurde bei dem großen Reichstage 1530 in Augsburg vor Karl V. und seinem Bruder dem römischen Könige Ferdinand bei der Tafel aufgeführt. Eine sogenannte stumme oder stillschweigende Komödie — Pantomime — von welcher der Jesuit Masenius Nachricht gegeben und worüber Dr. Zeltner in Altenburg eine lateinische Abhandlung geschrieben hat Flögel erzählt die Handlung folgendermaßen:

„Da die Schauspieler — wie Masenius sagt — Ketzer waren, „so wollten sie dem Kaiser, nachdem sie dessen Erlaubniß dazu „erhalten, den Ursprung und die Ursache der neuen Sekte vor=„stellen. Zuerst erschien eine Mannsperson, wie ein damaliger „Doktor gekleidet, auf dessen Rücken geschrieben war: „Johann „Capnio — (Reuchlin) — ein berühmter Gelehrter, Freund „Melanchton's und gleichsam als Vorarbeiter der Reformation „anzusehen. † 1522. Er war mit einem Bündel Holzscheiten „auf dem Rücken beladen, wovon einige Stücke gerade, andere „krumm waren. Er warf sie unwillig im Saale untereinander. „Nun kam ein Anderer. — Auf seinem Rücken stand: Eras=„mus von Rotterdam. (Ebenfalls einer der rüstigsten Be=„förderer des Reformations=Werkes † 1536) der sich viele „Mühe gab, die geraden und krummen Stücke zu vergleichen „und in Ordnung zu bringen, endlich nach vergeblichem Be=„mühen, alle gerade zu machen, den Kopf schüttelte und „unwillig abging. — Ihm folgte ein Mönch, der **Luthers**

„Namen trug, mit einem Gefäße voll glühender Kohlen und
„Brände. Er zündete das krumme Holz an und entfernte
„sich vergnügt, als es durch sein Blasen in volle Flammen ge-
„rieth, als hätte er seine Sache noch so gut gemacht. — Eine
„Person im kaiserl. Schmucke — Karl V. selbst vorstellend —
„schlug mit dem Schwerte in die Flamme, die nun nur um so
„heftiger aufloderte, worauf er voll Zorn eiligst davon ging.
„Zuletzt erschien auch noch Papst Leo X, der über dem
„Jammer die Hände zusammenschlug, und sich nach Lösch-
„Mitteln umsah. Aber von zwei in der Nähe stehenden Gefäßen
„ergriff er das mit Oel gefüllte, goß es in's Feuer, und verließ
„in starrem Entsetzen den Schauplatz, als es über und über
„brannte und die bedeutungsvolle Komödie hatte ein Ende. —
„Daß der Kaiser und sein Bruder über die Vorstellung sehr
„erbittert waren, versteht sich von selbst, aber ob sie auch die
„Urheber eifrigst suchen ließen, sie waren nirgends mehr zu finden.

Derartige auf die Schaulust des gemeineren also größeren
Theils des Publikums berechneten Produktionen der oben erwähnten herumziehenden Banden verdarben bei den gesteigerten
Ansprüchen an die theatralische Form nach und nach den Geschmack
an den nach ihrer Ansicht schulgerechten aber meist sehr trockenen
Produkten der Meistersänger; die Hörer fanden kein Wohlgefallen mehr
an den geistlichen Stoffen ihrer Lieder, vielleicht auch aus der in dieser
Zeit allgemeinen Oppositions-Lust der Reformations-Ideen, die ja
„mit eisernen Tritten jedes Kunstgebilde niedertrat. Die Gaben
„für den Genuß des Gesangs wurden immer spärlicher, ihre
„ausgesetzten Preise waren nur mehr Zinngeschirre —
„Zinnsingen nannte man es — und als nun auch noch der
„Glanz der Stadt in Abnahme gerieth durch die zahlreichen
„Auswanderungen während des Religions-Streites verfiel ihr
„Ansehen gänzlich. Ihre Zunftlade wurde leer, ihre Kunst
„mußte nach Brod gehen. Kaum wußte man in der armen
„Schule die alte Gnadenkette mit den Gold-Pfennigen zu
„erhalten, die dem siegenden Sänger jedesmal umgehängt wurde.
„Von goldenen Preiskronen wie in der früheren Zeit war
„keine Rede mehr, höchstens im Liede erinnerte man sich ihrer.
„Die Mitglieder der Zunft hatten jetzt mit zu großen Sorgen

„zu kämpfen. Sie mußten auf andere Lockungen sinnen, heidnische
„Fabeln und Historien statt biblischer Stoffe wählen, um zu
„einem Erwerbe zu kommen, den ihr Handwerk selbst nicht gab,
„und dabei mußten sie denn auch dem schlechtesten Geschmacke
„huldigen, um nur ihr zünftiges Bestehen zu fristen. Es sind
„uns aus jener Zeit des Meistergesangs manche komische Züge
„aufbewahrt, welche das Treiben der Sänger schildern. Ihr
„Eifer für die Geltendmachung ihrer Leistungen und für die
„Entfernung der Hindernisse, die ihnen in den Weg gelegt
„wurden, verleiteten sie zu manchen Schwabenstreichen, um so mehr
„als ihnen auch ein anderer Zweig ihres Erwerbs, der Gesang-
„Unterricht durch die „Schulmaister" verkürzt wurde. —
„Noch einmal machten sie einen Versuch ihre Schulen in der
„ursprünglichen Reinheit wieder herzustellen. Ungefähr um 1534
„brachten Maister und Singer gemeiner Schule bei
„dem Rathe eine Bittschrift ein, „„daß ihnen erlaubt werden
„„möchte, anstatt der heidnischen Fabeln und Historien, die
„„einige Zeit her üblich waren, wieder geistliche Lieder zu
„„singen wie ihre Vorfahren bereits seit 600 Jahren gethan
„„hätten."" Sie beriefen sich darin auf eine alte Ordnung,
„welche sie vormals von dem Rathe erhalten, ihre Schulen an
„Sonntagen, und zwar in der Kirche vor den Abendpredigten
„halten zu dürfen. Diese Erlaubniß erhielten sie und zwar
„wurde die Barfüßer Kirche dazu bewilligt; später auch
„heilig Kreuz, St. Stephan und St. Jakob von
„1537 bis 47."

Die Handschriften von Greif nennen noch eine Menge
Gesellschafts-Lokale: „In des „Wilden Stuben", auf dem Roß-
Markt, in des Höchstetter's, in Dr. Stenglin's und
David Welser's Stadel. (S. diese im Register.) Aber auch
dieser Versuch scheiterte an der Theilnahmslosigkeit des Publikums,
ihre Gesellschaft wurde immer kleiner, und sie mußte sich endlich
doch entschließen, selbst **Schauspiele** zu fabriciren und vorzuführen,
durch deren Neuheit sie auf kurze Zeit wieder in Aufschwung kam,
und von hier an bricht das erste Hell in die Geschichte öffentlicher
Schauspiele in Augsburg. Zwar wurde nicht gleich sehr oft gespielt
und immer wurden die Darstellungen aus der biblischen oder weltlichen Geschichte gewählt, „um die Andacht und Vaterlandsliebe zu
nähren." — 1540 führte die Meistersänger-Zunft ihr erstes Stück

auf, und zwar in der Martins-Schule, da es in ihrem bisherigen
Lokale — der Jakobs-Pfründe — an Raum gebrach. Es hieß:
„Die fünf Betrachtnußen" und der jüngste der Meister stellte
die Frauensperson vor. So sagt Paul von Stetten d. j.; der
ältere sagt zwar, daß den 16. Febr. 1553 erst denselben erlaubt
worden sei, ihre Zusammenkünfte bei St. Martin zu halten, aber
von einem Zuhörer nicht mehr als einen Pfennig zu nehmen.
Greifs Handschriften aber sagen, der Pfennig habe schon 1550 angefangen. Auch setzen dieselben zwar den Einzug in die
St. Martinsschule auch auf 1540, die erste Komödie aber auf
1550, was aber nicht sein kann, da die erste Schulkomödie
schon 1549 war. Auch Gervinus sagt 1540. Es kann aber die
von 1553 eine spätere Produktion gewesen sein, zu deren jeder sie
eine neue Erlaubniß vom Rathe „flehentlich und demüthiglich"
einholen mußten. Doch weisen Rechnungen vom Jahre 1681 aus,
daß die Zahl ihrer Vorstellungen sich bis zu dieser Zeit auf wenigstens
40 jährlich gesteigert hatte, das heißt 6 bis 7 Stücke jedes 6 bis
7 mal gegeben. Es wird aber an einer Stelle von der Zeit auch
schon damals sehr geklagt, daß die Herren Agenten schlecht probiren
und memoriren, so daß die Stücke nie eher ordentlich gingen, bis
sie 3 bis 4mal aufgeführt waren.

Kaum aber hatten die Meistersänger durch die Aufführung ihrer
Schauspiele sich Beifall erworben und einigen Verdienst gesichert,
da kamen schon wieder die „Schulmaister" und fingen auch an
Komödien zu dichten gegen den Willen der Einsichtsvolleren,
welche bitter klagten, daß die Schule dadurch verderbt werde.
Der deutsche Schulhalter Kaspar Brunnenmaier erhielt 1549 die
Erlaubniß, mit seinen Knaben eine Komödie „Von der Susanne"
„zu einer Uebung und Anreizung guter Sitten" aufzuführen und
die Meistersänger mußten es sich gefallen lassen. Ein anderer
Schulhalter Abraham Schedlin hat deshalb „einen Handel angefangen"
mit den Meistersängern und „etliche Singer" haben sogar dazu ge-
holfen. Sie haben gegen die Gesellschaft „agiret", weil sie sich
beklagte, daß die Kosten und „Zechen" der Singschulen häufig
aus dem Verdienste der Agirenden genommen werden; daß Jeder
den Hauptpart machen wolle; daß die stummen Personen so viel
vom Erspielten bekommen, wie der vornehmste Agent u. s. w. Deshalb machten die Meistersänger um 1614 einen Zusatz zu ihren
Statuten, daß kein Meistersänger bei den Komödien der Schul-

halter mitwirken dürfe. Weil sie ferner den „Schulmaistern" auch
den Ort ihrer früheren Zusammenkünfte, das ehemalige St. Martins-
kloster abtreten mußten, erbaten sie sich das neue Tanzhaus,
das nach Abbruch des alten auf den Weinmarkt verlegt wurde.

Kaum aber hatten sie dasselbe eingeräumt erhalten, so wollten
es wieder die **Schulmaister**, um, wie sie sagten, ihre „lustige
Tragödia von der Zerstörung der Stadt Troja" aufzuführen, und
die armen Meistersänger waren wieder beeinträchtigt.

Beiläufig gesagt sei hier, daß diese Art von Schulkomödien
sich noch bis ins 18. Jahrhundert hinein erhielten, denn der 1771
verstorbene Dom-Kapellmeister Andreas Giulini componirte in
seinen jüngeren Jahren manche gute Stücke für das kath. Schultheater. Auch sein Schüler, der Dom-Organist Joh. Mich.
Demmler componirte für dasselbe größere Singstücke, sowie auch
für das Theater mehrere Pantomimen.

Aus dieser Zeit der Kämpfe um das Lokal sind noch einige
Bittschriften der Meistersänger an den Rath aufbehalten, die possirlich
lauten. Einmal redeten sie ihn also an:

„Gnedig und gunstig Herren. Es seyn uns durch eines
„ersamen Raths Verordnete Schulherrn uff unser gehorsamlich
„Anhalten, zwo weltliche Historien zu spielen, gunstlich zugelassen,
„nemlich eine kurtzweilige und sehr „lustige Tragödie" vom
„Fortunatus Wunsch-Seckhel samt einer schönen Comedi von
„der unschuldigen Frawen Genofeva. Dieweil nun, gepiettend
„und gunstig Herren, die angezogene Tragedi vom Fortunatus
„und seinem Seckhel eben lang und der Personen ziemblich viel,
„so darinnen gebraucht werden sollen, ist unser unterthenig
„Bitten, Euer hochvest und fürsichtig Weisheit wöllen uns zu
„solcher Comedi das Tanzhaus lassen."

Als sie ein andermal baten, daß man ihnen auf das Osterfest zu
„einer Comedi aus der heil. Schrift von dem Leiden und Sterben
„auch der Urständ Christi das große Tanzhaus einräumen möchte,
„weil sie den Stadelzins und andere Unkösten zu bezahlen haben"
führten sie als weiteren Grund ihrer Bitte an: „weil eben der Personen
„vil, und sich sollche Comedi ohne ain Prugg nit halten laßt, da man
„nit allein ob, sondern auch under der Pruggen zu handeln hat."
(Wie in Ober-Ammergau.)

An andern Orten hatte das Schaugerüste sogar zwei solche
Brücken übereinander, also drei Stockwerke, Himmel, Erde und Hölle

vorstellend. Auch auf den freien Platz vor den Fugger-Häusern kamen die Meistersänger mit ihren Spielen, aber wie sie sagen: „nit von wegen Gelt's, sondern zur Besserung des Volks."

Als sie einmal „das jüngste Gericht tragediweiß" gehalten hatten, erklärten sie dem Rathe: „Die Menge sei so ungestüm, das „Schauspiel wiederholt zu sehen, daß es der Rath ihnen, die „sie doch selbst keinen Gewinn und Nutzen suchen, nicht ab-„schlagen könne, zumal es auch ein sollich ernstlich Ding, das „es billig einem Jeden Menschen die Zeit seines Lebens nimmer „aus dem Herzen kommen sollt!"

Endlich haben sie solche geistliche Stücke selbst in der Kirche gespielt; zuletzt bei St. Jakob. Als sie aber gegen Ende des 16. Jahrhunderts dort nicht nur diese, sondern auch possenhafte Dinge ausgeführt hatten, nahmen die Kirchenpfleger Aergerniß und wiesen sie aus unter dem Vorwande, das Abbrechen der Gerüste vor den Abend-Predigten werde zu lästig. Bemerkenswerth ist, daß sie dieselbe durchaus nicht verlassen wollten, und sich gegen die ungerechte Anschuldigung verwahrten, als ob sie die Kirche mit ihren Spielen profanirten, da sie ihre „geistliche Comedien" für so erbaulich hielten, als eine Predigt. Wie sehr indeß theatralische Vermummungen damals mit gottesdienstlichen Handlungen verwebt waren, beweist folgende Nachricht: „Als 1636 wieder die „erste Charfreitags-Prozession abgehalten wurde, welcher „der Statthalter Graf Fugger, als der corporis Christi „Bruderschaft Präfekt, und eine große Anzahl Geißler, „Kreuzträger und Ausgespannte (Büßer) beiwohnten, „wurden dabei nicht nur die gewöhnlichen Passions-Figuren „mit herumgetragen, sondern verschiedene biblische Geschichten „von verkleideten lebendigen Personen vorgestellt "

Wenn ich hier dem Wesen der Meistersänger mehr Raum widmete, als sich für eine Theater-Geschichte vielleicht schickte, so mag es damit entschuldigt werden, daß ich erstens sehr viel Material vorfand und zweitens glaubte, diese für jeden Augsburger interessanten Notizen besonders für die Sänger-Gesellschaften, als deren Vorfahren die Meistersänger gewissermaßen zu betrachten sind, nicht unterdrücken zu dürfen, da außer den kurzen Notizen von Seida nichts darüber gedruckt ist, als Dr. Beyschlags wenig bekannter Aufsatz und

Archivar Herberger's Abhandlung (S. Register) über die hiesigen Meistersänger, die ich deshalb fleißig excerpirte.

Fahren wir nun also in unserer Geschichte fort!

Ganz parallel mit diesen öffentlichen Schauspielen der Meistersänger und der Elementar-Schüler gegen Einlaßgeld laufen in diesem Jahrhunderte auch die Schul- und Erziehungs-Spiele an den Studien-Anstalten, die als etwas ganz Neues so viel Aufsehen machten, daß sie die Schule von St. Anna in großes Ansehen brachten.

Nachdem die Karmeliten ihr Kloster zu St. Anna verlassen hatten, und ihre Gebäude 1531 zur ersten Lateinschule verwendet wurden, berief man den geborenen Augsburger Xistus Birk von der Schule zu Basel, wo er Lehrer war, 1536 als Rektor hieher. Dieser nun führte zuerst diese Studenten-Komödien hier ein, die an der Basler Schule schon länger im Gebrauche waren, wo er selbst noch beim Abschiede eine solche geleitet hatte. — Die erste wurde 1538 unter dem Titel „Lucincris" aufgeführt. Die Schüler erhielten dafür aus dem Bau-Amte ein Geschenk von 6 fl. und Birk bekam 2 fl. Dergleichen Uebungen wurden, wenn gute Zeiten waren, oft wiederholt, anfangs entweder in einem Saale des Klosters, oder in dem nahen Ballhause, einem Gebäude, das eigens für das damals so beliebte Ballspiel (Baalspiel) errichtet war.

Nachdem aber dasselbe abgebrochen und 1562 und 63 an seiner Stelle die Stadt-Bibliothek gebaut worden, fanden die Vorstellungen auf einem eigenen kleinen Theater in einem Saale unter der Bibliothek statt. Birks meiste Dramen sind 1547 in der Sammlung der Dramata sacra zu Straßburg erschienen. Aber auch sein Nachfolger im Rektorate „**Mathias Schenk**" führte eine Tragödie „von der Enthauptung Johannis" auf, deren geringe Unkosten ihm vom Scholarchate ersetzt wurden.

Als **ersten Fall**, daß auch ein Fremder eine theatralische Vorstellung gegeben habe, nennen die Greif'schen Handschriften einen gewissen **Balthasar Klein** aus Joachimsthal, dem die Bitte um Aufführung des „Jonas" und der Stadt „Ninive" vom „ehrsamen Rathe" für einmal genehmigt worden sei D. d. 12. Agst. 1578.

Als aber endlich durch die Wohlthätigkeit der Fugger auch das **kath. Gymnasium zu St. Salvator** 1579 von den Jesuiten errichtet wurde, mögen auch da gleich Studenten-Schauspiele eingeführt worden sein, die schon längst bei ihnen in München —

und zwar mit großem Pompe ausgestattet — gebräuchlich waren. Um sich indeß von ihrer beim Kloster befindlichen Erziehungsanstalt nicht überflügeln zu lassen, wurde ein Jahr darnach 1580 das sog. **protestantische Kollegium** gestiftet, und auch da wurden — wenn auch erst etwas später — auf einem kleinen Theater Schülerspiele gegeben.

So dürftig nun auch die Nachrichten über den Stand der theatralischen Vorstellungen im 16. Jahrhundert sind, und sich blos auf die öffentlichen Schauspiele der Meistersänger und der Schulkomödien beschränken, so konnte ich doch in allen benützten Quellen auch über das 17. Jahrhundert kaum etwas reichhaltigere Andeutungen finden. Obwohl das neue Jesuiten-Gymnasium die Zahl der Aufführungen vermehrte, und den Meistersängern die zahlreichen Werke ihres berühmten Zunftgenossen Hans Sachs, welche ihr Repertoire vermehren konnten, vielleicht zur Benützung geboten waren, worüber jedoch jede Kunde fehlt, so ist das immer nur ein „vielleicht.“ — Ueber das „wie?“ ist nirgends etwas Näheres zu finden.

Um nun in der Geschichte dieses 17. Jahrhunderts mit den Meistersängern fortzufahren, hielten dieselben ihre öffentlichen Produktionen fort, führten sogar vom Jahre 1610 an ein ordentliches Protokoll darüber bis 1701. — Sie vertauschten das Tanzhaus, wo wir sie im vorigen Jahrhundert verlassen haben, mit einer gemietheten Lokalität „unweit“ der Sackpfeiffe 1582 — Andere sagen „in“ der Sackpfeiffe — 1630 endlich auch dieses mit einem andern in der untern Stadt, dem „Welser-Stadel“, den sie mit einem aufgenommenen Kapital erkausten, und der dann überall unter dem Namen des Meistersinger-Stadels bekannt war, bis er bei der Belagerung 1703 abbrannte, was der Meistersingerei den letzten Stoß gab. —

Während man indeß schon anderwärts den Schaustücken auch durch äußerliches Gepränge Reiz zu verleihen suchte, und Ayrer's Stücke in Nürnberg nie ohne Teufelstänze, Krönungszüge, Feuerwerk, Jagden u. s. w. waren, wird hier den Meistersängern der Vorwurf gemacht, daß sie Musik, Tanz, Illumination und andere „Auszierungen“ zu sehr vernachlässigen, so daß es oft scheine, man agire beim Mondschein. —

Im obigen Welser-Stadel verwandelte sich den 22. August 1638 ein von ihnen aufgeführtes Schauspiel beinahe in ein betrübtes Trauerspiel; als nämlich ein Licht auf der Bühne einige von Papier gemachte Wolken ergriff und sich das Feuer ausbreitete, entstand unter den Zuschauern ein solches Gedränge, daß zwei Personen todtgedrückt, und über zehn gefährlich verwundet wurden. Doch wurde das Feuer bald wieder gelöscht.

Da nun die Meistersänger von ihren Produktionen eine namhafte Abgabe an die Armen geben mußten, so fand es das Almosen-Amt in seinem Vortheile, zur Erhöhung dieser Armen-Einkünfte aus Stiftungs-Mitteln um 1665 ein **eigenes Komödienhaus** in der Jakobs-Vorstadt zu erbauen, wo sie ihre faden Komödien „gegen **erhöhte Abgaben**" noch weit bis ins 18. Jahrhundert fortsetzten, nachdem die selbst gedichteten und komponirten geistlichen Gesänge längst aufgehört hatten, und nur mehr hie und da bei kirchlichen Feierlichkeiten aufgewärmt wurden.

Dieses erste Komödienhaus wird es wohl gewesen sein, dessen Bau der Maler Joh. Sigm. Müller angegeben hat, wie Paul v. Stetten d. j. erzählt; wahrscheinlich jedoch nur das Innere, was dort nicht gesagt ist. — Das Almosen-Amt mußte indeß schon 1731 dasselbe vor drohendem „gefährlichen Zerfall" durch eine tüchtige Reparatur von 620 fl. 9 kr. schützen.

Wahrscheinlich aus einer Scheune gebaut, hieß auch dieser Musentempel lange der **Meistersänger-Stadel**, selbst noch, nachdem derselbe im nächsten Jahrhundert „bedeutend verschönert (?)" worden, wie wir hören werden. Ja sogar noch bis weit in's 19. Jahrhundert hinein wurde er spottweise in Blättern der **Komödienstadel** genannt nach der unlöblichen Gewohnheit der Augsburger, ihre Anstalten vor dem Auslande selbst zu bespötteln und möglichst herabzusetzen, ohne jedoch ein Opfer für die Beseitigung solcher Uebelstände bringen zu wollen. — (Man denke nur an die in ganz Deutschland sprichwörtlich gewordenen katholischen und protestantischen Schweineställe.)

Gleichwie die Zünfte überhaupt einander wegen Gewerbs-Beeinträchtigung ängstlich überwachten, so übten nun auch die Meistersänger in ihrem Hause eine Art von Theater-Zunftzwang aus, ließen keine andere, weder fremde, noch einheimische Gesellschaft neben sich aufkommen, und wußten es sogar dahin zu bringen, daß den 13. Dez. 1650 allen Bürgern verboten wurde, auf **Liebhaber-Theatern** mitzuwirken, deren zahlreiche Existenz in Augsburg „die Gothaer Theater-Almanache" mehrfach erwähnen „weilen selbst die **Weiber** davon abnahmten, da sie zu

„Hause das ihrige versäumen, und mit dem Agiren doch auch „nichts verdienen". Eine Klage, die noch in unserem Jahrhundert einigen Liebhaber-Theatern ein schnelles Ende bereitete. —

So z. B. wollten die sogen. hochdeutschen Compagnie-Komödianten Joh. Christ. Gernecher mit Hans Ernst Hofmann 1667 hier „agiren" doch die Meistersänger protestirten kräftigst, und hoher Rath wies sie ab, „wegen böser Läuften und „Zeiten, und weilen durch dergleichen im Lande hin und wieder „reisende Personen, bald was verdächtige und schädliche einschleichen „können.

Demungeachtet gewann die geselligste aller Künste, die Schauspielkunst, eine immer größere Anzahl von Freunden und Beschützern, und ward je länger je mehr überall National-Ergötzlichkeit, deren Kenntniß junge Patrizier und reiche Kaufleute von ihren Vergnügungs- und Geschäfts-Reisen in die Vaterstadt mitbrachten, so daß der Rath sich durch diese gezwungen sah, von Zeit zu Zeit reisenden Principalen mit ihren Truppen — auch wohl Banden genannt — das dem Almosen-Amte zugehörige Theater zu eröffnen. Doch mußten sich dieselben auch noch mit den Meistersängern über Abgaben an diese abfinden, obgleich sie 1698 den 20. Dez. ohnehin schon ein Dekret ausgewirkt hatten, welches ihnen nicht nur an jedem Montage von Bartholomäi an (24. August) bis Pfingsten die Aufführung eines Schauspiels erlaubte, sondern auch die Zusage enthielt, daß während dieser Spielzeit keine fremden Komödianten in die Stadt gelassen werden sollten; eine Begünstigung, von welcher sie keine geringen Früchte ernteten, ungeachtet das Eintritts-Geld anfangs nur auf 5 Heller und später auf 2 Kreuzer festgesetzt wurde, und blos die vernehmere Bürgerschaft 4 bis 6 Kreuzer bezahlte. — Aber auch die hohen, doppelten Abgaben schreckten wandernde Truppen zum Aerger der Meistersänger nicht ab. — Es waren nicht mehr Banden, die blos zur Fastnacht umherzogen, es waren bereits wohlgeordnete Gesellschaften, und unter diesen treten zunächst die englischen Komödianten auf, welche — wie wir jetzt gewiß wissen — wenigstens anfänglich wirkliche Engländer gewesen sind. Sie kamen von den Niederländern zu uns — wo sie schon vor 1600 existirten — damals das erste Handelsvolk der Welt, wohin der 30jährige Krieg nicht gedrungen war. — Sie agirten englische Stücke, brachten englische und holländische Bühnensitten

2*

nach Deutschland, führten als stehende Figur des Possenreißers den englischen Clown und den niederländischen Pickelhäring bei uns ein, und begründeten die Komödianten=Profession in Deutschland. — Sie standen unter einem verantwortlichen Prinzi= pale, hatten sogar ihren eigenen Gruß, und ihre Rangordnung wurde durch feste zunftmäßige Gesetze bestimmt.

Ein solches Gesetz heißt: „es soll bei den Komödien Niemand „hinter den Fürhang gelassen werden!" Es gab also auch damals schon solche — —

Die Darstellungen dieser Berufsschauspieler bewegten sich ganz auf weltlichem Gebiete um Blut und Gräuel. Es waren „Mord= Spektakel=Stücke," doch auch stets mit heitern Zwischen=Szenen, oder ganz derb komischen Possen gewürzt. — Später mögen diese „Engländer" eben so wenig Berechtigung zu diesem Namen gehabt haben, als unsere „englischen Reiter", denn eine Bittschrift der Meistersänger in Greif's Handschriften von 1681 nennt sie schon die sogenannten Engländer und sagt, daß sie 2 Groschen Eintrittsgeld von der Person verlangt haben, und in den „15 Stüblin" (Logen) einen Groschen weiter. —

Wahrscheinlich ist, daß durch das Aufsehen was sie erregten, die deutsche Nachahmungs=Sucht alles Fremden geweckt wurde, und auch Deutsche unter dem Namen von „englischen Komödianten" umherzogen, um so mehr als ihnen ja auch die blutigen Schau= und Trauerspiele von Lohenstein zu Gebote standen, wo Mord, Gift, Dolch und Gräuel aller Art, sattsam gewürzt mit Frivolem, der rohen Schaulust des Pöbels fröhnten; wie denn auch ein Augsburger — Hieronym. Thabä — Ayrer's Titus Andronikus in dieser blutigen Weise als Titus und Tomyris bearbeitete. —

Als Hauptträger der deutschen Komik erscheint dabei die kon= ventionelle Maske des Hanswurst (auch Riepel, Schampitasche, Schoßwitz genannt). — Daß solche Gesellschaften hier waren, ist gewiß, aber ob ächte oder falsche Engländer und welche? — In Nürnberg sind alle Gesellschaften von der ersten 1612 an be= kannt, und die dortige Bibliothek besitzt Zettel von den meisten. Augsburg bis ins nächste Jahrhundert — nichts! Deshalb sagt aber auch schon Gervinus: Nürnberg liegt im Süden wie allein, und die Augsburger Dichter Schoch, Homburg und andere kennen wir nur aus Nachrichten von Nürnberg, dessen Dichter und Theater von Rosenplüt, dem Ahnherrn des deutschen Theaters bis auf Klaj (Clajus) und Birken (Siehe Tugendspiele der Pegnitzer Dichter bei Gervinus) ein zusammenhängendes Ganzes einer 200jährigen Fortbildung ausmachen. —

Zu jenen reisenden Gesellschaften „vom Fach" kam auch noch eine von Bürgern der benachbarten Reichsstadt Kaufbeuren, die eine förmliche Schauspieler-Innung bildeten, deren Jahrbücher bis 1540 hinabsteigen, und die von 1570 ordentlich organisirt bis 1803 dauerte. Nach den Aufzeichnungen eines alten Kaufbeurers im Sammler von 1875, feierte die Agenten-Gesellschaft 1801 ihr 300jähriges Bestehen. — Der Theater-Almanach von 1782 enthält ihre Gesetze — Artikul und Ordnungen — die vom Magistrat ratifizirt sind. — Der dortige Gelehrte Christ. Jak. Wagenseil war ein geschätzter Theater-Dichter. — Die Gesellschaft ergötzte das Augsburger Publikum durch ihre am Katzenstadel aufgeführten Schauspiele gar „höchlich", und hat sie diesen Besuch in ihren Annalen „treufleißigst" und mit Stolz aufgezeichnet. Auch die Jahrgänge der Almanache von 1779 und 1781 erwähnen ihrer noch mit Auszeichnung.

Kaum aber war ein wenig Vorliebe für theatralische Vorstellungen erwacht, ließen sich Anklänge an den in Hamburg begonnenen Theaterstreit auch hier vernehmen, und sonderbar war es nur die protestantische Geistlichkeit, die auf der Kanzel und in Eingaben an den hohen Rath gegen die Wege des Teufels und des Atheismus der Komödien eiferte, während ihre katholischen Kollegen sich passiv verhielten, oder sich wohl gar dafür aussprachen. Die Greif'schen Handschriften enthalten Beispiele einer solchen Korrespondenz zwischen dem hohen Rathe und dem evangelischen Ministerium, wo sogar die schrecklichen Wirkungen der „Kometen" der Verderbtheit der Komödien zur Last gelegt werden.

Es ist hier am Platze, auch der Fastnachtspiele zu erwähnen, die keine Nachahmung des Fremden waren, obgleich sie mit den Masks der Engländer und den Farces der Franzosen einige Aehnlichkeit haben, sondern allein aus dem ächten süddeutschen Volks-Geiste hervorgingen, der sich in Norddeutschland nur in seinen Polter-Abenden ihnen nähert, und sich schon im 15. mehr aber noch im 16. Jahrhundert vom religiös geistlichen als weltliches Schauspiel abzweigten, und sich noch bis in's 17. hinzogen. — Gottsched und Flögel erklären die Entstehung desselben so. „Um die Fastnachtzeit zogen zuweilen verkleidete Personen von einem

„Hause zum andern, um durch die Mummerei ihren Freunden und
„Bekannten einen Spaß zu machen. — Eine lustige Gesellschaft
„dieser Art kam auf den Einfall, in dieser Verkleidung irgend etwas
„vorzustellen, Vorfälle des Tages aus den niedern Kreisen des
„Lebens, Schwänke und Anekdoten, die irgend eine lächerliche Seite
„darboten, und eine dieser Mummerei entsprechende Unterredung
„zu halten. Der Versuch gelang; man lobte und bewirthete die
„Vermummten, man wiederholte den Versuch, bildete endlich ganze
Gesellschaften — Tüncher, Bürstenbinder, Scheibenzieher, Dachdecker
u. s. w. — für die man sogar in Nürnberg schon 1550 ein
eigenes Theater erbaute, und die sich so mehrten, daß sie
Handwerks- und **Zunftgesetze** machten, ihre Herbergen, ihre Alt-
gesellen, sogar ihren eigenen Gruß hatten. Man dehnte die Fabeln
und Gespräche aus, und stellte zuletzt menschliche Handlungen in
Nachahmungen dar, welche einen satyrischen, nicht selten aber auch
schlüpfrigen Charakter trugen, ähnlich den satyrischen Schauspielen der Griechen und den Schenkenbühnen — comoe-
diae tabernariae — der Römer. —

Diese Fastnachtsspiele nun erhielten sich an vielen Orten, so
besonders in Augsburg und Memmingen, ungeachtet ihres oft
anstößigen ja unsittlichen Charakters bis in's 17. Jahrhundert und
wurden von 5, 7 auch mehr Personen in Gasthöfen und Privat-
häusern vorgestellt. Sie allein enthielten indeß etwas Volks-
thümliches, derb und lustig, wie sie dem Geschmacke der Reichs-
städter zusagte, und aus denen sich leicht eine ächte deutsche
Volkskomödie hätte entwickeln können, die jedoch mit der Ver-
bannung des Hanswurst den letzten Rest eines solchen
Charakters vielleicht für immer verlor, und deren letzte Erinnerungen
sich nur noch in den Puppentheatern in der rohesten Form
erhalten haben.

Wir haben gesehen, wie der Meister-Gesang Ende des 15. und
Anfang des 16. Jahrhunderts schon immer mehr zur rohen Bänkel-
und Bettelsängerei herabsank. Unter den Händen des Nürnberger
Meistersängers **Hans Rosenplüt** — genannt der Schnepperer
(Schwätzer) wegen seinen ungezügelten zottigen Späßen — er-
nüchterte er gänzlich bis zur Gemeinheit. — Von ihm haben
wir die ältesten Fastnachtspiele, das erste gedruckte vom
Jahre 1450, denn früher mochte wohl extempore gespielt worden
sein. — Ihm folgte **Jakobus Ayrer**, auch ein Nürnberger, dessen

erste Spiele vor 1585 schon gedruckt wurden, endlich der 3. und berühmteste Nürnberger — **Hans Sachs**, der nebst zahlreichen Fastnachtsspielen auch viele ernste Stücke schrieb.

Ayrer ist dem deutschen Theater auch noch dadurch merkwürdig, daß er als der erste Deutsche: „**Ain schön Singets Spyl**" später „**Singkomödien**" oder „**singende Possenspiele**" genannt, nach den schon in Venedig gebräuchlichen Mustern — Schäferspiele — eingeführt hat. Das erste hat nur 4 Personen, die alle aus einem Tone singen mußten, und wurde gedruckt 1618 nach seinem Tode.

Diese Singspiele weckten zuerst den Geschmack für die **Oper**, deren Wiege Italien war, die von der Hälfte des 17. bis in's 18 Jahrhundert Alles beherrschte, und sich bis zu einem Fanatismus steigerte für phantastische Pracht und überladenen Sinnenreiz — durch **Ballet** u. s. w. — wogegen der jetzige Opernpomp aller Hoftheater Europa's den Vergleich nicht aushält und enorme Summen verschlang. — Nach **Wien**, wo schon 1626 eine förmliche Bühne auf der Burg, ein öffentliches Komödienhaus 1651 gebaut wird, erbauen die Fürstbischöfe von **Würzburg** ein solches 1648 auf dem Schlosse Marienberg und 1773 in der Residenz. **Nürnberg 1668.** — Ueberhaupt sind in der zweiten Hälfte dieses Jahrhunderts alle Theater großer Städte von ganz Europa erbaut. — In der Aufführung von Opern folgten den Wienern **München** 1658, **Hamburg** 1678 als deren Hauptstätte, so wie für dramatische Dichtung überhaupt — auch **Dresden** und endlich **Leipzig** 1685.

Mit großem Enthusiasmus wurde daher das erste **Singspiel** — erst von 1681 an **Opera** genannt — hier 1697 aufgenommen von einer reisenden Gesellschaft, die ein Kapellmeister aus Braunschweig Joh. Sigismund **Cousser** (Kusser) anführte, der schon 1693 die Oper von Hamburg dirigirte und neben seinen Leuten auch hiesige Sänger dazu nahm, will sagen: Studenten, Wasserbrenner, Weber, Nachtwächter u. s. w. als **Dilletanten**, mit denen er auch München nicht ohne Glück besuchte. Wie schwach die Sache auch gewesen sein mag, so wurde sie doch damals nicht wenig bewundert.

Wir haben schon oben gesagt, daß die Jesuiten 1579 durch die reiche Dotation der Fugger hier eingeführt wurden, und nachdem die Hindernisse, die das Domkapitel ihrem Eintritte in die

Stadt entgegengestellt hatte, beseitigt waren, konnten sie sich endlich
1580 eines Platzes zur Erbauung eines Kollegiums er-
freuen, und hier wurden die alljährlich am Schlusse des Schuljahres
sogenannten ludi autumnales eingeführt, die selbst während
des 30jährigen Krieges (1618—1648) nur auf kurze Zeit unter-
brochen wurden.

Ueber diese Darstellungen nun existirt in hiesiger Stadtbibliothek
eine authentische Quelle. In drei Bänden — leider fehlt von
vieren der dritte — sind die **Prospectus** — Programme,
Textbücher — der von den Studenten bei Gelegenheit der Preis-
vertheilung aufgeführten Stücke gesammelt. Da die Stücke lateinisch
waren, so enthielten diese Programme den Hauptinhalt derselben
für der Sprache Unkundige in deutscher Sprache.

Diese Sammlung beginnt mit dem Jahre 1614. — Der Stoff
ist meistens aus der biblischen Geschichte oder der Legende (z B.
St. Ulrich) entlehnt, und als 1617 ihre Kirche von Bischof
Heinrich V. eingeweiht wurde, unterhielt die studierende Jugend
schon ihre Gäste mit theatralischen Spielen. Oft war sogar die
Preisevertheilung selbst mit dem Stücke verbunden. — Tragoedia,
Comico-Tragoedia, Comoedia oder „fröliches Schawspiel", Tragi-
Comoedia, Tragoedo-Comoedia, „Trauer-Freuden-Spihl" sind
die gewöhnlichen Titel derselben, und stets in 3 oder 5 Aufzügen,
meist mit musikalischem Prolog und moralisirenden Chören
im Zwischenakte. Sologesang und Chor wurde von den Studenten
nicht nur exekutirt, sondern auch theils von ihnen selbst, theils von
geistlichen und weltlichen Chorregenten und bischöflichen Hofmusikern
komponirt. — Daß auch die Frauenrollen von Studenten
gespielt wurden, versteht sich von selbst. — Auch **symbolische Stücke**
kamen vor. Man kannte dieselben schon seit den frühesten Zeiten
neben den Mysterien, und nannte sie **Moralitäten**, weil sie weder
einen biblischen noch geschichtlichen Stoff hatten, sondern die Han-
delnden personifizirte Tugenden und Laster, vermischt mit griechischen
Gottheiten vorstellten, die irgend eine Wahrheit oder Satzung der
Moral zur Veranschaulichung brachten. Sie waren in England,
Frankreich und Italien schon seit Anfang des 15. Jahrhunderts im
Gebrauch. —

Ein solches **allegorisches Stück**, „auf freudiger Schawbine
gesangsweise eröffnet" — wurde 1660 gegeben, in dem Diana,
Kupido und Christus nebeneinander auftreten, der Letztere eine

förmliche Verkleidungsrolle spielt, Pluto's höllische Schaaren — die
sieben Hauptsünden besiegt u. s. w.

Als **Schauplatz** ist von 1665 an die Kirche von St. Salvator
genannt, später der Saal im Kloster, bis ihr Theater gebaut
wurde. Zu Ehren und zur Belustigung anwesender Fürsten und
hoher Geistlicher wurden von den Lyceisten der Anstalt sogar
Fastnachtspiele aufgeführt, wie z. B. Februar 1698.

Gewöhnlich wurden diese Stücke d r e i m a l gegeben, und meist
das 1. Mal für F r a u e n a l l e i n, die beiden andern Male aber
für M ä n n e r a l l e i n. (?) Vom Jahre 1736 an wurden die Stücke
nur mehr vor Mannspersonen aufgeführt. — Um indeß über den
Fortgang dieser „ludi" im 18. Jahrhundert gleich fortzufahren,
sind zu verzeichnen: ein Fastnachtspiel 24. Juni 1706. — Den
14. und 15. Juli 1712 wurde im Kloster zu St. Ulrich beim
100jährigen J u b i l ä u m dieses Bisthum-Patrons ein großes
Schauspiel der „heilige Ulrich" von den Studenten aufgeführt. —
Bei der Durchreise der **Marie-Antoinette von Oesterreich** nach
Paris — 28. April 1770 — als Braut des Dauphin von Frankreich wurden „d i e d r e i S u l t a n i n n e n" von Voltaire gegeben.
— Die Stücke bequemen sich schon immer mehr dem Geschmacke
des Publikums an, sie behandeln mehr historische Stoffe als
Legenden, und sind weit öfter deutsch als lateinisch. — Auch
„Tänzer" erscheinen unter den Personen des Schauspiels, seit die
reisenden Gesellschaften ihren Singspielen das **Ballet** als Beigabe
zufügten und P a n t o m i m e n beliebt gemacht hatten, und in einem
Programme von 1718 heißt es: „Spectatissimus dominus Joannes
„Georgius K r a u s s, artis saltatoriae magister instruxit salios
„nobiles." (Der ehrengeachtete Herr Tanzlehrer J. G. Krauß
studirte die Tänze der Edeln ein.) Solche „salii" kamen schon 1713
an Zahl 14 vor, und 1725 bereits 34 nebst einem dux saltuum
(Vortänzer.) — 1739 endlich ließ die Stadt auf ihre Kosten für
diese Spiele, die, wie erst erzählt worden, im Saal und Kirche
des Klosters stattfanden, ein eigenes S c h a u s p i e l h a u s der Kirche
gegenüber bauen, und zwar von dem Pater Bernhard Stuart
von den Schotten in Regensburg, einem berühmten Bauverständigen
jener Zeit, der auch andere Gebäude „auf gemeiner Stadt Kosten"
aufzuführen hatte, wozu übrigens restirende Baurechnungen hiesiger
Handwerksmeister nach langen Verhandlungen zwischen dem Rath
und dem Baumeister erst 1752 ausbezahlt wurden. —

Obgleich dasselbe in den Kriegsjahren 1796 bis 1800 öfter zu Militär-Magazinen benützt wurde, so wie auch schon Juli 1704 der Meistersänger-Stadel mit Backöfen für die churbaierische und französische Armee und später noch öfter zu Stallungen, Magazinen und Lazarethen verbaut wurde, so wurde doch auf diesem Theater selbst noch nach Aufhebung des Jesuiten-Ordens 1773 bis den 6. September 1805 fortgespielt, wo es die neue baierische Regierung verbot, und von da ab die Preise nicht mehr auf der Bühne, sondern im Jesuitensaale vertheilt werden mußten. — Am Dillinger Gymnasial-Theater wurde aber unter dem Rektor Gruber noch bis 1823 fortgespielt. (Mündliche Nachricht des Herrn Reggs.-Rathes von Ahorner, der selbst noch als Student darauf gespielt hat.)

Als dieses Theater — die jetzige Militär-Reitschule — 1743 den 4. und 6. Septbr. mit der Tragödie „Absalon" — in deutscher Sprache — eröffnet wurde, gab der gedruckte Prospectus folgende Beschreibung: „Gleichwie nun einem Hochedlen und hoch „Weisen Magistrat allhiesiger Freyen Stadt Augspurg gnädig „beliebet hat, so herrliches Gebäu der Studirenden Jugend zu „ewigen Nutzen mit großen Kosten aufzuführen, und man nunmehr „das Erstemahl auf der Neu-Erbauten Schaubühne ein Trauer- „Spill vorstellet, wird zu mehrere Erläutherung gegenwärtigen „Vorhabens undienlich sein, eine kurze Beschreibung des Vor- „gerüstes (Proszenium und Vorhang) allhier beizusetzen. „Es stellet dasselbe in der Mitte vor „die göttliche Vorsichtigkeit", „welche nach Zeugnus Heiliger Schrift auf der Erden spillet; indem „sie die Fromme manchesmal drucken lasset, hienach erhöchet: die „Gottlose auf einige Zeit beglücket, gar bald aber umb so tieffer „stürtzet, je höchern Stupfen Sie zuvor erstiegen. Beydes erhellet „auß dem Bey-Spill des frommen Egyptischen Joseph und gottlosen „Absalon, welche ebenfalls in dem Gemähl nebst der Göttlichen Vor- „sichtigkeit erscheinen. Ersterer zwar, wie er von seinen Brüdern „unschuldig verfolget, von GOTT endlich zu sehr hohen Würden „erhoben wird. Der Letztere aber, wie Er Anfangs Sich für einen „König aufwürffet, jedoch gar bald zu verdienter Straff an einem „Eichbaum elendiglich hangen bleibet." Dieser Vorhang und wahrscheinlich auch die Dekorationen waren von Georg Bergmüller von Türkheim gemalt. — Dem Trauerspiel voran ging ein Prolog, wo Vitruvius der Baumeister und Apelles der Maler der Stadt „Augspurg" die neue Schaubühne vorweisen und Apollo davon Gelegenheit nimmt, in dem bevorstehenden „Spill" den Absalon und Joseph aufzuführen; Orpheus aber erstattet „vor das neue Gebäu" den schuldigsten Dank.

Endlich erscheinen auch noch 1744 gladiatoren von einem Fechtmeister einstudirt bei diesen Spielen. — Die Fechtübungen der Jugend wurden früher im Tanzhause gehalten, und als dieses 1632 abgetragen wurde, ließ 1637 Conrad Bodenehr — ein Methsieder — seinen Stadel und Hof sowohl dazu, als auch zu Komödien herrichten, sich von der Stadt ein Privilegium dafür ertheilen und in dem Garten für Junker und Standespersonen „Gänge" bauen. (Gallerieen?)

Gewöhnlich nannte man es die Fechtschule; Fischer „das große Opernhaus." — Es mögen daher wohl auch Opern-Gesell-schaften darin gespielt haben. Das Almosenamt erhielt die Be-willigung, bei Fechtschulen 2 Heller, bei Komödien 1 kr. Eintritts-geld vom Zuschauer zu erheben. — Noch bei Bodenehrs Leben kam das ganze Gebäude 1661 an das Almosen-Amt durch Kauf.

Die Fechtschulen hatten seit den frühesten Zeiten ihre unter obrigkeitlicher Aufsicht stehenden Statuten und Ordnungen mit Zusätzen aus verschiedenen Perioden. Man darf sich indeß nicht einen Ort vorstellen, der blos zum Fecht-Unterricht für die Jugend bestimmt war, sondern es waren auch Fecht-, Kampf- und Thierhetz-Spiele, die da — meist von Fremden — gezeigt wurden, wo sich besonders Rauser, Herkulesse, Thierbändiger und Klopffechter für Geld sehen ließen.

Als auch dagegen die protestantische Geistlichkeit energisch auftrat, mit dem Beisatze, daß sie ihren Studenten jedenfalls die Frequentirung der Fechtschulen verbieten werde, mögen dann die HH. Catholici für sich allein „fechten" lassen, so stimmte endlich 1700 hoher Rath bei, trotz der dringenden Gegen-Vorstellungen des Almosen-Amtes, dem jährlich an Ein-nahme für diese Schauspiele 500 fl. entgingen, die Fecht-„Schule" aufzuheben. Dagegen autorisirte er noch immer die blutigen Ochsen- und Bären-Hetzen, Kunstreiter, Seiltänzer, Gaukler, ja sogar Feuerwerke in dem Holzgebäude. Als es aber 1710 baufällig wurde, weil es während des spanischen Erbfolgekrieges als Heu-Magazin benutzt worden, und die Soldaten die Bänke und wichtige Balken herausgenommen hatten, hielt man nur mehr wenige Fechtschauspiele dort. — Das letzte in den Akten erwähnte ist von 1719. — Eine Springer= und Pantomimen=Gesellschaft spielte sogar noch 1762 darin. — Erst 1776 bei Erbauung des neuen Theaters trug man es endlich ganz ab. —

Nachdem wir die Komödien der katholischen Studenten bis ins 18. Jahrhundert verfolgt, müssen wir nun auch die der protestantischen bei St. Anna nachholen, welche ebenfalls zwei Jahrhunderte fortdauerten, auch selbst als 1636 bei der Restauration die Jesuiten wieder Besitz vom Kloster genommen hatten. Erst unter der Direktion des lebhaften Rektors Crophius war 1737 die letzte Vorstellung (Stetten sagt 1730), obwohl erst 11 Jahre vorher — 1726 — das unter dem Bibliothek=Saale neu eingerichtete Theater mit „Syphax und Sophonisbe" einer Tragödie mit Chören und Tänzen von obigem Crophius verfaßt, eröffnet worden. — Derselbe rühmt sich überhaupt, sowohl das „100jährige Andenken des „von Holl 1615 neuerbauten Gymnasii, als auch die evangelischen „Kirchen=Jubiläa 1717 und 1730 mit solennen actibus der „Jugend celebrirt, zumal aber das 200jährige Andenken der 1531 „errichteten Schule von St. Anna feyerlich mit der Jugend „erneuert zu haben."

Obgleich nun, wie oben gesagt, diese Vorstellungen hier schon 1737 aufhörten, während die Jesuiten dieselben noch lange fortsetzten, so erhielten sich doch in der protest. Erziehungs=Anstalt, welche das evangelische Kollegium heißt — 1580 gegründet — diese Schauspiele der Zöglinge auf ihrem eigenen kleinen Theater noch lange. Sie gaben hier besonders in den letzten Zeiten — 1770 bis 1790 — Christian Weise's wässerige Produkte, die schon längst an andern Orten durch Besseres verdrängt waren, hier aber unter den Schul=Männern einen zahllosen Haufen erbärmlicher Nachahmer hervorriefen. —

Wagenseil's Geschichte sagt, daß mit Anfang des 18. Jahrhunderts das gesellige Leben sich immer enger in kleine Familien zusammengedrängt habe. „Das Glänzende früherer Vergnügungen „machte einem andern Geiste Platz, der freilich auch nicht zum „Bessern führte, nemlich der Zurückgezogenheit der höheren und der „Ausgelassenheit der niedern Stände. Letztere ging so weit, daß „nicht nur das „Tanzen" publice und privatim gänzlich ver- „boten, sondern auch Seiltänzereien, ja selbst die Komödien „der Meistersänger wie andere Lustbarkeiten (Voluptaria) ab-

„geschafft wurden." Bekanntlich dauerte auch der 2. Streit des Theaters mit der protest. Geistlichkeit schon einige Zeit im Norden Deutschlands fort, und auch zu Augsburg erschien 1724 eine heftige Schrift gegen das Theater unter einem langen Titel und mit einer ungeheuern Menge Noten. (Von wem?)

Daß indeß demungeachtet die Komödien doch nicht ganz zu unterdrücken gewesen sein müssen, bezeugen noch einige vorhandene Drucke jener Zeit mit dem Titel: Theater von Augsburg. — Mag allerdings der spanische Erbfolgekrieg mit seinen Kalamitäten und ansteckenden Krankheiten eine solche Frömmigkeit auf einige Zeit erhalten haben, es kann doch diese Strenge nicht lange gedauert haben, trotz der heftigsten Predigten der protestantischen Geistlichkeit gegen die sich selbst hoher Rath öfter auf's Bitterste beklagte, trotz der „Androhung von dem Fluche im Armenseckel, „der bei solchem Gräuel statt eines peculii Christi mit zum „Gräuel werde" — denn schon 1712 wurde den Meistersängern wieder „vergunt" zu spielen, nur sollte „Alles Aergerliche und „einige Leichtfertigkeit nach sich ziehende gänzlich eingestellt, und „nur geistliche, erbauliche und ehrbare Stücke präsentirt werden."

Im selben Jahre den 19. April 1712 kam es auch vor, daß ein hiesiger Procurator und Gelegenheits-Dichter Wilhelm Merz zu Ehren des Magistrats mit mehreren Bürgerssöhnen und Bürgern ein selbstverfaßtes Stück aufführen wollte, dessen Handlung erst vor Kurzem hier vorgegangen war, und worin noch hier lebende Personen vorkamen; auch General Marlborough, sogar der erst vor einem Jahre verstorbene Kaiser Joseph I. u. s. w. Die Censur verbot es am Abend vor der Vorstellung, da schon mit dem Drucke begonnen worden. Merz änderte schnell alle Namen „anagrammatice", und es wurde während der Nacht gedruckt. (Wahrscheinlich nur das Programm nicht das Stück.) Auf Klage des Censors wurde im Rathe hin und her conferirt. — Merz supplizirte aller Orten, dabei verstrich die Zeit, es blieb bei dem Verbot, und das zahlreich Nachmittags um 3 Uhr versammelte Publikum mußte seine Billeten wieder zurückgeben. Merz ward zwei Tage in den „Gehorsam" gesperrt (am Eisenberg), das Stück aber doch den 28. April mit ganz veränderten Namen zu spielen erlaubt. — Greif's Handschriften, denen ich diese Nachricht verdanke, geben auch die Notiz, daß um 1700 die königl. polnische und churfürstlich-sächsische Komödianten-Prinzipalin Geldin hier gespielt habe. —

Bei dem Namen ist (Velthin) eingeschlossen, also wahrscheinlich die Wittwe des berühmten Direktors Veltheim, der eigentlich Velthen hieß und 1705 starb, worauf sie mit der Gesellschaft Süddeutschland bereiste; zwischen 1707 und 1714 war sie wenigstens in Nürnberg, doch ist auch dies nicht durch dortige Zettel verbürgt. Die Hauptstärke dieser Gesellschaft lag in den **Haupt- und Staats-Aktionen.** (Siehe den Artikel „extemporirte Stücke" im Register.)

Die hiesigen Almosenamts-Akten erwähnen noch eines **Johann Konrad Streng,** der im Februar 1715 auf einer eigen erbauten Bühne Vorstellungen „in der finstern Stube" gegeben, so wie im August desselben Jahres 15 der Compagnie-Direktoren Heinrich Rademin (? Nicht deutlich zu lesen) und Markus Waldmann, deren Bitte aber, nächsten Winter wiederkommen zu dürfen, abgewiesen wird. Im Gotha'er Theater-Almanach von 1779 wird in einer Uebersicht sämmtlicher deutscher Gesellschaften dieses Jahrhunderts ferner mit Bestimmtheit versichert, daß der berühmte deutsche Hanswurst **Prehauser** zwischen 1723—25 hier gewesen sei. Gullmann erzählt ferner, daß 1723 in dem Meistersänger-Komödienstadel königl. polnische und chursächsische Schauspieler theatralische Vorstellungen gaben, welche so zahlreich besucht waren, daß viele Leute keinen Platz mehr fanden, wenn sie nicht bei Zeiten kamen. Ich habe guten Grund zu vermuthen, daß dies die berühmte Neuber war; wenigstens war diese Gesellschaft erwiesen unter demselben Titel 1715, 1723 und 31 in Nürnberg. Endlich erwähnt noch Gullmann italienische Opern und Schauspiele, die im Stadt-Komödienhaus Dezember 1733 mit Beifall stattfanden, trotz der sehr Vielen unverständlichen Sprache. — Ihr Direktor hieß Madonis. — Ein Fascikel im hiesigen Stadt-Archive „Opern-Vorstellungen betreffend" nennt ferner noch folgende:

1) Antonio Denzi mit seiner italienischen Operisten-Banda 1745—46.

2) Andrea Ferro-Capo mit Pantomimen, Februar 1753.

3) Joannes Franciscus Crosa, Direktor der Hofmusikanten des Prinzen Karl von Lothringen. 6 Wochen 1755. Ein weiterer Fascikel im Archive theilt noch folgende Direktoren mit:

4) Sebastiani hat 1759 mit seiner französischen Kinder-Pantomimen-Gesellschaft vom 13. Juni an 17 Spiel gegeben.

5) Brunian 1759 vom 12. Novbr. an hat 21 mal italienische Pantomimen gespielt. 1761 wurde er abgewiesen. —

6) Sebastiani hat 1760 abermals vom 10. Septbr. bis 12. Dezbr. 48 mal gespielt; desgleichen 1761 bis letzten Februar 23 mal. —

Es scheint anfangs bestimmt gewesen zu sein, daß der Friedens-Congreß während dem 7jährigen Krieg hier abgehalten werden solle. — Darauf spekulirend bewarben sich — Novbr. 61 — schon Graf Joseph von Seeau als Intendant der Münchner Hofoper, Mathias Wittmann mit einem deutschen Schauspiel, und eine französische Comédie-Gesellschaft von Turin zugleich um die hiesige Permission. Da sich aber der Krieg bekanntlich noch 2 Jahre hinauszog, und die Herren Gesandten sich später zu Hubertsburg versammelten, fielen auch diese Projekte weg. Doch spielte

7) Wittmann 1761 sogar 49 mal. Desgleichen derselbe 1762—63 vom letzten Dezbr. an 24 mal.

6) Sebastiani 1764 vom letzten März an 40 mal, in der Fasten 7 mal, und nach Ostern 33 mal. Ein einziger bei den Alten liegender Zettel gibt einige Namen seiner Sänger an. Es sind: Hr. Brochard Lambert. Hr. Schretter Joseph. Mad. Naumann.

„ Naumann. „ Pillotin.

„ Pilloti. Dlle. Brochard. „ Sebastiani.

Desgleichen derselbe 1765 noch 22 mal.

8) 1765 gaben auch vier venetianische Operisten 14 Vorstellungen unter Giovani Domenico Zamperini.

9) 1766 hat Chindler (ob Kindler?) zweimal, und zwar jedesmal 28 Spiel gegeben. Endlich spielte

10) Filippo Dessales mit seiner Compagnia buffa 22 mal. Mehrere andere Konzessions-Gesuche — meist von Italienern — wurden vom Senate abschlägig verbeschieden. — Nach dem ältesten meiner Zettel ohne Datum spielte eine Gesellschaft, die 2 mal da gewesen sein muß, im „Herren-Stadel." — Anfang ½6 Uhr. Leggeld 30, 15 und 6 Kreuzer.

Aber wir stoßen in der Hälfte des 18. Jahrhunderts auch noch auf bürgerliche Schauspieler-Gesellschaften — Nachdem sogar ein Bortenmacher J. H. C Purmann aus der Meistersängerzunft von 1723—38 selbst auf eigene Rechnung geistliche Komödien im Baumgarten aufführte, waren es besonders Musikanten, die sich in der Fastenzeit, wo sie keinen Verdienst hatten,

mit Komödien befaßten. — 1744 gab Valentin Wagner, burger-
licher Stadt-Musikus im Baugarten-Saale — damals Wirths-
haus, jetzt Filial-Krankenhaus — in der ersten Hälfte der heiligen
Fasten: „König Kodrus ein guter Hirt mit schöner Music und
„anderen theatralischen Vorstellungen ausgezieret", und in der zweiten
Hälfte bis zu Anfang der heil. Charwoche kam „die wunderbare
„Bekehrung" jeden Sonn=Mon=Erch=(Dienstag) und Donnerstag wie
auch Feyrtag zur Aufführung. Anfang jeden Werktag praecise
nach 2 Uhr. Sonntag um 4 Uhr nach der Kirche. Einlaßgeld
wie allezeit 30, 15, 10 und 6 kr. — Die Gesellschaft bestand aus
kath. Studenten, Musikanten, Wasserbrennern, Nachtwächtern mit
ihren **Weibern** und **Töchtern** wie in Nürnberg. (Also auch schon
Frauen auf den Liebhaber=Theatern. (S. Neuber.) Die Stücke waren
wie überall untermischt mit Possen und — Zoten.

Obgleich der Mann bald darnach gestorben sein muß, setzte doch
Wagners Wittwe diese Vorstellungen noch 1747 fort und gab
in der ersten Hälfte der Fasten „Unglückseliges Schlachtopfer des
„Neides in einem Bruder=Mörder vorgestellet", in der zweiten Hälfte
„Protasius, ein christlicher Held." „1745 den 24. und 29. August
„und 4. September stellte die löbliche Burgerschaft der Chur=Bayer'schen
„Gränitz=Stadt Friedberg in einem erschröcklichen Trauer=Spihl
„auf dem Rathhause — doch wahrscheinlich im Flötz — vor:
„Wie das Leben, also der Tod oder Chrysarius Ein Hoch=Adelicher
„Herr und dessen unglückseliger Tod." — Diese Tragödie war ge-
stohlen, und eine schon im vorigen Jahrhunderte von den Jesuiten
aufgeführte abgeschrieben, nur die Namen etwas geändert. Die
Schauspieler waren: „ein Schneider, Drexler, Leistschneider, die
„meisten Klein=Uhrmachers=Gesellen, die Sänger ein Teutscher Schul-
„meister, der Meßner von Othmaring, Stadt=Musici u. s. w.

Und so spielte denn Alles Komödie in diesem Jahrhunderte,
die Schuljungen und Studenten jeden Alters, die Handwerker und
die Meistersänger, unter denen sich schon seit 1681 besonders ein
„Hefelin" hervorthat, und wandernde Truppen — der zahlreichen
Privat=Liebhaber=Theater nicht zu gedenken — meist mit
papiernen Manchetten und goldpapieren Tressen auf
den Straßenröcken. Ja selbst die kirchlichen Feste müssen
immer noch mit einer Art von theatralischen Vorstellungen verherrlicht
worden sein, wie aus den Verboten der Bischöfe hervorgeht.
Bischof Alexander Sigmund verbot 1711 die theatralischen

Vorstellungen und mannigfaltigen Figuren bei Prozessionen, und Fürstbischof Klemens Wenzeslaus verbot 1774 die theatralische Vorstellung der Verkündigung Mariä bei den Engelmessen zur Adventzeit in den Kirchen.

Auch der Rath verbot noch 1757 das Spielen im Theater an nicht weniger als den folgenden Tagen: Alle Sonntage, Neujahr, heil. drei Könige, St. Sebastian, alle Marien- und Apostel-Tage, die ganze Fasten hindurch, die ersten drei Tage von Ostern, Pfingsten und Weihnachten, Himmelfahrt Christi, Johann Baptist, Frohnleichnam und Friedensfest, St. Ulrich und Afra, Michaelis, Allerheiligen und die zwei letzten Wochen der Adventzeit. Im Ganzen ungefähr 140 Tage — Das Almosen-Amt, das natürlich dadurch selbst am meisten verkürzt wurde, klagt deshalb öfter „weylen „doch dem ärgerlichen Possenreisser Sartor (Siehe diesen) gestattet „wird, nach geendigtem Gottesdienste seine Spiele bis in die Nacht „fortzuziehen, womit er meist gesittete Ohren beleidigt, und der Jugend „Aergernuß giebt.“ — Auch führt es an, daß doch nicht nur in München und Wien, sondern selbst an den Theatern geistlicher Fürsten zu Köln, Koblenz und Salzburg an Sonntagen gespielt werden dürfe — umsonst! — 1792 wurden 3 Aposteltage erlassen. Dem Komité 1796 wurden freigegeben: vier Wochen in der Fasten bis Judika, drei Wochen im Advent, der Neujahrs-, der dritte Oster-, Pfingst- und Weihnachts-Feiertag, dreizehn Heilige und drei Frauen-Tage, aber nicht die Sonntage — aus Rücksicht auf die Gesammt-Petition der hiesigen Weinwirthe, Bierbrauer und Kafe-Schenken, welche darin den gänzlichen Ruin ihrer Geschäfte sahen — Leider ist hier eine Lücke in den Akten, und es ist nicht anzugeben, wann endlich das Spielen am Sonntage zuerst erlaubt wurde, wahrscheinlich erst von der bayerischen Regierung. 1807 waren wenigstens nur mehr die drei ersten Festtage an Ostern, Pfingsten und Weihnachten, die Charwoche vom Palmsonntage an, Christi Himmelfahrt, Frohnleichnams- und Friedens-Fest und Allerheiligen ausgenommen.

In Folgendem setze ich nun noch wörtlich die Schilderung des Zustandes der Stiftungen von Seida — gedruckt 1812 — hieher, und füge ihnen meine wie Anderer Bemerkungen bei, weil sie eine Uebersicht des Theater-Wesens hiesiger Stadt gibt: „durch solche, „wie durch noch größere Beeinträchtigung durch die immer häufigeren „Einwanderungen fremder Schauspieler-Gesellschaften „fanden sich die Meistersänger zu erneuerten Beschwerden veranlaßt,

3

„deren schon im vorigen Jahrhunderte erwähnt wurde, und denen
„1723 den 18. Septbr. dadurch abgeholfen wurde, daß man den-
„selben vergönnte, daß sich die Schauspieler über die zu bezahlende
„Entschädigungssumme mit ihnen zu vergleichen hatten für den
„Fall, daß sie an den Tagen spielen wollten, wo auch jenen zu
„spielen erlaubt war. Ein weiteres Dekret vom 24. Septbr. 1733
„setzte die Entschädigung auf 3 fl. fest mit Beschränkung auf die
„privilegirten Spieltage. Ein späteres unterm 30. July 1767
„erlassenes gab den Meistersängern die Befugniß, von fremden hier
„spielenden Komödianten für jeden Spieltag ohne Unterschied 3 fl.
„zu fordern; ein neueres vom 31. März 1768 fixirte diese Abgabe
„auf wöchentlich 5 fl.; sollten jedoch ein oder mehrere Feiertage
„einfallen, nur auf wöchentliche 3 fl." Es erinnert dies unwill-
kührlich an das Theater=Privilegium, welches der Nürnberger
Magistrat erst in diesem Jahrhunderte der Frau von Trentignalia
— **auf sechs und dreißig Jahre** — verlieh, die es dann an einen
2., und dieser wieder an einen 3. in Afterpacht gab, so daß endlich
der Direktor blos für die Abgaben spielte, während er selbst kaum
mehr das eigene nackte Leben herausschlug. — Aber die armen
Mitglieder! Und die Kunst?!

Nachdem aber das ält. Almosen so vieles (?) Geld auf den
Neubau des Theaters 1776 verwendet hatte, arbeitete es vor Allem
darauf hin, die Aufhebung dieser Dekrete zu erwirken, welche ihre
eigenen Einnahmen aus den Theater=Produktionen so sehr schmälerten.
Waren nemlich jene Gesellschaften auch nicht ausgezeichnet, so
waren sie doch in jedem Betrachte einträglicher als die Spiele der
Meistersänger.

Die deutsche Literatur, schon an dem Zeitpunkte angelangt,
wo sie ihre Selbstständigkeit zu erringen begann, feierte bald die
zweite Blüthe. — Schon Gottsched trat dem herrschenden Unge-
schmacke entgegen, doch vermochte er sich selbst noch nicht von der
Herrschaft des französischen Drama's loszumachen. Friedrichs II.
Siege über Frankreich gaben dem deutschen Volke die Achtung des
Auslandes, und das seit dem 30jährigen Kriege entschwundene
Selbstgefühl zurück. — Was aber Friedrich auf dem Felde der
Schlacht, das vollbrachte **Lessing** gleichzeitig auf dem Felde **der**
Kritik. — Er war es zuerst, der aller Welt die Mängel und
Schwächen der französischen Literatur vor Augen legte. —

„Man sah jetzt von jenen reisenden Truppen schon manchesmal
„ein Stück von Elias Schlegel, ein Trauerspiel von Cronegk,
„Weiße, oder gar von Lessing, Schröder, Jünger, Gotter,
„statt daß die Legenden, Historien oder selbst fabrizirten Farcen
„unverrückt stehen blieben, die dann das Publikum, bereits durch
„Besseres verwöhnt, nicht mehr sehen wollte." Eine alte Schrift
von 1681 klagt schon, daß sie „Alles immer auf ihre alte unan-
„genehme meistersingerische Manier gemacht haben wollten, so sich
„doch gar nicht mehr artet." — Die großen Veränderungen der
Zeit und Veredlung des Kunstgeschmacks zertrümmerten zuerst in
Mainz, der ältesten Heimath, dann in Nürnberg, wo 1770
die letzte Singschule gehalten wurde, endlich im Herbste 1772
auch hier das Gebäude der Meistersingerei gänzlich, und ließ
sie eben so schnell in Vergessenheit gerathen. Nur in Ulm über-
dauerte der Meistergesang sogar die Schrecken der franz. Revolutions-
kriege und die vier letzten Sänger übergaben im Oktober 1839
ihr ganzes Inventar dem Ulmer Liederkranz mittelst Urkunde. —
Die letzten Augsburger, welche in den hiesigen Alten noch genannt
werden, sind: Ehrhardt, Mayer, Acker und Sartor. (Sein
Ende siehe Puppentheater.) Als letzter Vorstand von 1756 führte
er nicht blos Puppenspiele auf, sondern von 1760 an sogar „regel-
„mäßige von den berühmtesten Skribenten verfertigte Stücke" mit
seinen — wie sie sich jetzt nannten — „verburgerten Komödianten und Meistersingern." So 1767 15 Spiel vor und 16
in der Fasten, 1768 nur 2 mal, dagegen 1769 in der Fasten 9 mal
und nach Ostern 18 mal, dann vom Juni bis 31. Juli 33 mal
und vom 1. bis letzten August 16 mal, zugleich und abwechselnd
mit Theresina von Kurz. (Siehe diese.)

Von allen Seiten fielen nun die Schranken, welche Vorurtheile
gezogen, und die den Gesichtskreis der dramatischen Muse beengt
hatten, wenn auch im Vergleiche mit andern Städten sehr spät.

„Nachdem indeß schon damals über die Baufälligkeit und Gefahr
„für die Zuschauer geklagt wurde und von 1760 an Handel und
„Gewerbe hier wieder aufblühten und viel gebaut wurde, erwachte
„auch die Lust zur Erbauung eines neuen Tempels der
„Thalia stärker als je, und ein Dekret des Magistrats vom
„2 April 1776 genehmigte das Vorhaben, so wie den für den
„größern Umfang des Theaters vom Almosenamte in Antrag
„gebrachten Ankauf des Gartens und Hauses der Gärtnerswittwe

3*

„Federlin um 18,000 fl. nebst Lieferung von Holz und Ziegel-
„steinen aus den städtischen Baumagazinen um die eigenen Kosten.
„Man schickte sogleich Werkmeister nach München, um sich dort
„wegen des Baues zu belehren, und Alles wurde in Bewegung
„gesetzt. Ueber 100 Menschen waren nun täglich mit dem Theater-
„bau beschäftigt, der zwar 21,147 fl. 38 kr. kostete, wozu auch
„5 reiche Bürger der Stadt — der bekannte Fabrikant Schiele,
„das reiche Bankhaus Liebert und 3 Andere — die große Summe
„von **225 fl.** beisteuerten, der aber demungeachtet verunglückte,
„weil er nach einem schlechten Plan, bei dem die architektonischen,
„akustischen und optischen Grundsätze in keinen Anschlag kamen, von
„dem Maurermeister **Franz Xav. Grundtner** ausgeführt wurde,
„dem es durchaus an allen dazu nöthigen Gaben und Einsichten
„fehlte. — Die Arbeit gewann indeß einen so raschen Fortschritt,
„daß das Ganze seine völlige Vollendung innerhalb 29 Wochen
„erreichte." (Eine Eilfertigkeit, die man ihm noch ansieht.) „Schon
„den 16. Oktober 1776 hatte die **Schopf**'sche Gesellschaft die Ehre,
„das neue Theater zu **eröffnen**, und das Glück, ihr gutes, bis
„in die Fasten (11. Febr.) fortgesetztes Spiel mit allgemeinem
„Beifall belohnt zu sehen." — Seida sagt zwar: vor ihr war
außer der Kurtz'schen noch keine regelmäßige Schauspieler-Gesellschaft in Augsburg gewesen, Fischer und die Theater-Akten zählen
aber außer den schon früher genannten noch mehrere auf, wie wir
später sehen werden.

„Dieses Schauspielhaus hat drei Stockwerke, deren zwei zu
„Logen 30 an der Zahl dienen, das höchste aber zur Galerie be-
„stimmt ist. Das Parterre, worin zu beiden Seiten zunächst der Bühne
„auch zwei Logen angebracht sind, ist in der Mitte abgetheilt, und
„bildet das sogenannte Parquet und den zweiten Platz. — Das
„Ganze ist nicht über 27 Schuh tief und hat weder die gehörige
„Länge noch Breite noch Höhe."

Ihre Maße erlitten durch mancherlei Versuche anzuflicken
öftere Aenderungen, besonders seit die Schießel'schen Häuser, die von
rückwärts daranstießen, angekauft und 1846 abgebrochen, auf ihrer
Stelle aber ein Gebäude mit der Bühne vereinigt wurde, das außer
der bedeutenden Verlängerung der Bühne zu ebener Erde ein Deko-
rations-Magazin, Kassen- und Portiers-Zimmer, sowie ein Ankleidezimmer enthält. — Im ersten Stocke sind drei Ankleidezimmer,

im zweiten eine schöne Wohnung für den Direktor, und unter dem Dache große Räume für Aufbewahrung der Garderobe.

Die jetzigen Maße (1870) gab mir der langjährige und zuverläßige Theatermeister Saler d. ä. an. Sie weichen indeß, so wie die Zahl der Zuschauer, und der möglichen Einnahme von denen im Theater-Lexicon von 1839 angegebenen etwas ab.

Tiefe der Bühne von den Fußlampen bis zur Magazins-Thüre

des Neubaues . . . . 75′
Breite des ganzen Hauses von einer Seitenmauer zur andern 48′
Breite des Proseniums . . . . 22′
Breite von der ersten Kulisse rechts bis zur selben links . 20′
Breite der Bühne bei den letzten Kulissen . . . 18′
Breite der Dekorationen . . . . . . 28′
Höhe vom Podium bis zu den Soffiten:
   a) bei der ersten Kulisse . . . . . 21′
   b) bei der letzten Kulisse . . . . . 20′
Zahl der Kulissen auf jeder Seite . . . . 7.

Die Personenzahl, welche der Zuschauerraum faßt, wird zu 900 bis 1000 Personen angenommen. Ich gebe hier einen Auszug aus den Kassen-Rapporten meiner bis 1870 hier gegebenen 51 Benefize, die größtentheils so voll waren, daß sie ein Bild von der möglichen Zahl von Zuschauern geben können, indem ich für jeden Platz die höchste Zahl der verkauften Billete hersetze und durch Beisetzung der Preise, welche für die Oper etwas höher sind, auch das mögliche Ergebniß anführe. (NB. bis 1870 bei Ubrich, der zwar die Preise wieder etwas höher stellte, aber auch in der Personenzahl verkürzt wurde.)

Plätze	Personen-Zahl.	z. Platz fr.	Schau-spiel.		Oper.	
		kr.	fl.	kr.	fl.	kr.
I. Rang	70 Personen und 12 Kinder zu halben Preisen. Diese Zahl nur einmal erreicht . . .	60	76	—	76	—
II. Rang	92 Personen, auch nur einmal erreicht	36 42	55	12	64	24
	174 Personen Uebertrag	—	131	12	140	24

Plätze.	Personen-Zahl.	per Billet. kr.	Schau-spiel. fl.	kr.	Oper. fl.	kr.
	174 Uebertrag:		131	12	140	24
Parterr-Logen.	49 Personen, wobei jedoch Viele bei den Sperrsitzen stehen mußten	60	49	—	49	—
Sperr-Sitze.	146 Personen, wodurch aber dann natürlich das Parterre ver-kürzt wird	36 u. 42	87	36	102	12
	NB. Später hat man immer mehr Bänke des Parterres zu Sperrsitzen gemacht.					
Parterre.	393 Personen, wenn nicht zu kaltes Wetter ist. Mit Mänteln und zur Krinolinenzeit stets 50 Per-sonen weniger	24 u. 30	157	12	196	30
	NB. Einmal, wo auch das Orchester geräumt und zu 24 kr. verkauft war, zählte man sogar 474 Pers.					
Galerie.	369 Personen. Kam auch nur ein-mal vor und ich begreife es da nicht. Sonst meistens zwischen 250 und 300 Personen . à	12	73	48	73	48
	1131 Personen. Ertrag:		498	48	561	54

Dann müßte aber natürlich das ganze Haus auf allen Plätzen überfüllt sein, und die Differenz zwischen den Schauspiel- und Opern-Preisen wäre bei einem solchen Hause 63 fl. 6 kr — Wenn es schon kaum denkbar ist, daß die obige Personen-Zahl wirklich auf allen Plätzen da sein sollte, so ist es hinsichtlich der Einnahme noch weniger möglich, diese Zahl wirklich zu erreichen, weil eine Masse von Freibillets und Vergünstigungen halber Preise für Kinder, Studiosen, niedere Militär's u. s. w. hier unvermeidlich sind. Meine höchste Brutto-Benefize-Einnahme war 433 fl. bei Schauspiel- und 473 fl. bei Opern-Preisen. NB. Natürlich immer wieder nach den Verhältnissen von 1870. —

Doch fahren wir jetzt wieder mit Seida fort: „Gerade diejenigen, „welche das Theater höchst selten besuchen, beschweren sich am meisten

„über die Beschränktheit des Lokals. — Das Proszenium ist
„zu klein (schmal) und für die Perspektive zu unvortheilhaft gebaut,
„ungeachtet man 1807 mehr Tiefe zu gewinnen suchte.

„Den Plafond und einen Theil der Szenen-Bilder
„(Dekorationen) hat der Akademie-Direktor und Historien-Maler
„Joseph Huber (geb. 1730) unter Beihilfe von Ignaz Bauer
„gemalt. Man findet auch hier überall den richtig zeichnenden
„geist- und geschmackvollen Künstler wieder, der sich früher schon
„durch mehrere treffliche Fresko-Gemälde berühmt gemacht hat."
(Das Deckengemälde im Saale des Metzgerhauses und andere.) —
„Die mit einer frischen Färbung und vieler Anmuth dargestellte
„Szene auf dem — erst 1800 gemalten und dem Hause zu einem
„wahren Schmucke gereichenden — Vorhange, den man statt zu
„durchlöchern, mit zarter Schonung hätte behandeln sollen, ist aus
„dem 3. Buche der Grazien von Wieland entlehnt. — Die drei
„Charitinnen, die um die Abendzeit ausgegangen waren, Blumen
„zu holen, um das Lager ihrer vermeintlichen Mutter Lycenion
„zu bekränzen, tragen den kleinen Gott der Liebe, den sie
„ganz arglos auf den mit Blumen gefüllten Korb gesetzt haben,
„lachend und scherzend nach Hause. Sie sind mit einem leichten und
„reizenden Gewande bekleidet, machen ein schönes Ganzes, und
„haben den ihnen gebührenden Ausdruck und Würde. — Das Bei-
„werk, eine Landschaft, ist für die Wirkung des Ganzen sehr schicklich
„gewählt und ausgeführt. — Im Hintergrunde erblickt man eine
„arkadische Gegend mit einem von Pappeln überschatteten Bache".

Während in Nürnberg schon 1801 ein einziger Gastwirth
G. L. Auernheimer zum Reichsadler ein für die damaligen
Bedürfnisse genügendes Theater ganz aus eigenen Mitteln
baute, machte hier ein „Herr Graf von Zett" im Septbr. 1807
der Regierung die Proposition, hier ein Theater zu bauen, wenn
ihm dazu a) ein städtisches Gebäude gratis, b) die Direktion auf
20 Jahre und c) 5000 fl. jährl. Zuschuß aus der Staatskasse
bewilligt würde. Alle 3 Punkte wurden abgeschlagen, ihm aber
erlaubt, sich das Vergnügen ganz und ungetheilt auf eigene Kosten
zu machen. In einem 2. Vorschlag bietet derselbe dem Staate
20,000 fl. für die heil. Kreuz-Kirche und das daranstoßende Prälatur-
Gebäude bis zum Thor, worauf er einen Stock bauen und ein
Kasino gründen wollte. Dieses Verlangen nach der heil. Kreuz-
Kirche und dem Prälatur-Gebäude zu einem Theaterbau ward

sogar 1808 von der königl. Polizei-Direktion — Freih. v. Andrian
— wiederholt, das letztere Gebäude aber von der königl. Kommandantschaft als unumgänglich nothwendig für die Kaserne verweigert.
In demselben Jahre 1808 trugen sich hier ferner einige Spekulanten,
denen es wohl mehr um den gehofften Gewinn, als um die Aufnahme der hiesigen Bühne zu thun gewesen sein mag — wohl auch
nur versuchsweise — mit dem Gedanken an ein neues Theater,
das zu den größten und prächtigsten gehören sollte, die unsere Zeit
aufzuweisen hat. (Siehe Voltolini 1790 und Mihule 1793) —
Sie machten zu diesem Zwecke erst Jagd auf die St. Moritzkirche,
die in Folge der Säkularisation geschlossen werden sollte. „Die
„katholische Bürgerschaft wendete sich aber in ihrer Betrübniß an
„den stets Allen hilfsbereiten — protestantischen — Freiherrn Lorenz
„von Schäzler, der sich bei König Max I. so glücklich verwendete,
„daß sie wieder zur kath. Pfarrkirche erhoben wurde". (Tagblatt
vom 29. August 1872 Seite 1900.) Auch die heil. Kreuzkirche
wurde zum 3. Male in Vorschlag gebracht, allein die Aufbringung
der erforderlichen großen Geldsumme war die Hauptklippe, an
der das ganze Vorhaben scheiterte.

Solche Regungen des Kunstsinnes, die aber stets vor den
verschlossenen Geldkisten verdufteten, zählen wir noch mehrere. —
1817 wurden Kosten-Voranschläge zu einem neuen Theater gemacht
mit 56,000 fl. — 1873 hätte man bekanntlich beinahe noch eine
Null angehängt — die vom Abonnement in 14 Jahren mit
jährlich 4000 fl. getilgt werden sollten. Die Fugger'sche Kanzlei
wurde dazu in Vorschlag gebracht. — 1825 wurde viel darüber
debattirt, das Fuggerhaus selbst zu einem Theaterbau mit Börse
und Harmonie-Gesellschaft vereinigt zu erwerben. Beim Baue der
Börse auf dem jetzigen Platze 1829 tauchte derselbe Gedanke wieder
auf, und endlich gab ein Herr Friedrich Meier, Hausbesitzer
von München und Comptoir-Direktor hier (?) 1837—38 beim
Rathe einen Plan ein: „für bauliche Verschönerung im Allgemeinen,
„insbesondere aber für den Bau eines großen Gasthofes in München
„und eines Theaters in Augsburg eine Aktien-Gesellschaft
„zu gründen: „„Lokal-Kredit- und Bau-Verein für die Städte
„„München und Augsburg."" Es wurden ihm aber Hindernisse
bereitet. Ein wahrscheinlich aus dem hiesigen Bauamte hervorgegangener Rückblick auf die Theaterbau-Wünsche im Tagblatte
vom 17. Juni 1839 erwähnt, daß dieselben auch in diesem Jahre

stets wieder neu aufgewärmt wurden. — 1851 legte das Theater-
Komite der Behörde angelegentlichst den Plan an's Herz, das
damals verlassene Armenhaus (jetzt Musäum) in der Philippine-
Welser-Straße zu einem Theater zu verwenden, aber auch da wie
stets, scheute man sich Schulden zu machen. — Der stets bethätigte
gute Wille Einiger brach sich abermals an dem Widerstande Anderer.
Unter den vielen komischen Entgegnungen, die sie oft vorbrachten,
ist eine der drolligsten: „daß es sogar von Vortheil sei,
„wenn das Theater weit entfernt ist, da das Publikum doch meistens
„aus Geschäftsleuten bestehe, denen nach dem tagelangen Sitzen in
„Comptoir, Bureau und Werkstätte die Bewegung sehr gesund
„sei." Seida sagt weiter: „Das dem ältern Almosenamte eigen-
„thümlich angehörige Theater hatte zu seiner Existenz keine andern
„Hilfsquellen, als die Abgaben, welche die Schauspiel-Unternehmer,
„der Konditor (à 48 kr per Abend) und die Obstner, die im
„Theater Erfrischungen und Baumfrüchte feilhaben, an jedem Spiel-
„tage zu entrichten schuldig sind. Der Ertrag wurde zur Unter-
„haltung des Schauspielhauses, der Dekorationen u. s. w. theils
„sogleich nach Bedürfniß verwendet, theils aufgespart und ver-
„zinslich angelegt. — Auf diesem Wege hatte sich das noch 1807
„vorhandene kleine Kapitälchen von 1300 fl gebildet, von welchem
„aber damals die etwas über 1200 fl. betragenden Baureparatur-
„Kosten bestritten werden mußten, weil im Jahre vorher von den
„vorhandenen Kassen-Geldern der Stiftungs-Administration 1746 fl.
„50 kr. dem sogenannten Rothhause vorgeschossen und noch nicht
„wieder ersetzt worden waren. Indessen hätte dieselbe diesen an-
„gegriffenen Fond wohl längst wieder ergänzen können, da sie,
„auch abgesehen von dem bei der Extradition den 30. Juli 1806
„erhaltenen baaren Kassen-Vorrath von 788 fl. 13 kr, seither
„ziemlich ansehnliche Gefälle vom Theater bezogen hat. — Vor der
„Hand (1812) beschränkt sich demnach der ganze Vermögens-
„Stand:

     a) auf das Schauspielhaus im Schätzungspreise zu fl 8000 — kr.
     b) auf die Mobiliarschaft . . . „ „ 1036 39 kr.

„Der Betrag der jährlichen Rente hängt von der Zahl der gegebenen
„Vorstellungen ab, und mag einschließlich der Abgaben des
„Konditors und der Obstner im Durchschnitte beiläufig 789 fl.
„13 kr. ausmachen, wenn wie bisher das Theater nur die Winter-
„monate offen steht. — Gleichwohl wird durch die Schauspiel-Unter-

„nehmung jährlich zwischen 32 bis 36,000 fl. unter der Bürgerschaft „in Umlauf gebracht."

So weit Seida's Geschichte der Stiftungen von 1812. Diese von ihm erwähnte Extradition muß es wohl gewesen sein, wodurch die Theater-Einkünfte vom Almosenamte auf die St. Martins-Stiftung übergegangen sind, denn später wird stets nur mehr diese genannt; doch fehlen Akten darüber. — Und nun gehen wir zur chronologischen Aufzählung der von 1769 an bekannten Direktionen über, die mit wechselndem Glücke den Kampf aufnahmen mit den für die großen Anforderungen geringen Mitteln gegen die Unterhaltungssucht des kleineren und die Theilnahmslosigkeit des großen Theils des Publikums.

Es ist freilich sehr Schade, daß uns diese folgenden Aufzeichnungen nichts als die Namen der ersten Direktoren und ihrer Mitglieder aufbehalten haben, da mit ihrer Zeit zugleich die Periode der Original-Genies, die sogenannte erste Sturm- und Drang-Periode zusammenfällt, die in ganz Norddeutschland den ungeheuern Umschwung in der deutschen Literatur bewirkte. — Wie interessant wäre es, hätten wir auch ihre Repertoirs, um vergleichen zu können, wie lange jene Fluth der geistreichsten dramatischen Erzeugnisse von Klinger, Lenz, Goethe, Schiller, Leisewitz, Lessing und von Dutzenden Anderen gebraucht haben, um hier Eingang zu finden, und aus ihren Wiederholungen zu schließen, wie sie aufgenommen wurden. Während man dies ganz genau selbst von reisenden Gesellschaften im Norden aus aufbehaltenen Schriften und Verzeichnissen weiß — von Nürnberg schon von 1668 an — existirt hier wieder gar nichts. —

Diese Gesellschaften hatten nun freilich schon eine regelmäßigere Gestalt angenommen als die der früheren Jahrhunderte. — Prologe wurden zwar noch in Masse bei jeder Gelegenheit gehalten; dagegen blieb die resummirende Moral des ganzen Stücks — der Epilog — weg, weil das Publikum nicht mehr dabei sitzen blieb. Sagt doch schon Ayrer „Opus theatricum 1618" darüber:

„Ihr hört kurz Predigt gern,
„Wenn die Bratwürst destlänger wern."

Dafür kam nach jeder Tragödie noch ein Ballet oder Singspiel, und zum Schluß aller Vorstellungen ein „allegorisches Dank-Spyl," wozu die Behörde, welche die Permission ertheilt hatte, gratis Zutritt hatte.

1769. Direktorin Frau Theresina von Kurz

spielte vom 5. Juni bis 5. Oktbr. mit ihrer „berühmten" Truppe. Auf Zetteln in meinen Händen, deren einer auch im Unterhaltungsblatte des Anzeigblattes vom April 1869 abgedruckt ist, nennt sie sich „churfürstl. Bayr. Hof-Direktrice mit ihrer „Gesellschaft deutscher Hofschauspieler". Ob ihr in München, woher sie kam, dieser Titel verliehen worden, oder ob sie ihn sich hier angemaßt? Und warum hier überhaupt die Frau als Direktrice und der Mann unter den Mitgliedern erscheint, wo er doch an andern Orten als Direktor unterschrieben ist? — **Preise der Plätze. Ganze Loge im 1. und 2. Rang 6 fl. Ein Platz 1 fl. Parterre 30 kr. Mittelgalerie 24 kr. Letzter Platz 6 kr. — Anfang 5 und ½6 Uhr. —** Personal 28 Personen.

1770. Direktor Gottlieb Köppe

spielte vom 19. April bis 20 Juni. — Wie aus dem Mitglieder-Verzeichniß zu ersehen, war dies ein von der vorigen Gesellschaft abgetrennter kleiner Rest ohne hervorragende Persönlichkeit. — Personal 19 Personen.

Von hier bis 1775 ist eine Lücke, in der die Nachrichten über die Direktoren unsicher und unverbürgt sind. —

Von 1770 wird irgendwo auch noch ein

1770. Direktor Takler

mit einer Gesellschaft von 18 Personen genannt, aber nirgends gesagt, wann er spielte. Eine andere Nachricht nennt

1773. Direktor Micheli

mit 16 Personen — Wenn Beide auch hier gewesen sind, so waren es jedenfalls vorübergehende Erscheinungen ohne Bedeutung. Fischer kennt sie nicht; dagegen nennt er noch in diesem Jahre

1773. Direktor Franz Moser

vom 21. Juni bis 15. Septbr. mit einer Gesellschaft größtentheils von Kindern, ohne diese jedoch aufzuzählen. Es spielte ferner

1775. Direktor Felix Berner

vom 3. Jan. bis 28. Febr. abermals mit einer Kinder-Gesellschaft (S. Register). Es gaben

1775. Herr Berger und Madame Fink

im selben Jahre vom 1. Mai bis 14. Juni deutsche Operetten mit dem größten Beifall und endlich auch noch im August dieses Jahres

1775. Direktor **François de Albis**

theils in deutscher, theils in „welscher" Sprache Vorstellungen mit einer Opera buffa.

Den Winter hindurch spielten vom 22. Novbr. bis Januar 1776

die Kompagnie-Direktoren Grimmer und Sartori.

Ihre Gesellschaft ist nirgends angegeben. Die Akten enthalten ferner noch die Konzessions-Ertheilung an einen

1776 Direktor Peter Rosa

vom Februar bis letzten Mai mit seiner Opera buffa. Demselben wurden bereits die revidirten Bedingungen für das zukünftige neue Theater auferlegt. Sie lauten:

1) Erlegt der Direktor sogleich nach erhaltener Permission 400 fl. Kaution, welche dem Almosenamte als Indemnisation wegen anderweitig behinderter Verpachtung des Theaters verbleiben, falls er seine Erlaubniß nicht benützen sollte. (NB. Wurde sehr bald auf 200 fl. herabgesetzt).

2) Bei rechtzeitiger Eröffnung der Bühne erhält er 200 fl. wieder zurück, die andern 200 fl. bleiben deponirt bis zur klaglosen Abreise.

3) Soll er nur regelmäßige „unanstößige" Stücke, Ballete und Opern aufführen.

4) Hat er die Music, die Beleuchtung der Bühne und des Orchestre, Zettel, Kassa und Einfeuerung zu bezahlen. Dagegen wird

5) Die Beleuchtung des Kronleuchters und des ganzen Schauplatzes, der Treppen dahin, und der Straße, so wie zwei Logenmeister, Zettelträger, Lichtbuzer, Theater-Zimmermann und Wacht vom Almosenamte besorgt. (Als aber 1786 auf hohen Befehl diese Wache auf 5 Mann à 12 kr. vermehrt wurde, schoben die Herren diese neue Last wieder der Theaterkasse zu Diese verblieb ihr auch, als die königl. b. Polizei-Direktion 1807 einen Polizei-Sekretär mit Freisperrsitz und 4 Polizeidiener à 15 kr. dekretirte.

6) Hat er bei jedem Spiele vor aufgezogener Gardine für den Gebrauch des Theaters 16 fl. zu bezahlen. (Dies wurde

später dahin abgeändert, daß der Direktor nach eigenem Ermessen obige Auslagen selbst besorgen konnte, und dann nur 12, auch wohl nur 10 fl. zu erlegen brauchte. Außerdem hatten aber die Herren auch noch einen „Birnheber" am Portal des Theaters wie an jeder Kirchenthüre, der selbst noch nach den ersten 30ger Jahren unserer Zeit, als das Theater bereits in das Eigenthum der Stadt übergegangen war, jeden Eintretenden mit seiner Blechbüchse anklapperte, bis sich das Publikum selbst diese Belästigung verbat, oder vielleicht auch von selbst aufhören mußte, weil Niemand mehr etwas gab. (War der Direktor nicht etwa genöthigt, täglich Armenbenefize für seine eigene Gesellschaft zu geben, und machte er gute Geschäfte, so kam man überdem noch mit der Forderung eines oder gar zweier Benefize für die Armenkasse nach.)

7) Erhalten die Herren Deputirten zum älteren heil. Almosen die zwei ersten Logen am Theater frei, so wie 3 weitere Freibillets, jedes à 2 Personen, zur Benützung für die Herren Kassiers u. s. w. (Mit Uebernahme Augsburgs von Baiern nahm die kön. Polizei-Direktion auch noch die Loge Nr. 1 in Anspruch, und 4 Parterrebillets für ihre Sekretäre.

8) Betrifft die verbotenen Spieltage. Darüber siehe Seite 33.

Eine weitere Verbindlichkeit, die zwar hier noch nicht erwähnt ist, aber bei späteren Konzessions-Verleihungen ausdrücklich auferlegt wurde, ist die, daß der Direktor versprechen mußte, das Publikum wenigstens zweimal auf seinen eigenen Zetteln zu avertiren, daß man „den Theaters-Personen nichts borgen solle." — Preise der Plätze für die vier großen Logen 3, für die übrigen 2 fl., 1. Parterre und mitlere Galerie 30 kr., 2. Parterre 15 kr. und Seiten-Galerie 6 kr.

Gleich nach Rosa's Abreise begann nun der Umbau des Theaters, wie er schon Seite 36 u. d. f. beschrieben werden. Die neue Bühne eröffneten

Direktor André Schopf und Madame Schimann den 16. Oktbr. mit „Essex", und schlossen sie 11. Febr. 1777 mit dem 64 Stücke.

Den 27. Dezbr. und den 3 Januar wurde „Graf Waltron oder die Subordination" gegeben, wozu 44 Mann von der Stadt-Garde als Statisten kommandirt wurden. — „Ein Ereigniß für die damalige Zeit", sagt Gullmann — Personal 22 Personen und 1 Kind.

1777—78. Direktor Franz Moser

gab zum 2. Male (Siehe 1773) vom 30. Septbr. bis 23. Jan. 1778
wieder 58 Stücke. Nach dem Tode seiner Frau überließ er seine
„berühmte churbaierische Gesellschaft" freiwillig an Schikaneder,
nachdem er sie 30 Jahre geführt hatte, und setzte sich zur Ruhe.
Schikaneder begann also hier seine Laufbahn als Direktor in
seinem 27. Jahre den 24. Jan. 1778 zuerst unter seinem Namen
mit „Hamlet", gab bis zum Schluß der Bühne den 1. Mai noch
30 Stücke, und führte die Gesellschaft von hier nach Ulm und
Stuttgart. Personal 29 Mitglieder und 2 Kinder.

1778—79. Direktor Immanuel Schikaneder.

Es mag dem neuen Direktor wohl nicht schlecht hier gegangen
sein, denn schon den 17. Septbr. desselben Jahres brachte er bereits
wieder eine verstärkte Gesellschaft von Stuttgart mit, wo er sich
ebenfalls gut gestanden, und endigte erst den 16. Febr. 1779, um
nach Nürnberg zu gehen, nachdem er in dieser Zeit 75 Stücke
gegeben. Personal 32 Personen und 2 Kinder.

Kaum hatte indeß Schikaneder die Bühne verlassen, als sie sich
bereits den 19. März einer zweiten Gesellschaft eröffnete unter dem

1779. Direktor Wolfgang Rößl,

welcher mit mehreren schon da gewesenen Mitgliedern fortspielte bis
zum 20. Mai und 23 Stücke gab. Seine Gesellschaft gefiel gar
nicht, und wurde daher sein Gesuch, im nächsten Jahre wieder
kommen zu dürfen, vom Senate abgeschlagen. —
Personal 30 Mitglieder.

Doch wurde die Bühne in diesem Jahre auch noch von einer
dritten Gesellschaft besucht

1779. und 1780. unter Direktor Johann Böhm,

welche noch vom 11. Juni bis 1. Septbr. 38 Stücke gab, und schon
1780 im Frühjahre von Mainz zurückkehrte, um neuerdings vom
28. März bis 23. Juni 37 Stücke aufzuführen. — Er hatte eine
vorzügliche Oper. — Die Gesellschaft nahm, um Ordnung zu erhalten, das Wiener Theater-Reglement an, errichtete auch
eine eigene Kasse, worein jeder Schauspieler wöchentlich eine kleine
Abgabe legte, aus welcher sodann die Medikamente bei Krankheiten bestritten wurden. — Personal 47 Mitglieder und 2 Kinder.

Es muß indeß während Böhm's beiden saisons ein großer Wechsel stattgefunden haben, um so mehr, als viele Fächer doppelt besetzt sind, besonders beim Ballet, denn es ist unwahrscheinlich, daß er damals und hier 47 Personen zugleich erhalten habe. — Auch machte er das 2. Mal ungleich schlechtere Geschäfte. —

Den 23. Juni von dieser Gesellschaft verlassen, wurde die Bühne schon eine Woche darauf den 30. Juni von einer neuen Gesellschaft eingenommen unter den

1780. Direktoren J. G. Seipp und Fr. Bulla, die den 27. Febr. 1781 mit 110 Stücken endete. Ihre Oper gefiel indeß nach der von Böhm gar nicht. — Personal 41 Mitglieder und 3 Kinder. Von dieser Gesellschaft gibt Fischer 3 Verheirathungen an. S. Mettler, Hasenest und Reichardt.

In einer langen Ansprache auf einem noch vorhandenen Zettel beklagen sich die Unternehmer über Mangel an Theilnahme und bitten um zahlreiches Abonnement. Dies muß ihnen gewährt worden sein, da sie bis Ende Februar spielten. — Sie versprachen dies Abonnement, wenn es genügend ausfallen sollte, zu eröffnen „am Namenstage der größten Frau Europa's" 15. Oktbr. — Maria Theresia — die aber schon den 29. Novbr. 1780 starb. — Sie erwähnen darin auch, wie nothwendig gerade in diesem Jahre ein Theater hier sei, da „ein Großer, dessen Würde sowohl als eigene „Vorzüge die wichtigste Stelle in hiesigen Gegenden zieret, Augsburg „mit seiner Gegenwart beehrt". (Kurfürst Klemens Wenzeslaus.) Man erwähnt auch, daß Bulla eine zweite Gesellschaft an einem andern Orte (wo? ist nicht gesagt) gründen und das Ballet mitnehmen wird; dagegen nächsten Winter für hier ein Singspiel mitbringen werde. Dies Versprechen wurde nicht erfüllt, denn schon den 8. Oktbr. 1781 eröffnete die Bühne ein Anderer, der von 1775 her schon bekannte

1781. Direktor Felix Berner zum 2. Male, und spielte bis 19. Novbr. 19mal. Personal 24 Mitglieder.

Hatte er da die Kinder-Komödie aufgegeben, so müssen noch jetzt Reste derselben dabei gewesen sein, dies beweiset die große Zahl von Ledigen, besonders Mädchen, die alle spielen, tanzen und singen. Noch sind hier 4 Frauenzimmer angegeben, die — von Jugend auf gewöhnt Männerrollen zu spielen — dies auch noch als erwachsen fortgesetzt haben. S. Mad. Espann und Dlles. Brandin, Schneckenburger, Vogtin.

Bemerkenswerth ist auch, daß das bestbezahlte Mitglied bei ihm 9 fl wochentlich hatte. — Den 23. April 1782 begann eine neue Gesellschaft ihre Thätigkeit bis 8. Mai mit 24 Stücken unter

Direktor Friedrich Koberwein.

Personal 22 Mitglieder und 2 Kinder. — Ein Zettel dieser Gesellschaft constatirt eine kleine Revolution der ihre Herrschaften abholenden Mägde und Bedienten, welche gewaltsam mit Fackeln und Laternen in's Parterre dringen wollten, statt außen auf's Ende zu warten, und sogar den abwehrenden Direktor und die Sicherheits-Wache mißhandelten. — Die Preise der Plätze sind so angegeben: 1., 2. Rang und Parterre-Logen 1 fl. 30 kr. (Im Abonnement 30 kr.) 1. Parterre 30 kr., 2. Parterre 15 kr., Galerie 24 kr., Letzter Platz 6 kr. In der Zeit vom 22. Mai bis 2. Juni kehrte die obige Gesellschaft von

1782. Direktor Felix Berner

zum 3. Male auf 12 Tage hieher zurück und gab 9 Stücke. — Vom 23. Septbr. aber bis 4. März 1783 führte

Direktor Karl August Dobler

mit seiner „durch ihre Kunst, Natur und Moralität berühmten Komödianten-Truppe" 95 Stücke auf. — Personal 31 Mitglieder und 1 Kind.

Als Kuriosum sei hier die Stelle eines Briefes angeführt, die ein reisender Kritiker jener Zeit veröffentlichte, der die Gesellschaft hier gesehen, und sich über das Publikum so ausspricht: „Wenn ein Prinzipal beinahe jeden Tag seinem Auditorium „etwas Gutes und Neues aufschüsselt, und dennoch fast lauter leere „Bänke vor sich siehet, ist's am Ende denn da ein Wunder, wenn „ihn dies Unglück trifft, woran schon so mancher Prinzipal leider „gestrandet ist? — Mit einem solchen Publikum muß man wahr-„haftig Mitleid haben, es bedauern und — V. R. C. (Gothaer Almanach.) Ganz dieselben sehr harten Klagen aus jener Zeit führte nicht blos das Almosenamt in Duzenden von Eingaben an den Senat, wenn es seine Abgaben vom Direktor wegen Unvermögen nicht erhalten konnte, und nennt das Publikum veränderungssüchtig u. s. w., sondern es enthält dieselben auch noch das Theater-Lexicon von 1839. — Dieses sagt: „Eine solche Inkonsequenz in den „Anforderungen des Publikums wird man nirgends finden. Es „fehlt der wahre Sinn und die ästhetische Bildung. Wie wäre es „sonst möglich, daß eine so reiche, glänzende, ja man darf sagen „stolze Stadt noch immer kein Theater besitzt! — Spekulation ist die „Seele der Bevölkerung, die Juden sind die besten Theater-Besucher „u. s. w." — Solche durch ganz Deutschland verbreitete Ansichten über Augsburg hätte ich noch weit mehrere anführen können, wenn diese nicht leider schon mehr als zu viel sagten. — Eine bei der Behörde eingereichte Rechnung dieses Direktors weist allein in der Zeit vom 30. Dezbr. bis 14. Jan. einen Verlust von 459 fl. 45 kr. aus. (Das wäre viel?)

Schon im Herbste desselben Jahres 1783 vom 20. Novbr. bis 12. Dezbr. kehrte der Schauspieler

1783. Korndorfer

der bei der letzten Direktion noch unter den Mitgliedern stand, schon mit einer kleineren Gesellschaft als Direktor zurück und gab 12 Stücke.
Personal 20 Mitglieder.

1784. Direktor André Schopf und Mad. Schimann,

dieselbe Direktion, welche 1776 die neu erbaute Bühne eröffnet, und sich seitdem viel in Innsbruck aufgehalten hatte, kam den 14. Oktbr. zum 2. Male hieher zurück und spielte bis 24. Mai 1785 nicht weniger als 79 Stücke. —
Personal 22 Mitglieder und 2 Kinder.

Im selben Jahre führte noch der

1785. Direktor Roman Waizhofer

vom 6. Juni bis 26. August 35 Stücke auf. Er hatte das Böhm'sche Inventar übernommen, (siehe Seite 46) von dessen Gesellschaft indessen nur mehr 2 dabei waren. Personal 20 Mitglieder und 1 Kind.

Hier die Notiz, daß 1783, 84 und 85 hiesige Patrizier und andere adeliche Kunstfreunde im Stadttheater Vorstellungen gaben zum allgemeinen Lob und Beifall der zahlreich versammelten Zuschauer aus allen Ständen, die jedoch nur gegen Einlaßkarten Zutritt hatten. — So viel mir aus zahlreichen Besprechungen dieses

4

adelichen Liebhaber-Theaters im Gothaer Theater-Almanach hervor-
zugehen scheint, war die Veranlassung eine Art von Demonstration
für die pietistischen Eiferer gegen die sündhafte „den Menschen
entehrende Komödia!" Dirigent des Ganzen war ein Hr.
Baron J. F. von Götz, ein genialer Mann, mit dessen Uebersiedlung
nach München die Sache aufhörte.

Sie gaben 1783 den 12. Hornung: „Eugenia, Drama in 5,
und „die glückliche Jagd", Lustspiel in 2 Akten von Hrn. Heigel.

1784 den 16. Hornung gaben sie: „der deutsche Hausvater"
oder „die Familie" von Otto Freihrn. v. Gemmingen zur Be-
schaffung von Holz und Brod für die Armen.

1785 den 25. Jänner „der gutherzige Murrkopf" nach Goldoni,
und ein Melodram: „Leonardo und Blandine" von Götz selbst verfaßt mit Musik von Peter von Winter in München, dessen Szenen
der Dichter auch in 160 Tafeln entworfen, gezeichnet, geäzt und
in quarto herausgegeben hat. —

Die Mitglieder der Gesellschaft waren:
1) Fr. v. Stetten A. B. M., geb. v. Rad. (Phil. Christ.)
2) „ „ Rad E. J., geb. v. Liebert. (Christoph.)
3) „ „ Besserer M. B, geb. v. Stetten.
4) Frl. v. Schwarz.
5) „ „ Stetten Jakobine.
6) Hr. v. Rad Christoph.
7) „ „ Rad Paul. Ritter.
8) „ „ Stetten Phil. Christoph, Stadtgerichts-Assessor.
9) „ „ Stetten J. Thomas.
10) „ „ Schwarz.
11) „ „ Besserer J. J. von Thalfingen
12) „ „ Wiersbizly, preuß. Werbeoffizier.
Kinderrollen v. Stetten L. D. und v. Stetten M

1786. Direktor Immanuel Schikaneder

kehrte zum 3. Male hieher zurück, nachdem er sich zufolge seiner
Biografie während der Zeit in Innsbruck, Salzburg u. s w. aufgehalten. Er begann den 3. Juni (oder 13.) und endete den
18. Septbr. mit dem 40. Stücke. Es sind von diesem Jahrgange
zwei Zettel vorhanden, aus denen ferner ersichtlich, daß Schikaneder
damals im 3. Stocke des Gasthauses „zu denen dreyen Königen"
in der Vorstadt gewohnt, wo der Billet-Verkauf besorgt wurde.

Anfang 6 Uhr. Dieselbe Wohnung wurde auch später von mehreren Direktoren eingenommen. — Ich setze diesmal beispielshalber die Besetzung von zwei Stücken nebeneinander.

	Hamlet. Tragödie. Schröder'sche Uebersetzung.	Bettelstudent. Kom. Singspiel.
Hr. Illein . . .	Güldenstern, Anstandsrolle.	Bettelstudent, kom. Spieltenor.
Hr. Rechenmacher .	Pollonius, kom. Vater.	Brandheim, jug. Tenor. Liebhaber.
Hr. Smerel . . .	Vernsield Hösling.	Tollberg. Komiker.
Hr. Schikaneder .	Hamlet.	Müller, komisch. Alter. Baßbusso.
Mad. Seve . . .	Königin Mutter.	Hanchen. jug. Soubrette.

Es ist daraus auffallend zu sehen, wie auf streng geschiedene Rollenfächer damals gar nicht gesehen wurde. Wenn man auch annimmt, daß — wie heute noch häufig — die schönste Rolle jeden Stückes „von Rechtswegen" dem Direktor, oder doch wenigstens dem Regisseur gebürte — car tel est notre plaisir — so daß also auch Schikaneder den Hamlet und Müller spielen durfte, so sind doch auch der lustige Bettelstudent und der Hösling Güldenstern von Illein, der jugendliche Liebhaber Brandheim und der alte Polonius von Rechenmacher, so wie die jugendlich muntere Gesangs-Parthie des Hanchen und die Königin Mutter von Mad. Seve eigenthümlich genug. Auch müssen entweder die damaligen Sänger bessere Schauspieler gewesen sein als heute, oder das Publikum mäßigere Anforderungen an den Gesang gemacht haben, wenn die Sänger nur gut spielten. Von Schikaneder z. B., der schon 1791 den Wienern den Papageno so häufig vorsang, ist verbürgt (mein eigener Vater begann bei ihm seine theatr. Laufbahn) daß er eine scheußliche Stimme hatte. — Kaum indeß im Septbr. abgereist, kehrte

1786—87. Immanuel Schikaneder

schon nach 2 Monaten zum 4. Male hieher zurück und spielte nochmals vom 13. Novbr. bis 20. Febr. 1787 52 Stücke.

Personal 26 Mitglieder und 1 Kind.

Im Juni 1790 gab er seine Gesellschaft, die er 1778 von Moser übernommen (Siehe Seite 46) in Regensburg an Rechenmacher ab, ging kurze Zeit nach Prag, dann nach Wien, wo wir ihn bald darauf in vollem Flore finden. —

„Nachdem schon im Frühjahre 1786 ein Geistlicher aus Irrsee „einen Luftballon von Papier mit Strohrauch gefüllt auf dem Frohn= „hofe sehr glücklich hatte steigen lassen, wollte ein Herr Baron von „Lützendorf, fürstl. Thurn und Taxis'scher Hofrath von Regensburg, „sogar den Versuch machen, einen großen Luftballon von Taffet zu „bauen und selbst damit aufsteigen. Er erhielt die Erlaubniß, und „der Bau, dem man den günstigsten Erfolg voraussagte, wurde im „Jesuiten=Studenten=Theater begonnen. Außer den Gästen aus „Bayern strömten die Beschauer bis von Prag, Wien, Frankfurt, „Straßburg und dem Rheine zusammen, so daß alle Gasthäuser mit „Fremden überfüllt waren. Das Wogen von 100,000 Menschen zu „Fuß, zu Wagen und zu Roß brachte der Stadt reichlichen Gewinn. „Schon mehrere Tage vorher wurde Ballon, Schiffchen und der „physikalische Apparat gegen ein Entrée von 24, 48 und 1 fl. 12 kr. „im Jesuiten=Theater gezeigt und erklärt. — Auf der Siebentisch= „Wiese wurde eine Tribüne um den Ballon gebaut, worauf der „Eintrittspreis ½ Karolin oder 2 Federthaler betrug. Eine Menge „dort aufgestellter Traiteurs= und Marketender=Buden, ja selbst Tanz= „plätze für das Volk gaben der Wiese das Ansehen eines Volksfestes. — „In Göggingen beim „Hasen" und „Scherer" wurden Bälle (damals „Vaux-halls genannt) für die höheren Fremden gegeben. Auch der „Rath traf umfangreiche Sicherheits=Maßregeln mit Thorsperre, „Verstärkung der Hauptwache u. s w. — Die reichsstädtische silberne „Reiter=Kompagnie zog in Galla auf die Fest=Wiese zur Aufrecht= „haltung der Ordnung. — Maler, Kupferstecher und Medailleurs „verewigten schon im Voraus auf Gemälden, Kupferstichen und „Münzen das Bildniß des Herrn Barons in der prachtvoll verzierten „und lakirten Gondel des Luft=Ballons mit der Zirbelnuß in der „Fahne. — Schikaneder hatte bereits ein Stück „Der Luftballon" „verfaßt und von seiner Gesellschaft einstudiren lassen, während des= „selben der mit heiler Haut — und Genick — glücklich zurück= „gekommene Luft=Passagier im Theater gekrönt werden sollte. — Da „jedoch der Ballon trotz der Beihilfe aller hiesigen Mechaniker und „Physiker nicht zum steigen gebracht werden konnte — fiel auch „das Stück weg und der berüchtigte Unternehmer floh vor seinen „Gläubigern nach Lechhausen in Churbayern. — Eine musikalische „Spott=Cantate besang das großartige Ereigniß. (Wagenseil.)

Als Nebenbemerkung bei dieser Gelegenheit, daß ein hiesiger Schuster Salomon Idler schon 100 Jahre vorher auch Versuche mit einer Flugmaschine gemacht hatte; da sie ebenfalls mißlangen und er verhöhnt wurde, wollte er Theater-Direktor werden und gerieth dadurch mit den Meistersängern in einen Prozeß.

Nach Schikaneder's Abgang folgte schnell zum zweiten Male (S. Seite 48 — Jahrg. 1782)

1787. Direktor Friedrich Koberwein

vom 10. April bis 10. Mai.

Personal: 36 Mitglieder und 2 Kinder.

Noch im selben Jahre kehrte er zum dritten Male zurück vom 25. August bis 15. Oktober und zog dann mit Lob, aber ohne Geld, nach Straßburg.

Abgegangen waren indessen:

Herr Fiedler, Herr Illein, Mad. Molzheim.

Neu eingetreten dagegen:

Herr Rousseau.	Herr Stern.	Mad. Steinmann.
„ Steinmann.	Mad. Maresquelle.	Mademois. Mörsi.

1788.

In Fischer's Journal ist hier eine Lücke, doch enthalten die Akten des Almosenamtes eine Konzessions-Ertheilung an den bekannten Schopf vom Herbste 1787 bis Mai 1788. Ob er dieselbe benützt, oder ob ihm die Gewitterschwüle, die der französischen Revolution voranging, die Lust benahm, darüber ist nirgends etwas zu finden. Es erschien nun

1789
Direktor Karl von Morocz

mit einer kleinen Gesellschaft und spielte hier vom 23. April bis 8. Juni zum ersten Male. Die Zahl der gegebenen Stücke ist hier nicht angegeben — Wahrscheinlich hatte er sich nur zu kleineren Stücken verpflichtet, weil er auch nur 12 fl. statt der früheren 16 fl. an das Almosen-Amt zahlen durfte. (S. Seite 45.) Die ganze Gesellschaft wurde von Nilson silhouettirt und bei Berhelst verlegt, so wie auch die folgende.

Personal 22 Mitglieder.

Dieselbe Direktion, wiewohl mit einer fast ganz neuen Gesellschaft, kehrte ebenfalls zum zweiten Male in demselben Jahre zurück und spielte vom 19. Oktober bis 16. Februar 1790 58 Stücke.

Personal 26 Mitglieder.

Den 19. Oktbr. 1790 kam eine neue Gesellschaft unter

Direktor Joseph Voltolini

hieher und spielte bis 8. März 1791 genau 74 Stücke. (NB. Von hier an hört die Notirung der Zahl der gegebenen Stücke auf.) Er muß wohl das Publikum sehr zufrieden gestellt haben, da er in 3 aufeinanderfolgenden Wintern jedesmal auf 4 bis 5 Monate wiederkehren durfte, während welcher Zeit die zahlreichen Durchmärsche der k. k. Armee an den Rhein das Unternehmen förderten. Auch nahm das Publikum schon lebhafteren Antheil an den Vorstellungen, und das „Hervorrufen" beliebter Mitglieder wurde allgemeiner. Auch das Interesse für die dramatischen Erzeugnisse muß größer geworden sein, denn als 1792 eine gewisse durch den Handel mit Italien zu uns gekommene Parthei, deren letzte Reste erst das Jahr 1848 wegfegte: Fumasi, Pogliese, Bacchiochi, Munanni und Andere sich gegen einige „unsittliche" Stücke in frommen Traktätchen, bissigen Gedichten vom „steinernen Mann" und Pasquillen auflehnten, den „Grafen von Gleichen", die „Sonnenjungfrau" und den „Baum der Diana", in denen der Kampf der Pflicht eines Verheiratheten gegen die Liebe zu einem zweiten Weibe dargestellt war, „entsittlichend" — eine Sitten-Massacre — genannt hatten, bewies ihnen eine zahlreiche Parthei aus den ersten Familien mit satyrischen Entgegnungen vom „steinernen Reuter" aus dieser Herren und ihrer Kollegen eigenem Leben, daß so etwas hier sehr häufig und in weit anstößigerer Form vorkomme. —

Wagenseil sagt von Voltolini's Truppe: „Von Allen, die in „dem Zeitraume von 15 Jahren 892 Stücke aufführten, war diese „die vorzüglichste und machte das meiste Glück, denn von ihr sah „man nicht nur die um diese Zeit zahlreich erschienenen neuesten, „berühmten Trauerspiele und Lustspiele" — (Beil, v. Dahlberg, Gotter, Jünger, Lessing, Schröder, v. Soden, Spieß, Stephanie d. j. und die Erstlinge von Kotzebue und Iffland) — „von wackern „Leuten aufführen, deren mancher den Namen Künstler verdiente, „sondern auch größere und kleinere Opern" (Anfossi, Dittersdorf, Paisiello, Sacchini) „und artige Ballete (von Jungheim)."

Die Geneigtheit des Publikums, welche sich diese Gesellschaft auf
solche Art zu verschaffen wußte, fachte sogar das stets hier unter
der Asche glimmende Fünkchen Kunst-Enthusiasmus zu einem kurzen
Aufflackern an; man sprach einige Zeit vom Abreißen des gänzlich
verfehlten Baues von 1776 und Erbauung eines neuen, das Augsburg mehr Ehre machen sollte, aber die große Kostensumme
war nicht aufzubringen und man flickte wieder am alten.
Unter meinen Zetteln von dieser Zeit sind viele, welche die
Reichhaltigkeit des Repertoire's bestätigen, doch ist selten einer ohne
pomphafte Anpreisung des angeführten Stückes. Sonderbarer
Weise wird sogar von da ab bis 1805 öfter auf den Zetteln bemerkt: „Jedermann wird ersucht, keine Hunde in's Schauspielhaus
„mitzunehmen!" — Spieltage noch immer Montag, Dienstag,
Donnerstag oder Freitag ohne Sonntag. Um sich indeß trotz des
obigen Lobes der Gesellschaft keinen zu hohen Begriff von dem
Bildungsgrade des Hrn Direktors zu machen, setze ich ein Ab-
dankungsschreiben von ihm — im Gothaer Theater-Almanach
abgedruckt — an eines seiner Mitglieder hieher, das er noch kurz
vor seinem Bankrott in Regensburg schrieb. „Lieber Herr P.!"
„Daß Schicksall, so mich trif zwing mich dazu ihnen zu ersuchen,
„sich in Zeit von heut an 6 Wochen um ein anderes Angagemat
„umzusehen, Gott weiß es thut mir leud Ihnen so was zu sagen,
„allein ich kann es nicht enderen, ich muß meine Gesellschaft suchen
„zu verkleneren, nemen sie es nicht übel allein, allein Umstenden
„zwingen mich dazu.

Ihr wahrer Freund

Voltolini.

Regensburg den 21. July 1794.

Personal 43 Mitglieder und 3 Kinder. Das zweite Mal
spielte fast dieselbe Gesellschaft vom 24. Oktober 1791 bis
21. Februar 1792. Abgegangen waren nur die Herren Friedrich
und Lohlein, eingetreten dagegen: Hr. Treßler, Frörtrok, Klughammer, Neukäusler und Schindler, sowie Mad. Nerlinger und
Neukäusler.

Das dritte Mal spielte derselbe Voltolini vom 8. Oktober bis
12. Februar 1793. — Von der letzten Gesellschaft waren mittlerweile wieder abgegangen Hr. Treßler, Frörtrok, Klemm, Hed,
Klughammer, Neukäusler und Weber, sowie Mad. Mad, Neukäusler
und Weber. Eingetreten dagegen waren Herr u. Mad. Neuter und

Mad. Lohse. — Den 21. Januar 1793 gab man die „Zauberflöte" zum ersten Mal mit erhöhten Preisen. 1. Rang 3 fl., 2. Rang 2 fl. 15 kr., 1. Parterre 48 kr., 2. Parterre 24 kr. Mittelgallerie 36 kr., Seitengallerie 12 kr.

Den darauffolgenden Winter spielte vom 12. September bis 5. März (Aschermittwoch) eine Gesellschaft mit 5 Sängerinnen, 2 Tenor und 2 Baß unter

1793—94 Direktor Wenzeslaus Mihule.

„Gute Ordnung und solides Benehmen verschafften neben der „splendiden Aufführung der besten Opern und Ballete der Gesellschaft „die größten Vergünstigungen der Magistrate."

Der Name des Direktors ist auf einem noch vorhandenen Zettel genau wie oben gedruckt. Bei der Ungezwungenheit, mit der man damals Namen änderte, ist es wahrscheinlich der Pächter des Stuttgarter Theaters von 1795—97, der dort, wo Alles nach französischem Zuschnitte war, sich **Mihoulet** nannte und schon hier den nachmaligen Liebling des Churfürsten Friedrich und des Stuttgarter Publikums, den Komiker Vincenz bei sich engagirt hatte.

Personal 36 Mitglieder und 6 Kinder.

Mihule muß überhaupt ein unternehmender Kopf gewesen sein, denn er legte schon 1793 der Stadt-Behörde einen Plan vor, ein neues Theater an einem bequemeren Platz auf Aktien zu bauen, wenn man ein unbenütztes städtisches Gebäude gratis hergeben würde. Es hat sich aber kein solches gefunden.

Da Mihule die Konzession für diesen Winter erhalten, als er mit Nürnberg bereits abgeschlossen hatte, wurde dieselbe erst später an Herrn Voltolini wieder ertheilt, der ebenfalls bereits für Regensburg engagirt war und deshalb hieher seine Gattin schickte, wodurch sich der Anfang der Saison um 5 Wochen verzögerte, dagegen jedoch nach Ostern bis Pfingsten zu spielen gegen die bisherige Gewohnheit erlaubt wurde.

1794—95 Madame Friederika Voltolini

spielte vom 6. November bis 26. Mai hier zum vierten Male, und diesmal ereilte sie das später hier so oft gesehene Schicksal, daß sie nach drei glücklichen Jahren an der Theilnahmslosigkeit des Publikums zu Grunde ging. — Ungeachtet sie sich alle Mühe gab und sogar den 20. und 26. Mai 1795 im Freien auf der Viehweide

vom Ablaß herunter zunächst am Lech „Graf Waltron" spielte, wozu
wieder 62 Mann von der Stadtgarde als Statisten kommandirt
waren, wurde die Gesellschaft dennoch aufgelöst und hinterließ ihre
Direktorin in den dürftigsten Umständen. Der Gothaer Almanach
läßt sie zwar 1797 in Thorn bei ihrem Manne sterben, was aber
offenbar falsch ist, denn ich habe sie selbst noch 1817 hier gesehen
und gesprochen, wo sie sich am Lauterlech als Zimmervermietherin,
Kostgeberin und Wäscherin für Schauspieler während der Wintersaison und durch Kollekten bei den Mitgliedern nährte. — Meines
Vaters erster Gang am Tage unserer Ankunft war ein Besuch bei
ihr, allein obgleich sie trotz ihrer Armuth ziemlich wohlbeleibt war,
waren ihre Wohnungen doch selbst für die bescheidenen Ansprüche
meiner Eltern zu mager und wir bezogen mein heute noch von mir
bewohntes Haus. — Das glückliche Personal dieser Gesellschaft
bestand aus 26 Mitgliedern und 4 Kindern. Das Schicksal der Voltolini,
vielleicht auch die ängstlich spannende Theilnahme, die ganz Deutschland damals an dem Verlaufe der französischen Revolution und des
Krieges am Rheine nahm, die zahlreichen Einquartirungen, der Druck
der steigenden Theuerung der unentbehrlichsten Lebensbedürfnisse
mochten das Publikum wohl wenig empfänglich für den ruhigen
Genuß der heitern Künste machen, da in dessen sittlichen, politischen,
häuslichen, ja selbst gesellschaftlichen Verhältnissen die elektrischen
Schläge der französischen Freiheits-Ideen bereits wohlbemerkbaren
Einfluß geübt hatten. — Zwar hatten die Herren Mändl und Müller
von der vorigen Gesellschaft bereits die Permission des Theaters
erhalten, doch war von ihnen noch weniger zu erwarten als von
allen früheren. — In dieser Noth nun stellte sich

Herr Reichsgraf Joseph Fugger von Kirchheim
und andere „Nobili" — wie Fischer sich ausdrückt — an die Spitze
der Theaterleitung. Sie wurden im Volksmunde die „Entrepreneurs"
genannt, so sehr waren französische Benennungen in's Volk gedrungen. — Der Gothaer Theater-Almanach von 1797 gibt eine aus-
führliche Beschreibung der jetzt eintretenden Theater-Epoche, von
einem hiesigen Kaufmanne verfaßt, der von sich selbst sagt, daß er
jährlich die Ostermesse in Leipzig besucht, wo damals sehr Gutes zu
sehen war: „Bis 1793 versahen reisende Gesellschaften das Theater.
„Nun nahmen einige hiesige Patrioten und warme Freunde Thaliens
„die Direktion des Theaters über sich, um demselben den Glanz zu

„geben, „der einer Stadt wie Augsburg würdig iſt." Ein
„Schauspieler der letzten Geſellſchaft, Herr Mändl, hatte indeß, ehe
„das Unternehmen zu Stande kam, ſchon die Permiſſion auf den
„Winter 1795/96 an ſich gebracht. Dieſer Umſtand nöthigte die
„Unternehmer, jenen Herrn Mändl zum Direktor ihres Theaters zu
„nehmen; er war es aber nur von der Eröffnung den 9. Okt. 1795
„an ſo lange, als ſeine Permiſſion dauerte. Dann erhielten die
„Herren Entrepreneurs die Konzeſſion für ſich ſelbſt auf 6 Jahre
„und Herr Mändl wurde entlaſſen. — Das Unternehmen beruhte
„auf Aktien. Die bekannten Intereſſenten ſind Herr Reichsgraf von
„Fugger-Kirchheim, Herr von Ritſch, Herr von Schwarz und Herr
„Hauptmann von Peſtel; die zwei erſten Herren haben die Ober-
„Direktion übernommen, unterſchreiben die Kontrakte der Schauſpieler
„und beſorgen die Oekonomie und die Zahlungen.

In den ſchriftlichen Verhandlungen mit dem Magiſtrate ſind
außer dieſen auch noch unterſchrieben: Joseph von Schaden, Franz
Goney und Mayr, J. Fund, E. F. Dietz, Iman. Schüle & Comp.,
Karl Wohnlich und J. E. Krug.

„Das Perſonal wurde beim Entſtehen von allen Orten her
„verſchrieben, es war daher natürlicher Weiſe von brauchbaren und
„unbrauchbaren, guten und mittelmäßigen Mitgliedern zuſammen-
„geſetzt; man ſuchte aber bald die Spreu von dem Waizen zu ſichten,
„und nun fängt die Geſellſchaft allmählig an, ein gerundetes Ganzes
„zu bilden. — Nach dem Erlöſchen der Mändl'ſchen Konzeſſion ——
„vom 6. Februar 1796 an — erwählte die Direktion zwei Regiſſeure,
„Herrn Ströbel für das Schauſpiel und Herrn Kindler für das
„Singſpiel. Sie gab Geſetze und ſchloß mit den Mitgliedern Jahres-
„kontrakte. Keine Koſten wurden geſpart, um Garderobe und De-
„korationen in glänzenden Zuſtand zu ſetzen; das Orcheſter wurde
„ſtärker wie gewöhnlich beſetzt und auch dieſes in jährliche Gage
„genommen. Man muß den patriotiſchen Eifer der Herren Unter-
„nehmer für die hieſige Bühne um ſo mehr bewundern und loben,
„da er ſo wenig vom hieſigen Publikum anerkannt und
„unterſtützt, ſondern vielmehr zu tadeln und zu entkräften
„geſucht wird, denn der größte Theil von Augsburgs Ein-
„wohnern hat erſtens keine eigentliche Liebhaberei
„für's Theater, und nur ganz außerordentliche, mit Koſten und
„großer Anſtrengung verbundene Spektakel — verſteht ſich Opern —
„können mäßig das Haus füllen; zweitens keinen reinen Sinn

„und ächten Geschmack für die Kunst, denn die musikalischen
„Narrheiten, die in den Wiener Vorstädten gemacht werden, bringen
„Jauchzen der Freude und Beifallssturm hervor, hingegen in den
„Kunstwerken unserer vaterländischen Zierden, den Stücken von Iffland,
„Leissing, Babo, Schröder sieht der Schauspieler sich gedemüthigt,
„Talent und Fleiß vor leeren Bänken, einigen Alltagsmenschen, die
„der Zufall hineinführte und wenigen Kritikern auszukramen. —
„Wenn man während eines solchen Stückes das Theater betritt, so
„glaubt man in eine Nachmittags-Wochenpredigt zu kommen,
„indem hier Einer gähnt, dort Einer andächtig zuhört, hier wieder
„Einer in einen langweiligen Husten verfällt, dort Einer die Logen
„zählt und den Plafond mustert u. s. w. Feine Anspielungen des
„Dichters, leise Andeutungen eines ächten Menschencharakters, studirte
„Nüancen eines Schauspielers sind Körner, die auf einen steinigten
„Boden fallen; sie haften eben so wenig wie ein Regentropfen auf
„einem polirten englischen Stahl. Eine gute Lunge und ein Bocks-
„sprung machen zuweilen, daß eine Hand auf die andere klappt. —
„Doch diese schiefe Richtung haben die vorhergegangenen Gesellschaften
„gegeben. — Drittens ist sogar der Haß eines beträchtlichen Theils
„des Publikums gegen Alles was Theater heißt, was diesem Unter-
„nehmen einige — jedoch ohnmächtige — Hindernisse in den Weg legt!"
(NB. Es existirt eine Bittschrift von 240 Webern — Lit E. —
gegen die Aufführung gewisser Opern.)

„Bei dem Anmarsche der französischen Armee äußerte sich dieser
„Haß so laut, daß einige dieser Halbmenschen, die glauben müssen,
„die Ausübung jenes edlen Vergnügens befördere die Feuerkugeln
„und Märsche der Feinde, sich die edle Drohung erlaubten, das
„Theater anzuzünden, wenn man nicht sogleich inne-
„hielte! Natürlich ward das überhört. — Endlich haben die Herren
„Unternehmer sich durch die Schreckensscenen des Krieges durchzu-
„arbeiten gehabt." (Vordringen und Rückzug der österreichischen
Armee, sowie des französischen Corps unter General Moreau durch
unsere Stadt August und September 1796.)

„Dank also, innigen Dank diesen wackern Männern, die sich
„durch Alles dieses nicht irre machen lassen, meiner Vaterstadt durch
„ein gebildetes gesittetes Theater eine edle Zierde zu schenken, und
„mit mir und allen Patrioten und Freunden jener Kunst hoffen,
„eben ein solches Theater werde dem Geschmacke, der Beurtheilungs-
„kraft und der verstärkten Liebhaberei eine sanfte Richtung, dem

„Gefühl Reinheit und jenem barbarischen Haß vollends den Abschied
„geben. Dieser Augenblick scheint sich denn auch wirklich schon etwas
„zu nähern und einige der neuen und alten Mitglieder geben schon
„an und für sich Hoffnung dazu."

So sprach man im Jahre 1797!? — Hierauf folgt nun die
Aufzählung der Mitglieder und Kritik ihrer Talente, die man bei
den Einzelnen im Register nachzusehen beliebe. Im Allgemeinen lobt
dieser Referent das Zusammenspiel gar nicht und schiebt die Schuld
auf die Regisseurs. — Wie glänzend aber auch die Verhältnisse sich
anfangs zu gestalten schienen, so fanden diese Herren doch bald, daß
es zu viel Geld koste, wenn man Alles auch nur annähernd so haben
will, wie es ihre von Wien, Berlin, Paris und London mitgebrachte
Bildungshöhe ihnen wünschenswerth erscheinen läßt. — Mit Ende
des Jahres

1796

schon schlossen sie die Bühne — ominöser Weise mit dem Stücke
„Allzu scharf macht schartig" — und übergaben das Ganze ihrem
bisherigen Oberregisseur Kindler. Dieser begann seine Vorstellungen
auf eigene Rechnung den 1. Januar

1797

mit „Hamlet" zum Besten der Gesellschaft. Den 20. März wurde
nach Nürnberg gereist und dort abwechselnd mit Erlangen bis
21. September gespielt, wo sie die „Augsburger Gesellschaft" genannt
wurde. Von da kam dieselbe wieder nach Augsburg zurück und
begann abermals ihre Thätigkeit den 29. September und endigte
den 29. Dezember desselben Jahres, worauf sie wieder nach Nürnberg
ging, sich dort noch immer als unter der Oberleitung des Herrn Grafen
Fugger und der Direktion des Herrn Kindler stehend ankündigte
und bis August 1798 spielte. — Im Sommer 1797 strengte sich das
Almosenamt zu einer namhaften Auffrischung älterer Dekorationen an.
Personal 30 Mitglieder und 5 Kinder.

Zu bemerken ist hier noch, daß in diesem und dem folgenden
Jahre 1798 „die ledige Gesellen-Kongregation" im Jesuiten-Theater
Vorstellungen gab. Desgleichen 1802 zu Ehren des heimkehrenden
Stadtpflegers Gottfried Ammann; so wie überhaupt diese Spiele bis
1807 fortgesetzt wurden.

1798 kehrte Direktor Kindler

hieher zurück, und das Komite, welches noch immer wenigstens die Hand im Spiele hatte, wußte die Abonnenten der Logen zu einer kleinen Preiserhöhung zu vermögen. — Das Geschäft ging gut, da nach dem Frieden von Campo Formio die Furcht vor dem Kriege im Süden geschwunden, die Herren der Erde ruhig beim Reichs-Friedenskongresse zu Rastatt tagten und Napoleon in Egypten war. Aber die Unterhandlungen scheiterten, der Krieg begann aufs Neue und mit ihm eröffnete

1799 Ritter Karl von Steinsberg

während die Russen unter Suwarow und zwei Regimenter Schweizer hier waren, die Bühne den 12. September mit größtentheils ganz obscuren Mitgliedern, über die nirgends etwas zu finden war, und schloß dieselbe den 29. März.

Personal 48 Mitglieder.

Während des Feldzugs in Italien, dem der Friede von Lüneville (Februar 1801) ein Ende machte und die Franzosen unter Lecourbe hier waren, eröffnete wieder ein Adeliger

1800—1801 Herr Oberlieutenant von Haselmeier

das Theater den 24. September und schloß es 27. April (Gullmann sagt den 21.) Zwar ist dies die einzige Direktion, von der Fischer keine Mitglieder angegeben hat, glücklicherweise aber fand ich unter meinen Theaterzetteln mehrere, die zwar keine Jahreszahl tragen, aber von diesem Jahrgange sein müssen, weil die Mitglieder-Namen weder mit früheren noch späteren stimmen, und die deshalb interessant sind, weil sie beweisen, daß der nachmals so berühmte Mime Eßlair in seinem 28. Jahre hier engagirt war, was nicht blos seine Biografen einstimmig sagen, sondern was ich auch bei seinen späteren Gastspielen von München aus (1818—37) alte Leute oft bestätigen hörte, die sich noch wohl erinnerten, ihn hier spielen gesehen zu haben. Der Zettel vom Oktober ist auf der linken Seite französisch, auf der rechten deutsch; unterzeichnet aber ist

Anton Lüders.

Nach dem Theater-Lexikon und Brockhaus Conversationslexikon war das hiesige nämlich ein zweites Unternehmen Haselmeiers, der von 1797—1801 das Stuttgarter Theater in Pacht hatte nach

Mihule, (siehe 1793) und Lüders war also hier dessen Geschäftsführer. — Indessen steht in beiden obengenannten Werken nichts
von Haselmeiers Adel noch Militärcharge, wohl aber nennt ihn der
Gothaer Theateralmanach Lieutenant.

In einem wahrscheinlich aus dem hiesigen Bauamte hervor-
gegangenen geschichtlichen Rückblick über das Theater im Tagblatte
vom 17. Juni 1839 ist gesagt, Haselmeier habe, weil er in diesem
Jahre mit seiner Gesellschaft nach Paris ging, die hiesige Direktion
Herrn Mändl überlassen, doch habe ich darüber sonst nirgends etwas
gefunden.

Der erste der beiden Zettel lautet:

La flûte magique.		Die Zauberflöte.
Sarastro . . Hr. Hörger.	1.)	Mad. Lüders.
Tamino . . „ Hofmann.	2. } Dame	Dlle. Kösel.
Sprecher . . „ Seidler.	3.)	Mad. Freuen.
1. (Priester „ Eßlair.	1.)	Valentin.
2. ʃ „ Freuen.	2. } Genius } Kinder.	A. Freuen.
Königin d. Nacht Mad. Wellner.	3.)	K. Freuen.
Pamina . . Dlle. Schikaneder.	1.)	Hr. Kolla.
Papageno . . Hr. Kindler.	2. } Sklave	„ Döbele.
Mohr . . . „ Hecht.	3.)	„ Müller.

Auf dem zweiten Zettel, auf dem ebenfalls Eßlair's Anwesenheit
bestätigt ist, kommen auch die Namen vor von einem Herrn Hansen
und Braunmüller, wird also wohl dessen Frau dagewesen sein,
da sie ja 1814 und 15 auch noch mit ihm erscheint, sowie Frau
Kindler und die Herren Egger und Wellner.

1801—2. Direktor Büchner.

eröffnete jetzt die Bühne den 31. Oktober und spielte bis 1. Mai
fort. Seinen Namen habe ich in verschiedenen Werken auch Bichler
und sogar Pichler geschrieben gefunden und leider ist der Theater-
Akt von diesen Jahrgängen im Archive noch nicht aufgefunden. Der
bekannte Direktor Pichler aber war nie hier, was ich von dessen
noch lebendem Sohne weiß, an den ich mich durch einen Bekannten
wenden ließ.

Personal 39 Mitglieder.

1802—1803

vom 17. Oktober bis Frühjahr 1803 kehrte derselbe Direktor wieder.

Personal 28 Mitglieder.

Nun kömmt eine Direktion 4 Jahre nacheinander an die hiesige
Bühne, welche sich sehr lange in Süddeutschland erhielt und deren
Gesellschaft später durch ihre Verschwägerung mit der ebenfalls
kinderreichen Familie Hain (s. diese) oft fast nur aus Gliedern der
beiden Familien bestand. Es war dies die Gesellschaft des

Direktor Vanini,

welche den 21. Oktober 1803 ihre Thätigkeit begann und den 2. Mai
1804 schloß. Unter dieser Direktion wurde hier des 17jährigen
Karl Maria von Weber zweiter Opernversuch „Peter Schmoll" aufgeführt, soll aber nicht gefallen haben, wie sein Biograf sagt.

Personal 63 Mitglieder und 5 Kinder, welches deshalb so
zahlreich ist, weil die beiden Jahrgänge von 1803—5 zusammengezogen sind, auch das technische Personal vollständiger als sonst
angegeben ist.

Den 18. Oktober 1803 brannte das Puppentheater aus Brettern
auf dem Obstmarkte sammt allen Dekorationen und Puppen ab,
weil bei einer heroisch kriegerischen Vorstellung zu unvorsichtig in
papierene Dekorationen geschossen wurde. Ein gewisser Joh. Gottfr.
Sartor, der letzte der hiesigen Meistersängerzunft, der den alten
ehrlichen, aber unflätigen deutschen Hanswurst unübertrefflich agirte
und dirigirte, zeigte dort gegen ein Entrée von 1 kr. per Akt —
wie in München — seine Puppenspiele, von deren Ertrag er noch
eine ständige Wache bestreiten mußte, die ihm der Rath seit April 1790
zur Verhütung von Unfug durch „Löcher einbohren", „Bretter weg-
reißen" oder gar „Brandlegungs-Versuche" dekretirt hatte. (Siehe
S. 35.) Die alljährlichen Permissions-Ertheilungen enthalten jedoch
sehr häufig die strengste Weisung, sich dabei aller „Zoten" zu enthalten bei Verlust seiner Konzession. Als dies aber doch nichts
nützte, wurde ihm um 1790 zur Pflicht gemacht, die aufzuführenden
Stücke vorher beim Bürgermeister-Amte einzureichen. Nach dem
Brande, den Sartor natürlich auf böswillige Brandlegung schob,
wurde ihm in seinem 74 Jahre zwar gestattet, eine dreitägige Kollekte
bei der Bürgerschaft zu machen, aber die Hütte wieder aufzubauen
nicht mehr erlaubt.

Gleichzeitig mit diesem bestand ein solches Puppenspiel von
beweglichen Wachsfiguren unter einem gewissen Anton Hofmann,
Wachsbossirer von hier, dem indeß — obgleich Bürger — die Erlaubniß mit seinen Puppen zu spielen, nur sehr selten, Fremden

faſt gar nie ertheilt wurde, weil man längſt beſchloſſen hatte, mit
Sartor's Ableben das die Sittlichkeit ſo oft verletzende Puppenſpiel
ganz zu verbannen. Dem ungeachtet wurde dem Hofmann ſogar 1812
noch ein mal erlaubt, während des Ulrichsmarktes ſeine Marionetten=
Dirigenten — lauter Handwerker und Mägde — in eigener Perſon
auftreten zu laſſen. Ein ſpäterer Beſitzer „Burkhart", der indeß die
Wachspuppen wieder mit hölzernen vertauſcht hatte, ſpielte jedoch
unbeanſtandet und regelmäßig noch bis in die 40er Jahre im ſogen.
Holeis'ſchen Hoſe in der Jakober=Vorſtadt von Neujahr bis zur
Jakober=Kirchweihe alle Sonntage nach der Kirche und Montage. —
Eigenthümlicher Weiſe wurde es im Volksmunde „Pritſchinelli"
genannt; natürlich ein korrumpirter Ausdruck für die italieniſche
komiſche Maske Pulcinella, Polichinel.

1805—6

den 15. September fing dieſelbe Direktion zum dritten Male an,
unter fortwährender franzöſiſcher Einquartirung — auch Napoleon I.
war dreimal hier — und während der Uebergabe der Reichs=
ſtadt Augsburg an die Krone Baiern (4. März) und endigte den
29. Mai 1806, nachdem ſie vorher auf der Bleiche bei Haunſtetten
(18. Mai) wieder im Freien geſpielt hatte. — Man gab „Die
Schlacht von Auſterlitz" oder „Unerforſchlich ſind des Schickſals
Wege", ein neues großes militäriſches Schauſpiel mit Schlachtmanöver
und Scharmützeln in drei Akten aus dem Franzöſiſchen von Grand.

„Einige Herren Theater=Liebhaber haben die Güte, zu ihrem
„Vergnügen die Anordnungen und das Kommando der vorkommen=
„den Schlachtmanöver der militäriſchen Ordnung gemäß zu übernehmen."

Preiſe der Plätze: 1. Platz 1 fl., 2. Platz 36 kr., 3. Platz 12 kr.
Der Anfang iſt um halb 5 Uhr, welchen ein dreifacher Böllerſchuß
verkündet.

Die Haunſtetter Bleiche gehörte damals einem Herrn Joſ. Aug.
Adam; derſelbe ſchrieb auch ein Luſtſpiel in 1 Akt (1818) „Ehrlich
währt am längſten" und 3 Opern: „Die Fuchsprelle" 1815, „Luzia,
die wilde Jägerin" 1816 und „Fernando und Cecilie" 1819. —
Alle drei wurden von dem damaligen Muſikdirektor Maurer kom=
ponirt und hier aufgeführt.

Bei dieſer Gelegenheit glaube ich als erwähnenswerth einſchalten
zu müſſen, daß unter den mit Glück gelohnten Theaterdichtern
hieſiger Stadt in den Almanachen des vorigen Jahrhunderts auch

ein Jos. Christoph von Zabuknig Kaufmann von hier genannt
wird, dessen beliebte Stücke in die bei Jenisch und Stage heraus-
gegebene „deutsche Schaubühne" aufgenommen wurden. Auch ein
von Heißdorf wird eben da genannt. Ferner Franz Xaver Jann,
Jesuit am Gymnasium zu St. Salvator 1793. Unter den hier geborenen Schauspielerinnen wird auch eine Anna Maria von Hörwarth
namhaft gemacht, deren Hang zur Vielmännerei sie bald Fr. von
Forster bald Mad. Hofmann heißen ließ, worauf sie mit einem
Herrn Lindemann in den ersten 90ger Jahren in Baiern und
Schwaben an der Spitze einer kleinen Truppe herumzog.

Nun zur Gesellschaft von

1805—6 Direktor Vanini.
Personal 46 Personen und 7 Kinder.

In den Sommermonaten dieses Jahres gab 1. ein Herr Mathias
Stefanini den 4., 6. und 7. Juli eine komische Oper auf der
Durchreise; 2. den 24. und 25. Juli ein Herr Koch und Frau —
zwei Personen allein — kleine Stücke, die weder Beifall noch Zu-
spruch hatten. Endlich begann

1806 Direktor Vanini

zum 4. Male den 30. Sptbr., endigte aber schon den 28. Dezbr.
mit: „das Labyrinth oder der Kampf der Elemente" Zweiter Theil
der „Zauberflöte" mit Musik von Peter v. Winter. Die letztere soll
sehr gut gewesen sein, das Buch aber, — auch von Schikaneder —
wo möglich noch schlechter als die Zauberflöte. Ueberhaupt war es
damals Gebrauch von jedem beliebt gewordenen Stücke einen zweiten
Theil oder Fortsetzung zu schreiben, wie Donauweibchen, Teufelsmühle, Sonnenjungfrau, Kreuzfahrer u. A.

Personal 34 Mitglieder und 7 Kinder.

Es war indeß das 4. Jahr einer und derselben Direktion; sie
mußte mit ihren Gläubigern vor dem Stadtgerichte akkordiren, trotz
der Ruhe des Preßburger Friedens, während sie sich doch in den
Kriegsjahren von 1803—5 ganz gut stand, denn es war eine alte
Erfahrung jener Zeit, daß die Theater bei vielen Durchmärschen die
besten Geschäfte machten, wenn sie nicht gerade in unmittelbarer
Nähe des Kriegsschauplatzes lagen. Da hier kein Heil mehr für
Vanini zu hoffen war, durfte er mit seiner Gesellschaft, die auf 33
Personen zusammengeschmolzen war, nach St. Gallen abreisen, nach-

dem er mit Zustimmung der Behörde die folgende Direktion von
Ulm vermocht hatte, die kontraktmäßige Spielzeit hier für ihn aus=
zunützen. Es war dies

1806 Frau Baronin Lina von Schleppegrell.

Sie kam mit schöner Equipage und einem Reitpferde, mit
zahlreichem Personal, glänzender Garderobe und ausgewählter Biblio=
thek den 3. Jan. an, führte aber eine ganz heillos luxuriöse Wirth=
schaft und da diese wegen der vielen Klagen der Gläubiger der
kgl. Polizei=Direktion unduldbar geworden — es wurde bei den
Verhandlungen sogar ihre Sittlichkeit in Zweifel gezogen — setzte
die Behörde dem Treiben dadurch ein Ziel, daß sie ihr die Direktion
abnahm und den 1. April den Schauspieler Müller als Geschäfts=
führer, die Sänger Pfeil und Rottmayer für die Oper, Haag und
Franke für das Schauspiel als seine Beistände aufstellte. Sie mußten
bis zum Ablauf der Saison (12. April) die Einnahme nach Deckung
der Tageskosten abliefern. Davon wurden die Mitglieder nach Maß=
gabe ihres Guthabens und Gehaltes bezahlt. Der Ueberschuß
sollte den Gläubigern gehören, es blieb aber natürlich nichts übrig,
denn das Publikum war disgustirt und fand sich nur mehr sehr
spärlich ein. War dies nun auch bis daher mit seltenen Ausnahmen
weniger Jahrgänge hier oft der Fall, das Pech wird Augsburg
keine große Stadt Deutschlands streitig machen, daß sie in einem
Winter zwei Direktionen zu Grunde gehen sah. Die Direktorin
verließ die Stadt zu Fuße, verarmt, alle ihre Habe im Taschentuche
wegtragend, und hinterließ ihre Mitglieder, ein Personal von 49
Personen und 3 Kindern, in der traurigsten Lage.

Noch ist in diesem Jahrgange ein eigenthümlicher Vorfall zu
erwähnen. Der Schauspieler Franke spielte den 23. Febr. 1807 einen
Offizier, einen edlen Charakter. Er borgte sich dazu eine Uniform
des hier liegenden 4. Chevauxlegers=Regiments und ein Herr Offizier
lieh ihm selbst Czakot und Säbel. Während seiner Szene trat Herr
Lieutenant Graf v. X. aus der Kulisse auf die Bühne heraus und
verlangte mit solcher Heftigkeit schreiend, daß Franke die Uniform
ausziehe, daß dieser um größeren Skandal zu vermeiden, wirklich
abging. In der Garderobe gebrauchte der Herr Lieutenant in Gegen=
wart sämmtlicher Mitglieder den Ausdruck „es sei entehrend,
„wenn ein Schauspieler kgl. Uniform anziehe.“ Franke reichte den
andern Tag eine Klage auf Ehrenkränkung bei der kgl. Polizei=

Direktion ein. Diese berichtete darüber an die kgl. Stadt-Kommandantschaft, ihr die Entscheidung des Vorfalls überlassend. Nur ganz
schüchtern wagt sie vorzustellen, daß wenn Jeder dem etwas an einer
Theater-Vorstellung nicht recht sei, statt sich hierüber bei seiner vor-
gesetzten Behörde zu beschweren gleich auf die Bühne treten wolle,
dieß zu den größten Unordnungen führen müsse. Die kgl. Kommandantschaft zeigte darauf einfach an, daß sie zur Vermeidung ähnlicher
Vorfälle die Direktorin Fr. v. Schleppegrell angewiesen habe, sie
dürfe künftig keinen Schauspieler mehr mit kgl. Militär-Insignien
auf der Bühne erscheinen lassen. Weiter enthalten die Akten —
nichts! Und Franke? —

Die Saison war indeß kaum beendet, so petitionirte obiger
Müller, bisheriger Geschäftsführer, bereits um die Permission für
das hiesige Theater. (15. April.) Er wies sich über eigenes Vermögen aus, brachte gute Zeugnisse aus Städten vom Rheine und
im Elsaß bei, wo er schon früher Direktion geführt hatte, stellte aber
dabei wirksam vor, wie es unmöglich sei, wegen einem Winter all'
den Aufwand zu machen, den ein Theater wie das Augsburger er-
fordere und bat deshalb ihm — oder im Falle seiner Abwesenheit
seiner Frau — das Theater auf sechs Jahre anzuvertrauen, versprach aber dagegen es Winter und Sommer zu erhalten. Alle
seine Forderungen wurden bewilligt und so kommen wir denn jetzt
nach den Schattenseiten der letzten Jahre wieder auf einen helleren
Punkt unserer Theater-Verhältnisse, denn die Direktion war geregelt
und solide, Publikum und Abonnenten wie gewöhnlich in den ersten
Jahren einer neuen Direktion zufrieden, und Müller machte wenigstens
im Winter gute Geschäfte dabei. Nicht übersehen darf indeß werden,
daß seine Zeit zugleich die sogenannte „zweite Sturm- und Drang-
Periode" des deutschen Theaters umfaßt, wo eine Menge fruchtbarer und glücklicher Dichter die Bühnen mit einer Fluth von
Novitäten — gratis — versahen, wovon stets ein Produkt das
Publikum mehr anzog als das andere, die zahllosen Opern nicht zu
erwähnen, welche den bescheidenen Ansprüchen des Publikums auch
ohne Chor und ohne Dekorationskünste genügten.

Man denke nur der Schauspiele von Aresto, Beck, Collin, Gotter,
Holbein, Iffland, Klingemann, Körner, Oehlenschläger, Schiller,
Schröder, Werner, Wolf, sowie der Opern von Vierey, Bruni,
D'Alayrac, Dittersdorf, Fioravanti, Gvrovetz, Himmel, Martini,
Mehul, Pär, Süßmaier, Weigl, Winter und Wranitzky. Leider

liefen mit diesen auch die elenden Nachtreter von Göthe's Göz von Berlichingen mit, wie Spieß, Ziegler, Törring, Babo, Zschokke und der gründliche Geschmacksverderber Kozebue mit ihren Ritterschauspielen die jedoch stets Kasse machten. Jedenfalls also war es bis dahin die glänzendste Periode des hiesigen Theaters und zählte Müller ausgezeichnete Schauspieler unter seinen Mitgliedern, auf die in den Personal = Tabellen aufmerksam gemacht werden wird, und berühmte Gäste wurden gewonnen.

Die von jetzt an genannten Schauspieler habe ich theils persönlich, theils durch die Erzählungen meiner Eltern kennen gelernt, und kann daher von vielen schon sogar ihre Fächer genauer angeben. Eine aufgefundene amtliche Rechnung setzt mich überdem in den Stand von jetzt an bis 1824 den Betrag der Abgaben des Direktors an die St. Martinsstiftung zu nennen, die für jeden Winterabend 5 fl. 30 kr., für den Sommer 2 fl. 45 kr. betrugen. (NB. Die ersten aktenmäßigen Spuren dieser ermäßigten Abgaben s. S. 45 sind 1803 bei Banini zu finden.)

Direktor Friedrich Müller

eröffnete seine Bühne das erstemal den 15. Sptbr. mit einem Prolog, gesprochen von Mad. Müller und verfaßt von Hrn. Philipp Schmid, Tabakfabrikant und Magistratsrath hier. Diesen Mann finden wir in der Folge häufig als Theater = Gelegenheits = Dichter für Prologe, Epiloge und Festspiele, wie sie damals bei jedem Anlasse gebräuchlich waren und zu denen nicht selten Dom = Kapellmeister Bieler die Musik componirte; auch versuchte sich der erste in den beliebten Ritterstücken mit Glück, wie „Konrad der Weise, Herzog von Franken", besonders auch aus der Augsburger Geschichte. Ich selbst habe noch 1847 in seiner „Philippine Welser" und 1848 in „die beiden Vittel" mit- gewirkt. Wie lange von obigem Datum an den ganzen Sommer 1808 hindurch bis ins Frühjahr 1809 fortgespielt wurde, ist nicht genau angegeben, doch wurde im Sommer dieses Jahres pausirt, wahrscheinlich in Folge des Krieges von Napoleon mit Oesterreich.

Im Jahrgange 1807/8 zahlte Müller für 157 Vorstellungen 706 fl. 45 kr., für 125 desgl. im Winter 1808/9 649 fl. Abgaben an die Stif- tung. Die Mitglieder der beiden Jahre zusammengezogen geben ein Personal von 78 Personen und 10 Kindern.

Anfang 6 Uhr und ½7 Uhr. Preise für Logen 1 fl., Parterre 36 und 18 kr., Gallerie 6 kr. Sperrsitze gab es damals noch nicht. (S. Schemenauer 1817.)

Ehe wir nun zur neuen Saison übergehen, ist hier ein eigener Vorfall zu melden.

Den 6. Sptbr. 1809 sollte die Bühne eröffnet werden. Kaum waren die Zettel ausgetragen, als der Direktor zu dem französischen Platzkommandanten Colonel Cochinard um 11 Uhr gerufen und ihm bedeutet wurde, daß öffentliche Vergnügungen zu gewähren blos seine, des Kommandanten, und des Generals Moulin Sache sei. Auf des Direktors demüthige Abbitte wegen dieses Versäumnisses verlangte der Kommandant eine Loge für den General im ersten Range, und zwei Billets für die Secretäre. Diese wurden geschickt und Alles schien in Ordnung. Als bereits das Publikum seine Plätze einzunehmen begann, wird der Direktor abermals zu Cochinard gerufen und ihm angezeigt, daß auf Befehl des Gouverneurs General Moulin nicht gespielt werden dürfe. Auf eine kecke Rede des Direktors nahm ihn Cochinard mit zu General Moulin, der ihn in der heftigsten Weise anfuhr: „Wer hat Ihnen die Erlaubniß zur Eröffnung des Theaters gegeben?" Der Direktor erwiederte: „„Sr. Maj. der König von Baiern!"" — „Und ich verbiete es!" schrie Moulin. Auf die Einwendung des Direktors, daß das Stück schon begonnen habe und das Theater voll Zuschauer sei, sagte der General: „Eben „weil das Theater voll ist, lasse ich nicht spielen, wenn Niemand da „wäre, könnten Sie meinetwegen spielen." Alles Bitten des Direktors war vergebens, der Regisseur Klühne mußte dem Publikum das Verbot ankündigen, der Vorhang fiel und man konnte nach Hause gehen. Die Polizei-Direktion, die die Permission ertheilt hatte, legte den Fall am andern Tage dem k'. baier. General-Kommissariate des Lechkreises zur Entscheidung vor. Die Antwort blieb aus. Doch wurde drei Tage darauf die Bühne eröffnet. (Sammler vom 28. Juli 1870) wo jedoch der Direktor Büchner genannt wird, was aber falsch ist, weil auch ein Protokoll über diesen Vorfall bei den Akten der kgl. Polizei-Direktion liegt und von Müller unterschrieben ist, der die Sache genau so angegeben hat.

Den 10. Septbr. 1809 endlich wurde begonnen und ununterbrochen fortgespielt bis zum 11. Juni 1812, wo die Gesellschaft entlassen wurde, wahrscheinlich in Folge der ersten Aufregung über den beginnenden russisch-französischen Krieg. — Abgabe an die Stiftung 1809/10 für 157 Vorstellungen 764 fl. 30 kr., 1810/11 für 236 Vorstellungen 1006 fl. 30 kr. und 1811/12 für 146 Vorstellungen 786 fl. 45 kr. Personal 65 Mitglieder und 7 Kinder.

Im Januar und Februar 1810 war der Zettel auf der Rückseite wieder ins Französische übersetzt. Anfang bald um 5 Uhr, bald 5½ oder 6 Uhr, sogar auch ¼7 Uhr.

Besondere Gäste: Mad. Tochtermann und Hr. Freuen, Herr Seewald, Hr. und Mad. Karschin, Mad. Roland, Hr. Klostermeier. Eine Gesellschaft franz. Schauspieler unter Patin. Eine Seiltänzer-Familie von Cogen und eine Familie Koller mit Ballets.

Den Umstand, daß Müller bereits zweimal seinem Vertrage entgegen in den Sommermonaten geschlossen hatte, benützte ein Konkurrent um die Direktion das bisherige Wohlwollen der Abonnenten für ihn zu erschüttern, und bereits seit 1810 suchte ein Hr Dr. Wich Advokat von hier mehrmals im Namen des in Nürnberg unhaltbar gewordenen Direktors und Sängers Reuter — 1792 schon bei Voltolini hier — unter Berufung auf die angeblichen Mängel der hiesigen Bühne und lockender Anpreisung der herrlichen Eigenschaften seines Klienten den Abonnenten einen Aktien-Plan plausibl zu machen, mit dem Reuter in Nürnberg bereits halb und halb verunglückt war. Unter diesen Umständen wurde demungeachtet den 16. Okt. die Bühne mit einem Prologe von Ph. Schmid eröffnet und den 23. Mai

1813 der sechste Jahrgang

geschlossen. Abgabe an die Stiftung für 114 Vorstellungen 616 fl. Personal 62 Mitglieder und 5 Kinder.

Gäste: Hr. und Mad. Klostermeier, Hr. Tröger, die HH. Herbst, Stengel und Wagner. Ruth'sche Tänzer-Gesellschaft — Kinder und Große. Ign. Eckhard, gymnastische Vorstellungen. Lang'sche Gesellschaft für biblische Gemälde und mimische Darstellungen. Herr Portes mit Seiltänzern u. A.

Mit dem Jahrgange 1812/13 war Müllers 6jähriger Kontrakt abgelaufen. Im März 1813 petitionirte Müller abermals um das hiesige Theater, bringt sogar noch trotz aller Chikanen seiner Gegner ein ihn ehrendes Zeugniß der in einem Circulare unterzeichneten hiesigen Abonnenten bei und erhält die Konzession wirklich 4. April gegen 3 Konkurrenten wieder auf 6 Jahre mit derselben Befugniß wie früher, daß seine Frau im Falle seiner Abwesenheit in seine Rechte treten dürfe. Wirklich hatte er davon bereits öfter Gebrauch gemacht, da er in Straßburg u. s. w. eine zweite Gesellschaft etablirte. Solche Doppelgeschäfte fallen aber stets zum Nachtheile des Direktors aus, weil jede Stadt behauptet, ihre Einnahme werde für die andere verwendet. Dies und der Umstand, daß wirklich bald er, bald sie, bald sogar oft wochenlang beide von hier abwesend waren, gab seinen Widersachern, besonders dem schon genannten Dr. Wich die Waffen in die Hand und wie ein ins Wasser geworfener Stein zog die Ungunst des Publikums immer weitere Kreise um ihn.

1813/14. Madame Karoline Müller

eröffnete nun 8. Oktbr. die Bühne mit einem Prologe von Philipp Schmid, gesprochen von Hrn. Solbrig und endete 19. Mai als am Himmelfahrtstage mit einem großen Oratorium mit biblischen Gemälden, geordnet von Hrn. Cäsar Heigel.

Abgabe an die Stiftung für 130 Vorstellungen 706 fl. 45 kr.

Personal 46 Mitglieder und 5 Kinder.

Gäste: Hr. Carl, Rossi und Sedelmaier. Hr. Portes mit Seiltänzer-Gesellschaft. Hr. und Mad. Gley. Vom „schmerzhaften Freitag" bis Gründonnerstag gab Hr. Cäsar Heigel wieder seine biblischen Tableaur aus der Leidensgeschichte Jesu, welche durch seine begleitenden Vorträge solches Furore machten, daß fromme weibliche Gemüther älteren Datum's mit Rosenkränzen auf die Galerie kamen. Nach Schluß der Saison gaben Hr. Klein und Hr. Roland zwei Vorstellungen und die Gebrüder Denneberg zeigten ein Metamorphosen-Theater den ganzen Mai. Den 11. April wurde auch der Einzug der Aliirten in Paris durch eine Festvorstellung bei beleuchtetem Hause gefeiert mit Schlacht-Gemälden von Hrn. C. Heigel arrangirt.

1814 begann Madame Karoline Müller

die Saison den 16. Oktbr. und schloß den 17. April 1815. Den 21. gab Hr. C. Heigel noch ein Potpourri für sich.

Abgabe an die Stiftung für 102 Vorstellungen 544 fl. 30 kr. Ein Hr. Zettler zeigte das transparente Gemälde des Münchener Hoftheatermalers Schnitzler, den „Brand von Moskau" vorstellend, mit begleitender Musik von Lindpaintner, damals noch Kapellmeister in München.

Personal 52 Mitglieder und 9 Kinder.

Gäste: Mad. und Delle. Wieland, Hr. und Mad. Carl, Herr Cklair. — In der Charwoche gab Heigel abermals die sogenannten mimisch-plastischen Darstellungen aus der biblischen Geschichte.

1815 begann Madame Karoline Müller
endlich ihre 9. und letzte Saison und endete sie den 14. Mai 1816,
und zwar „mit Verlust."

Abgabe an die Stiftung für 121 Vorstellungen 654 fl. 30 kr.

Daß die Lenkerin des Geschäfts ihren finanziellen Ausfall mehr
schlechten Rathgebern als der Lauheit des Publikums zuzuschreiben
hatte, scheint mir aus den Zetteln hervor zu gehen, die ziemlich zahlreich vorhanden sind. Was bei Herrn Müller nie vorkam, es
wurde Schwindel getrieben; ein Lamm wurde im Theater ausgespielt;
jedes neue Stück wurde auf dem Zettel pomphaft angepriesen,
wobei unter andern Kotzebue's „Schutzgeist" — ein ganz ordinäres
Ritterschicksal=, Wunder= und Thränen=Stück — „der Triumph
der Poesie" genannt wird. Auch der berüchtigte „Hund des Aubry"
spuckte auf der Bühne, der noch im selben Jahre Göthe's Rücktritt
von der Intendanz des Hoftheaters in Weimar veranlaßte. Endlich mag auch die bekannte schwer theure Zeit dieser Jahre die Lust an
Kunstgenüssen sehr beeinträchtigt haben. — Den 5. Dzbr. 1815 wurde
die siegreiche Rückkunft des kgl. baier. Militärs durch eine Fest=
Vorstellung gefeiert.

Personal 44 Mitglieder und 9 Kinder.

Gäste: Hr. Brizzi und Mittermaier, Mad. Carl und Dlle. Brizzi.
Nach Schluß der Bühne Herr Bianchi und Mad. Chelli in kleinen
italienischen Operetten und Fechtschauspielen. Soll elend schlecht gewesen sein. — Hr. und Mad. Gley nebst Tochter 3 mal. Herr K.
Macco in Verbindung mit Hrn. und Mad. Eckhard von München
kleine Stücke mit Ballet.

So war denn schon nach dem dritten Jahre ihres sechsjährigen
Privilegiums das Schicksal langjähriger hiesiger Direktionen über
sie hereingebrochen. 6 Dezbr. 1814 beklagten sich die Abonnenten
schon einmal schriftlich bei der kgl. Polizei=Direktion über die schlechte
Gesellschaft. Als im Sommer 1815 wieder er und sie fort waren,
und gar nichts von sich hören ließen, drang die Behörde 7. August
streng darauf die künftige Mitgliederliste schleunigst eingesendet zu
erhalten, weil hier das Gerücht verbreitet worden, sie hätten lauter
Leute vom Schweiger'schen Volkstheater in München engagirt. —
Müller widerlegte dies zwar durch ein wirklich gutes Schauspiel und
noch bessere Oper, aber auch im Sommer 1816, wo die ungeheure
Theuerung das Spielen unmöglich machte, waren sie wieder beide
fort. Weil aber die Müller bereits 728 fl Vorschuß auf die nächst-

jährigen Vorstellungen von gutwilligen Abonnenten eingesammelt und mit fortgenommen hatte und beide selbst dann noch nichts von sich hören ließen, als sich der Sommer bereits seinem Ende näherte, war die Behörde sogar genöthigt, amtliche Recherchen über ihren Aufenthalt in Mainz, Köln und Düsseldorf anzustellen. So verstrich die Zeit und erst am 16. Oktbr. erfuhr man, daß Müller mit dem Direktor einer kleinen Gesellschaft Hrn. Bode in Amberg unterhandle, dem er die letzten Jahre seines Kontraktes abtreten wollte. Die Abonnenten aber verbaten sich diesen Ersatz nachdrücklichst und nun erst mußte schleunigst zur Wahl eines neuen Direktors geschritten werden. Schnell meldeten sich 4 Bewerber. Unter diesen schien Hain noch der annehmbarste, der sich als solide answies und bestens versprach seine Gesellschaft, die nur für Lindau und Ulm bestimmt war, für die größere Stadt bei der vorgerückten Zeit noch nach Möglichkeit zu vervollständigen. So erschien der 11. Novbr. bis die Konzessions-Ertheilung an Hain erst nach Lindau abgesendet werden konnte mit der dringenden Aufforderung, umgehend einzutreffen. — Erst den 26. November kam ein Schreiben der Müller ein, deren Vertrag man ihr mittlererweile als gelöst zu betrachten angezeigt hatte; ein Brief, in welchem sie als Entschuldigung angibt, daß sie ihre Angelegenheit wegen einer langwierigen Krankheit einem Anwalte zur Bereinigung habe übertragen müssen, welcher auf unverantwortliche Weise Alles habe liegen lassen. Dabei beklagt sie sich noch bitter über die Entziehung ihrer Konzession.

1816—17. Direktor Karl Hain

der gichtkrank nur getragen oder gefahren werden konnte, wurde kräftigst von seiner Gattin in der Leitung des Geschäftes unterstützt. Seine Unterschrift in Protokollen ist so eigenthümlich, daß sie eben so gut Carl v. Hain als Carlo Hain heißen kann, weßhalb er sogar in mehreren amtlichen Erlassen Herr von Hain titulirt wird, obgleich er bürgerlich war.

Er eröffnete die Bühne 17. Novbr. 1816 mit einem Prolog, schloß sie 30. Mai 1817 mit einem Epilog und reiste dann nach Ulm, nachdem er 98 Vorstellungen gegeben, wofür er an die Stiftung 497 fl. 45 kr. bezahlte

Personal 33 Mitglieder und 11 Kinder.

Gäste: Hr. Carl, Kürzinger und Besspermann, Mad. Carl und

Delle. Pfeiffer (Charlotte Birch=Pfeiffer) mit ihrer älteren Schwester, Sängerin. Im Juni gab noch eine Mad. R. Steinau einige Vor= stellungen.

Hain's Gesellschaft genügte, wiewohl ohne seine Schuld, natürlich nicht und die Direktion wurde zur Bewerbung ausgeschrieben.

Abermals tritt nun eine neue Direktion auf, die die Behörde von den Abonnenten selbst wählen ließ, und die sich in sehr solider Weise lange erhielt, bis endlich auch sie Müllers Schicksale erlag.

1817—20. Direktor Joseph Schemenauer

von 1811—13 am Hoftheater des Fürsten Primas Karl von Dal= berg, Großherzog von Frankfurt u. s. w in Aschaffenburg, wo er sich durch die Unterstützung des kunstsinnigen Fürsten eine das Neueste enthaltende Bibliothek und für jene Zeit glänzende Garderobe gesammelt hatte, mußte endlich dieses schöne Verhältniß aufgeben, nachdem der Herr sein Fürstenthum verloren, nach Regensburg ge= zogen war, und der anfänglich von König Max I. noch aus der Staatskasse bewilligte jährliche Zuschuß von 4000 fl. auf eine ein= malige Subvention von 2000 fl. aus der Kreiskasse zur baulichen Verbesserung reduzirt wurde. (Auch Würzburg verlor bald den Staatszuschuß von 8000 fl., welchen die Krone Baiern bei Ueber= nahme des Fürstenthums dem Grafen von Soden anfangs für sein Theater zahlte.) Welch' großes Vertrauen man indeß hier in Schemenauer setzte, beweist daß man ihm ohne noch persönlich ge= kannt zu sein, die Permission schon gleich auf 6 Jahre gab (Siehe 1823), was nach dem traurigen Ende des zweiten 6jährigen Kontrakts mit Direktor Müller von großem Zutrauen zeugt.

Ein wahrscheinlich aus dem hiesigen Bauamte hervorgegangener Rückblick auf die Flickarbeiten am Theater im Tagblatte vom 17. Juni 1839 sagt, man habe das Haus zur Ankunft J. J. M. M. Königs Max I. und der Königin Karoline „empfehlender" hergerichtet, Holz= wände abgerissen und gemauerte aufgerichtet. Da ich sonst nirgend etwas von diesem Baue gefunden und der obige Aufsatz überhaupt große Irrthümer in den Daten enthält, so bezweifle ich auch dieses, denn die Steinmauern wurden schon 1776 aufgeführt. (s. S. 36.) Es mag also wieder eine größere Reparatur vorgenommen worden sein. — Schemenauer brachte die besten Mitglieder seiner Gesellschaft mit und spielte Winter und Sommer ununterbrochen fort. Be= gonnen wurde die erste Saison den 19. Sptbr. mit einem Prologe

„Thaliens schöne Zukunft" von Dr. J. Leonh. Wilhelm. Derselbe
war bei dem vorgerückten Alter des Mag.-Raths Ph. Schmid in
dessen Fußstapfen als dramatischer Gelegenheits-Dichter getreten
und als solcher trotz langjährigem schrecklichen Gichtleiden bis in die
40ger Jahre mit ungetrübtem Humor thätig. Nebst mehreren Lustspielen versuchte er sich 1818 in einem größeren Schauspiele „der
Liebe Allgewalt" und einem Operntext (s. Mus.-Dir. Maurer). 1819
schrieb er „die Hunnen vor Augsburg" nach der Sage von der
Hexe von Augsburg, und ein einaktiges Lustspiel „der Regen."
1838 noch einen „Elias Holl." Ja selbst in Puppenspielen für das
Marionetten-Theater im Holeis'schen Hofe war seine sprudelnde
Laune glücklich.

Mit Schemenauers erstem Jahre wurden zuerst die drei vor-
dersten Parterre-Bänke zu Sperrsitzen umgewandelt, das 1. Parterre
bis an die Logensäulen verlängert, unter den Logen 2. Parterre
belassen, die Mitte des 3. Ranges durch ein Gitter als „Galerie"
abgesperrt und nur die Seiten als „Letzter Platz" beibehalten.
Preise 1. und 2. Rang 1 fl., Sperrsitze 48 kr., 1. Parterre 36 kr.
2. Parterre 18 kr., Galerie 12 kr, Letzter Platz 6 kr. Spieltage
wie früher Sonntag, Dienstag, Freitag. An anderen Tagen nur
bei Feiertagen oder — sehr spärlichen Suspendus. Erhöhung der
Preise bei besonderen Gästen kam nie vor. Dauer des Winter-
Abonnements vom 1. Septbr. bis letzten April.

Das Repertoir nährte sich zwar noch reichlich von den Früchten
der 2. Sturm- und Drang-Periode, (s. S. 67) aber außer diesen
trat ein Ulcere in der deutschen dramatischen Dichtkunst ein, die
während der ganzen Dauer von Schemenauers Periode und wohl
darüber hinausdauerte. In Ritterschauspielen und Lustspielen herrschte
die noch aus der Zeit der Franzosen-Nachäfferei übrig gebliebene
leichtfertige reich mit Equivoquen gespickte Konversation von Kotzebue,
Clauren und Konsorten, den wahren Verderbern des deutschen Ge-
schmacks. Eine Ausnahme bildeten hier nur die decenten Stücke
von Weißenthurn (s. Register). Im Schauspiele walteten jene süß-
sauren Ingredienzen von Weinerlichkeit, predigermäßiger Salbung
und thränenerflossener Sentimentalität Isslands und seiner Nachtreter Vogel u. s. w; endlich in Trauerspielen die Schicksals-
Tragöden Müllner und Grillparzer, nebst deren Trabanten Holtey
Houwald u. s. w. Das Schauerliche in dem Zusammenwirken
räthselhafter Kräfte, die den Helden aller moralischen Willenskraft

berauben und ihn vollkommen abhängig machen von dämonischen Gewalten, zog mächtig an.

„Gemeinheit, Sentimentalität und schauerlich Wunderbares! „Drei mächtige Faktoren beim deutschen Zuschauer." (Jul. Schmid.)

Die Oper bot allwöchentlich h ö ch st e n s eine der bekannten von Mozart, Weigl, Winter, Pär, D'Alayrac, Mehul, Vierey. Von Rossini wurde erst 1818 Tankred bekannt, später kam „Italienerin", „diebische Elster" und „Othello." Des „Barbier von Sevilla" kann ich mich vor 1825 nicht erinnern. Dagegen waren noch immer hochbeliebt „Wenzel Müller's" Teufelsmühle, Donauweibchen und „Dittersdorf's" Doktor und Apotheker, Hieronimus Knicker ꝛc. ꝛc.

„Wunderbar genug, daß so platte und barbarische Texte in „derselben Zeit geschrieben wurden, wo Göthe's Iphigenie erschien „und neben des Letzteren, Schiller's und Shakespeare's Stücken noch „aufgeführt werden konnten." (Jul. Schmidt.)

Es bestand das aus den 3 Jahren zusammengestellte P e r s o n a l aus 69 Mitgliedern und 9 Kindern.

Da die Direktion für diesen Sommer eine Exkursion nach Bern, Solothurn und Straßburg beschlossen hatte, wurde die Saison schon den 18. Februar 1820 beendigt mit „Trennung und Wieder sehen," Scene mit Chören von Frhrn. Ecker von Eckhofen. Musik von Maurer. Nach der Rückkehr der Gesellschaft wurde die Bühne zum zweitenmal eröffnet den 24. Septbr. mit „Sängers Heimkehr", eine Scene als Prolog von den Obigen. Dieser hiesige Dichter, Lieutenant im Regimente Prinz Karl und Adjudant des Generals von Treiberg beschäftigte sich viel mit literarischen Arbeiten, über- setzte sehr glücklich franz. Dramen: „Barbier von Paris, Oedipus von Voltaire" (metrisch), dramatisirte deutsche und ausländische Romane: „die Freunde" nach einer sizilian. Novelle, „die Grabes= braut" — später auch von Barth und Anderen bearbeitet — ja selbst ein Original = Lustspiel „der alte Freier" erhielten sich auf hiesiger Bühne bis 1833, wo er noch eine ausgezeichnete Dichtung zu Göthe's Todtenfeier lieferte. Es muß dieses Dichtertalent in der Familie gelegen sein, denn ich finde in den Theater = Almanachen des vorigen Jahrhunderts schon einen „Ecker, Freiherr von Eckhof" in Hamburg unter den Theaterdichtern aufgeführt.

Von jetzt an kann ich die besseren neu gegebenen Stücke unserer besten deutschen Dichter verzeichnen. — Wenn es weiter keinen Nutzen hätte, als daß es uns und den Späteren ein Bild von der Armuth unserer dramatischen Literatur in den folgenden 40 Jahren geben — in den letzten 20 Jahren wurde es besser — und den Direktoren als Entschuldigung dienen kann, wenn es ihnen oft nicht gelang, das Interesse des Publikum's zu fesseln.

Für die Opern mußte ich die Italiener und Franzosen mitnehmen, da Rossini ohnehin beinahe 25 Jahre dieses Zeitraumes allein beherrschte, denn ächte deutsche wurden nur 1 Beethoven, 3 Weber, 2 Spohr, 4 Flotow, 3 Marschner, 6 Lortzing, 2 Wagner und Mendelsohn's Fragment, also 22 gegeben. Ob Meyerbeer und Spontini in Berlin oder Paris zu Hause sind, lasse ich unentschieden.

Abgabe an die Stiftung 1818/19 für 178 Vorstellungen 808 fl. 15 kr., für 1819/20 zu 80 Vorstellungen 440 fl., für 1820/21 zu 174 Vorstellungen 819 fl. 30 kr.

An neuen Stücken wurden in diesen drei Jahren gegeben, die Produkte von Clauren, Collin, Göthe, Grillparzer, Holbein, Kind, Klingemann, Lembert, Müllner, Oehlenschläger, Plötz, Rossini, Schall, Schiller, Shakespeare, Uhland, Vogel, Weigl, Weissenthurn, Werner, Winter, P. A. Wolf.

Hervorragende Gäste dieses Zeitraumes: 1818. Hr. u. Mad. Carl, Delle. Schlottbauer und Hr. Eßlair, Frau von Neumann, Mad. Fischer-Vernier und Mad. Werdy-Vohs, Hr. Höllen und Mad. Haizinger-Neumann.

1819. Hr. Eßlair, Hr. Anders, Baron von Sydow, Hr. Klühne, Hr. und Mad Kneuer, Mad. Uhler. Ein Hund des Aubry. Eine mimisch plastische Darstellung „die Leidensgeschichte Genoseva's" von Hilmer arrangirt.

1820. Hr. Leo, Otto und von Hohe, Fr. v. Busch. — Herr Balletmeister Berkmann, Hr. Hübsch, Hr. Mevius, Hr. Kneib, Hr. Vespermann und dessen zweite Frau Metzger-Vespermann. — Hr. de Rossi, Taschenspieler.

1820—22 Direktor Joseph Schemenauer.
Personal 52 Mitglieder und 9 Kinder.
Gäste: Hr. Lewin mit einer englischen Tänzer-Gesellschaft für Pantomime.

Abgabe an die Stiftung. 1821/22 für 171 Vorstellungen 800 fl. 15 kr. 1822/23 für 170 Vorstellungen 792 fl.

Neue Stücke von Vogel und Weissenthurn.

Den 30. August 1822 wurde zum erstenmale der „Freischütz" 11 mal, 1823 noch 9 mal gegeben. Damit begann eine ganz neue

Aera für die Oper und es wurden außerordentliche Anstrengungen
gemacht. Da bei 4 Horn und 3 Posaunen das bisher blos doppelte
Streichquartett zu schwach war, wurde das Orchester durch Dilettanten und Militärmusiker verstärkt. Ich war Zeuge, wie die alten
Musiker — Reste der Kapelle des Kurfürsten Klemens Wenzeslaus —
auf der ersten Probe der Ouvertüre die Violinen ablegten und erklärten: „das könne man nicht spielen!" — Wie man aus den nach-
folgenden Mitgliedertabellen nach Fächern ersehen kann, gab es bis
daher noch keinen Chor. Selbst die ersten Mitglieder des Schauspiels mußten zugleich im Chore mitwirken. Wie dies ausfiel kann
man sich denken, und wenn auch der erste Tenor und erste Baß und
zwei bis drei Sängerinnen gut waren, so waren doch die zweiten
und dritten Parthieen meist sehr schwach besetzt und wer sich ihrer
Leistungen erinnert, wie ich, kann die Genügsamkeit des damaligen
musikalischen Publikums nicht genug preisen, sonst wäre es auch
nicht erklärlich, wie ein Direktor so lange bei den großen Abgaben
bestehen konnte, wenn nicht seine Mitglieder damals noch sehr be-
scheidene Gagen-Ansprüche gemacht hätten.

Man mußte nun zur Verstärkung des Chors junge Schul-
abstanten und Hautboisten requiriren und Waisenknaben sangen
Sopran und Alt. — 1823 wurde ebenso „Preziosa" mit Dekorationen
und Garderobe ausgestattet und 10 mal im selben Jahre gegeben.

Personal 61 Mitglieder und 3 Kinder.

Die Herren Velz, Kunz, Miedke, Pezold und Vetter waren als
Zöglinge der von König Friedrich 1811 errichteten Musikschule in
Stuttgart zur Abschleifung der schärfsten Anfänger-Ecken hieher ge-
sendet worden und kehrten wieder nach einem halben Jahre dahin
zurück, wo Velz als Chorrepetitor, Pezold als gefeierter Baßbuffo,
Vetter als erster hoher Tenor am Hoftheater sehr achtungswerthe
Stellungen einnahmen. Blos Miedke blieb bei Provinzbühnen und
wurde da ein vielseitig verwendbares Mitglied.

Gäste: Frl. Kath. Sigl, (Birch-) Pfeiffer und Kanzi, Klavier-
Virtuose Liszt als 12jähriger Knabe.

Neuigkeiten von Auffenberg, Clauren, Gläser, Grillparzer,
Herold, Holbein, Houwald, Lebrün, Lembert, Müllner, Plötz, Raupach, Rossini, Töpfer, Vogel, Weissenthurn.

Abgabe an die Stiftung 1823/24 830 fl. 30 kr. — Mit diesem
Posten schließt die aufgefundene Rechnung (s. S. 68) und kann ich
die weiteren Beträge nicht angeben; doch dauern sie noch fort bis

auf Rothhammer. Diesen schweren Belastungen des Direktors gegen=
über ist es spaßhaft, ein tiefdemüthiges Petitum desselben zu lesen,
„man möge doch endlich einmal die Polster-Ueberzüge an den Logen=
„Brüstungen machen lassen, da sie ganz zerrissen seien." Auch
die Mitglieder-Verzeichnisse Fischers schließen mit 1823. (Siehe die
Vorrede). Von da an bis 1829 mögen diese Listen etwas mangelhaft
und ungenau sein; ich selbst führte in den ersten Jahren meiner
theatralischen Laufbahn noch kein Tagebuch und sonderbar genug,
trotz aller angewandten Mühe konnte ich keine Zettel aus der Zeit
in der ganzen Stadt auftreiben, ja selbst in den Redaktionen der
noch seit jener Zeit existirenden Zeitungen — Abend= und Post=
Zeitung — sind keine gesammelten Exemplare von diesen Jahrgängen
mehr vorhanden, ein Beweis, wie schätzenswerth Fischer's Auf=
zeichnungen sind, ohne welche wir sehr wenig von der Vergangenheit
der Gesellschaften wüßten. Ja selbst in den Theateralten ist ein
Faszikel von diesem Zeitraum noch nicht aufgefunden.

Nachdem nun die 1817 erhaltene Permission auf 6 Jahre mit
diesem Jahre abgelaufen war, wurde dieselbe auf weitere 6 Jahre
verlängert, mit der Bedingung, den Parterre=Preis von 36 auf 30 kr.
herabzusetzen, doch wurde das Lokal für Bibliothek und Garderobe,
was der Direktor in den an das Theater stoßenden Häusern des
Wundarztes Strehle — sogenannten Schißl'schen Häusern — für
50 fl. extra miethen mußte, von 1823 an auf die Stiftung zu zahlen
übernommen.

Je enger indeß in der Restaurationszeit die Censur den politi=
schen Zeitungen den Mund zuschnürte, desto lieber sah man es, wenn
der Schreibkitzel der Federschwätzer sich auf einem andern Felde Be=
friedigung verschaffte. Es entstanden Blätter und Blättchen und
das Secirmesser der Kritik schnitt in alle Wunden.

Um den immer häufiger werdenden Klagen über die Stagnation,
die unter den meist vieljährigen Mitgliedern eingetreten sein sollte,
zu begegnen und die immerwährenden Vorwürfe zum Schweigen zu
bringen, die ihm unter andern das damals erscheinende Blättchen
„die Welt-Chronik" machte, entschloß sich endlich Schemenauer alle
ersten Fischer zu entlassen bis auf Frl. Hahn, die ein mächtiger
Protektor hier zu erhalten wußte, um — wie man hier zu sagen
pflegt — „einen ganz neuen Boden zu legen!" — Es war
der Boden zu seinem Direktions-Sarge! Den 29. April 1852 war
die letzte Vorstellung, hierauf „ein Wort in der Abschiedsstunde,"

gesprochen vom Direktor. Die Gesellschaft gab dann den 6. Mai ein Quodlibet betitelt: „Ein Blumenstrauß," worin die einzelnen Mitglieder noch eine Lieblingsscene spielten; der kunstsinnige und freigebige Baron Lorenz von Schäzler ließ den sämmtlichen außer Brod gekommenen Mitgliedern eine Wochengage auszahlen. Von nun an wurde nicht mehr im Sommer gespielt.

Personal 59 Mitglieder und 5 Kinder.

Gäste: Hr. und Delle. Siebert. Delle. (Birch-) Pfeiffer, Hr. und Mad. Hölken und Delle. Kath. Sigl. Mad. Werth

Neue Stücke von Houwald, Lessing, Oehlenschläger, Rossini und Vogel.

Der bekannte Eduard Jerrmann, der dann 1832 in einigen Rollen Talma's am théatre français in Paris — und zwar mit Glück — gastirte, sich auch zuerst durch den Versuch berüchtigt gemacht hat, die Rollen des Karl und Franz Moor zugleich zu spielen, wurde von München als Regisseur verschrieben und richtete das Theater mit dem ganzen Kunst-Enthus-Miasma eines 29jährigen Sanguinikers nach einem Maßstabe ein, der ein langes Ende über Schemenauers pekuniäre Mittel hinausreichte. Dazu kam noch der achttägige Schluß der Bühne im Oktober wegen Ableben von König Max I. — Nach Neujahr zwar wurde jener schon entlassen und die Regie in die Hände des Helden Dittmarsch gelegt; aber die Seitenwände zu dem vorjährigen Boden waren nun auch schon von Jerrmann gezimmert.

Personal 47 Mitglieder und 1 Kind.

Gäste: Hr. Vetter und Dlle. Stern. Neue Stücke von Vogel.

Bald nach Beginn der Saison glaubte sich Schemenauer durch eine bedeutende Reduktion der Gagen helfen zu können, die bei den aufgezählten Mitgliedern angegeben sind. Nachdem dieselben aber bei der Behörde wegen der großen Rückstände auch von dieser verkleinerten Einnahme Klage geführt hatten, kam endlich den 2. Mai auch noch der Deckel zum Sarge. Schemenauer schloß die Bühne nach 10 Jahren mit Aufopferung aller seiner Effekten. Die vereinigten Mitglieder gaben noch mehrere Vorstellungen vom 13. Mai an. Der schon öfter erwähnte Cäsar Heigel, der zufällig hieher gekommen, wollte die Gesellschaft auf eigene Rechnung für den Sommer zum Fortspielen engagiren, da aber das Stadtgericht Siegel an das Inventar legte, mußten weitere Vorstellungen unterbleiben.

Der folgende Abdruck eines Auszugs vom Liquidationsprotokolle der Gläubiger vom 30. August 1827 zeigt die oben erwähnte Gagen = Reduktion.

Sein Schuldenstand von den letzten zwei Jahren betrug 6451 fl. 23 kr., wovon die Gläubiger nur die Hälfte bekamen, obgleich das nachfolgende Komite das Inventar zu gutem Preise ankaufte.

Herr	Bayer, Garderobier von	40 auf	30 fl.
„	Beils behält — als 1. Tenor		42 „
„	Blankenstein von	40 auf	30 „
„	Dannhorn, Chorbaß hat monatlich		5 „
„	Dardenne übernimmt die Inspektion und behält dagegen seine		36 „
„	Dittmarsch und Frau von	180 auf	160 „
„	Eck behält seine		36 „
„	Ellenrieder, Chorbaß behält		12 „
„	Engelbrecht von	70 auf	60 „
„	Geißler und Frau von	145 auf	135 „
„	Grunert behält seine		40 „
„	Heinrich, Dekorateur von	20 auf	16 „
„	Houesta und Frau, lyrischer Tenor und jugendliche Sängerin von	80 auf	70 „
„	von Tangendorf von	48 auf	36 „
„	Lindner, Beleuchter behält seine		14 „
„	Lorenz, Souffleur von	40 auf	36 „
„	Mayer, Maschinist von	25 auf	20 „
„	Roland behält seine		60 „
„	Meyer und Frau gingen ab. Ihr Guthaben allein betrug		798 „
„	Rollberg von	100 auf	80 „
„	Schemenauer und Frau von	150 auf	120 „
„	Uber von	33 auf	30 „
Mad.	Blankenstein von	80 auf	60 „
Dlle.	Ebner d. ä. behält		20 „
„	Glattacker von	60 auf	50 „
„	Hahn von	115 auf	80 „
„	Kraus behält ihre		8 „
„	Teichmann von	50 auf	40 „

NB. Hr. Bille nahm die Reduktion nicht an und ging ab.

Beträgt also die ganze Reduktion nur 223 fl. monatlich. — Uebrigens gibt die Liste einen interessanten Einblick über den niedrigen Stand des Gehalts zur damaligen Zeit.

Gäste: Mad. Catalani gab hier den 1. Novbr. ein Konzert. Die Tänzerfamilie des Franz Schäffer gab vom 28. Mai bis 8. Juni 3 mal „Joko der brasilianische Affe," Ballet von Taglioni, Musik von Lindpaintner; dann Rappo, berühmter Athlet.

Personal 55 Mitglieder und 1 Kind.

Neue Stücke von Schenk und Vogel.

Nach diesen mageren Jahren kamen fette, aber leider nur zwei. Aktionäre traten zusammen, die Leitung der Bühne selbst zu übernehmen. Welche Motive sie dazu veranlaßten und wer eigentlich den Impuls dazu gegeben, war mir unmöglich zu ermitteln. Das von ihnen gewählte Komite bestand aus folgenden Herren:

1. Herr v. Beisler, kgl. Stadt-Kommissär und Regierungsrath.
2. „ v. Forster-Philippsberg Ernst, kgl. Kammerherr und Major.
3. „ v. Hederer, Magistratsrath.
4. „ v Höslin, Magistrats- (Bau-) Rath.
5. „ Mayrhofer, Magistratsrath.
6. „ Sander Ludwig, k. Wechsel-Gerichts-Assessor und Fabrikant.
7. „ v Schätzler Ferdinand, Bankier.
8. „ Schmid Philipp, Magistratsrath und Fabrikant.

Die bekannten Theilnehmer mit Aktien à 500 fl. waren:

Hr. v. Besserer Joh. Jak.	?
„ v. Eichthal Arnold	2000 fl.
„ Erzberger und Schmidt	?
„ v. Forster Ernst	?
„ v. Froelich Christ.	1000 fl.
„ Frommel	?
„ Giese G.	?
„ v. Halder Friedr.	1000 fl.
„ v. Herrmann	?
„ Kaula B.	?
„ Landauer Jonas	?
Frln. v. Lansberg Jeanette	?
Hr v. Lotzbeck Karl Freiherr und Komp.	2000 fl.
Fr. v. Münch Freifrau, geb. v. Raumer	?
Hr. Obermayer Isidor	500 fl.

Hr. Obermayer J. J.		800 fl
„ v. Pflummern Freiherr		?
„ v. Rad Joh. Christ.		?
„ v. Schätzler Karl für Joh. Lorenz und Fr. Marianne		1000 fl.
Fr. v. Schüle		500 fl.
Fr. v. Stetten Kath., geb. v. Halder, Ghm.-Rathswittwe		?
Hr. v. Stetten Christ. Dav.		?
„ v. Süßkind J. G. Baron		4000 fl.
„ Tröltsch sen. für Frau J. B. Tröltsch, geb. Schumm		?
„ Wagenseil F. L.		?
„ v. Weidenbach		?
„ v. Wohnlich C.		500 fl.
„ v. Wohnlich Daniel		2000 fl.
„ v. Wohnlich Louis		500 fl.

Die zwölf bekannten machen also 15,800 fl. — Wenn die 17, bei denen keine Summe ausgesetzt ist, nur noch 9200 fl. zusammen einzahlten, so kommt die artige Summe von 25,000 fl. heraus.

Unmittelbar nach der Konzessions-Verleihung geriethen schon hoher Magistrat und Komite hart aneinander wegen der Freilogen für die Herren Bürgermeister und die kgl. Stadt-Kommandantschaft. Der Schriftwechsel zwischen ihnen und der kgl. Regierung wurde sogar etwas gereizt und ging bis an's Ministerium. — In Folge dessen wurde im 2. Jahre der kgl. Hr. Stadtkommissär v. Beisler aus dem Komite abberufen, und auch die Herren Magistratsräthe mußten austreten. Selbst die Abgabe an die Stiftung wurde dem Komite nicht erlassen. (Verwahrte sich ja doch schon s. Z. das Almosen-Amt bei jeder neuen Konzessions-Ertheilung feierlichst vor der Zumuthung etwas nachzulassen, „dieweilen unsere Cassa zu solchen beträcht-„lichen Opfern nicht qualifizirt ist." Trotz dieser hohen Auflage war das Komite genöthigt, wegen Beschränktheit des Raumes im Theatergebäude selbst für den erweiterten Geschäftsbetrieb auch noch besondere Lokale für Kanzlei, Probesaal und Garderobemagazin im Betrage von jährlich 273 fl. zu miethen. Die Preise der Plätze blieben, mußten aber des Defizits wegen im zweiten Jahre erhöht werden. (Wie beim ersten Komite.) 1. und 2. Rang 1 fl., Sperrsitze 48 kr., Parterre im Schauspiel 30 kr., in der Oper 36 kr., Gallerie 18 und letzter Platz 9 kr. Der Anfang ward auf 6 Uhr bestimmt.

Das Unternehmen wurde begonnen Dienstag 2. Oktbr. 1827 mit einem Prologe gesprochen von Hrn. Dittmarsch, Geschäftsführer

6*

des Ganzen, hierauf Ouvertüre zu Glucks Iphigenie in Aulis, dann
Iphigenie auf Tauris von Goethe. Geschlossen wurde den 31. Mai
1828. Bis zur neuen Eröffnung erhielten die beibehaltenen Mitglieder kleine Sustentationen. — Obgleich die Herren Aktionäre eine
Art von moralischem Zwang auf die reichen Familien ausübten, sich
abonniren zu müssen, ergab sich doch nach Jahresschluß ein Defizit
von 5786 fl. 18 kr. Zur theilweisen Deckung desselben reichte es
diesmal der Stadtkasse, den reichen Herrn 2500 fl. zuzuschießen. —
Für den armen Schemenauer war nie etwas übrig.

Personal 64 Mitglieder und 1 Kind.

Gäste: Herr Löhle, Urban und Dlle. Schechner, Herr und
Madame Reichel.

Neue Stücke von Auber, Boieldieu, Kleist, Schiller und Vogel.
Man gab viel Klassisches, aber auch Ritterstücke und Kotzebue.

Es ist bemerkenswerth, daß in dem sehr strengen Winter 1828/29
das Theater vom 12. bis 15. Febr. wegen Unheizbarkeit geschlossen
werden mußte. Aber auch der Aktionäre Opferwilligkeit für die
Kunst war eingefroren; den 30. April gab das Komite das Theater
auf und den 9. Mai wurde es zur Bewerbung in den Zeitungen
ausgeschrieben. Sowohl die großen pekuniären Verluste hatten dem
Komite das Direktions-Spiel verleidet, als auch die erbitterten,
satyrischen, ja oft hämischen Angriffe auf Magistrat und Aktionäre,
in denen die in München erscheinenden Blätter „Flora" (Saphir),
„freie Presse" und „Bair. Beobachter" ihr Gift über sie ergossen.
Welche Aehnlichkeit der Erscheinungen mit dem ersten Komite! (siehe
S. 58). Gesuche um Unterstützungen aus Kreisfonds und anderen
Kassen wurden von der kgl. Regierung abgelehnt. Nur die Stadtkasse war nicht abgeneigt, wieder eine Anstrengung für dramatische
Kunst zu machen und wollte noch einmal zur Deckung des neuen
Verlustes 3000 fl. geben, die Hrn. Gemeinde-Bevollmächtigten aber
verweigerten sie. — Diese Defizits zeigen wenigstens, was zugeschossen
werden sollte, wenn das Theater hier so bestehen soll, wie man
es gern haben möchte. — Aber das Inventar Schemenauers, das
durch zahlreiche Nachschaffungen von Garderobe, Dekorationen und
Opern bis zu 19,119 fl. Anschaffungskosten vermehrt worden war, kaufte
der Magistrat dem Komite um 10,000 fl. ab! Es war bestimmt
worden, daß zur Tilgung dieser Summe die Stadtkasse 10 Jahre
jährlich 500 fl., der Direktor daran ebensoviel für die Benützung
zahlen sollte. Doch wird wahrscheinlich die Stadtkasse den größten

Theil von der Hälfte des Direktors haben zahlen müssen, denn ich finde in einer gestellten Rechnung über Ausgaben für das Theater von 1840: „Letzte Rate für die Garderobe an das Komite 1000 fl." Jedenfalls war sie bis zu dieser Zeit durch Abnützung schon auf ein Viertheil ihres Werthes herabgesunken. (Siehe den Verkauf derselben.) Nach dem Schluß gab noch Dardenne den 3. Mai eine Vorstellung mit Unterstützung des Hrn. Löhle von München. Den 12. und 20. Juli gaben die zurückgekehrten Schemenauer und Engelbrecht auf dem Liebhabertheater im Fuggersaale 2 Vorstellungen.

Personal 64 Mitglieder und 1 Kind.

Gäste: Hr. Breiting, Hr. und Mad. Halzinger, Hr. Beils und Dlle. Haibel.

Neue Stücke von Auffenberg, Beer Mich., Boieldieu, Grillparzer, Holtey, Maltitz, Marschner, Meyerbeer, Raupach, v. Weber, Weissenthurn und Zedlitz.

So hatte denn das Komite sammt seiner großen Einbuße mehr geschadet als genützt. Es hatte die Gagen der Mitglieder hinaufgeschraubt — Dlle. Stern und Hr. Wagner bezogen monatlich je 100 fl. — für ein Privatunternehmen und zu jener Zeit ein ungeheurer Gehalt. (Vergl. Schemenauer's letzten Gagenstand S. 81.) Es hatte das Publikum zu Ansprüchen an Mitglieder und Ausstattung verwöhnt, denen ein Direktor ohne Verlust unmöglich gerecht werden konnte, da er ja auch noch immer die Abgaben an die Stiftung zu geben hatte. Unter den vielen Konkurrenten wurde dazu gewählt

Direktor Johann Weinmüller.

Zur Wahrung der Interessen des Publikums wurde ihm ein Komite vorgesetzt unter Leitung des ersten Bürgermeisters Hrn. Barth. Im Besitze einer Pension von 1000 fl. jährlich, mit der man ihm seine Rechte auf die ehemalige sogenannte Lorenzoni'sche Kreuzerhütte beim Bau des Isarthor-Theaters in München ablaufte, übernahm er die Bühne, obgleich er sich der Schwierigkeit des Unternehmens sehr wohl bewußt war, blos weil er — so steht es in seiner Einladung zum Abonnement — von Jugend auf an eine Direktionsführung gewöhnt war. Wirklich setzte er auch diese Gewohnheits-Direktions-Führung noch lange nachdem er von hier fort war, bis in seine 80ger Jahre fort, trotz der Mißgunst des Schicksal's und ohne den geringsten Vortheil.

Er hatte seit 1827, wo er in Regensburg war, kein passendes Theater bekommen und war deshalb während dieser Zeit als Geschäftsführer des Augsburger Bäckergehilfen Rappo gereist, der mit seinen Kraft = Produktionen viel Geld verdiente. Da Weinmüller davon Tantiemen bezog, so brachte er von dieser Reise ein hübsches Häufchen Gold von 7000 fl mit, die ich selbst gesehen habe, da ich ihm in den ersten Wochen bis das Geschäft eingerichtet war, als Sekretär diente. Es gelang ihm zwar im ersten Jahre mit seiner Gesellschaft, die noch einige gute Kräfte vom Komite her enthielt, dem Publikum zu genügen, aber dieses kurze Glück bezahlte er nicht blos mit den obigen 7000 fl, sondern auch noch mit seiner Pension, die bei seinem Abgange auf mehrere Jahre vorausverpfändet war.

Eröffnet wurde die Bühne zur Feier der Anwesenheit des König Ludwig I. und der Königin Therese den 29. August mit: „Ein Prolog" von Hrn. Mag.=Rath. Ph. Schmid, hierauf „Kaiser Maximilian der Erste" von demselben. Zum Schluß: „Kaiser Ludwig's Traum", Schauspiel in 1 Akt von Ed. v. Schenk, wofür Weinmüller von der Stadt eine kleine Gratification von 200 fl. bekam. Dieselbe Vorstellung wurde am andern Tage wiederholt.

Personal 85 Mitglieder und 2 Kinder.

Das eigentliche Winter = Abonnement begann dann erst 20. Sptbr. mit einem Prolog gesprochen von Hrn. Weinmüller. Geschlossen wurde die Bühne den 23. Mai 1830.

Neue Stücke von Albini, Auber, Birch = Pfeiffer, Deinhardstein, Holtey, Lebrün, Maurer, Raimund, Raupach, Rossini, Töpfer, Vogel, Wolf.

Gäste: Hr. Heigel, Kürzinger, Laroche, Löhle, Urban und Charl. von Hagen; Hr. Friedel mit Rappokünsten. Hr. Köchert, Mad. Krieger. Den 28. und 30. Novbr. gab Paganini 2 Konzerte. 1. Rang 3 fl, 2. Rang 2 fl. 42 kr., Sperrsitz 2 fl. 24 kr., 1. Parterre 2 fl., 2. Parterre 1 fl. 30 kr., Gallerie 1 fl. — Eine eigenthümliche Anekdote dieses Jahrganges ist die: Musikdirektor Maurer hatte sich zu seinem Benefize eine Oper componirt: „Abrahams Opfer," Herr Versing sollte den Abraham singen, bekam aber am Tage der Vorstellung einen so geschwollenen Backen, daß er absagen mußte. Um aber das ausverkaufte Haus dennoch zu befriedigen, sang Hr. Huppmann im Kostüm des Abraham seinen Part aus der Stimme und Hr. Rothhammer las daneben im schwarzen Frack die Prosa.

1830—31 Direktor Johann Weinmüller.

Personal 64 Mitglieder und 2 Kinder.

Gäste: Mad. Birch Pfeiffer, Hr. Just als Nachahmer Paganini's, für den sogar Laube seine erste Posse „Zaganini" schrieb.

Neue Stücke von Bauernfeld, Birch Pfeiffer, Deinhardstein, Rossini, Schenk, Töpfer, Vogel, Weissenthurn.

Weinmüllers immer wiederholte Klagen fruchteten doch so viel, daß ihm ein außerordentlicher Zuschuß von 1000 fl. aus der Stadt-kasse gewährt wurde. Auch die Abonnenten, denen noch vom Komite her erinnerlich war, was ein gutes Theater koste, schossen 1600 fl. zusammen. In der Hoffnung die Gesellschaft auch im Sommer zu-sammenhalten zu können, verband sich Weinmüller mit Johann Lutz, Inhaber des Theater-Privilegiums von Karlsbad. Nachdem derselbe aber gänzlich mißfallen hatte und seine Frau sogar ausgepfiffen worden, trennten sie sich schon den 1. Januar 1832 wieder und Lutz ging mit einer eigenen Gesellschaft nach Ulm. Geschlossen wurde die Bühne eigentlich den 16. Mai aber noch bis zum 29. kleine Stücke zu den Produktionen der berühmten Equilibristen Gebrüder Chiarini gegeben. Nach dieser Saison erhielt Weinmüller das Theater auf 3 Jahre bis 33/34 inclusive.

1831—32 Direktor Johann Weinmüller.

Personal 73 Mitglieder und 7 Kinder.

Gäste: Mad. Düringer-Brauer, Hr. Breiting, Hr. Eßlair, Urban, Royer. Mad. Birch Pfeiffer, Dlle. Aug. Hagen, Mad. Soph. Schröder. Die Letztere mußte ihr Gastspiel um Weihnachten wegen der grimmigen Kälte im unheizbaren Theater aufgeben, nachdem sie auf ausdrückliches Verlangen der Damen im 1. Range die „Medea im Pelzkragen" gespielt hatte. Ob sie vor dieser Zeit schon hier spielte, konnte ich nicht erfahren, daß sie aber nach diesem Abend die hiesige Bühne nie mehr betrat, weiß ich gewiß. — Das waren noch schöne Zeiten, wo man „eingeschneit" wurde, wenn man auf gewissen Stellen der Bühne eine halbe Viertelstunde ruhig zu stehen hatte. Und dafür 5 fl. 30 kr. per Abend Abgaben!

Fernere Gäste waren noch: eine franz. Tänzer-Gesellschaft von Cassel und Benoni (der berühmte Policinel Carelle) Hr. Lunt, Tänzer und Signora Lunt, Guitarre Virtuosin und Balletmeister Nacco.

Neue Stücke von Albini, Auber, Birch-Pfeiffer, Blum, Dein-hardstein, Grabbe, Holtei, Klingemann, Maltitz, Müllner, Plötz,

Raimund, Raupach, Rossini, Schenk, Töpfer, Weissenthurn, Werner und Wolf.

Nach dieser Saison machte die Direktion mit einer starken Zahl dieser Gesellschaft einen Ausflug nach Kaufbeuren, Kempten und Memmingen. Von da zurückgekehrt eröffnete

1832—33 Direktor Johann Weinmüller

seinen 4. Jahrgang und schloß ihn schon den 2. April, weil er mit einer deutschen Oper eine Tour nach Straßburg machte bis 25. Juni und von da nach Baden in der Schweiz und dem nahen Zürich ging vom 30. Juni bis 11. Oktbr. Eine mir zu Händen gekommene Gagenliste von diesem Jahre weist einen Etat von 950 fl. monatlich aus — gegen das Vierfache von jetzt.

In diesem Jahre wurden die von rückwärts an das Theater stoßenden sogenannten Schießel'schen Häuser von der Martinsstiftung angekauft und für die darin überlassenen Räume zu Bureau, Bibliothek und Garderobe noch extra vom Direktor 75 fl. Zins gefordert, was erst nach und nach auf nichts reduzirt wurde, da Alles so baufällig war, daß schon 1832 eine Decke einstürzte und die Parterre-Wohnungen wegen Feuchtigkeit verlassen werden mußten, bis endlich 1846 alles niedergerissen und der noch stehende Bau aufgeführt wurde.

Personal 72 Mitglieder und 7 Kinder.

Neue Stücke von Birch-Pfeiffer, Blum, Herold, Maltitz, Marsano, Raupach, Töpfer, Weissenthurn.

Gäste: Von Schauspielern nur Hr. Forst und Hr. Rabehl. Außer diesen Mimiker Alexandre, der Feueresser Schwarzenberg, der Taschenspieler Weiß, die Draht-Tänzerinnen Delle. Romanine und Mad. Klein, die Equilibristen Brüder Chiarini, die Seiltänzerin Mad. Sacchi, der Affenspieler Baumgartner und der Posaunist Schmidt.

Nicht unerwähnt darf hier bleiben, daß bei einem 8 Tage dauernden landwirthschaftlichen Feste auf dem Exerzierplatze von der Stadtbehörde nebst den übrigen üblichen Lustbarkeiten wie Wett-Rennen und Laufen, Baumklettern u. s. w. auch für ein „Theater im Freien" gesorgt war. Die damals im besten Flore stehende dramatische Liebhaber-Gesellschaft im oberen Baumgarten, führte zur allgemeinen Zufriedenheit den 10. und 12. September 1833 das militärische Schauspiel „Graf Waltron" auf, dessen schon öfter erwähnt wurde. Die splendiden Kostüme wurden von der Stadtkasse angeschafft und der „Gräfin Waltron" das ihrige geschenkt, in welchem sie sich bald darauf trauen ließ. Direktor Wagenseil. Regisseur Eugen. (S. Register)

1833—34 Direktor Johann Weinmüller.

Die Bühne wurde den 20. Oktbr. eröffnet und zum Schluße derselben, 3, 4. und 5. Mai Meyerbeer's „Robert der Teufel" zum 1. mal gegeben. Hr. Johann Rösle von hier sang 24. Febr. den Max im Freischütz als ersten theatr. Versuch.

Außer dieser Oper waren unter anderen neue Stücke von Birch-Pfeiffer, worin die Dichterin selbst als der einzige Gast der Saison ihre Kraft-Rollen produzirte. Dann Blum, Chelard, Müller Donat, Nestroy, Raupach, Vogel.

Personal 87 Mitglieder und 12 Kinder.

Nach Schluß der Saison führte Weinmüller zum zweitenmale eine deutsche Opern-Gesellschaft nach Straßburg. So gut er sich aber auch das erstemal dabei befunden haben mag, so mißlang dies- mal die Unternehmung so gänzlich, daß sie nur bis 19. Juli dauerte. Man hatte das franz. Theater-Publikum gegen die „Dütsche" ver- hetzt und wir waren bald daran gewöhnt, daß der eine Theil jedes- mal pfiff, sobald der andere applaudirte. War's dieses Unglück oder hatte Augsburg an Weinmüller genug, kurz er kehrte nicht mehr dahin zurück, da ihm die Hoffnung geboten war, das neuerbaute Theater in Basel eröffnen zu dürfen. Die Stadtbehörde löste ihm seine Dekorations-Anschaffungen im angeblichen Werthe von 735 fl. 27 kr. für 220 fl. ab und verwendete noch außerdem 161 fl. für Auffrischung abgenützter Dekorationen. — Ein wahrscheinlich aus dem Bauamte hervorgegangener historischer Rückblick auf die verschiedenen Bau- flickereien am Theater im Tagblatte vom 17. Juni 1839 sagt, es seien in diesem Jahre die dicken hölzernen Logen-Säulen mit den jetzigen eisernen vertauscht worden. Da jedoch dieser Aufsatz so viele und große Irrthümer enthält, so möchte ich auch dies nicht ver- bürgen. — Nach Weinmüller erhielt dessen Schwiegersohn

1834—35 August Rothhammer

die Direktion auf 3 Jahre, eröffnete die Bühne den 28. Septbr. und schloß den 29. Mai.

Personal 71 Mitglieder und 5 Kinder.

34 neue Stücke von Albini, Bauernfeld, Birch-Pfeiffer, Chelard, Deinhardstein, Marsano, Müller Donat, Nestroy, Raupach, Spontini, Töpfer.

Gäste: Hr. Lang, Höllen, Eßlair, Vespermann und Mad. Sigl-Vespermann. Hr. Kunst. Mai 35. — Eine spanische Hoftänzer-Gesellschaft. — Frau Krähmer, Klarinettistin mit ihrem Sohne Cellist. — Musiker- (Kinder-) Familie Graßl.

Rothhammer hat zuerst das lange bestehende 2. Parterre entfernt und für den ganzen Raum den Preis von 24 kr. im Schauspiel und 30 kr. bei Opern festgesetzt. — Anfang der Vorstellungen halb 7 Uhr. — „Endlich" wurde ihm auch mit Beginn seiner ersten Saison die Zahlung der 5 fl. 30 kr. erlassen, (im Ganzen ungefähr 600 bis 800 fl.) Von Georgi 35 an auch der Miethzins für die Schießel'schen Häuser mit 75 fl. gestrichen. — Endlich im März 1836 erhielt er auch noch einen baaren Zuschuß von 600 fl., der von da an jedem seiner Nachfolger auf gestellte Bitte alljährlich gewährt wurde, bis ihn Beurer sogar kontraktlich zugesichert erhielt. Der zweite Jahrgang von

1835—36 Direktor August Rothhammer

wurde eröffnet den 4. Sptbr. und das Winter-Abonnement dauerte bis halben Mai. — Von da an wurden auch 2 Abonnements zu 12 Vorstellungen nebst 2 Suspendus, also im Ganzen 28 Abende für den Sommer eröffnet und die Gesellschaft blieb zusammen; zum erstenmale wieder seit Schemenauer.

Personal 78 Mitglieder und 5 Kinder.

43 neue Stücke von Auber, Auffenberg, Bauernfeld, Beethoven, Bellini, Birch-Pfeiffer, Blum, Chelard, Devrient, Goethe, Marschner, Nestroy, Raimund, Raupach, Töpfer.

Gäste: Hr. Lang, Gerstel, Heigel, Vespermann, (brachte zuerst Faust von Goethe) Mad. Birch-Pfeiffer, Sigl-Vespermann und Dlle. Vial, Mad. Schröder-Devrient 3 mal. Hr. Börner. Steyrer Sänger. Im Sommer die Tourniaire'sche Kunstreiter-Gesellschaft mit Pferden auf der Bühne.

Nach Beendigung des erwähnten Sommer-Abonnements begann den 8. Septbr. sogleich

1836—37 August Rothhammer

seinen 3. Winter-Jahrgang.

Personal 74 Mitglieder und 4 Kinder.

21 neue Stücke von Albini, Amalie Prinzessin von Sachsen, Blum, Clauren, Gläser, Holtey, Houwald, Kreutzer Konradin und

Kreutzer Rudolph, Nestroy, Raimund, Raupach, Spontini. Egmont zuerst mit der Musik von Beethoven.

Gäste Hr. Eßlair, Hr. Rosner, Vater. Hr. Remark, Hr. Roland.

Nachdem die Ansprüche des Publikums, welche das Komite etwas zu hoch gesteigert hatte, durch Weinmüllers Leistungen wieder auf ein bescheidenes Maß herabgedrückt waren, zeigte sich hier die später oft gemachte Erfahrung, daß die gute Meinung der Behörde, dem Direktor pekuniäre Beihilfe zu gewähren, dadurch wieder fruchtlos wurde, daß sich auch die Ansprüche mit jener unverhältnißmäßig steigerten. Der gute Rothhammer wollte es Allen recht machen und büßte diese Schwäche mit seiner ganzen Habe. Den 3. März erklärte er sich zahlungsunfähig und die Gesellschaft übernahm in Theilung die Fortführung der Vorstellungen auf eigene Rechnung. Man spielte das bereits von Rothhammer eingesammelte Abonnement vollends aus und eröffnete noch ein neues auf 12 Vorstellungen, worauf auch noch ohne Abonnement bis zum 3. Mai fortgespielt wurde. — Es war wirklich traurig zu sehen, wie dieser junge thätige Mann mit einer Gautsumme von nur 3000 fl. in drei Jahren zu Grunde gehen mußte, der unterstützt von dem genialen Kapellmeister Chelard und dem tüchtigen Regisseur Wolff den Vorstellungen einen wahrhaft künstlerischen Schwung zu geben wußte und die Mitglieder mit Opfern auch im Sommer erhalten hatte. Welche Mitglieder dies waren beweist, daß sie von hier in sehr großer Zahl an die besten Theater Deutschlands kamen, was ich hier beispielshalber so weit es mir bekannt geworden aufzeichnen will. Der Baryton Butsch, der mit seiner vollendeten Gesangschule und seiner damaligen Jugend jeder Hofbühne zur Zierde gereicht haben würde, ging in's Privatleben über und übernahm die Birett'sche Antiquariats-Buchhandlung; die Sängerin Reu, der Tenor Löwe und die Schauspielerin Schidermaier d. ä. gingen nach Wien, Schidermaier d. j. als Gerstorfers Frau nach Dresden, von Poißl nach Darmstadt, die beiden Urban nach Braunschweig, Wolff als Regisseur an's Königsberger Theater in Berlin zurück, Frl von Faßmann wurde der Liebling des k. Hof-Operntheaters in Berlin. Augusti kam nach Stuttgart, Sigl nach München.

Die im Winter 1837 heftig hier grassirende Grippe hatte allerdings den Theaterbesuch in so erschreckender Weise gemindert, daß der Direktor den Muth verlor, den gehabten Verlust auch bei später gebesserter Theilnahme des Publikums wieder hereinzubringen. Wohl hatte auch die geschärfte Verfolgung der Presse und die unerbittliche Censur seit dem Hambacher Feste, dem Frankfurter Attentat u. f. w. seinem Repertoire Hemmnisse entgegengestellt, demungeachtet erwies sich seine Furcht als unnöthig, denn die Mitglieder machten, nachdem die Krankheit gehoben war, mit den 32 im Vereine gegebenen Vorstellungen vom 5. März bis 5. Mai beinahe den vollen Betrag ihres zweimonatlichen Gehaltes als Einnahme.

Dieses Falliment hatte auf lange Zeit den übelsten Einfluß auf den Ruf des hiesigen Theaters bei den Unternehmern. Zwar war kein Mangel an Bewerbern um die erledigte Direktion und unter den diesjährigen befand sich auch der bekannte Wilhelm Vogel, welcher nach dem Tode seines Schützlings — Klara Hirschmann † 1835 — (siehe das Register) bei der Wittwe von deren Vater, dem verstorbenen Lehrer der franz. Sprache hier lebte. — Welcher Art aber die anderen Bewerber gewesen sein mögen, beweist daß hoher Magistrat sich veranlaßt fand, selbst zu dem zurückzugreifen, von dem man doch wußte, daß auch er schon vor 3 Jahren sein bischen Vermögen dem Theater zum Opfer gebracht hatte, und sich daher nicht erwarten ließ, daß er sich in den 3 Jahren wieder so erholt habe neue Opfer bringen zu können. — Genug Johann Weinmüller folgte wieder seinem Schwiegersohne auf drei Jahre, sowie dieser ihm vor drei Jahren gefolgt war. Aber ein Fatalist könnte eine gerechte Rache der beleidigten Thalia darin sehen, daß man ihren ächten Priester, den künstlerisch befähigtsten Direktor ohne die Unterstützung ließ, die man einige Jahre nachher weniger Würdigen gewährte, da das Theater von da an 16 Jahre in einem Zustande vegetirte, der mit den Theatern weit weniger wohlhabender Städte keinen Vergleich mehr aushalten konnte. Zwar hatte man stets einzelne tüchtige Kräfte, aber immer nur als Nothanker, nur auf so lange, bis sich ihnen bessere Aussicht eröffnete, dann gingen sie eben einfach durch. — Es war ein Gradmesser für den Ruf, den die hiesige Bühne auswärts genoß, daß die Mitglieder der ersten Fächer, wenn sie hieher kamen, mich als Aeltesten so häufig im Geheimen ängstlich fragten: „Geht es denn hier wirklich so schlecht, wie man sich bei „uns in X erzählt?" Zum Theil trug Weinmüller freilich selbst etwas Schuld daran, denn der alte Mann hatte schon bei seiner früheren Geschäftsführung die fast stereotype Gewohnheit, sobald er einmal die Leute durch größere Versprechungen hieher gelockt hatte, und die Zeit vorüber war, wo man noch anderwärts unterkommen

konnte, um's Neujahr unter dem Vorwande des schlechten Geschäfts-
ganges bedeutende Gehalts-Reduktionen vorzunehmen. Welch' zer-
setzenden Einfluß aber auf das ganze Institut ein unregelmäßiges
Auszahlen des Gehaltes hat, habe ich in dieser traurigen Zeit oft
erfahren. Schlechte Berufserfüllung, Durchgehen der Mitglieder und
Schuldenmachen ist die nächste Folge davon. Kommen in anderen
Ständen Skandalosa vor, Einer flüstert sie dem Andern heimlich zu.
Von „Theaterleuten" aber durfte man alles ungenirt in die Zeitung für
In- und Ausland drucken; und wie kann man sich über die klatsch-
süchtige niedere Menge wundern, die für ihre Schwächen stets mit
Freuden die Zahl ihrer Mitschuldigen vermehrt sieht, wenn ein
Mann wie Hr. Königsberger, dessen ganze Geschäfts-Existenz noch
vom Vater her seit 1796 auf dem Verdienste durch das Theater
basirt, mit wahrer Wonne den Abonnenten im Büffet sein damals zum
allgemeinen Sprüchworte gewordenes Endurtheil abgibt: „Bagage!
Bagage! Bagage!" — Mag man es mir verzeihen, wenn die oft
gekränkte Eitelkeit eines ehrlichen Mannes, sich immer unverdienter
Weise mit Allen in den Auskehricht geworfen zu sehen, hier Bemerkungen nicht unterdrücken konnte, die nur in so fern zur Geschichte
des Theaters gehören, als diese Kalamitäten die hiesige Bühne vor
ganz Teutschland in den übelsten Ruf brachten. War es doch sogar
unter den höheren Ständen damals zur Gewohnheit geworden, wenn
ein Fremder nach dem Theater fragte, ihm angelegentlichst vom
Besuche desselben abzurathen.

1837—38 Direktor Johann Weinmüllers
erster Jahrgang — neue Folge — wurde also den 1. Oktbr. 1837
begonnen und den 7. Mai geschlossen.

Personal 71 Mitglieder und 3 Kinder.

Gäste: Außer Dlle. Vial und Mad. Wallbach-Kanzi je einmal
nur die Beduinen Abdallah und Abigas, der Guitarrist Legnani,
die beiden Affenspieler Jägler und Klischnigg und ein Hund des Aubry.

28 neue Stücke von Albini, Bauernfeld, Birch, Halm, Nestroy,
Raupach, Vogel.

Im Sommer 1837 wurde eine transparente Uhr ober dem
Proszenium angebracht, — eine eigenthümliche Idee des Hrn. Baurath Kollmann — die jedoch wenn ich nicht irre, schon in diesem
Winter wieder entfernt wurde. Uebrigens erflehte Weinmüller
schon im Februar 1838 wieder eine Unterstützung, und erhielt

abermals 600 fl. einmaligen außerordentlichen Beitrag. Im Dezember 38 endlich ward das Theater und die Schießel'schen Häuser von der Martinsstiftung auf die Kommune übernommen; die letzteren für 4500 fl. baar und 1800 fl. Hypothek=Kapital à 4% verzinslich, also in Summe für 6300 fl. Die 1800 fl. aber wurden schon im Jahre 39 zurückbezahlt.

1838—39 Direktor Johann Weinmüllers

zweiter Jahrgang, neue Folge, wurde diesmal schon eröffnet den 1. Septbr. 1838 und geschlossen den 28. April 1839.

Im Laufe des Sommers wurden dreimal kleine Stücke gegeben zu den Produktionen eines ungarischen Tänzers und einer Gesellschaft — „sehr häßlicher" — indischer Bajaderen.

Personal 75 Mitglieder und 3 Kinder.

Gäste: Dlle. Vial und Hr. Heigel. Taschenspieler Döbler. Ungarische Tänzer=Gesellschaft.

41 neue Stücke von Adam, Amalie Prinzessin von Sachsen, Bellini, Birch, Blum, Donizetti, Grillparzer, Halm, Kreuter Konr., Raupach, Reissiger, Schenk, Töpfer.

1839—40 Direktor Johann Weinmüllers

dritter Jahrgang, neue Folge. Eröffnet den 3. Oktbr. Geschlossen den 26. Mai.

Personal 77 Mitglieder und 3 Kinder.

Gäste: Hr. Cornelius, Hr. und Mad. Rothhammer, Hr. Hoppe, Sigl und Mad. Sigl=Vespermann, Dlle. Brock. Hr. Jerrmann, Bauchredner Schreiber, die Equilibristen Brüder Graffina, Violin-Virtuose Ole Bull, die Affenspieler Jägler und Copal und Feueresser Schwarzenberg. Zillerthaler=Sänger und ital. Operngesellschaft.

31 neue Stücke von Albini, Auber, Bauernfeld, Berger Birch, Blum, Devrient, Nestroy, Raupach, Töpfer, Vogel, Weissenthurn.

Nach Schluß der Saison gab noch ein kleiner Rest zurückgebliebener Mitglieder unter Leitung von Schmitz einige Vorstellungen bis Mitte Juli.

1840—41 Direktor Johann Weinmüllers

vierter Jahrgang, neue Folge. Eröffnet den 4. Oktbr., geschlossen den 21. Mai 1841.

Personal 80 Mitglieder und 4 Kinder.

Gäste: Hr. Heigel, Zängel, Dahn und Mad. Dahn, Dlle. Polin, Mad. Duflos-Maillard. Der vom Hausknechte Simmerl in München überwundene starke Franzose Jean Dupuis und die Riesin Kath. Teutsch, arabische Springer, Violin-Virtuose Ernst, Eben, Balletgesellschaft von München, Hr. und Mad. Rothhammer, Herr Christel, Komiker. Hr. Marx, Taschenspieler und endlich noch ein Affenspieler von München.

36 neue Stücke von Amalie Prinzessin von Sachsen, Benedix, Berger, Devrient, Gutzkow, Holbein, Kaiser, Maltitz, Nestroy, Plötz, Spohr, Töpfer.

Nach der Saison eine Vorstellung der Typographen und ein Konzert der hiesigen Musiker und Dilletanten zum Besten der abgebrannten Hamburger. — Außer vielen Possen auch noch drei von Hopp, und Ritter und Räuber tummelten sich fleißig auf der Bühne herum, besonders der Held Eichwald nicht zufrieden auf der Erde zu toben, erschütterte die Soffiten öfter als Ritter zu Pferde. — Einigemale machte sich der Unmuth des Publikums sogar durch Pfeissen Luft; ein Ereigniß, was ich gottlob hier nur selten zu registriren habe. Kurz der wackere 70jährige Weinmüller war nicht mehr im Stande sich aus seiner gewohnten Sphäre bis zu den Anforderungen der Neuzeit zu erheben und die Folge davon war der Verlust der Direktion, die sein Nachfolger erhielt, während er seine Gesellschaft im Sommer nach Baden-Baden führte.

1841—42 Direktor Karl Deurer

eröffnete den 6. Oktbr. und schloß den 30. April.

Personal 61 Mitglieder und 4 Kinder.

Gäste: Hr. Jost und Dlle. Denker, Hr. Bauer, Hr. Maurer, Hr. Roland Tenorist, Hr. Chiampo Posaunist, Hr. Schreiber Bauchredner. Hr. Hart, sogenannter Feuerkönig.

23 neue Stücke von Amalie Prinzessin von Sachsen, Auber, Benedix, Berger, Birch, Blum, Donizetti, Feldmann, Kaiser, Lortzing, Shakspeare, Weissenthurn.

Auf Veranlassung des Hofschauspielers Jost, ehemal. Mitglieds des Hamburger Stadttheaters, gab das Personal des Münchener Hoftheaters den 12. Juni 1842 zum Besten der beim Hamburger Brande außer Brod gekommenen Kollegen das Lustspiel von Shakspeare: „Was ihr wollt," den 22. ein Opern-Quodlibet mit Ballet und den 23. sogar die Oper „der Liebestrank." Die Eisenbahn brachte auch das Hof-Orchester sammt allen ihren Instrumenten mit.

1842—43 Direktor Karl Beurer

begann den 2. Oktbr. 42 und wurde den 24. April 43 geschlossen.

Personal 61 Mitglieder und 4 Kinder.

Gäste: Die beiden Dlles. Heuser. Humoristischer Vorleser Dr. Wiest. Ernster Vorleser Willibald. Hr. Dobritz, Fr. Berger und Dahn, Frl. D'Arcourt, Denker, Fleischmann, Friedmann, See-bach, die Hrn. Christen, Dahn, Krause, Jost, Lang und das Ballet-Personal mit Hrn. Opfermann, Dlle. Holler, Nasp und Thierry. Ferner eine italienische Opern-Gesellschaft Direktor Luigi Romani. Mad. Bishop, Hr. Bochsa Harfenist und Hr. Briccialbi Flöten-Virtuose. Hr. Herwegh, Physiker Becker, Hrn. Regenti und Flach Marmortableaux, Hr. Desanne und 2 Söhne.

31 neue Stücke von Bellini, Birch, Blum, Devrient, Donizetti, Feldmann, Halevi, Halm, Nestroy, Raupach. — Im Sommer noch einige Vorstellungen vom Chor-Personale, den Typographen u. s. w.

Nach der dürftigen Bestellung von Weinmüllers Direktion glaubte man nur dem wohlhabendsten Bewerber die Leitung der hiesigen Bühne anvertrauen zu sollen und wählte unter 10 Bewerbern Hrn. Karl Beurer, dem von seiner Direktion in Magdeburg der beste Ruf voranging. Man mochte wohl große Hoffnungen in ihn gesetzt haben, denn vor seiner Eröffnung im Sommer 1841 nahm man einen Anlauf zu einer Ausgabe von 4990 fl. 48 kr. zur bau-lichen Verbesserung des Innern und Entfernung der Holztreppe, die von außen auf die Galerie führte. Ein Giebel-Dachstuhl wurde aufgesetzt und so dem Einschneien abgeholfen; Heiz-Vorrichtungen getroffen, durch Spenglermeister Keller ein sehr schöner (Oellampen-) Lüstre angefertigt, Plafond und Proszenium neu gemalt, auch der alte schöne Vorhang von Huber mit den Grazien (s. S. 39) wurde von Hrn. Galerie-Inspektor Eigner getreu kopirt, Dekorationen theils aufgefrischt, theils neu gemalt; überdem beantragten die Hrn. Gemeinde-Bevollmächtigten schon damals die Bildung eines städtischen Orchesters, kurz das Ganze nahm wieder einen günstigen Aufschwung um so mehr als die Behörde trotz der besseren Dotation dem Direktor das Stellen einer großen Oper ausdrücklich erließ, und ihm nur ein gutes Schauspiel und Singspiel zur Pflicht machte. Dazu brachte allerdings Beurer ein genügendes Vermögen und ein reiches Inventat

mit, aber — nicht die geringste Lust, hier etwas davon einzubüßen.
Seine Gattin, aufgewachsen in der Schule ihres Vaters, des bekannten
Dichters und Generaldirektors vom Hoftheater in Braunschweig
August Klingemann, unterstützte ihn kräftig sowohl in der spekulativen
Leitung der Bühne, als vorzüglich in der sparsamsten Verwaltung
der finanziellen Mittel, die freilich als oft zu sehr ins Kleinliche
gehend getadelt wurde, aber vielleicht blos von solchen, die sich dadurch verkürzt sahen. Ueberhaupt wurde aller Orten wo Beurer
früher oder später war, seine „weise" Sparsamkeit gerühmt. (Siehe
Thtr.-Lexikon.) Bald hatten sie eingesehen, daß hier mit einer
guten Gesellschaft ein Defizit unvermeidlich sei, wenn es nicht ge-
lingt, für die Saison einige Stücke zu finden, die mit großem Zu-
laufe 6 bis 8 Wiederholungen erlauben. Und sie haben sie gefunden! Im ersten Jahre „Czaar und Zimmermann" von Lortzing
7 mal und das „Drama ohne Titel" aus dem Franz. von Forst
und Lentner 5 mal. Im 2. Jahre die „Regimentstochter" von
Donizetti 8 mal und „Einen Jux will er sich machen" von Nestroy
6 mal. Aber auch Grund zu Klagen hatte er. Während der Landestrauer wegen dem Ableben der Königin-Wittwe Karoline 17. Novbr.
wurde ihm das Theater auf 8 Tage gesperrt — ohne Entschädigung.
Als Hr. Jost von München in „Ludwig XI. letzte Tage" gastirte
und die Vorstellung so ungeheuer gefallen hatte, daß mehrere über-
volle Wiederholungen zu erwarten gewesen wären, wurde das Stück
wegen einiger Floskeln über Rom und Priester-Herrschaft — die
übrigens an der nahen Hofbühne unbeanstandet gesagt wurden —
polizeilich verboten!? Zwar begütigte man des Direktors Klagen
über diese Verluste wieder dadurch, daß man ihm zu dem kontrakt-
lichen baaren Zuschuß von 600 fl. noch weitere 600 fl. bewilligte für
gute Besetzung des Orchester's und mit der Verpflichtung allwöchentlich eine Oper zu geben. Beurer nahm die Musiker in Monats-
Gage, kaum aber hatte er einige Male versucht, in einer Woche
zwei Opern zu geben, so verklagte ihn wieder das Orchester, daß
es zu sehr mit Proben überhäuft sei. Kurz Beurer fand es
nach dem 2. Jahre für rathsam, sich zurückzuziehen, denn er war,
wie er mich selbst versicherte — und ich habe nach eigener Anschauung
alle Ursache ihm unbedingt zu glauben — ohne genügenden Vortheil nur wie man zu sagen pflegt mit einem blauen Auge davon-
gekommen. Aber was geschah? Man wählte unter 8 Bewerbern
— ich weiß nicht ob nach reiflicher Ueberlegung, oder durch Protektion

damals einflußreicher Personen — den als frommen Tiroler bekannten guten alten

1843—44 Direktor Johann Weinmüller

zum drittenmale. Wie wenig glücklich diese Wahl war, zeigte sich bald, denn obgleich er zu den jetzt vertragsmäßigen 1200 fl. Zuschuß noch extra 300 fl. erhalten hatte „wegen des im November hier „grassirenden Nervenfiebers und der wachsenden Theuerung aller „Lebensmittel" schloß er die Bühne den 16. April und die Gesell-schaft mußte wieder auf eigene Rechnung und Gefahr den Rest des schon eingesammelten Abonnements ausspielen bis 5. Mai, war aber nicht so glücklich, wie nach Rothhammer; ich erhielt für 11 Rollen an 9 Abenden 16 fl. 16 kr.

Personal 79 Mitglieder und 3 Kinder.

Gäste: Hr. und Mad. Dahn, Mad. Diez und Dlle. Denker. Hr. Härtinger und Hr. Sigl. Dr. Liszt, Klavier = Virtuose. Herr Weichelberger. Hr. Kirchner. Die Athleten Regenti und Flach.

22 neue Stücke von Auber, Benedix, Birch, Blum, Derleth, Feldmann, Gutzkow, Halm, Laube, Lortzing, Plötz, Vogel.

1844—45 Franz Lagler und Nikolaus Roberti.

Mozart pflegte zu sagen: „schlechter als eine Flöte klingen zwei!" Das ist aber nur eine neuere Version des uralten Sprüchwortes: „Viele Köche versalzen die Suppe." Wenn aber schon ein Direktor und eine „mitdirigirende" Frau Direktorin schlecht zusammenflöten, was können zwei Direktoren mit zwei Frauen leisten?" Der Musik = Direktor Lagler war durch seine Verheirathung mit einer Augsburgerin in die Verwandschaft einflußreicher Personen gekommen, erhielt da-durch die Direktion nach Weinmüller unter 7 Petenten, nahm den Sänger Roberti, der Vermögen hatte, und schon den 22. Juni im Bankhause Ferd. Schäzler 4300 fl. Kaution deponirte, als Mitdirektor an. Nach 6monatlichen immerwährenden Mißhelligkeiten zwischen den vier Tyrannen entsagte Lagler den 1. April der Krone, Roberti übernahm zwar die Rückstände Lagler's, zahlte aber für den Monat April nur mehr die Hälfte des Gehalts. Wenigstens jedoch war dies der letzte Verlust, den die Mitglieder zu erleiden hatten, und von da ab hatte man doch lauter zahlungsfähige Direktoren. — Die Bühne wurde eröffnet den 29. Sptbr., nachdem man im Sommer vorher Proszenium und Sperrsitze neu gemacht hatte und schloß den

27. April. Den 13. Mai war noch eine Vorstellung zum Besten Krägels. In diesem Jahre wurden ausnahmsweise Abonnements von 16 Vorstellungen eingerichtet.

Personal 75 Mitglieder und 4 Kinder.

Gäste: Hr. und Mad. Diez, Hr. Jost und Hr. und Mad. Dahn, Hr. Hoffmann, Hr. Quien, Hr. Wilhelm Gerstel. Die Taschenspieler Figer und Döbler. Die Athleten Schöpfer und Steinriegler. Eine französische Schauspiel-Gesellschaft. Nach der Saison noch eine Vorstellung der hiesigen Typographen und Kopelents optisch-mechanische Vorstellungen.

18 neue Stücke von Benedix, Birch, Chelard, Feldmann, Nestroy, Told. Zu des Letzten Posse brachte Balletmeister Uhlich die erste wandelnde Dekoration.

Nach diesem Trauerjahre wendete sich die Behörde selbst wieder an Hrn. Beurer. Derselbe war jedoch vertragsmäßig neuerdings für mehrere Jahre an Magdeburg gebunden und empfahl an seiner Statt aufs angelegentlichste Hrn. Wilhelm Lippert.

Es ist mir nie ganz klar geworden, ob schon sein Vater getauft war, oder ob er die hl. Taufweihe erst in späteren Jahren erhalten hat, genug er war sehr fromm, denn seine Wahl als Direktor unter 6 Bewerbern auf 3 Jahre hatte er nächst Beurers Empfehlung der kräftigen Fürsprache hoher Geistlicher zu danken. Aber er hatte viele Eigenschaften beibehalten — gute und schlechte — die man gewöhnlich der Nation seiner Voreltern beizulegen pflegt. Prahlend auf einer Seite sprach er viel von seinem Vermögen, von dem man nie etwas sah. Er verwendete sehr viel auf glänzende Garderobe und die äußere Ausstattung der Bühne, dabei aber war er genau bis aufs äußerste gegen seine Mitglieder und wo er wußte, daß sie bleiben mußten, setzte er ihren Gehalt stets herunter, wodurch er dem würdigen Böhmert, der seit 1823 der Bühne treu gedient hatte, nach 26 Jahren (1850) das längere Bleiben unmöglich machte. Schlau berechnend klagte er immer über Mangel an Theilnahme des Publikums und gehabte Verluste, zahlte den Gehalt deshalb nie auf einmal sondern nur in kleinen Raten, und hatte doch stets das Geld in der Kasse. Schon den 5. Dzbr. des ersten Jahres bittet er um Zuschuß, was alljährlich und oft mehreremale stattfand. Dadurch brachte er es dahin, daß ihm im Winter 1847—48 wirklich erlassen wurde, eine Oper zu halten, ohne den Zuschuß zu schmälern und im nächsten Jahre der außerordentliche Zuschuß wieder etwas höher

7*

ausfiel. Dabei hatte er einen bienenartigen Fleiß; mit der uner=
müdlichen Geschäftsthätigkeit seiner Ahnen führte er die Opern-Regie
stets selbst, und auch auf die Schauspiel=Proben kam er, sowie in
alle Werkstätten des Hauses alle 10 Minuten aus seinem Bureau.
Er sorgte reichlich für Novitäten, hatte stets einige gute Mitglieder,
aber auch häufigen Wechsel derselben, weil sich nur Wenige mit ihm
vertrugen. Zu Gute kam ihm in den ersten Jahren die Stimmung
des Publikum's, das mit großer Betheiligung und stürmischer
Erregtheit die Tendenzprodukte der neueren dramatischen Muse auf=
nahm, in denen schon die Ideen von 1848 wehten. Die politischen
Schlagwörter in Bauernfeld's „Ein deutscher Krieger" und „Groß=
jährig," Zwengsan's „Peter im Frack" und „die Schleswig-Holsteiner"
von Völderndorf wurden stürmisch beklatscht und oft wiederholt;
dem „Weib aus dem Volke" folgte — „der Mann" — „das Kind"
— „der Minister aus dem Volke" und als im März 1848 die
Bombe sich entlud, erschien eine Fluth von schlechten Gelegenheits=
Stücken, die dennoch stets gefielen, da sie sich alle die Verdorbenheit
der Höfe und des Adels und die Unterdrückung der Niedern zum
Thema wählten. Es verging fast kein Abend, wo die Personen des
ersten Ranges nicht zuhören mußten, wie ihre Standesgenossen unter
dem Jubel des freien Volkes beschimpft wurden. Sogar „Charlottchen"
„machte" in dem Artikel durch ihren „Pfarrherrn," Feldmann brachte
den „deutschen Michel," Moliere's Tartüffe, der noch vor wenigen
Jahren starres Entsetzen und lautlose Stille des Publikums zur
Folge hatte, wurde jetzt bejubelt und selbst Nestroy versuchte in der
oft begehrten Posse „Freiheit in Krähwinkel" die Berliner Szene
des Königs mit der deutschen Fahne auf dem Balkone durch den
Krähwinkler Bürgermeister zu parodieren.

Aber mit der wachsenden Reaktion trat auch Erschlaffung im
Publikum ein. Der Besuch wurde flau, Lippert spielte im 5. Jahre
nur mehr 5¹/₂ Monate, er wurde an der Sache müde und die Be=
hörde an ihm, und nach dem 6. Jahrgange hatte sein Reich ein
Ende. Er verkaufte seine Dekorationen an die Stadt. — Wie schon
oben gesagt, er hatte seine üblen, aber auch seine guten Eigenschaften,
die man anerkennen müßte, hätte seine Direktion auch nur den
Vortheil gehabt, daß er durch sein unablässiges Klagen über gehabte
Verluste dem Theater wieder eine bessere Unterstützung von Seite
der Stadt zu Stande gebracht hatte. Eine etwas komische Notiz ist,
daß im September 45 Lippert sich weigerte, die Verantwortung für

Aufbewahrung der großen Last von alten Opern und Stücken, die noch von Schemenauer und dem Komite herstammten, zu übernehmen und Alles nicht mehr Gangbare ausschoß. So wurden bei 40 Opern von Berton, Bierev, Boieldieu, Cimorosa, Cherubini, D'Alayrac, Gretry, Martini, Montigni, Mehul, Mozart, Pär, Paisiello, Salieri, Tutzel, Weigl, Wranitzky u s. w. um **26 fl. 32** kr. von Käskrämern ersteigert.

1845—46 Direktor Wilhelm Lippert's

erster Jahrgang. — Es wurde ein neuer Boden auf der Bühne gelegt durch den Maschinisten und Maler Förster. — Die Abonnements von 16 Vorstellungen wurden wieder auf die früheren 12 zurückgesetzt. — Eröffnet wurde die Bühne den 28. Septbr. und ununterbrochen fortgespielt bis 15. Juli. Bereits den 28. August aber ward der 2. Jahrgang schon wieder eröffnet, da wegen eines Uebungs-Lagers bei Reusatz und des dabei versprochenen Besuchs von König Ludwig auf einen Zudrang von Fremden zu rechnen war. — In dieser Zwischenzeit von 6 Wochen führte Lippert seine Gesellschaft nach Lindau und Bregenz und erhielt für das frühere Zurückrufen derselben 100 fl. Entschädigung, was ihm freilich nicht genug war, worauf er denn nach unablässigem Petitioniren noch 500 fl. erhielt, die er jedoch zuerst wieder herausgeben sollte, nachdem er sie bereits in Händen hatte, weil die kgl. Regierung als Kuratelbehörde die Auszahlung erst nach zweimaliger Verweigerung bewilligte.

Personal 88 Mitglieder und 2 Kinder.

Gäste: Mad. Diez und Dlle. Denler, Hr. Sigl, Heigel, Zängel, Hirsch und Opfermann, Hr. Pfeiffer, Mad. Schröder-Devrient. Komiker Körner, Pianist Hormaier, eine französische Schauspieler-Gesellschaft und das Kinder-Ballet vom Mad. Weiß. — Die Schwestern Milanollo.

41 neue Stücke von Balse, Bauernfeld, Benedix, Birch, Blum, Deinhardstein, Donizetti, Flotow, Gutzkow, Holtev, Kaiser, Lachner Ign., Laube, Meyerbeer.

1846—47 Direktor Wilhelm Lippert's

zweiter Jahrgang. Eröffnet den 1. Oktbr., geschlossen den 11. Mai, worauf noch die Cäuillibristen Brüder Candler Ende Mai und Anfang Juni 5 Produktionen zu einaktigen Lustspielen gaben.

Personal 69 Mitglieder und 3 Kinder.

Gäste: Hr. und Mad. Dahn, Hr. Schenk und Lang, Dlle. Thierry und Hr. Opfermann mit dem Kinderballet. Dlle. Schwelle, Hr. Roland d. j., die Sängerin Jenny Lind. 40 franz. Bergsänger, Pyrenäen-Sänger genannt. Die arabischen Springer und eine amerikanische Tänzer-Familie von Heinrich Cottrely.

24 neue Stücke von Benedix, Birch, Feldmann, Gutzkow, Laube.

1847—48 Direktor Wilhelm Tippert's

dritter Jahrgang, eröffnet den 26 Septbr., geschlossen den 22. Mai. Zwar hatte die Direktion schon seit Beurer die kontraktliche Verpflichtung, die Wärme des Zuschauerraumes im Winter auf wenigstens 6 Graden zu halten, da dieselbe aber wahrscheinlich nie erfüllt wurde, (noch 1844 kündigte Lagler auf seinen Zetteln als besonderes Reizmittel an: „das Theater wird gut geheizt") entschloß sich die Behörde vom 1. Jan. 1848 an, auch noch die Beheizung auf eigene Regie zu übernehmen im Anschlage von abermals 500 fl. Wann auch die Beleuchtung von der Stadtkasse übernommen worden, habe ich leider nicht finden können.

NB. Im April 1848 wurde Böhmert's 25jähriges Dienst-Jubiläum gefeiert.

Personal 63 Mitglieder und 5 Kinder.

Gäste: Hr. Dahn, Sigl, Heinrich, Mad. Dahn, Diez, Fries. Dlles. Bourchet, Haubner und Rasp Tänzerinnen. Hr. Robin Taschenspieler und physikalische Apparate; der Akrobat Averino. Hr. Schuch mit Lichtbildern.

41 neue Stücke von Bauernfeld, Berger, Birch, Blum, Feldmann, Freitag, Holtey, Kaiser, Lachner Jgn., Laube.

1848—49 Direktor Wilhelm Tippert's

vierter Jahrgang. Eröffnet den 28. Septbr., geschlossen den 12. April, worauf die Gesellschaft wieder Kempten und Bregenz besuchte. — Nachdem Lippert in den ersten 3 Jahren das Abonnement wieder auf 12 Vorstellungen herabgesetzt hatte, wurde es jetzt wieder auf 16 Vorstellungen erhöht. — (Den 27. Oktbr. 1848 war mein 25jähr. Jubiläum an hiesiger Bühne.)

Personal 59 Mitglieder und 3 Kinder.

Gäste: Hr. Christen, Fenzel, Opfermann, Frl. Fenzel und Holler, Hr. Börner, Hr. Kunst, Hr. Franke, Bauchredner Stegl, Magier Frikell, ungarische Sänger.

16 neue Stücke von Benedix, Berger, Birch, Feldmann, Flotow, Hackländer, Kirchhof, Lortzing, Nestroy, Putlitz.

1849—50 Direktor Wilhelm Tippert's

fünfter Jahrgang. Im Sommer 49 wurde zuerst der Kronleuchter mit 24, die Fußlampen mit 16 und die Logengänge mit 6 Gasflammen versehen. (In Nürnberg bereits 2 Jahre früher.) Eröffnet wurde die Bühne erst 29. Septbr. und schon nach 5½ Monaten geschlossen; später wurden noch 5 Vorstellungen gegen s e h r kleines Honorar gegeben.

Personal 59 Mitglieder und 3 Kinder.

Gäste: Hr. und Mad. Dahn, Hr. und Delle. Fenzel; Herr Härtinger. Tänzerfamilie Schier.

19 neue Stücke von Balfe, Birch, Lachner Ign., Mosenthal, Putlitz, Shakespeare und Mendelsohn.

Obgleich Tippert's Vertrag erst im nächsten Jahre abgelaufen war, so petitionirte er doch schon dieses Jahr um die Verleihung der Concession auf weitere 3 Jahre und legte den Plan vor — im Schießgraben ein Sommertheater zu erbauen! — Wenn wir dabei seinen Spekulationsgeist anerkennen müssen, daß er damals schon den Muth hatte, das auszuführen, was 10 Jahre später doch geschah, so kann man nur bedauern, daß der Plan mit einem mitleidigen Lächeln zurückgelegt wurde. — „Nur immer langsam voran!" —

1850—51 Direktor Wilhelm Tippert's

sechster Jahrgang, eröffnet den 27. Septbr., geschlossen den 10. April. Am Abonnement wurde auch wieder ein neuer Versuch gemacht, indem statt den seit zwei Jahren gewöhnlichen 16 Vorstellungen, Abtheilungen von 10 Abonnements und zwei (Zwangs-) Suspendus eingerichtet wurden. Eine nicht uninteressante Notiz dieses Jahrganges ist auch, daß da zuerst die noch aus dem vorigen Jahrhundert stammende französische „Madame" und „Demoiselle" auf den Zetteln mit der deutschen „Frau" und „Fräulein" vertauscht wurden.

Personal 63 Mitglieder und 7 Kinder.

Gäste: Frl. Hefner, Hr. Kindermann und die Tanz-Eleven von München. Fr. Palm-Spatzer, Admiral Tom Pouce. Araber-Gesellschaft Beni Zoug Zoug, Gymnastiker Redisha, Folds und Eichler, der erste auch Affenspieler. — Den 5. und den 16. Dezbr. sang auch Hr. Johann Rößle von hier als Dilettant zweimal den

Propheten von Meyerbeer aus Gefälligkeit. — Nach der Saison gab die Taschenspielerin Fr. Winter noch zwei Vorstellungen im Theater.

27 neue Stücke von Benedix, Birch, Laube, Meyerbeer, Müller Donat, Suppé, Töpfer.

An den Jakober Kirchweihtagen gaben die noch anwesenden Schauspieler zwei Vorstellungen mit Glück.

Nach Ablauf von Lipperts zweitem dreijährigen Kontrakt wurde ihm derselbe gekündigt. — Nachdem der verstorbene Herr Bürgermeister Forndran einst gegen mich die offene Aeußerung gethan, „er „halte das Theater nur für ein nothwendiges Uebel," werde ich wohl kaum irren, wenn ich vermuthe, daß auf sein Betreiben wieder ein Theater - Komite eingerichtet wurde, auf dessen Schultern er alle die ihm lästigen Theater = Vorkommnisse abwälzen konnte. Dasselbe trat den 2. April 1851 zusammen und bestand aus folgenden:

1. Hr. Erzberger Herrmann, Bankier.
2. „ Forster Ernst, Fabrikant.
3. „ v. Froelich, Magistratsrath.
4. „ Graf, kgl. Regierungsassessor,
5. „ Hederer, kgl. Staatsanwalt.
6. „ Himmer, Buchhändler
7. „ Kollmann, städt. Baurath.
8. „ Pappenheim Graf von, kgl. Rittmeister.
9. „ Paulin, Fabrikant.
10. „ Sander Ludwig, Fabrikant.
11. „ Werthheimer Privatier, für den nach dessen Abreise
September 1851
12. „ Obermayer Karl, amerik. Konsul, eintrat.

Dieses Komite's erstes Geschäft war, hohem Magistrat unter den 17 Bewerbern um die erledigte Bühne einen in Vorschlag zu bringen. Es war Karl Beurer. Wahrscheinlich angezogen von der besseren Dotation des Theaters wollte derselbe noch einmal sein Glück versuchen. Man hatte ihm gestattet, den sogenannten „letzten „Platz à 6 kr." zu entfernen und durchgängig für die ganze Galerie 12 kr. anzusetzen und bei Opern die Sperrsitze auf 42, das Parterre auf 30 kr. von 36 und 24 zu erhöhen; auch einige Kulissen wurden versuchsweise mit Gas beleuchtet. — Der vorsichtige Beurer hatte indeß doch nicht bedacht, daß mit dem größeren Zuschusse auch die Ansprüche des Publikums gewachsen waren, er war auch diesmal nicht befriedigt; ein Stück wurde sogar ausgepfiffen. Zwar mag er wohl durch die Einrichtung der Oper „Undine" mit den Dekorationen des älteren Mühldorfer, die in der letzten Zeit der Saison 9 über volle Häuser machte, ohne Schaden geblieben sein, demungeachtet legte er schon nach diesem einzigen Jahre die Direktion wieder nieder, hat meines Wissens von da ab keine andere mehr übernommen und starb hier als Privatier im Herbste 1868. — Das Komite aber löste sich im Januar 1852 schon wieder auf. Warum?

1851—52 Direktor Karl Beurer.

Eröffnet wurde die Bühne den 1. Oktbr., geschlossen den 31. März. Im Sommer gab Fr. Weiß mit ihrer 48 Köpfe starken Kinder-Gesellschaft Tanz-Produktionen, wozu kleine Stücke aufgeführt wurden.

Personal 57 Mitglieder und 5 Kinder.

Gäste: Frl. Grahn und Hr. Ambrogio mit Ballet. Hr. Mühldorfer d. ä., Fr. Wilhelmi. Die Araber Springer. — Frl. Herz. — Das Ballet vom Stuttgarter Hoftheater unter Führung von Hrn. Dardenne.

19 neue Stücke von Benedix, Birch, Blum, Donizetti, Hackländer, Hebbel, Lortzing, Nestroy.

Schon im Jahre 1847 — veranlaßt durch den Karlsruher Theaterbrand — wurde der Baukosten-Voranschlag von 1798 fl. 16 kr. für die hintere Rothtreppe der Galerie genehmigt, 1848 und 49 aber durch die politischen Ereignisse verzögert und erst 1852 wieder aufgenommen, 1853 begonnen und 1854 vollendet. Auch weitere 33 Gasflammen für das Orchester, 4 Kulissen, Souffleur, Garderoben und Probezimmer wurden eingerichtet.

Nach Beurer machte sich ein Herr

1852—53 Ernst Walther

„über die Direktion" her, bekannt unter dem Namen „Freundchen Walther" von seiner Gewohnheit, alle Leute mit „Freundchen" anzureden. — Mit einem so reichen Inventar versehen, wie kaum ein Andrer vor ihm, war er nur von dem Streben beseelt, mit den geringsten Mitteln so viel Geld als möglich zu machen. Und es ist ihm gelungen! Wenn je ein Direktor aus dem hiesigen Unternehmen Vortheil gezogen hat, war er es. Schon nach den ersten Opern verzichteten die Abonnenten freiwillig auf den Genuß derselben, sie wurde Ende November entlassen und von da an wurden nur Lustspiele, endlos viele Possen und Sonntags die ältesten Ritterkomödien mit den abenteuerlichsten Ankündigungen gegeben; z. B. „Blaubart „oder die Todtengruft und Marterkammer" mit bengalischem Feuer beleuchtet! — „Der gebändigte Tiger" Der Zettel enthielt unten die groß gedruckte Notiz: „der Tiger kömmt lebendig vor", und es erschien ein Statist in eine bemalte Tigerhaut eingenäht u. s. w. u. s. w. Die Gebildeten mieden das Theater, aber der für diese Gattung von Produktionen empfängliche Theil des Publikums stellte sich dafür desto fleißiger ein, es war immer voll, die Mitglieder aber sehr schlecht bezahlt. Demungeachtet legte er zum Schlusse in einer langen Auseinandersetzung, die er auf eigens gedruckten Blättern seinen Zetteln beilegen ließ überzeugend zwar, aber etwas derb vor Augen, daß das, was hier gefordert werde, mit den gegebenen Mitteln nicht zu beschaffen sei. Zwar war die Stadtbehörde über sein Ge= bahren so böse gemacht, daß hoher Magistrat den Herren Gemeinde= Bevollmächtigten allen Ernstes die Frage vorlegte, ob das Theater nicht nächsten Winter ganz zu sperren sei. Man besann sich jedoch nicht nur bald eines Besseren, sondern bewilligte sogar dem nächsten Direktor außer freier Heizung und Beleuchtung 600 fl. Zu= schuß für Schauspiel und 1000 fl. für Oper und Orchester, in Summa 1600 fl. baar; wieder um 400 fl. mehr. Das war doch wenigstens wieder ein Vortheil für das Theater, wenn auch sonst von seiner Direktion Niemand einen Vortheil hatte als Walther selbst und etwa die hiesigen Weinwirthe! „Friede seiner Asche!"

Er eröffnete den 10. Oktbr. und schloß schon den 15. März nach etwas über 5 Monaten. — An den Jakober Kirchweihtagen gaben die noch anwesenden Mitglieder wieder zwei Vorstellungen, jedoch diesmal ohne pekuniären Erfolg.

Personal 64 Mitglieder und 5 Kinder.

Gäste: Hr. Stigelli und Fr. Bochholtz=Falkoni. Komiker Nes= müller, Taschenspieler Kratky=Baschik. Hr. Mevius mit Apparat für Lichtbilder. Hr. Blank, Hr. Simon, Frls. Hartmann, Brauns und Banini.

32 neue Stücke von Auffenberg, Benedix, Birch, Conrad, Görner, Holbein, Kaiser, Mosenthal, Putlitz.

Gerade als gefiele sich das Schicksal darin, uns in unsern Theater=Direktoren die barocksten Gegensätze vorzuführen, brachte

es uns nach Walther — Hrn. Friedrich Engelken. Mit einer klaren
Einsicht von seiner Aufgabe als Vorstand einer Kunstanstalt brachte
er einen Ernst in ihrer Leitung mit, und wußte oft selbst mit Hintan-
setzung jeglichen pekuniären Vortheils seinen Mitgliedern ein künst-
lerisches Streben einzuflößen, das zu den schönsten Resultaten führte.
Der Alp blos finanziell-speculativer Geschäftsleitung, der seit Rothhammer drückte, — 16 Jahre lang — (s. S. 92) schien von uns
genommen. Durch die dramatische Sängerin Fr. Beck-Weichselbaum
wurden die Opern Tannhäuser, Lohengrin, Eurianthe, Loreley u. s. w.
ermöglicht, deren Hauptparthieen sie sowohl mit einem Verständniß
des musikalischen Theils ihrer Aufgabe, als auch mit einem Feuer
der dramatischen Leistung durchführte, wie es bis dahin noch nicht
hier gewesen, mit einem Feuer, das auch die übrigen Sänger ent-
flammte und mit sich fortriß. Wenn sich auch die ersten Tenors
nicht über das Niveau dessen erhoben, was man für den hier möglichen Gehalt bei dem allgemeinen Mangel an guten Tenors überhaupt billigerweise verlangen kann, so haben doch alle von hier aus
an größeren Theatern sehr günstige Stellungen errungen; dagegen
aber hatten wir an Fr. Moritz eine lyrische Sängerin, an Hertsch
einen Bassisten, an Zottmayer und Rosner Barytons, die später
ebenfalls großen Theatern zur Zierde gereichten.

Im Schauspiele wurde von dem wissenschaftlich gebildeten und
vielbelesenen Regisseur Reuter unter vielen klassischen Stücken besonders die Lustspiele von Shakespeare kultivirt, der seine vollkommene
Kenntniß der Liebhaber-Parthien in diesen Stücken auch auf die
Leistungen der talentvollen Frau Kupfer und Fräulein Sigl über-
trug. Der geniale Charakterspieler Sallmayer brillirte hier überdem
als Dichter und seine „Philippine Welser" wurde von vielen Kennern
später selbst der Bearbeitung desselben Stoffes von Redwitz vorgezogen.

Aber auch Engelkens Stern mußte erbleichen. Von mißgünstigen
Theater-Referenten, denen er die Freikarten entzog, wurde er auf
eine Weise angegriffen, die ein ehrliebender Mann, der sich seiner
getreuen Pflicht-Erfüllung bewußt ist, nicht ruhig ertragen darf,
und obgleich die Behörde selbst ihm entgegenkam, um ihn zur Fortführung der Direktion zu bewegen, blieb er dabei, sie nach dem
fünften Jahre niederzulegen.

Von diesem Jahre (53) datirt sich auch die Einrichtung, daß
die Abonnenten sich für die ganze Wintersaison verbindlich machen
mußten. Ebenso wurde ihm gestattet, regelmäßig 5 mal wöchentlich

zu spielen, was bei den vorigen Direktoren nur ausnahmsweise auf eingereichte Petition sein durfte.

1853—54 Direktor Friedrich Engelken.

Eröffnet wurde der erste Jahrgang den 15. Septbr. und ge=schlossen den 25. April, darauf reiste Engelken mit 34 Personen nach Regensburg, wo bis zum Herbst gespielt wurde.

Personal 65 Mitglieder und 4 Kinder.

Gäste: Hr. Brandes, Lang, Sigl, Straßmann, Frau Sigl=Vespermann und das Balletkorps. Hr. Moritz. Frl. Köbisch und Hr. Wienrich, Tänzer. Hr. v Selar, Hr. Moser, Hr. v. Kaler mit seinen Kindern. Eine franz. Schauspieler=Gesellschaft unter A. Réde und C. Lange.

34 neue Stücke von Benedix, Birch, Dingelstedt, Feldmann, Görner, Holtey, Kaiser, Mendelsohn, Mosenthal, Sallmayer, Schleich, Verdi, Wagner, Wohlmuth.

Im Sommer 1854 wurde auch der ganze Zuschauerraum in seiner noch jetzt stehenden freundlichen Gestalt unter Aufsicht des Theater=Komite= (?) Mitgliedes Hrn. v. Forster renovirt und von Maler Schwarzmann in München ein rother Draperie=Zwischenvorhang (à 80 fl.) gemalt, sowie Engelken selbst noch einige Dekorationen von Angelo Quaglio in München anfertigen ließ. Auch Luftheizung wurde versucht und Gitter hinter den Kulissen in den Bühnenboden eingelassen, wo warme Luft von den unterirdischen Oefen herauf=gehen sollte, die jedoch trotz großem Holzverbrauche nur sehr spärlich kam. — Abermals wurde Hrn. Rottmeyer die Erlaubniß im Schieß=graben ein Sommertheater zu erbauen verweigert. Er mußte mit seinen Kindern im Dreikönigssaale spielen. — Nachdem die Cholera vom 8. August bis 8. Oktbr. die ganze Einwohnerschaft in die tiefste Trauer versetzt hatte, wurde

1854—55 Direktor Friedrich Engelkens

Eröffnung des zweiten Jahrganges den 1. Oktbr., wo die Seuche schon dem Erlöschen ganz nahe war, um so freudiger begrüßt und durch fleißigen Besuch unterstützt, so daß die Saison erst den 22. Mai geschlossen wurde Den 26. Oktbr. starb Königin Therese. Das eben auf Parterre und Galerie sich sammelnde Publikum wurde nach Hause geschickt und das Theater 8 Tage geschlossen. Engelken, der allezeit billige Mann zahlte die Gagen fort, benützte aber die Ferien=

zeit zu fleißigem Einstudiren von Novitäten, wodurch er seinen Schaden einigermaßen wieder hereinbrachte. Auch wurden wieder 3 Kulissen mit Gas beleuchtet, dagegen die Zahlung von Oel und Kerzen eingezogen.

Personal 65 Personen und 4 Kinder.

Gäste: Hr. Haase, Kindermann, Lang, Richter und Frl. Dambök und Jahn, Frl. Staudt, der Equilibrist Rasimi, der Taschenspieler Kratky-Baschik zum zweitenmale, Frl. Pepita und Frl. Cruvelli Sängerin. Hr. Starke. Chinesische Jongleurs, persische Gymnastiker.

29 neue Stücke von Bauernfeld, Benedir, Birch, Flotow, Freitag, Gutzkow, Hackländer, Halm, Kaiser, Sallmayer, Schleich, Verdy, Wagner, v. Weber.

1855—56 Direktor Friedrich Engelkens

dritter Jahrgang Die Permission, welche demselben bisher nur immer auf ein Jahr bewilligt worden, wurde ihm von jetzt ab bis 1858 incl. auf 3 Jahre ertheilt.

Eröffnet wurde die Bühne den 16. Septbr., geschlossen den 15. Mai. Im Juli gaben die noch anwesenden Mitglieder zu drei Produktionen der Tänzerin Miß Thompson kleine Stücke und zwei Vorstellungen an den Jakober Kirchweihtagen.

Personal 74 Mitglieder und 3 Kinder.

Gäste: Hr. Lang und Opfermann, Frl. Opfermann, Jahn und Heiner, Frl. Kar. Sigl. Hr. Kühn, Hr. Grabowsky. Fr. Burgraf. Frl. Grahn. Hr. Pischel, Hr. Dawison. Frl. Thate. Hr. Rohde und Sigmund mit Lichtbildern. Frl. Rosa D'Or Violin-Virtuosin. Frl. Kastner Pianistin. Die Bronsil'schen Kindervirtuosen. Frl. Pepita.

36 neue Stücke von Bauberger, Benedir, Conrad, Deinhartstein, Körner, Kaiser, Laube, Lindpaintner, Mosenthal und Nikolay, Plötz, Raupach, Reissiger, Shakespeare, Schiller, Schleich, Uhland, Verdi

1856—57 Direktor Friedrich Engelkens

vierter Jahrgang, eröffnet den 14. Septbr., geschlossen den 16. Mai.

Personal 72 Mitglieder und 5 Kinder.

Gäste: Hr. Bacherl. Lehrer Dichter und Dellamator den 4. April. Fr. Mara-Vollmer. Dann Hr. Lang, Heinrich Sänger, v. Bolkl und Frl. Hefner Kärthner Sänger. Hr. Heinrich, Frl. Wiesböck, 2 Frls. Pestalozzi, Tänzer-Gesellschaft. Hr. Horschelt und Frl.

Brandstrupp, Tänz. — Hr. Levasseur-Saltarello und Frl. Lanner, Tänz. Hr. Massa, Taschenspieler.

24 neue Stücke von Bauberger, Benedix, Birch, Brachvogel, Görner, Gutzkow, Kaiser, Laube, Schleich, Verdi.

Nachdem nun auch die Garderobe des Komite's selbst für den Theater-Gebrauch untauglich geworden, und Engelken keine Verantwortung mehr für die Aufbewahrung übernehmen wollte, wurde auch sie der Bibliothek nachgeschickt und um einen Pappenstiel an einen Masken-Verleiher verkauft. (S. Seite 84 und 101.)

1857—58 Direktor Friedrich Engelkens

fünfter Jahrgang, eröffnet den 13. Septbr., geschlossen den 27. März. Hr. Freund gab noch den 25. Mai ein musikal. Quodlibet.

Personal 65 Mitglieder und 2 Kinder.

Gäste: Hr. Levassor. Frl. Hefner, Maximilien und Geistinger. Hr. Wachtel. Hr. Mejo. Hr. Bazzini Violin-Virtuose.

22 neue Stücke von Dingelstedt, Görner, Wohlmuth.

1858—59 Direktor Anton Bömly.

Erster Jahrgang, eröffnet den 8. Septbr. Geschlossen den 26. April.

Personal 81 Mitglieder und 5 Kinder.

Gäste: Hr. St. Leon und Frl. Fleury Tänz. Hr. Walter Violin-Virtuose mit Brüdern. Frau Behrendt-Brand, Hr. Ira Aldridge. Hr. Heinrich, Herz, Kindermann, Richter. Frl. Schönchen und Fr. Dahn. Hr. Siebert. Eine Zuavengesellschaft.

21 neue Stücke von Marschner, Putlitz, Redwitz, Schleich, Wohlmuth.

1859—60 Direktor Anton Bömly.

Zweiter Jahrgang, eröffnet den 11. Septbr. Geschlossen den 16. Mai.

Personal 96 Mitglieder und 7 Kinder.

Gäste: Fr. Bohrer, Frl. Heß Violin-Virtuosin, Hr. Rappoldi Violin-Virtuose, Obermayer desgl. 11 Jahre alt. Hr. Neer, Hr. Grunert, dann Hr. Grill, Heinrich, Dahn, und Fr. Dahn-Hausmann. Die 3 Zwerge Jean Petit, Jean Piccolo und Kiß-Joßzi. Hr. Dieffenbacher, Hr. G. Reiser mit photographischen Lichtbildern.

24 neue Stücke von Birch, Görner, Meyerbeer, Nestroy.

Merkwürdig ist dieser Jahrgang auch durch den besten Chor, der jemals hier war, 36 Personen stark.

Die Möglichkeit der Ausführung einer Idee, die nach dem ächt augsburgischen Sprüchworte: „So etwas rentirt sich bei uns nicht" Jahre lang in Zweifel gezogen worden; der Idee

ein Sommertheater im Schießgraben

zu errichten, mußte uns endlich durch

Herrn Johann Schweiger,

Direktor des zweiten Volkstheaters in München bewiesen werden. Den „Fremden" ließ man das Fett abschöpfen, das man Lippert noch vor 10 Jahren mißgönnt hatte. (s. S. 103.) Schweiger erbaute in der mittleren Wiese des oberen Schießgrabens eine Bretterbude, kaum gut genug, auch nur „Komödien-Stadel" genannt zu werden, taufte die Hütte „Sommer-Theater," setzte seine Frau „Katharina" als Vize-Regentin darüber, während er selbst mit den 3 Zwergen in München fortspielte und machte durch die Aufführung von Possen und Singspielen aller Art vom 13. Juli bis 7. Septbr. sehr gute Geschäfte. Von welcher Seite indeß das Publikum diesen ersten Versuch ansah, beweist der tägliche Zusatz zu den Zeitungs-Annoncen und auf den Zetteln: „Das Tabakrauchen im Theater ist polizeilich verboten."

Hätte man damals Lippert gewähren lassen, so würde er gewiß ein freundliches Gebäude, wenn auch von Holz aufgeführt haben, es würde von Anfang an als ein zum Stadt-Theater gehöriger Theil betrachtet worden sein, er wäre auch der Mann gewesen die dazu unumgänglich nöthige höhere Dotation aus den Vätern der Stadt heraus zu „jammern" und wir hätten eben jetzt eine „ständige Bühne," für die man manche gute Kraft hätte jahrelang erhalten können.

Das erste Personal bestand aus 39 Personen.

Gäste: Hr. Rottmeyer mit seinen Kindern. Madrider Tänzer. Frl. Eichberg.

1860—61 Direktor Anton Bömly.
Dritter Jahrgang eröffnet den 8. Septbr., geschlossen den 7. Mai.
Personal 69 Mitglieder und 6 Kinder.
Gäste: Fr. Bochholz-Falkoni, Hr. Em Devrient, Fr. Thöne. Zwei Frls. Waldenberg. Frl Laura Ernst. Hr. Christen, Herz und Frl. v. Edelsberg Zweimal die 3 Zwerge.

32 neue Stücke: „Einer von unsere Leut'" 7 mal, dann von Benedix, Birch, Görner, Krähmer, Laube, Moser, Offenbach, Redwitz, Schleich, Spohr, Verdi.

Sommertheater 1861.

Diesesmal wurde die Holzhütte aus der Mittelwiese entfernt, und auf der Stelle wo sie noch jetzt steht, wiewohl „etwas" besser und größer aufgebaut.

Frau Katharina Schweiger

eröffnete das Sommertheater zum zweitenmale den 12. Mai und schloß es den 1. Septbr. Obwohl man dieses Jahr schon weniger zufrieden war, machte sie doch keine schlechten Geschäfte, besonders durch Arrangement zweier „italienischer Nächte," wo Gartenbeleuchtung, Musik, Theater im Freien und Feuerwerk auf der Mittelwiese zahlreiche Neugierige anzog.

Personal 38 Mitglieder.

Unter 12 Gästen waren besonders Emil Siebert und Max Schweiger, Fr. Ander = Dürmont. Hr. Kühn, Balletmeister mit 9 Kindern und der alte Affe Klischnigg. Fr. Dzinba Soubrette.

1861—62 Direktor Anton Römly.

Vierter Jahrgang eröffnet den 8. Septbr. und geschlossen den 11. April.

Personal 75 Mitglieder und 2 Kinder.

Gäste: Hr. Böhme Posaunist, Fr. v. Buljowsky. Hr. Emil Devrient. Fr. Pettenkofer. Hr. Wachtel. Hr. Dahn, Herz, Lang, Sulzer, Fr. Dahn = Hausmann, Frls. Seebach, Stöger, v. Edelsberg, 2 Damen und 2 Herren vom Ballet sämmtlich von München. Der Deckenläufer Parker. Mühldorfer, d. j. mit der neuen Einrichtung der Undine.

19 neue Stücke von Birch, Engelhart, Freitag, Kaiser, Offenbach, Wohlmuth.

1862 Sommertheater. Hr. Emil Weinmüller

eröffnet den 4. Mai, geschlossen den 11. August.

Personal 31 Mitglieder.

Gäste: Hr. Kühn, Hr. und Fr. Rothhammer, Hr. Friedr. Weinmüller. Die unvermeidlichen 3 Zwerge.

1862—63 Hr. Direktor Anton Bömly.

Fünfter Jahrgang. Eröffnet den 7. Septbr. Geschlossen den 28. April.

Personal 78 Mitglieder und 3 Kinder.

Gäste: Hr. Dahn, Jenzel, Herz, Kindermann, Lang, Straßmann, Fr. Diez, Dahn-Hausmann, Straßmann, Frl. Meindl, Sangué, Hausmann, v. Edelsberg und Branizka. Hr. Grunert und Böckel, Sivori Violin-Virtuose. Hr. Formes, Frl. Janauschek. Die Araber Springer zum 5 Mal. Fr. Seebach-Niemann.

27 neue Stücke von Benedix, Brachvogel, Moser, Shakespeare, Schenk Louis, Wohlmuth.

1863 Sommertheater. Hr. Emil Weinmüller.

Eröffnet den 17. Mai, geschlossen den 8. Septbr.

Personal 28 Mitglieder.

Neue Oper die Zaubergeige von Offenbach.

Gäste: Hr. Kratky-Baschik zum drittenmale. Eine italienische Opern-Gesellschaft. Frl. Geneé, Frl. Hüttner. Hr. Rosner und Van Gülpen. Hr. und Fr. Rothhammer. Direktor Schneider mit Marmor-Tableaux und Passions-Bildern. Frl. Rönnecamp. Hr. Rekowsky-Linden.

1863—64 Direktor Anton Bömly.

Sechster Jahrgang. Eröffnet den 13. Septbr. Geschlossen den 10. April.

Personal 63 Mitglieder und 4 Kinder.

Gäste: Hr. Miska-Hauser Violin-Virtuose. Hr. Davideit, Christen, Herz, Kindermann, Lang, Lindemann, Richter, Sigl, Frau Diez und Frl. Stehle. Fr. Seebach-Niemann. Hr Mejo. Frl. Goßmann. Die 3 Kinder von Rosner d. ä., Hr. Feißmantel.

18 neue Stücke von Benedix, Görner, Holtey, Maillart, Rosenthal.

Wegen Ableben Sr. Maj. König Max II. 10. März wurde die Bühne auf 8 Tage geschlossen.

Bömly hatte sich schon frühzeitig im Winter um die Konzession für das Sommertheater beworben und sie erhalten; nachdem ihm aber für den nächsten Winter die Permission für das Stadttheater abgeschlagen worden, überließ er das Sommertheater für dieses Jahr an

1864 Direktor Louis Jinker,

welcher es den 1. Mai eröffnete und 27. August schloß.

8

Perſonal 25 Mitglieder und 1 Kind.

Gäſte: Hr. Hirſch, Mackauer und K. Helmſtädt, 3 Geſangs-
Komiker, Hr. J. Fritzſche. Frls. J. Zeisler und J. Blick, Soubretten.
Frls. Calipoliti. Im Stadttheater zeigte ein Herr Paul Hoffmann
Lichtbilder.

Was uns bei dem Direktions-Wechſel zwiſchen Walther und
Engelken auffiel, die große Verſchiedenheit ihrer Charactere, wiederholte ſich aufs Neue. Nach Engelken, der mit ſo feinem Takte die
Mitte zwiſchen Ernſt und Milde des Regiments zu halten wußte,
und ſich dadurch die Achtung ja die Liebe ſeiner beſſeren Mitglieder
zu ſichern wußte, kam Bömly, der nach dem allgemeinen Urtheile
viel zu nachſichtig war, und dieſem wieder folgte Böckel, der ſich bei
Vielen durch zu große Strenge mißliebig machte. Beide brachten
daher, wenn auch aus ganz entgegenſetzten Motiven kein einheitliches
Zuſammenwirken Aller zu Stande, das einer guten Bühne uner-
läßlich iſt, obwohl — wenn ich mir ein perſönliches Urtheil erlauben
darf — Bömly mit ſeiner Liebe und Güte doch noch eher manchmal
ein günſtiges Reſultat erzielte. Zwar hatte Bömly tüchtige Kräfte;
die ungeheure Vielſeitigkeit des älteren Rüthling — jetzt in München —
das ſchöne Talent des Komikers Engelhardt — jetzt in Dresden —
der auch die ſchlechteſte Poſſe durch ſeine pikanten Einlagen, meiſt
eigene Elaborate, genießbar machte, die Charakter-Spieler Urban
in ſeiner Blüthe und Podeſta, dann die Damen Kupfer — jetzt in
Wien — Frl. Biſſinger — in Stuttgart — Rönnecamp — in
Karlsruhe — und vor Allen die talentvolle Anna Beck, Tochter
der Sängerin Beck-Weichſelbaum; — in der Oper Roſner — jetzt
in Stuttgart — Albes, Schloſſer — in München — und die Damen
Podeſta, Brenken und Turba ſtehen gewiß noch bei jedem älteren
Theaterfreunde in der freundlichſten Erinnerung. Ein unendlicher
Vortheil für das hieſige Theater aber lag bei Bömly's Direktion
darin, daß er als geborener Kiſſinger ſtets mit Vorliebe als Direktor
in dieſer Stadt während der Bade-Saiſon erwählt wurde, was es
ihm ermöglichte ſtets einen feſten Stamm des Schauſpiels wenigſtens
zuſammenzuhalten und dort neue Kräfte nach eigener Anſchauung
zu gewinnen.

Als Bömly nun 6 Jahre ausgehalten, nahm die Sache wieder
ihren gewöhnlichen Verlauf. Die Billigkeits-Rückſichten, die
man bei jedem Direktor in den erſten Jahren walten läßt, und aus
denen man die unvermeidlichen Mängel jedes Theaters ungerügt

übergeht, oder doch wenigstens entschuldigt, hören auf. Kunstfreunde (?) rathen ihm Stücke an, die er geben soll, der Direktor
kann sie nicht genügend besetzen; Andere wollen Mitglieder entfernt
haben, die er nicht gleich entlassen kann; hiesige Dichter wollen ihm
Stücke aufnöthigen, sie sind unaufführbar; Geschäftsleute übernehmen
ihn, weil sie glauben „er verdients ja leicht," er entzieht ihnen die
Arbeit; Dutzende verlangen freien Eintritt ins Theater von ihm,
oft nur weil die Base ihres Vetters vor 10 Jahren beim Chore
war, er muß sie zurückweisen, ja vielleicht oft schon gewährte Freibillets wegen Mißbrauch einziehen. Aus allen diesen Leuten erwachsen ihm im Laufe der Jahre Widersacher, die keine Billigkeits-
Rücksichten mehr kennen wollen, der öffentliche Tadel wird häufiger,
er zieht endlich auch den theilnahmsloseren Theil des Publikums in
Mitleidenschaft, der Direktor wird ängstlich, macht vielleicht da Zu-
geständnisse oder setzt dort seinen Kopf auf, wo es gerade nicht sein
sollte und will es dann sein Unglück, daß er ein halbes Dutzend
gute Einnahmen macht, so bekommen die Leute Angst, er könnte sich
auf Kosten der Stadt bereichern, und er kann es am Ende Niemand
mehr recht machen. Er muß selbst froh sein, dieser Sorgen ent-
hoben zu werden und darf noch Gott danken, wenn man ihn nicht
des unrechtlichen Erwerbs von Tausenden zeiht, die er sich zurückgelegt haben soll; denn wenn ein Halbbilliger ihm des Abends
hinter dem Bierglase nur Ein Tausend Gulden Prosit für die
Saison gibt, so legen ihm gewiß Andere nach Maßgabe ihrer Ab-
geweichtheit auch noch zwei bis drei Tausend zu. — Bömly widerlegte zwar freilich diese Verdächtigung dadurch, daß er allen seinen
hiesigen Verpflichtungen erst dann gerecht werden sonnte, nachdem
er die in sechs Jahren gesammelten Dekorationen an die Stadt verkauft, selbst einen Theil seines Möblements versteigert hatte und
nach sechsjährigen Mühen eben so leicht wegzog, als er gekommen war.

Als Beweis wie man Alles tadeln kann, wenn man eben
gerade durchaus tadeln will, führe ich die Thatsache an, daß zur
Zeit, wo man eben schon an Bömly kommen wollte, ihm in einer
öffentlichen Magistrats-Sitzung unter anderen Vorwürfen über die
Mangelhaftigkeit seines Personals auch der gemacht wurde „er habe
„keinen Heldenspieler, denn Ruthling sei wohl ein guter
„Bonvivant, aber durchaus kein Held — für Augsburg!?!" Derselbe Ruthling, der zwei Jahre danach das Fach der ersten Helden
am Hoftheater zu München zur Zufriedenheit ausfüllte und sich

8*

seitdem zu einem Liebling des dortigen Publikums aufgeschwungen hat. (Man lese den Sitzungs-Bericht vom 27. April 1862 im Tagblatte.)

Betreffs der Tausende von Profit aber — Raub am Gemeingut — die von gewissen Leuten jedem abziehenden Direktor oktroirt werden, glaube ich bei dieser Gelegenheit nicht unerwähnt lassen zu dürfen, daß die Leute, wenn sie dem Direktor auch den baaren Profit nachlassen, wenigstens das, was er an Garderobe und Bibliothek anschafft, unendlich hoch anrechnen. — Angenommen aber er hätte sogar, was kaum denkbar ist, die Autorenhonorare mit eingerechnet für 1000 ℳ. neue Stücke und Garderobe angeschafft, wie viel geht aber dafür an der älteren jährlich zu Grunde? Und was ist selbst das Neue noch werth, wenn er es verkaufen will? Nicht den zehnten Theil. Wo bleibt da die Vermehrung? Man darf als gewiß annehmen: ein Direktor kann mit 30 Kisten voll Garderobe hieher gekommen sein und nach sechs Jahren mit 40 abziehen, so ist dieselbe zwar an Stückzahl, aber nicht um 100 ℳ. an Werth gewachsen. Noch schlimmer sieht es mit der Bibliothek aus; jetzt, wo für das kleinste Stückchen in einem Aufzuge wenigstens 10 ℳ. für das Aufführungsrecht bezahlt werden muß, bei größeren Stücken oder gar Opern bis in die Hunderte und das Publikum stets Neues sehen will! Wie viele neue Stücke aber werden nicht öfter als einmal gegeben! Und was ist ein Buch, Partitur, was sind Rollen, Sing- und Orchester-Stimmen noch werth, wenn sie nach einem Jahre abgespielt sind? Das Pfund 2 Kreuzer beim Käskrämer, da ja an jedem andern Orte das Autoren-Honorar noch einmal gezahlt werden muß.

Was nun endlich Bömly's Nachfolger betrifft, so steht er den Erinnerungen des Publikums zu nahe, als daß ich nöthig hätte, etwas darüber zu sagen, als was schon oben erwähnt wurde, nämlich, daß er im Gegensatze zu Bömly's Nachgiebigkeit sich mit Ausnahme eines kleinen Kreises von allen Andern streng abschloß. Seine politische Ansicht verleitete ihn einmal ein Tendenzstück zu geben, was bei der Gegenpartei einen Theater-Skandal — Pfeiffen — veranlaßte. (Siehe die Weber Seite 59.) Ein neuer Beweis für die Schwierigkeit der Stellung eines Theaterdirektors. Keiner hat so wie er nöthig, mit Politik zu Werke zu gehen und doch soll und darf er nicht Politik treiben.

Als er nun endlich bei der Landestrauer nach König Ludwig I. Ableben (1. März 1868) eine Clique von faulen Operisten entlassen wollte, die ihn den ganzen Winter mit Heiserkeiten — bei Nicht-sängern nennt man's Katzenjammer — gemartert hatten, wozu der Direktor bei Landestrauer berechtigt ist, wiegelten Jene Alles gegen ihn auf und er überließ den „blutigen Busch" einem Glücklicheren.

1864—65 Direktor Karl Böckel.

Erster Jahrgang. Eröffnet den 11. Septbr. Geschlossen den 11. April. Im Sommer vorher wurden zuerst auch die ersten beiden Kulissen mit Ober-Beleuchtung und auch die Logen mit Gaslampen versehen; die übrige Ober-Beleuchtung kam erst nach Böckel.

Personal 68 Mitglieder und 3 Kinder.

Gäste: Frl. Janauschek. Hr. Rüthling, Lang und Frl. Branitzka. Hr. Rüthling d. j., Pauli und Frl. Steinau. — Die Araber-Gesellschaft Beni Zoug Zoug zum 6. Mal. — Hr. Götte. Hr Diem Violoncellist. — Donato II. Bernhard. Die Tänzer Hr. Pasqualis, Frl. Helin und Lucrezia.

22 neue Stücke von Görner, Gounod, Mosenthal, Moser, Shakespeare.

Es ist eine theilweise noch hier herrschende Ansicht, das Sommer-theater beeinträchtige die Winterbühne. Unser stereotypes „das geht bei uns nicht" erhält sich, trotzdem Dutzende von Beweisen das Gegentheil bezeugen. Aber es ist nun einmal ein in diesem Buche schon mehreremale erwähnter Fehler der Bewohner, daß sie ihre liebe Vaterstadt wie ein kleines Landstädtchen ansehen, wo man die Unterhaltung im goldenen Löwen vertagen muß, weil sich im schwarzen Bären ein Zitherspieler producirt. Weiß ich doch Dutzende von Fällen aufzuführen, wo neben mehreren Abend-Produzenten in den Kaffeehäusern, Ball in drei Mohren, Konzert in der Traube und Schauspiel im Stadt-Theater stattfand und sämmt-lich gut besucht waren. — Während nun Bömly in seinem letzten Jahre von diesem Irrthume zurückgekommen war und sich selbst die Erlaubniß im Schießgraben Theater zu spielen erwirkt hatte — s. S. 113 — kam Böckel wieder auf die frühere Ansicht zurück, und wußte es dahin zu bringen, daß den Bewerbern Weinmüller und Zinker das Sommertheater im Schießgraben für dieses Jahr ver-weigert wurde. Zwar wandte sich der Letztere sogar klagend an die k. Regierung, die jedoch die Ansicht des Magistrats theilte. Dessen ungeachtet bewilligte sie einige Wochen später dem Ersteren in Berücksichtigung seines bisherigen tadellosen Rufes und bekannter Solidität sein Gesuch, dicht an der Grenze des Stadtgebietes diesseits der Wertachbrücke an der Pfersecer Straße in der Nähe der Alphütte ein Theater zu bauen. — Das frühere Sommertheater unter Krafft in Lechhausen, das seit 5 Jahren aus Furcht vor der Konkurrenz mit dem Schießgraben geruht hatte, war auch wieder erstanden und so war denn die Absicht „das Publikum ruhen zu lassen" erst recht vereitelt; statt e i n e m Theater hatte man z w e i und beide bestanden die Konkurrenz ganz gut.

Sommertheater. Direktor Emil Weinmüller

begann seine Vorstellungen den 4. Juni und endete sie den 27. August.
Personal 38 Mitglieder und 3 Kinder.

Gäste: die 3 Zwerge. Hr. Emil Siebert. Hr. Weigelt und Arnold vom Stadttheater.

Eine neue Oper von Offenbach.

1865—66 Direktor Karl Böckel's

zweiter Jahrgang, eröffnet den 14. Septbr., geschlossen den 25. März.
Personal 69 Mitglieder und 3 Kinder.

Gäste: Frls. Calipoliti Tänzerinnen. Fr. v. Bärndorf. Fr. v. Buljowsky. Fr. Förster und die Hrn. Simons und Richter. — Fr. Howitz = Steinau und Hr. Southeim.

23 neue Stücke von Bauernfeld, Birch, Donizetti, Görner, Putlitz, Rosen, Suppé.

1866 Direktor Emil Weinmüllers

vierter Jahrgang im Sommertheater.

Nachdem man sich im vorigen Jahre von der Fruchtlosigkeit der Bemühungen überzeugt hatte, das Sommertheater entfernt zu halten, ward Hrn. Weinmüller wieder erlaubt im Schießgraben zu spielen, was er dieses Mal vom 10. Mai bis 9. Septbr. that.
Personal 35 Mitglieder und 3 Kinder.

Gäste: Hr. Delcliseur. Frl. Herwegh.

Neue Stücke von Görner. Auch eine italienische Nacht.

1866—67 Direktor Karl Böckel.

Dritter Jahrgang, eröffnet den 13. Septbr, geschlossen den 8. Mai.
Personal 68 Mitglieder und 5 Kinder.

36 Gäste: Hr. Kieperz Taschenspieler. Frl. Sandbichler und Hr. Marwig Tänzer. Hr. Ragy. — Die Joh. Fürst'sche Possen-Gesellschaft. Frl. Mallinger, Stehle, Rudolph und Lauffer, Sängerinnen. Frl. Rudolff Tänzerin. Hr. Lang und Possart. Frl. Klettner und Hr. Bormuth, Hr. Großkopf. — Fr. Tipka-Weinlich. — Hr. Khals. — Die Kalospinthechromokrene des Hrn. Leckermann 13 mal. Hr. Diem Violineell-Virtuose und Hr. Duschœe Bauchredner.

31 neue Stücke von Benedix, Birch, Brachvogel, Girndt, Rosen, Suppé.

Um dem höchst unbequemen Sommertheater, welches das Stadttheater so sehr beeinträchtigt, doch endlich beizukommen, wurde dieses Jahr anders manipulirt. — Das Theater-Publikum sollte und mußte endlich einmal ausruhen. Deßhalb ließ sich Hr. Direktor Böckel die Permission im Schießgraben zu spielen, selbst ertheilen und bestellte seine Bühne so schlecht, daß Niemand hineinging. Sein Zweck war erreicht, das Publikum ruhte vollkommen aus.

Er spielte vom 16. Mai bis 31. August.

Personal 41 Mitglieder und 3 Kinder.

Gäste: Hr. v. Fieliz. Frl. Kratz. Hr. Rosner. Frl. Bartsch. Neue Stücke von Kaiser, Nestroy.

1867—68 Direktor Karl Böckel.

Vierter Jahrgang. Eröffnet den 15. Septbr. Wegen Ableben König Ludwig's I. geschlossen, den 29. Febr. (1. März) auf 10 Tage. Vom 10. März bis 15. April wurden noch 23 Schauspiel-Vorstellungen gegeben und die Oper entlassen. (S. S. 117.)

Personal 67 Mitglieder und 3 Kinder.

18 Gäste: Frls. v. Bärmann, Kindermann und Glenk. Hrn. Kindermann, Possart und Rüthling. Fr. Beck-Weichselbaum, Frl. Frohn, Frl. Sangué, Fr. Bethge Truhn. Hr. Mejo, Frl. Fränzel. Hr. Joh. Fürst mit der Possen-Gesellschaft. Fr. Stella. Hr. Weidt. Hr. Khals. Hr. A. Rubinstein Klavier-Virtuose.

31 neue Stücke von Bauernfeld, Halm, Laube, Rosen, Schiller, Suppé.

Nach der Saison gab noch ein Frl. Albina di Rhona im Verein mit einigen Münchener und hiesigen Mitgliedern eine Gastproduktion.

Noch muß ich eines Vorfalls an hiesiger Bühne in diesem Jahrgange erwähnen, der zwar nur mich persönlich betrifft, aber in

Bezug auf das Folgende — siehe den Jahrgang 1873/74 — immer
erwähnenswerth sein dürfte; nemlich eine Art von Vorjubiläum,
das ich den 14. Oktbr. auf hiesiger Bühne feierte, denn da ich mit
meinen Eltern 1817 zu Schemenauer hieher kam (s. S. 74) und
im 1. Jahre, ehe ich das Gymnasium besuchte, alle Kinder-Rollen
übernehmen mußte (s. Personal-Tabellen) spielte ich also in diesem
Winter wirklich schon 50 Jahre auf dieser Bühne, was vielen Herren
Abonnenten, Freunden und Direktor Böckel zu reichen Andenken an
den für mich wichtigen Tag Veranlassung gab. Da aber meine
Eltern schon 1810 bei Müller kurze Zeit hier waren (s. d. Mitglieder-Tabellen) und ich aus ihren Erzählungen weiß, daß ich
bereits mit dritthalb Jahren die Bühne zu Bamberg betrat, so ist
zu vermuthen, daß ich damals als vierjähriger Knabe auch hier
mitspielen mußte, wonach ich also bis zum Drucke dieses Buches
schon 66 Jahre mitagirte. Das eigentliche 50jährige Jubiläum als
Schauspieler siehe 1873—74.

1868 Sommertheater-Direktor Emil Weinmüller.

Fünfter Jahrgang, eröffnet den 10. Mai, geschlossen den 6. Septbr.
Personal 42 Mitglieder und 5 Kinder.

Gäste: Fr. Baronin v. Waibl-Riedheim. Hr. E. Siebert,
Hr. Maier, Hr. Lang, Hr. Candidus Klug mit einem photoelektrischen
Riesen-Microscop.

Was früheren Direktoren doch erst nach dem 5. und 6. Jahre
geschah, das brachte Hr. Böckel schon nach dem 4. zu Stande. —
Der Grund der allgemeinen Mißstimmung gegen ihn ist schon S. 117
angegeben worden. Daß die entlassenen Operisten dieselbe natürlich
unter dem Publikum in allen Wirthshäusern nach Kräften schürten,
versteht sich von selbst und das große Publikum, was sich das
ganze Jahr nicht um das Theater bekümmert, was vielleicht morgen
selbst einen arretirten Vagabunden mit Vergnügen aus den
Händen der Polizei befreien würde, nimmt heute mit einer Ani-
mosität gegen den armen Theater-Direktor Partei, als gälte es
einen Verbrecher den Händen der Gerechtigkeit zu überliefern. Sein
ehrenhafter Charakter — den Böckel doch unbestritten hatte, so
gut wie Bömly und Engelken — seine guten Eigenschaften, all' das
Schöne, was er geleistet, ist mit einem Male vergessen, man sieht
nur mehr seine Fehler und Schwächen, man zählt nur mehr die
Mängel des Theaters und setzt sie alle auf seine alleinige Rechnung.

Erst nach Jahren, wenn sich die Leidenschaft gekühlt oder bereits ein anderes Objekt für ihren Tadelmuth gewählt, läßt man ihm wieder Gerechtigkeit widerfahren. Dies traurige Schauspiel, das sich schon so oft wiederholte, ist leider noch nicht das letzte, es wird sich in sieben Jahren noch einmal abspielen. Die Herren Abonnenten reichten eine Eingabe g e g e n die Direktion ein, das große Publikum rief Böckel an einem Abende unter heftigem Pfeiffen heraus; da er nicht erschien, gingen die Helden ruhig nach Haus, sie hatten doch — gepfiffen. Die Behörde selbst forderte ihn auf, seinen Vertrag freiwillig zu künden. Er that es und da man schon einen neuen Direktor im Auge hatte, ward die Bühne formell mit dem ganz kurzen Termin von 14 Tagen ausgeschrieben.

Die drückenden Beschränkungen, die der Direktor dem Orchester gegenüber unterschreiben muß, wurden noch vermehrt. An Mittwochen und Samstagen darf ohne besondere Erlaubniß nicht gespielt werden und wenn das Orchester disponibel ist, muß es an diesen Abenden mit 1 fl. per Mann extra honorirt werden; keine Opernprobe darf über 7 Uhr dauern, wenn das Orchester Kaffeehaus-Produktionen zu besorgen hat, auch an großen Balltagen muß es nach der Ouvertüre entlassen werden. Die ganze Karnevalszeit — vom Feste der heil. 3 Könige bis Aschermittwoch — darf an Sonntagen keine Oper gegeben werden, desgleichen nicht an vier Festtagen, dem Katharinen- und allgemeinen Kirchweihtage, sogar nicht an den Vorabenden vor einem Konzerte. Und bei allen diesen Lasten forderte das Orchester-Komite statt der bisherigen monatlichen Gage von 700 fl. eine Erhöhung auf 850 fl. für seine Schützlinge. Die Hrn. Gemeinde-Bevollmächtigten setzten sie auf 800 fl. fest, dagegen sollten die 50 fl. für die Schillerstiftung und das Benefiz für die Orchesterkasse wegfallen. Im Uebrigen erhielt der Direktor für 1868/69 1600 fl. baar, freie Wohnung im Theater im Anschlage von 200 fl., freie Beheizung mit 604 fl. und Beleuchtung mit 1632 fl. Der Rest mit 998 fl. wurde auf die Unterhaltung des Gebäudes u. s. w. verwendet.

Unter 26 Bewerbern war der Regisseur des Bremener Theaters — Hr. Louis Ubrich — erwählt auf eifriges Betreiben des ehemal. Direktors und jetzt hier privatisirenden Beurer, der ihm zugleich sein Inventar übergab. Auch einer von den viel Geschmähten, dessen Fürwort jetzt schon wieder großes Ansehen gewonnen hatte, als u m s i c h t i g e r und w e i s e r Geschäftsmann. Ja wohl weise, denn er wartete nicht einmal das dritte Jahr ab, er zog das erstemal nach dem zweiten Jahre und das zweitemal sogar schon nach dem ersten Jahr den Kopf aus der — Direktion. — Die Operisten gaben noch ein Konzert im Traubensaal, die Schauspieler noch einige Vorstellungen im Theater, jedoch mit schlechtem Erfolg.

Schon wieder mußte in diesem Sommer eine Erneuerung des Bühnen-Podiums vorgenommen werden um 120 fl. — Der Schauplatz wurde durch einen neuen Plafond à 300 fl. — gemalt von Hrn. Dölscher — verschönert. Auch die Rückplätze in den Logen-Rängen wurden erhöht, damit man auch von da über die vordere Reihe weg auf die Bühne sehen kann. Eine Neuerung, von der man glauben sollte, daß sie sich bereits seit 50 Jahren von selbst verstanden hätte.

1868—69 Direktor Louis Ubrich.

Erster Jahrgang, eröffnet den 16. Septbr., geschlossen den 18. April. — Den 25. noch eine Kinder-Vorstellung.

Personal 70 Mitglieder und 2 Kinder.

29 Gäste: Hr. E. Siebert, Frl. v. Edelsberg, Hovemann, Da Ponta und Hornick. Dr. Eppstein. Frl. L. Ernst. Tänzer C. Pasqualis und Frl. Lucretia. Hr. Nachbauer, Delcliseur, Richter, Vogel und Fischer. Frl. M. Neufeld, Fr. v. Waibl-Riedheim. Frl. Rabe und Ubrich. Die Araber-Springer zum 7. Mal. Hr Brofst. Frl. Schunke. Hr. Weidemann. Auch eine wandelnde Dekoration von J. Kühn zu Oberon gemalt.

25 neue Stücke von Benedix, Girndt, Laube, Mosenthal, Offenbach, Putlitz, Rosen und die Görner'schen Kindermärchen von 28 Kindern dargestellt und von Fr. Reichel einstudirt, erlebten 16 Vorstellungen. — Auch die von München aus angebahnte Aufführung klassischer Stücke zu billigen Preisen wurde in diesem Jahre zum erstenmale versucht.

Zur Einführung der Pariser Stimmung im Orchester hatte hoher Magistrat bereits 1500 fl. bewilligt, in Berücksichtigung jedoch, daß für dieses Jahr bereits 6012 fl. ausgegeben worden, stimmten die Hrn. Gemeinde-Bevollmächtigten diesmal nicht zu.

1869. Sommertheater. Direktor Emil Weinmüller.

Eröffnet den 16. Mai, geschlossen den 8. Septbr.

Personal 39 Personen und 3 Kinder.

Gäste: Hr. Lang von München und dessen Sohn Hr. Lang von Königsberg. Hr. Dederich und Fr. v. Waibl-Riedheim. Hr. Weidenseller. Prof. Faber mit einer Sprechmaschine.

Neue Stücke von Benedir, Görner, Laube, Offenbach. — Auch die Kinder spielten wieder von Fr. Rothhammer einstudirt.

1869—70 Direktor Louis Ubrich.

Zweiter Jahrgang, begonnen den 16. Septbr., geschlossen den 9. April.

Der Direktor wies sich über einen monatlichen Gagen-Etat aus von 4560 fl.

Personal 60 Mitglieder und 2 Kinder.

Gäste: Frl. Ziegler, Hrn. Richter, Rüthling, Nachbauer, Deliseur, dann Fr. v. Buljowsky, Rabe, Glenk, Lund und Vestvali, Preis, Fr. Seebach-Niemann und v. Waibl-Riedheim. Frl. Reichel und Hr. Günzburger. — Im April noch 3 Vorstellungen von den Mitgliedern des Münchener Aktien-Theaters. — Im Mai 5 Vorstellungen von japanesischen Equilibristen. Im August 2 Kinder-Vorstellungen zum Besten der verwundeten Krieger. Zu gleichem Zwecke spielten die Hrn. Possart, Herz, Häusser, Sigl, Davideit, Frls. J. und M. Meyer, Weiß und Hr. Busch zweimal mit gutem Erfolge.

20 neue Stücke: das Wintermärchen von Shakespeare, eingerichtet von Dingelstedt mit Musik von Flotow. — Brachvogel, Görner, Hebbel, Offenbach, Rosen.

Da der jetzige Theater-Vertrag mit dem Direktor stillschweigend auf ein weiteres Jahr fortgeht, wenn er nicht bis Ende Februar gekündet wird, so tritt jetzt um diese Zeit alljährlich die Theaterfrage an die Behörde heran, denn nach dem Vorgange mit Böckel sollte der Kontrakt nicht mehr auf 3 Jahre abgeschlossen werden. Die Ausstellungen, welche natürlich wieder an Ubrichs Geschäftsleitung gemacht wurden, waren eigenthümlich. Es wird ihm zum Vorwurfe gemacht, „daß er so vorsichtig war, sich auch um eine „andere Direktion (Würzburg) zu bewerben!" Sollte er denn ohne Theater bleiben müssen, wenn es beliebt würde den Vertrag zu künden? „Er begünstige die Oper auf Kosten des Schauspiels!" Sehr natürlich, weil die Opern bei höheren Preisen stets gut besetzt, das Schauspiel an Wochentagen häufig leer ist. Sogar „daß er „nichts auf Maschinerie und Kulissenwesen verwendet," wird ihm in die Schuhe geschoben, da doch die dafür ausgesetzte Summe gar nicht in seine Hände kömmt. Mit Ausnahme dieser Opponenten stimmte der ganze Magistrat für Beibehaltung Ubrichs (Sitzung vom 5. Febr.). Die Hrn. Gemeinde-Bevollmächtigten aber mit einer kleinen Majorität (Sitzung vom 9. Febr.) in Abwägung der Mängel und Vorzüge für das Ueberwiegen der ersteren, also für Kündigung. Ja man wollte sogar die ganze Subvention von 5000 fl. für die Zukunft gestrichen wissen und wir stehen abermals vor dem Räthsel, daß die gewöhnliche Opposition gegen das Theater auf einer Seite verlangt, daß mehr geleistet werde, und auf der andern die Mittel dazu beschneidet.

Doch wurde bei der Debatte auch die schon lange brennende Frage der 22 Freiplätze im Betrage von 2000 fl. für die Behörden wieder berührt, aber diesmal noch leicht übergangen.

Bis zur zweiten Sitzung des Magistrats (12. Febr.) war bereits eine umfangreiche Vertheidigung Ubrich's und eine Adresse von 112 Abonnenten eingelaufen, worin ihm die volle Zufriedenheit bezeugt wird, Stimmen in den Blättern hatten sich für ihn erhoben, selbst gute und schlechte Witze in Form von Briefkastenartikeln ergossen sich über die Opposition; bei des Direktors erstem Erscheinen auf der Bühne wurde er mit Beifallssturm empfangen und gestützt auf diese untrüglichen Beweise der allgemeinen Stimmung für denselben beharrte hoher Magistrat — mit Ausnahme der zwei Opponenten — auf seinem Beschluß, lud aber zur Vereinigung der Frage zu einer gemeinschaftlichen Sitzung beider städtischer Kollegien ein. — In dieser (16. Febr.) entspann sich eine lange Debatte, in der auch gegen die Opposition der harte Ausdruck „Theater-Tyrannen" fiel, der zwar zurückgenommen, aber nicht mehr ungesprochen gemacht werden konnte. Nachdem die Aufklärung gegeben war, daß das zweite Kollegium nur in der Geldfrage kompetent, die Wahl des Direktors aber Sache des Magistrats sei, ergab sich als Resultat, daß alle früheren Positionen aufs Neue bewilligt wurden, nur die 1600 fl. sollten nicht mehr dem Direktor baar gegeben werden, sondern vom Magistrate selbst für Ausstattung und Szenerie verwendet werden. Dieser bestimmte sogleich 600 fl. zu den Einführungskosten der Pariser Stimmung im Orchester. Auf das Gesuch Ubrichs, daß er in Folge dieses Ausfalls eine Preis-Erhöhung für den Eintritt vornehmen dürfe, ward ihm gestattet, nächsten Winter den 1. Rang im Schauspiel auf 1 fl. 6 kr., in der Oper auf 1 fl 12 kr., den 2. Rang und die Sperrsitze von 42 in der Oper auf 48 kr. zu erhöhen, dagegen geboten das Parterre auf 24 und in der Oper auf 30 kr., die Galerie aber in allen Fällen auf 12 kr. zu belassen.

1870 Sommertheater. Direktor E. Weinmüller.

Eröffnet den 15. Mai, geschlossen den 28. August.

Personal 35 Personen. 2 Kinder.

Gäste: eine franz. Sänger-Gesellschaft aus dem Thale Andorra (eigentlich spanisch). Frl. Adacker und Hr. Eyr Schlittschuh-Tänzer, Hr. Münz Virtuose auf Trommeln. Fr. Heinz-Naberg.

Neue Stücke von Bauernfeld und Görner.

1870—71 Direktor Louis Ubrich.

Dritter Jahrgang, begonnen den 16. Septbr., geschlossen den 25. April.

Personal 62 Mitglieder und 3 Kinder.

Gäste: Frl. Jenke, Meyer Joh. und Stehle. Hr. Knorr, Possart, Räthling, Vogel. Dann Hr. Erdt, Simonelli, Fr. Hain-Schnaidtinger, Frl. Ulrich und Schneider und die hiesigen Turner.

25 neue Stücke von Benedix, Lortzing, Moser, Rosen, Wagner Richard, Wilbrandt.

Die Stimmen gegen Ubrich sind dieses Jahr verstummt und es wird ihm vom Magistrat für das nächste Jahr das Theater überlassen, „da man nur Rühmendes von ihm zu sagen vermag." Diesmal ohne Widerspruch des zweiten Kollegiums, welches auch die diesjährige Theater-Subvention mit 5333 fl. 24 kr. ohne Diskussion gutheißt. Ubrich hatte aber auch, obgleich die Geschäfte wegen des ungetheilten allgemeinen Interesse am Verlaufe des Krieges so schlecht gingen, daß er schon den 17. Oktbr. glaubte, von seinem Rechte zur Schließung des Theaters in einem solchen Falle Gebrauch machen zu müssen, die Sache trotz Verlust mit Ehren zu Ende geführt.

1871. Sommertheater. Direktor Louis Zinker.

Eröffnet den 28. Mai, geschlossen den 3. Septbr.

Personal 33 Mitglieder und 5 Kinder.

Gäste: Hr. Köstner, Frls. Jung, Berger und Wald. Frls. Rummel und Becker von hier

Neue Oper von Offenbach.

1871—72 Direktor Louis Ubrich.

Vierter Jahrgang, eröffnet den 14. Septbr., geschlossen den 21. April.

Personal 62 Mitglieder und 2 Kinder.

Gäste: Hrn. Hofpauer, Possart, Kindermann, Rüthling, Frls. Meyer Joh. und Mar., Ziegler und Weiß. Dann Frls. Seebach und Glenk. Fr. Küch. Hr. Lederer. El Maraphet. Hr. Fickler. Auch 8 mal Kindertheater.

16 neue Stücke von Bauernfeld, Görner, Flotow, Moser, Putlitz, Rosen.

Trotzdem Hrn. Ubrich von der Behörde eine ganz besonders geordnete Geschäftsführung bezeugt wird, gesteht man ihm auch diesmal wieder die Direktion nur auf ein Jahr zu. Er zahlt aber diesmal an das Orchester monatlich 1000 fl, erhält indeß von den in den Etat eingesetzten 2600 fl. doch 700 fl. baar und 300 fl. Beisteuer für die Autoren-Honorare gegen Nachweis ihrer Verwendung. Dagegen fällt das Armenbenefiz weg. Die Hrn. Gemeinde-Bevollmächtigten stimmen diesmal dem Lobe Ubrichs bei und tadeln nur die Kindertheater, welche sie abgestellt wissen wollen. Das Armenbenefiz betreffend, drücken sie unter lauter und allgemeiner Zustimmung den Wunsch aus, daß die Beamten der Stadt dem Direktor auch ihre zahlreich reservirten Freiplätze zurückgeben möchten, denn — „wenn das Armenbenefiz sich nicht mit der Würde der Stadt ver-„trage," — wie gesagt wurde — „dann vertragen sich auch die „Freiplätze nicht damit." Nach dem gegentheiligen Referate in nächster Magistrats-Sitzung sind diese Freiplätze (?) theils auf polizeiliche Verordnungen, theils auf die Rücksicht des Schutzes kommunalen Eigenthums gegründet!?

1872 Sommertheater. Direktor Louis Zinker.

Eröffnet den 9. Mai. Geschlossen den 8. Septbr.

Personal 33 Mitglieder und 3 Kinder.

Gäste: Taschenspieler Gaßner-Cancon. Hr. Eduard Hysel. Hr. und Fr. Penz Tiroler Sänger.

Neue Oper von Offenbach.

1872—73 Direktor Louis Ubrich.

Fünfter Jahrgang, begonnen den 15. Septbr., geschlossen den 14. April.

Personal 56 Mitglieder und 1 Kind.

Gäste: Hrn. Flerz, Herz, Lang, Neuert, Ottomeier, Schlosser, Stitt, Sigl und Frl. Weiß. Dann Hrn. Lederer und Sonntag. Fr. Lederer. Frls. von Rigeno, Glenk und Link. Dekorationsmaler Fickler debütirte mit seinen Dekorationen zur Afrikanerin 4. Dezbr.

22 neue Stücke von Girndt, Meyerbeer, Moser, Offenbach, Rosen, Wilbrandt.

Wie schon früher öfter, wurde heuer wieder durch den guten Stand des Theaters und die dadurch mächtiger erregte Theaterlust auch das Verlangen nach einem neuen Theatergebäude rege und der heurige Jahrgang ist abermals um ein Projekt zur Erbauung eines neuen Theaters an Stelle des alten Salzstadels vermehrt worden; — dieses Projekt unterscheidet sich zwar in nichts von den früheren (s. S. 39—41 und 55—56) in seinem Effekte, denn es wurde wie jene wieder abgeworfen, ungeachtet das frühere Bedenken diesmal von vornherein gehoben war, daß nemlich — in Augsburg (?) — kein Geld für eine solche Ausgabe aufzutreiben sei, indem ein Consortium reicher Bürger der Stadt ein Darlehen von 500,000 fl. zu 3½ % zu diesem Zwecke freiwillig und unter günstigen Abzahlungs-Bedingungen anbot.

Ich bin zu sehr Partei, um mehr darüber sagen zu können, als die einfache Anführung der Thatsache. — In reiflicher Berathung wurde das für und wider abgewogen in einer Magistrats-Sitzung vom 28. Jan., in einer solchen der Hrn. Gemeinde-Bevollmächtigten vom 8. Febr. und einer gemeinschaftlichen beider Kollegien den 12. Febr., deren Resultate in einer eigenen Broschüre (Schlosser'sche Buchhandlung) nach stenographischen Berichten gesammelt wurden, wo sie Jeder nachlesen kann, der sich näher dafür interessirt. So viel kann indeß konstatirt werden, daß das Projekt diesmal im Gegensatze zu den früheren so viele Anhänger fand, daß die Herren Opponenten eine große Mißstimmung im Publikum gegen sich zu überstehen hatten, die sich in hiesigen Blättern durch vorwurfsvolle und oft spöttische Inserate Luft machte. Mögen die Herren aber noch so vorwurfsfrei auf ihre gewissenhafte Abwägung aller Gründe gegen einen Theaterbau zurückzuschauen haben, so viel ist gewiß, daß der Schaden den sie dem Renommé unserer geliebten Vaterstadt nach außen zugefügt haben, unberechenbar ist, und die zahllosen harten Beurtheilungen dieses Vorfalls in allen deutschen Theater-Zeitungen zu bedauerlich sind, als daß sie hier angeführt werden könnten.

Genug, in Folge dieser Debatten wurde beschlossen, zur Unter-
suchung der Bau- und Feuers-Gefahr eine Kommission von Bauverständigen abzuordnen und auf deren Gutachten hin verfügte man,
daß durch Abreißen angebauter hölzerner Magazine der Zugang zur
Bühne freier zu machen, das angesammelte Dekorations-Gerümpel
auf den Böden zu entfernen sei, und zur schnelleren Entleerung des
Hauses im Falle eines Unglücks die Billet-Abgabe für die Galerie
auf 200 — statt bisher 350 — und für Sperrsitze und Parterre
auf 450 — statt 553 — beschränkt, auch aus Stadtmitteln eine
ständige bezahlte Feuerwache von 4 Mann, bei jeder Vorstellung auf
der Bühne aufgestellt werde. — In Folge dieses neuen, ungeheuren
Entganges von beinahe 3000 fl. für die Direktion wurde der Theater-
vertrag, für den bereits schon wieder eine Beschneidung vorgesehen
war, in seiner alten Fassung belassen, nur hat der Direktor jetzt
monatlich 1200 fl. für das Orchester zu bezahlen.

1873 Sommertheater. Direktor L. Zinker.

Die Saison, welche diesmal wegen der langen Anwesenheit des
Cirkus Wulf sehr schlecht ausfiel, wurde den 27. April begonnen
und den 8. Septbr. geschlossen.

Personal 35 Mitglieder und 1 Kind.

Gäste: Frl. Schubert und Neufeld und Hr. E. Siebert.

Neues Stück von Rosen. (?)

1873—74 Direktor Louis Ubrich.

Sechster Jahrgang, eröffnet den 14. Septbr., geschlossen den
31. März.

Personal 65 Mitglieder und 2 Kinder.

Gäste: Hr. Lang und Rüthling. Dann Fr. Monbelli, Fr. Marlow,
Frl. Löwe und Ehrenfest, Hr. Sonntag und Wolof.

14 neue Stücke von Görner, Lindau, Moser, Rosen und
Richard Wagner.

So sehr ich auch bisher vermieden habe, in diesem Buche von
mir selbst zu sprechen, so glaube ich doch diesmal ein Unrecht zu
begehen, wenn ich ein mich berührendes Ereigniß dieser Saison unerwähnt ließe, das mich zu so unbegrenztem Danke für die hohe
Freude erfüllte, die mir dabei bereitet wurde.

Als ich den 27. Oktbr. 1823 zuerst als 17jähriger Student die
hiesige Bühne betrat, ja noch als ich den 27. Oktbr. 1848 das

25. Dienstjahr an derselben feierte, wie hätte ich da denken können, daß es mir vergönnt sein werde, auch noch das 50jährige an demselben Institute zu erleben? Hatte ich doch schon jenes 50jährige Vorjubiläum meines 50jährigen Auftretens auf hiesiger Bühne als Knabe (f. S. 120) nur deshalb zugegeben, weil ich damals schon in meinem 62. Jahre nicht mehr glaubte, dieses wirkliche Jubiläum als Schauspieler erleben zu können.

Daß dramatische Künstler, eine 25, 40, ja 50jährige Thätigkeitsbahn rüstig durchlaufen — ich habe deren einige in diesem Buche angeführt — ist nichts so gar Seltenes namentlich an Hoftheatern — denn dort ist gut sein — aber meist hatten diese Jubilare ihre Künstlerzeit wandernd von Bühne zu Bühne zugebracht; jedoch möchte kaum je ein Fall vorgekommen sein, daß von einem Mitgliede einer Provinzial-Bühne das halbe Jahrhundert in voller Thätigkeit durchlebt worden wäre vor einem Publikum, das noch dazu durch mehrere Generationen schon an den jährlichen Wechsel des Theater-Personals gewöhnt ist.

Kann ich mir auch natürlich gar kein Verdienst dabei zumessen, daß mir das Schicksal Leben, Gesundheit und Arbeitskraft so lange erhielt, so erfüllt mich doch mit dem innigsten unvergänglichsten Danke die Erinnerung an die allseitige Theilnahme bei diesem meinem Jubelfeste.

Wer während dieser langen Zeit alle die traurigen Perioden der Vergangenheit an unserer Bühne mit durchgemacht hat, wo es zum guten Tone gehörte, nicht ins Theater zu gehen; wo man abseits rückte am Gasthaustisch, wenn ein Mitglied dieses Theaters sich dahin setzte; wo man mich selbst, nachdem ich doch bereits 10 Jahre mit tadellosem Betragen vor Aller Augen wirkte, mit meinem Gesuche um Aufnahme in mehreren abonnirten Gesellschaften — mit Bedauern zwar, aber entschieden — abwies, „weil keine Schauspieler auf=„genommen werden;" wer sich Alles dessen erinnert, der muß freilich alle diese Beweise von Achtung und Wohlwollen, die mir bei dieser Gelegenheit selbst aus den höchsten Kreisen zu Theil wurden, hundertfach anschlagen.

Ich hatte zu dieser Vorstellung das Stück gewählt „die Waise und der Mörder." Ein Stück, das dem Geschmacke des Publikums vor 50 Jahren sehr zusagte, eine französische Ritter-Ruhr-Effekt-Geschichte mit obligater „Mörderei" und einer freilich klassischen melodramatischen Musikbegleitung von Ritter von Seyfried. Ich spielte

9

als ersten theatralischen Versuch die junge stumme Waise, wozu mir fast jede Fingerbewegung von meiner seligen Mutter einstudirt war, da sie die Rolle selbst oft vorher gespielt hatte. (Siehe im Register den Artikel Männer = Rollen.) Im Jahre 1848 spielte ich als Mann im selben Stücke die komische Rolle und jetzt den treuen Diener, den jammernden Greis. Noch heute muß ich das Publikum um Verzeihung bitten, daß ich es damit gelangweilt habe, da nun einmal heut zu Tage alle Duldung für solche Schauderscenen erloschen ist, aber es lag zu viel Verlockendes für meine persönlichen Erinnerungen in dieser Wahl, als daß ich der Versuchung hätte widerstehen können.

Dem Stücke voran ging ein kleines Festspiel „Witz im Olymp," eine Gelegenheits = Szene für das 25jährige Jubiläum des beliebten Komikers Helmerding in Berlin, das für hier auf mein Wirken im komischen Fache entsprechend abgeändert wurde, und damit schloß, daß mir Komus einen Lorbeerkranz aufsetzte.

Die überaus reichen Geschenke aus allen Schichten der Gesellschaft, die Hunderte von Glückwunsch = Telegrammen und Briefen von Intendanzen, Direktoren und ehemaligen Kollegen aus allen Gegenden Deutschlands, die Ueberschüttung mit Beifallszeichen und Lorbeerkränzen bei der Vorstellung selbst und die ehrenvolle Ovation einer Serenade der hiesigen Liedertafel nach derselben beim Festsouper, Alles das stürmte auf mein leicht erregbares Gemüth so sinnbetäubend ein, daß ich meist ganz unbeholfen dabei stand, weil ich nicht Worte fand, meinen Gefühlen Ausdruck zu geben. Aber nicht genug damit! Auf Anregen treuer Freunde bemühten sich hohe Gönner in den maßgebenden Stellungen noch weiter für mich und den darauffolgenden 20. Dezbr. — meinem 67. Geburtstage — wurde mir von Hrn. Bürgermeister Fischer in Gegenwart vieler Herren aus beiden städtischen Kollegien und meiner Kunstgenossen die goldene Medaille für Kunst und Wissenschaft Sr. Majestät unseres gnädigsten Königs Ludwig II. angeheftet.

Man hat damals in den Zeitungs = Berichten von diesen Festlichkeiten öfter den Ausdruck gebraucht „das Publikum habe damit auch sich selbst geehrt!"

Ja Ehre, Ehre der Stadt, die auch an den Freuden eines unbedeutenden Mannes, so innigen herzlichen Antheil nimmt und Dank, tausend Dank Allen noch über mein Grab hinaus für die vielen, vielen Zeichen von Wohlwollen und Geneigtheit deren gesammelte Beweise auch meinen Kindern und Enkeln noch eine ehrende Erinnerung an mich sein werden.

1874 Sommertheater. Direktor L. Zinker.

Personal 34 Personen und 5 Kinder.

Gäste: Hr. Lang, Stettmeyer und Frl. Granzoff, Hr. Pasqualis und Frl. Fabri. Hr. Czermak. Hr. Heinr. Hysel.

Neue Stücke: viele Possen ohne Bedeutung.

Da der kleine Preisaufschlag für Logen und Sperrsitze sich im letzten Jahre als nicht genügend ausgewiesen hatte, den Ausfall der großen Billetbeschränkung zu decken, dem Direktor auch noch durch das neue Reichsgesetz eine wenn auch unbedeutende, so doch erwähnenswerthe Konkurrenz erwachsen war — nebst einer Singspielgesellschaft in der Schützenhalle hatte sich nemlich auch Direktor Schmidt von Oberhausen im Nördlinger Hof mit seinen Theater-Vorstellungen festgesetzt — stellte Ubrich das Gesuch die zwei außerordentlichen Spielabende Mittwoch und Samstag wöchentlich fest zugesichert zu erhalten, es wurde ihm aber nur einer „nach Thunlichkeit" zugestanden, wenn er an demselben das Orchester extra honorire, an das er ohnehin von jetzt an statt 1200 fl., monatlich 1300 fl. zahlen sollte.

1874—75 Direktor Louis Ubrich's

siebenter Jahrgang, begonnen den 16. Septbr., geschlossen den 23. März.

Personal 64 Mitglieder und 2 Kinder.

Gäste: Hr. Possart, Gum, Schlosser, Frl. M. Meyer und Fr. Häusser von München. Frl. Bognar und Hr. Scaria von Wien; Hr. Weiß mit Tänzer-Gesellschaft. Hr. Großkopf.

4 neue Ballets und 10 neue Stücke von Grillparzer, Kleist, Lindau, Moser, Verdi (Aida mit Dekorationen von Kühn und Wittmann.)

Da Ubrich's Bitte um feste Erlaubniß zum 6. Spieltage abermals abgeschlagen wurde, obgleich ihm wieder alle mögliche Berücksichtigung zugesichert wurde, bewarb er sich schon im November um die Direktion des Stadttheaters in Aachen und erhielt sie. Darauf beschloß die Stadt-Behörde die hiesige Direktion als erledigt anzusehen, den Vertrag formell zu künden und nach Feststellung des neuen Kontraktes in den beiden städtischen Kollegien das Theater zur Bewerbung auszuschreiben. Die Bedingungen blieben wie in den letzten Jahren, nur mit dem Unterschiede, daß der neue Direktor

auf Vorschlag des Orchester-Komite für die Musik trotz aller Aus-
nahms-Beschränkungen die erkleckliche Summe von 1358 fl. monatlich
zahlen muß.

Blicken wir nun auf die 7jährige Thätigkeit Ubrichs zurück, so
muß ich sagen, daß ich denselben meinem Ideale eines guten Direktors
„Hrn. Fr. Engelken" nahezu gleichstelle (s. S. 107). Mögen Anders-
denkende ihr Urtheil noch für etliche Jahre zurückhalten bis der
Groll verraucht ist, vielleicht geben sie mir dann Recht, so wie mir
alle Feinde Engelkens später ihr Unrecht zugestanden haben. Wäre
er nicht vollkommen tüchtig gewesen, würde sich wohl die hiesige
Allgemeine Zeitung in ihrer Beilage vom 7. April 1875 zu einem
solchem Lobe hergegeben haben, wie es dort zu lesen ist? — Unter
seinen Mitgliedern zähle ich, so weit es mir bekannt geworden, 5 an
Hoftheatern, 5 andere an den größten Stadt-Theatern Deutschlands.
Unter den Gastspielen außer den zahlreichen von München: Hrn.
Sonntag, Scaria, Fr. Monbelli, Seebach-Niemann und die Frls. Bognar,
Buljowsky, von Edelsberg, Glenk, Rabe, Ulrich und Seebach. Stets
bedacht das Beste unter den neuen Stücken zu liefern — man sehe
seine Jahrgänge nach — stellte er jedes Jahr, abgesehen von den
ebenfalls wohlausgestatteten Offenbachiaden und Kinder-Märchen
(Aschenbrödel) eine große Oper von Flotow, Lortzing, Meyerbeer,
Verdi und Richard Wagner mit vollständiger würdiger Inszenirung her.

Kaum hatte jedoch Ubrich den 23. März das Stadttheater geschlossen, als es sich den 28. schon wieder eröffnete für die Gesellschaft
des Thalia-Theaters von München unter der Direktion von Emil
Weinmüller für 7 Possen-Operetten von Lecoq, Hopp, Offenbach
und Suppé, der jedoch sehr schlechte Geschäfte machte. — Den 12. Mai
eröffnete sich nach Eingehen der Singspiel-Gesellschaft in der Schützenhalle ein ganz neu und hübsch hergerichtetes Thalia-Theater im
Nördlinger Hof an Stelle des alten unter Schiller. Zu diesem kam
noch ein Theater im Mohrenkopf-Saale unter Schmidt, das jedoch
schon im Juni wegen Unhaltbarkeit wieder nach Oberhausen über-
siedelte; auch Lechhausen hatte sein Theater und im Schießgraben
ward trotz dem Circus Herzog und Schumann zwar mit geringem
pekuniärem Erfolg aber immer rüstig fortgespielt.

Oh wenn doch diejenigen noch lebten, die Lippert wegen seinem
ersten Gedanken zur Erbauung eines Sommertheaters im Schießgraben (s. S. 103) für verrückt erklärten, weil sie glaubten, daß

in dem kleinen Städtchen Augsburg so etwas nun einmal unmöglich gehen könne, was würden sie jetzt sagen?

Für die diesjährige Sommertheater-Saison war ein neuer Bewerber aufgetreten:

Hr. Friedrich Rüthling,

der dieselbe Pfingstsonntag den 16. Mai eröffnete u. den 30. August schloß
Personal 38 Mitglieder und 4 Kinder.

Gäste: die Herren Flerr, Hospauer und Lang von München, Hr. und Fr. Friese nebst Kind und Fredy Myers und Miß Ella in Pantomimen.

Neue Stücke wenig und ohne Werth.

Auch für das Stadttheater trat ein neuer Direktor auf:

1875—76 Hr. Moritz Krüger

vom Hoftheater in Detmold eröffnete die Bühne den 12. Septbr. und schloß den 12. April.

Nach der Saison gab noch eine Kinder-Gesellschaft unter Frau König 7 Vorstellungen, der Direktor des Münchener Thaliatheaters mit mehreren seiner Mitglieder ein Ausstattungs-Stück viermal und endlich eine Variété-Gesellschaft unter Francis noch 2 Vorstellungen.
Personal 61 Mitglieder und 2 Kinder.

33 neue Stücke von Björnstjerne-Björnson, Goethe, Lindau, Moser, Rosen, Shakespeare, Strauß.

40 Gäste: Hrn. Bausewein, Herz, Knorr, Lang, Possart, Fr. Possart, Frl. Mevienheim und Radecke, sämmtlich von München. Fremde: Hr. Pichler, Sontheim, Fr. Bertram-Mayer, Seebach Riemann, Frl. Hofrichter. Ehemals hiesige Mitglieder Fr. Flüggen, Hr. Carode. Hiesige Frl. Schletterer und Hr. Günzburger. — Die 3 Gärtner'schen Kinder, Ole Bull mit 2 Personen, die Variété-Gesellschaft von Adacker und endlich der Maler Rostock mit 14 Dekorationen zu dem Ausstattungsstück, „die Reise um die Welt in 80 Tagen."

Auch mit dem 6 Spieltage, den man Ubrich noch voriges Jahr nur „unter Vorbehalt" hie und da gewährte, ja selbst mit dem siebenten wurde es nicht mehr genau genommen, denn man gab an den 213 Tagen der Saison 209 Vorstellungen, darunter 7 am Nachmittage. — Für den Sommer übernahm Hr. Krüger das Bad Theater in Berg bei Stuttgart.

Das Sommertheater wurde durch Hrn. A. Aug. Aman eingenommen, Direktor des Stadttheaters in Ulm, der es mit seiner
ganzen Winter-Gesellschaft — Schauspiel und Oper — besetzte. —
Das Theater im Nördlinger Hof aber ging schon im Mai ein.

Und nun endlich, endlich hat uns ein ganz kleiner Logenbrand das nöthige Licht aufgesteckt, daß wir eben doch ein neues
Theater haben müssen und wir werden es haben. Die Zeit ist
günstig. Durch die strengen Gesetze der Bühnengenossenschaft ist allen
Ungehörigkeiten von Seite der Mitglieder und Direktoren vorgebeugt;
die Letzteren stehen bereits seit lange in guten finanziellen Verhältnissen; durch die Erweiterung der Stadt hat sich auch das theater-
besuchende Publikum derart vermehrt, daß das alte Haus häufiger
die Schaulustigen nicht mehr faßt; die städtische Subvention ist genügend und sicher; preisen wir uns daher glücklich, daß wir in der
Zeit leben, wo wir endlich das Geld beisammen haben, an dessen
Mangel alle früheren Versuche scheiterten.

Doch genug! 16. Oktbr. 1876 sind es gerade 100 Jahre, daß
unser Theater erbaut wurde, und um das Buch als Jubiläumsgabe
zum Druck befördern zu können, muß ich mit diesem Jahrgange
schließen. Ehe ich dies aber thue, glaube ich aus meinem Theater-
Tagebuche noch eine vielleicht nicht ganz uninteressante Notiz beifügen zu sollen.

Von meinem Eintritte an hiesiger Bühne 1823 bis heute waren
am hiesigen Stadttheater engagirt:

	männliche }	Mitglieder	1099
	weibliche }		738
An Gästen zähle ich	männliche }	Gäste	274
	weibliche }		259
		Im Ganzen also Personen	2370

In diesem Zeitraume wurden 8325 Stücke gegeben, beschäftigt
war ich darin an 5491 Abenden. Neu gelernt habe ich 1704 Rollen,
gespielt mit allen Wiederholungen 5826 Rollen mit einer Bogenzahl
von 14,414 Bogen. Das macht nahezu 3 Ballen Papier.

Ueberschaut man das ganze Bild der vor uns liegenden Geschichte,
so drängt sich uns die traurige Ueberzeugung auf, daß man hier,
wie auf so manch anderem Gebiete, auch bei dem Theater in früheren
Zeiten mit Vielem um viele Jahre zu spät gekommen sei. — So
durften demselben die harten Abgaben erst dann abgenommen, und

die anfangs almosenartig gespendeten Zulagen erst dann fest gegeben werden, als das Theater schon in Deutschland als eine Bühne 3. und 4. Ranges in Verruf gekommen war. Das Sommertheater konnte erst gestattet werden, nachdem es in recht ungeeignete Hände gebracht werden konnte, und so die Vereinigung mit dem Stadttheater fast zur Unthunlichkeit gebracht war. Sollte es jemals einem Anderen einfallen diese Geschichte fortzusetzen, wird er es leichter haben. — Die ferneren Theaterzettel, Journale und öffentliche Kunstproduktionen betreffenden Plakate sammle ich fort und werde auch Jemand finden, der diese Sammlung nach meinem Tode fortsetzt. In allen Redaktionen der zahlreichen Lokalblätter trifft man jetzt vollständige Sammlungen ihrer sämmtlichen Jahrgänge. Auch das Stadtarchiv wird wohl die Theater-Akten, welche nur mangelhaft, ja periodenweise gar nicht mehr aufzufinden sind, besser bewahren, als früher; Material genug, zuverlässigere Nachrichten zu erhalten, als es mir vergönnt war.

Und nun noch ein Wort zum Schluß als Rückblick auf die vor uns liegenden Thatsachen. Beim Durchlesen des fertigen Buches muß ich selbst eingestehen und deshalb um Verzeihung bitten, daß ich nicht immer die dem Geschichtsschreiber nöthige Unparteilichkeit bewahrt habe, aber so viele Mühe ich mir auch gab, meine persönlichen Ansichten zu unterdrücken, so sind mir doch einige kritische Bemerkungen mit eingeflossen; ich glaube aber fest, daß sie gewiß mit meinem Willen wenigstens nie verletzend für irgend Jemand sind. Ich habe es ja selbst schon bei Gelegenheit des Ausdrucks „Komödienstadel" (s. S. 18) und sonst noch öfter berührt, wie schlimm die Gewohnheit der Augsburger ist, ihre eigenen Anstalten nach auswärts herabzusetzen — was wohl z. B. ein Nürnberger schwerlich thun würde — und ich würde die Schwächen unserer Bühnenverhältnisse deshalb nicht in dem Maße berührt haben, wenn ich je glaubte, daß dies Buch über das Stadt-Gebiet hinaus käme; wer sollte sich auch außerhalb desselben dafür interessiren, ist es doch noch ungewiß, ob man dem Büchlein hier Beachtung schenken wird. Aber den Einwohnern konnte, ja durfte die oft bittere historische Wahrheit nicht verschwiegen werden, denn wofür wäre sie da, wenn die Gegenwart nicht die Fehler der Vorfahren kennen lernen und verbessern wollte.

Bei der Dürftigkeit der theater-historischen hiesigen Notizen aus früherer Zeit hat mir das dadurch nöthig gewordene Studium der allgemeinen Geschichte des deutschen Theaters überhaupt Vergleiche

an die Hand gegeben, was anderswo und hier für dramatische
Kunst geschah, die nie zu Augsburgs Vortheile ausfielen und die es
mir manchmal unmöglich machten, persönliche kritische Bemerkungen
über unsere Zustände und die Hindernisse, die sich dem Aufblühen
der Bühne hier so oft entgegenstellten, zu unterdrücken, oder die
Charaktere der Direktoren nicht einer näheren Betrachtung zu unter=
ziehen. Häufig sind es nicht einmal meine eigenen Ansichten, sondern
die des Publikums selbst, wie sie sich in den verschiedenen Quellen,
die ich benützen konnte, aussprachen.

Mögen auch Andere andere Ansichten über die Gründe des
mangelhaften Zustandes unserer Bühne haben, sie können Recht haben
vom Standpunkte des Publikums aus, aber mögen sie dann auch
meinen Ansichten wenigstens Nachsicht schenken, selbst wenn sie den
ihrigen widersprechen, indem sie sich lebhaft an meine Stelle denken,
auf den Standpunkt eines Mitgliedes dieser Bühne, dessen Leben,
ja dessen Familien=Existenz mit dem Wohl und Wehe derselben
durch die lange Zeit unserer Verbindung so innig verwachsen war,
daß sie ohne einander nicht mehr von mir gedacht werden konnten.
So groß auch meine Geschäftssorgen und Mühen nach Außen sein
mochten, im Innersten meines Familienkreises habe ich mir immer
ein glücklich einträchtiges Zusammenleben zu erhalten gewußt. Jedes
Aufblühen des Theaters beglückte mich durch die Möglichkeit den
lieben Meinigen kleine Wünsche erfüllen zu können und verschaffte
uns Allen heitere Stunden, während jedes Mißjahr auf diesem Felde
uns Allen Entbehrungen auferlegte. Wird man es mir verdenken,
wenn man sich an meine Stelle denkt, daß ich den stillen Wunsch
meines Herzens laut werden ließ, daß es besser sein möchte, die
Bemerkung nicht zu unterdrücken vermochte, daß es besser sein
könnte, wenn die reiche Stadt nur einen kleinen Theil meiner
Liebe für das Wohlergehen dieser Bühne hegte.

Wer nach mir Lust hat, die deutsche Literatur=Geschichte, speziell
die allgemeine deutsche Theatergeschichte nachzulesen, wird sich über=
zeugen, um wie viel später als in anderen Städten die Theil=
nahme an Bühnengenüssen hier erwachte, um wie viel schwerer
als irgendwo die Fortschritte der deutschen dramatischen Kunst Ein=
gang fanden, um wie viel härter die mißgünstigen Urtheile über
den ganzen Stand der Schauspieler noch in Augsburg ausfielen, als
ihm schon allerwärts Achtung und Anerkennung gezollt wurde. —
Weit entfernt es loben zu wollen, wenn die berühmte erste deutsche

reisende Gesellschaft des Magister Veltheim (j. S. 30) in Nürnberg,
Breslau und anderen Orten an den Grenzen des Stadt-Gebietes
jubelnd empfangen und bewirthet wurde, und die Stadtbehörde von
Hamburg sie sogar mit reichen Geschenken entließ, so hätte der Kunst
doch wenigstens die Rücksicht zu Theil werden sollen, nicht bis tief
in unser Jahrhundert hinein blos als Milchkuh für den Armenseckel
einer so reichen Stadt dienen zu müssen.

Es macht nachdenkend zu sehen, wie seit 1829 jeder Zuschuß
zum Theater — und stets nur vorerst in der Form eines Almosens
für Unglückliche — der Behörde abgebettelt werden mußte, immer
unter dem Ausdrucke „die Stadtkasse vertrage einen solchen Aufwand
nicht," den sie ja jetzt doch auch aufbringen kann und wo sie doch durch
den aktenmäßig konstatirten Ruin so vieler Direktoren und besonders
durch die eigene Betheiligung von vier Magistrats-Räthen beim
2. Komite (j. S. 82) die Ueberzeugung haben mußte, daß es unmöglich ist, die Anforderungen des Publikums mit dessen gebotenen
Mitteln zu befriedigen. Besteht ja doch in der ganzen Welt keine
gute Kunst-Anstalt ohne ausgiebige Zuschüsse und wer sehen will, wie
auch auf musikalischem Gebiete hier nie ein genügend zahlreiches
Publikum für Konzertgenüsse vorhanden war, um ein solches Institut
durch sich selbst zu erhalten, der zähle in Ahorners Aufsatz über die
hiesige Musik in der historischen Vereins-Schrift von 1874 nach,
wie viele solche Unternehmungen von einzelnen Kunst-Enthusiasten
begonnen wurden und stets und oft nach sehr kurzer Zeit am
Mangel der Theilnahme des Publikums erlahmten, und doch stünde
Konzerten ein viel größeres Kontingent von empfänglichen Zuhörern
zu Gebote die keine Theater besuchen, das sind die Geistlichen.

Und so gehe denn nun hin, du mein Schmerzenskind! Mögest
du, wenn auch nur Wenigen Freude machen, Vielen wenigstens
eine unterhaltende Lektüre gewähren, allen meinen Mitbürgern aber
ein Andenken an einen Mann sein, der mit treuer Liebe über die
Hälfte der Lebensdauer des Gebäudes selbst an diesem Institute hing.

Schauspiel-Personal.

1 Charakter-Rollen. Intriguant.
2 Väter edle, tragische, zärtliche, ältere Helden.
3 Väter launige, komische.
4 Liebhaber ältere, gesetzte, Helden, Anstands-Rollen, junge Ehemänner.
5 Liebhaber zärtliche, sentimentale.
6 Liebhaber muntere, naive, Naturburschen, Bonvivants Gecken, Chevaliers, Deutsch-Franzosen.
7 Komische Rollen, feine und niedrige.
8 Zweite Rollen, Vertraute, größere Nebenrollen.
9 Dritte Rollen, Bediente, Hilfsrollen, kleinere Nebenrollen.
10 Mütter, edle, tragische, zärtliche, Helden-Mütter.
11 Mütter, launige, komische zänkische Alte.
12 Liebhaberin gesetzte, Heldin, Anstands-Rollen, junge Frauen.
13 Liebhaberin, zärtliche, sentimentale.
14 Liebhaberin muntere, naive, Koketten.
15 Zweite Rollen, Vertraute, Kammermädchen.
16 Kinder-Rollen.

Opern-Personal.

17 Tenor 1. hoher, Helden-Tenor.
18 Tenor 2. tiefer, lyrischer.
19 Tenorbuffo, komische und Spiel-Partieen.
20 Baß 1., tiefer.
21 Baß 2., hoher, Baryton.
22 Baßbuffo, kom. Partieen.
23 2. und 3. Partieen.

Opern-Personal.

24 Sängerin 1., tragische, heroische, früher Coloratur, Bravour.
25 Sängerin 2., Coloratur, Bravour, früher lyrische, getragener Gesang.
26 Soubrette. Muntere, jugdl. Spiel-Partieen.
27 Sängerin 3. Opernmütter. Alt-Partieen.

Ballet-Personal.

		Chor-Personal.
28	Balletmeister I.	} Sopran I.
29	Balletmeister II.	
30	Serieur Tänzer I.	Sopran II.
31	Serieur Tänzer II.	Alt.
32	Grotesk-Tänzer I.	} Tenor I.
33	Grotesk-Tänzer II.	
34	Figuranten.	} Tenor II.
35	Serieuse Tänzerin I	
36	Serieuse Tänzerin II.	} Baß I.
37	Groteskänzerin I.	
38	Grotesktänzerin II.	} Baß II.
39	Figurantinnen.	

Verwaltungs-Personal.

40 Musik-Direktor.
41 Chorrepetitor.
42 Regisseur des Schauspiels.
43 Regisseur der Oper und Posse
44 Inspizient und Inspizientin.
45 Souffleur.
46 Sekretär.
47 Kassier oder Kassierin.
48 Kontrolleurin.
49 Maler.

Technisches Personal.

50 Maschinist.
51 Dekorateur.
52 Garderobier I.
53 Garderobier II.
54 Friseur.
55 Theaterdiener.
56 Orchesterdiener.
57 Requisiteur oder Requisiteurin.
58 Zettelträger oder Zettelträgerin.
59 Beleuchter.

Bemerkungen

für die folgenden Mitglieder-Tabellen sämmtlicher Gesellschaften nach ihren Fächern abgetheilt.

———◆———

Mitglieder des vorigen Jahrhunderts, deren vertretenes Fach nicht mehr ermittelt werden konnte, sind mit einem Fragezeichen versehen und dann ohne Rücksicht auf die Rubrik des Faches an einer beliebigen leeren Stelle eingetragen.

Etwas hervorragende Personen sind durchschossen, besonders interessante durch größeren Druck ausgezeichnet.

Zur Raumersparniß war es nöthig, im alphabetischen Register bei den hier engagirten Schauspielern nicht die Seitenzahl des Buches, wie bei den übrigen Worten, sondern den Jahrgang ihres Engagements einzusetzen. Da die Zahl der Buchseiten nur 3, die Jahreszahl aber 4 Ziffern enthält, ist kein Irrthum möglich.

Mitglieder Tabelle Nr. 1.	1. Seite 43. 1769. Frau Theresina von Kurz	2. Seite 43. 1770. Gottlieb Köppe.	3. Seite 45. 1776 und 77 Andrö Schopf u. Frau Schimann. I.	4. Seite 46. 1777 und 78. Franz Moser. II.	5. Seite 46. 1778 und 79. Immanuel Schikaneder. I.
1	Bergopzoomer.	—	Denifle.	Strom d. ä. Moser?	Strom d. ä. Moser?
2	Graubner.	Graubner. Huber d. ä.	Eschweudner. Wenzig.	Mell. Huber d. ä.	Huber d. ä.
3	Köppe.	Köppe.	Dyrring. Hornung	Häckhell. Bink.	Häckhell.
4	Schwager. Wahr	Schwager. Wahr.	Schikaneder. Schopf d. ä.	Schikaneder. Joas. Neukäufler.	Schikaneder. Joas. Neukäufler.
5	Riefer.	Geischer?	Schopf d. j. Jukanowiz.	Kopp. Michl.	Kopp. Michl. Weber.
6	Greckmann.	Genger?	Löffler.	Löffler. Kaffta.	Löffler. Tihm. Huber d. j.
7	von Kurz.	—	Schwat. Schwarz.	Lorenz. Zielhard.	Lorenz. Zielhard
8	Hohlbofer? Kerner.	Kerner.	Pallet.	Helmböck d. ä. Hermann.	Helmböck d. ä. Hermann. Förster.
9	Cerden.	—	Saletti.	Westermeyer. Hafeneft. Strom d. j.	Westermeyer. Mack Ulmer. Strom d. j.
10	Pauser. Seebachin?	Wanderin? Seebachin?	} Hornung	Mollin d. ä.	Pauser. Ulmer.
11	Köppe.	Köppe.		Häckhell. Huber	Häckhell.
12	Rischar.	—	Schimaun.	Müller.	Müller.
13	Ingermännin d. ä.	Ingermännin d. ä.	Jukanowiz	Rosenberg.	Tihm.
14	Ingermännin d. j.	Ingermännin d. j.	Artin. Wenzig.	Schikaneder.	Schikaneder. Mollin d. j.
15	Kerner. Grünberg.	Kerner.	Pallet. Saletti.	Moser?	Hutti Nerott.
16	—	—	N. Saletti.	2 Helmböck.	2 Helmböck.
17	Grünberg.	Zappe?	—	Wäferer?	—
18	—	—	—	Michl	Michl.
19	Pauser?	—	—	—	Tihm.
20	Pinzel?	—	—	Mell.	Lepper?
21	—	—	Schorf.	Kaffta?	—
22	—	—	Schikaneder.	Schikaneder.	Schikaneder.

Mitglieder Tabelle Nr. 1.	1. Seite 43. 1769. Frau Theresia von Kurz.	2. Seite 43. 1770. Gottlieb Köppe.	3. Seite 45. 1776 und 77. Andrej Schopf und Frau Schimann. I.	4. Seite 46. 1777 und 78. Franz Moser. II.	5. Seite 46. 1778 und 79. Immanuel Schikaneder. I.
23	Graubner.	Graubner.	Hornung.	Strom d. ä. Jeas.	Strom d. ä. Jeas. Tihm. Huber d. j.
24	Hasska.	—	Arth.	Schikaneder.	Schikaneder.
26	—	—	Wenzig.	—	Tihm.
27	Schwager?	Schwager? Huber.	Hornung.	Häckell. Huber.	Häckell. Hutti.
28	Waller.	Schlanzewsky d. ä.	Hornung.	Häckell.	Häckell.
29	Schöpfe	—	Dorring.	—	Huber d. j.
30	—	Schlanzewsky d. j.	Schwst. Schopf d. j.	Lorenzo.	Lorenzo.
31	—	—	Hornung.	Zielhard.	Zielhard. Huber d. j.
32	Schöpfe.	Schlanzewsky d. ä	Inkanewiz.	Häckell.	Häckell.
33	—	—	Dorring.	Helmböck d. ä.	Helmböck d. ä. Weber. Tihm.
34	—	Huber.	Saletti.	Strom d. ä. und d. j. Jeas. Huber d. ä. Westermeyer. Hafenell. Lorenz.	Strom d. ä. und d. j. Jeas. Förster. Westermeyer. Huber d. ä. Kopp.
34	—	—	Schwarz	Moll. Kopp. Hermann.	Helmböck d. j. Weber. Lorenz Hermann.
35	—	—	Wenzig.	Rosenberg.	Tihm.
36	—	—	—	Häckell.	Häckell.
37	—	—	Inkanewiz.	—	—
38	Finck.	—	Arth.	Schikaneder	Schikaneder.
39	—	—	Hornung.	Helmböck. Waller.	Hauser. Helmböck Waller.
39	Langenhoff	Huber.	Saletti.	Wallin d. ä. Huber.	Wallin d. j. Hutti. Nesch.
44	—	—		Hassa. Wichl.	Wack. Wichl.
45	—	—		Hafenell.	
47	—	—	Carmel.		
49	Hoffmann.	—	Schiwerazes.	Jeas.	Jeas.
50	—	—	Hornung.	Helmböck d. ä.	Helmböck d. ä
51	—	—	—	Westermeyer.	Westermeyer.

Mit-glieder Ta-belle Nr. 2.	6. Seite 46. 1797. Wolgang Rößl.	7. Seite 46. 1779—80. Johann Böhm. I. & II.	8. Seite 47. 1780 — 81 J. Ch. Seipp und Franz Bulla.	9. Seite 47 1781. Felir Berner. II. & III.	10. Seite 48. 1782. Friebrich Koberwein.
1	Denifle.	Perchtold. Simoni.	Perchtold. Simoni.	Al. Schneckenburger. Weiß.	Wawrosch.
2	Huber b. Ä Rößl.	Amd. Kerscher?	Seipp.	Hummel.	Huber b. Ä
3	Häckhell. Filzmeyer?	Brandl. Hornung.	Beihge.	Hr. Gspann.	—
4	Spyri.	Bilau. Smilt.	Bulla. Smilt. Feischell.	Schüller. Fr. Gspann.	Koberwein d. Ä. Hegenbart. Starke.
5	Petrivi. Kübler b. j.	Bodenburg. Bellomo.	Ströbel. Walter.	Henry?	Petrivi. Walter. Kübler b. j.
6	Loran. Huber b. j.	Müller Amer.	Peyerl. Starke.	Haßlinger.	Huber b. j.
7	Ludwig. Ziethard.	Schwab. Böhm.	Lorenz. Scheibel.	Abt. Leffel.	Kinbler. Koberwein d. j.
8	Meyer. Galba. Hasenest.	Murschhauser. Viehäuser.	Reichardt. Mettler.	Garnier. Mettler.	Stein.
9	Zechlizky. v. Pollenau	v. Pollnau. v. Pollenau.	Hasenest. Porst.	Reuth.	Hasenest.
10	Kübler b. Ä.	Brandl. Perchtold.	Kummerfeld. Perchtold.	—	Brandl. Kübler b. Ä.
11	Häckhell.	Amd. Hornung.	Hochkirch? Mettler? Lang?	Rubhoferin. Brandin.	—
12	Rößl.	Smilt. Böhm b. Ä Voglin	Smilt. Seipp. Grimmer?	Mettler? Voglin.	Seinstl. Starke.
13	Kübler b. j.	Bodenburg. Böhm b. Ä. Ballo.	Weiß? Haller?	Lißlin b. Ä.	Koberwein. Kübler b. j.
14	Meyer?	Amor. Zimmerl	Einichln. Ströbel.*	Gamlin. Renthin.	Engst.
15	Huttl. Deutmeyer?	Müller? Kerscher?	Scherzinger Bayrschmierin?	Lißlin b. j.	—
16	—	Böhm. Perchtold.	Hochkirch. Grimmer. Weiß. Perchtold.	—	2 Koberwein.
17	—	Murschhauser.	Peyerl.	Phillippi?	—
18	Petrivi.	Bellomo. Viehäuser.	Grimmer?	Eittinger? Berner?	Petrivi.
19	Meyer.	Zimmerl.	Fuchs?	Haßlinger.	—
20	Spyri.	Brandstetter?	Walter.	Weiß	Walter.
21	Glanz?	Smilt. Brandl.	Smilt.	Schüller	—
22	Schmalzbauer? Amd.	Böhm. Bilan	Daber?	Leffel.	Kinbler.

Bei-gefügten Ta-belle Nr. 2.	6. Seite 46. 1779. Brul. aug. Röhl.	7. Seite 46. 1779—80. Johann Böhm. I & II.	8. Seite 47. 1780—81. J. Ch. Seitz und Franz Bulla.	9. Seite 47. 1781. Felir Berner. II. & III.	10. Seite 48. 1782. Friedrich Koberwein.
23	Huber d. j.	Amd. Seger?	—	Hummel. Reuth.	Huber d. j. Ließ.
24	—	Bulle.	Bürti?	Schnackenburger.	—
25	—	Bessomo	Deutmeyer?	Listin d. ä. Gspann.	—
26	—	Böhm d. ä. Amd. Hummel.	Einschin. Seitz.	Brantin. Sanslin. Reuthin.	Koberwein.
27	Haupt Kübler. Hüchel.	Amer. Hornung.	Hechkirch?	Listin d. j. Rudhoferin.	Kübler. Starke.
28	H. h. Fuß. Kübler d. ä.	Hornung. Eberle.	Tuber? Herschelt.	Haslinger.	Kübler d. ä.
29	Huber d. j. Kübler d. j.	v. Bollnau. Simone. Vogt d. ä.	Simoni.	—	Huber d. j. Kübler d. j.
30	Kübler d. j.	Schwab. Eberle.	Lorenzo.	Haslinger.	Kübler d. j.
31	Huber d. j. Reinhard.	v. Bollnau. Hornung.	Herschelt.	—	Huber d. j.
32	Hüchel.	Vogt d. ä. Simone. Eberschenfeld.	Simoni.	Schüler.	—
33	—	Vogt d. j. Amer.	Sparipan?	Lessel. Reuth.	—
34	Huber d. j. Kübler d. ä. Reinhard. v. Bollnau.	Amd. v. Bollnau.	Kreuz? Heinz? Haseneck. Sackel. Lorenz.	Weiß.	Kübler d. ä. Haseneck. Huber d. ä.
35	—	Starke.	Schellet.	Hammerin. Reuthin.	—
36	Hüchel.	Simone.	Simoni.	Listin d. ä. Schnackenburger.	Frl. Koberwein.
37	Tuber?	Eberschenfeld.	—	Rudhoferin.	—
38	Schüler d. j.	Reinhard. Hummel.	Eichel.	Sanslin.	Kübler d. j.
39	Haupt. Haslig?	Hornung. Amd. Amer.	Einschin. Haseneck.	Brantin. Listin d. j.	Engl. Starke.
40	Hammer.	Mayer.	Reinhard.	Gspann.	—
41	Haupt.	Huber.	Sackel.	—	—
42	—	—	Sackel.	—	—
43	Hochenth.	Mayer.	Haleneck.	Haleneck.	Haleneck. Rich.
49	—	—	—	—	—
50	—	Hornung.	Schupper.	—	—
52	—	—	—	Schloman.	—

Mitglieder Tabelle Nr. 3.	11. Seite 48. 1782—83. Karl August Dobler.	12. Seite 49. 1783. Korndorfer.	13. Seite 49. 1784—85. Andrs Schopf u. Frau Schimann. II.	14. Seite 49. 1785. Roman Waizhofer.	15. Seite 50. 1786—87. Imanuel Schikaneder. III & IV.
1	Wolf. Steinmüller	—	Aichinger.	Earnig?	Perchtold. Rechenmacher.
2	Pappel. Rosenberg.	Ams.	Christel. Zumpe.	Wesseln.	Koch.
3	Dobler d. ä. Freiwald. Heniel.	—	—	Zeniner Poysel.	Jungheim.
4	Graubner Korndorfer.	Spyrl. Korndorfer.	Schopf.	Waizhofer. Schilling.	Schikaneder.
5	Illenberger. Ströbel.	Pöhner?	Paraskewiz	Paraskewlz.	Giesele.
6	Dobler d. j.	Erdmann.	Heinemann? Münzberger.	Huber d. j. Peyerl.	Borchers.
7	Kellner. Scheibel	Thom. Künze?	Herder? Rolland.	Schilling.	Rechenmacher. Schmerel.
8	Louis d. ä. Miller.	Fränkel. Spezi. Westermeyer.	Miller.	Holzmann? Meyer.	Kellner d. ä. Metzler.
9	Louis d. j.	Trenkly?	König?	Schila?	Kellner d. j.
10	Dobler.	Ams. Spezi d. ä.	Christel. Zumpe.	Hornung.	Seve.
11	Mauer. Miller d. ä.	—	Miller.	—	Schack. Miller.
12	Korndorfer d. ä. Ußler.	Korndorfer d. ä.	Schimann.	Kraußin.	Schlenzin.
13	Huber Ströbel. Panenka.	Spyrl	König? Rolland d. j.	Peyerl.	Jagdstein.
14	Illenberger. Scheibel.	Spezi d. j.	Sartory?	Poysel. Waizhofer.	Test Veck. Mörsl.
15	Korndorfer d. j. Wolf?	Korndorfer d. j. Fränkel.	Paraskewiz Rolland d. ä.	Paraskewlz.	Schack.
16	Miller d. j.	Meyer?	Aichinger. Christel.	Waizhofer.	Perchtold.
17	Illenberger.	—	—	Peyerl.	Schack.
18	Rudolph?	—	Weise?	Teller?	Rechenmacher.
19	Grimmer?	Meyer. Erdmann.		Meyer.	Illen. Schmereck.
20	Korndorfer.	Korndorfer Spyrl.		—	Koch. Schlenz.
21	Pappel.		—	Poysel.	Felstenberger?

Muster pochen Lau eule Nr. 3	11. Seite 48. 1792—93. Karl August Delter.	12. Seite 49. 1783. Re überseze.	13. Seite 49. 1784—85. Kut d Scherf und Schimann. II.	14. Seite 49. 1785. Roman Walzhofer.	15. Seite 50. 1786—87. Immanuel Schikaneter III & IV.
22	Freiwald.	—	—	—	Schikaneter.
23	Ewald d. j. Gnandner. Miller.	Kud.	Miller.	—	Huber?
24	Pamenfa.	Spezi.	—	—	Serte.
25	Kornhofer d. j.	Kornhofer d. j. Spezi d. j.	—	Kraußin	Schlenzin.
26	Illenberger.	Kud.	—	Walzhofer.	Rechenmacher.
27	Obier. Wagner. Miller.	—	Miller.	Hornung.	Schack. Jagdstein. Miller.
28	—	Spezi d. j.	Roßand.	—	Koch.
29	—	—	—	Huber d. j.	Jungheim.
30	Kornhofer d. j.	Kornhofer d. j.	Roßand.	—	Koch.
31	Hornel	Spezi d. j.	—	Huber d. j.	—
33	Ewald d. j.	—	—	—	Jungheim.
34	Ewald d. j. Rohan Delter d. j. Scherhof.	Kud. Wehermeyer.	—	—	Illein.
35	Huber Kornhofer d. j.	Spezi d. j. Kornhofer d. j.	Roßand d. j.	—	—
36	—	Spezi d. j.	—	—	—
38	Scherhof.	—	—	—	—
39	Kornhofer d. j. Obier.	Kornhofer d. j. Kud.	Oberthei. Roßand d. j.	Hornung.	Black.
40	Rosenberg	—	—	—	Grintier.
41	—	Spezi	—	—	—
45	Ewald d. j.	—	Lohn.	Wagler.	Kellner d. j.
50	—	Wehermeyer.	—	—	—
52	Marr.	—	Miller.	—	—

Mit-glieder-Tabelle Nr. 4	16. Seite 53. 1787. Friedrich Koberwein. II & III.	17. Seite 53. 1789. Karl von Morocz. I.	18. Seite 54. 1789—90. Karl von Morocz. II.	19. Seite 54. 1790—93. Joseph Voltelini. I, II & III.	20. Seite 56. 1793—94. Direktor Mihule.
1	Miller d. Ä. Rousseau.	—	Miller d. Ä.	Klughammer?	—
2	Pappel. Rosenberg.	Morocz d. Ä.	Morocz d. Ä. Geißler.	Koch. Lohlein. Reuter. Weber.	Reuter. Hansing.
3	Steinmann.	Jungheim. Werther.	Eugen.	Heß. Werther. Jungheim.	Schulz.
4	Koberwein. Neukäufer. Horschelt.	Schmelzer.	Schulze?	Neukäufer. Friedrich?	Gley d. Ä.
5	Jankowitz.	Braun.	Braun.	Hofmann. Strökel.	Hofmann.
6	Geschort. Haßlinger.	Schindler.	Schindler.	Schindler. Stöhr.	Ewest.
7	Fiedler. Kindler.	Schopper. Schwarz. Morocz d. J.	Schopper. Morocz d. J.	Kindler. Voltolini.	Vincenz. Welschowsky?
8	Blachon. Sterz. Wilms.	Hör?	Blachon.	Döbele. Relch. Lang.	Döbele. Haim?
9	Koberwein d. J. Rousseau.	Heim?	Setzer?	Klemm? Heck? Fröhtrock?	Plettner.
10	Pappel. Motzheim. Steinmann.	Jungheim.	Geißler.	Stöhr. Jungheim. Hofmann.	Hofmann.
11	Fiedler. Miller.	Heim?	Miller.	Voltelini d. Ä. Kindler.	Hansing.
12	Schlenzin. Koberwein d. Ä.	Morocz d. J.	Morocz d. J.	Nerlinger. Mack. Weber.	Nerlinger. Wolf.
13	Jankowitz. Koberwein d. J.	Schopper.	Schopper.	Ruth.	Haim?
14	Mörsi. Engst. Maresquelle.	Kieser?	—	Strökel. Voltelini d. J.	Ewest.
15	Brand. Koberwein d. J.	Thomas?	—	—	Huber?
16	Koberwein Jos. und Kath.	—	—	Hofmann. Ruth. Strökel.	Ewest. Haim. Hansing. 2 Hofmann. Welschowsky.
17	Fetz?	Berger.	Jehnsen?	Hofmann.	Hofmann.
18	Miller d. J.	Braun. Werther.	Braun.	Fischer. Werther.	Hellezer. Geist.
19	Haßlinger. Jllein.	Kieser?	Litzenberger?	Stöhr.	Jllein.

	16. Seite 53. 1787. Friedrich Leberwein. II & III	17. Seite 53. 1789. Karl von Merori. I.	18. Seite 54. 1789—90. Karl von Merori. II.	19. Seite 54. 1790—93. Joseph Bettolini. I, II & III.	20. Seite 56. 1793—94. Direktor Mihule.
20	Blachon.	Schmelzer.	Blachon, Saitel?	Koch, Reuter.	Gunkel, Reuter.
21	Geischert-Pappel.	—	Schmitt?	Lehlein.	Hausing.
22	Stettler, Kindler, Steinmaur	Scherper.	Scherper.	Kindler, Bettolini.	Reeß? Meruska!
23	Reuter? Blachon	Werther.	Blachon.	Lehle, Werther.	Mihule?
24	—	—	Zehnlea?	Reuter, Back, Weber.	Reuter, Boischewötr.
25	Schiemgin.	Merori k. j.	Merori k. j. Steiner?	Bettolini k. j. Neslinger.	Thau, Keslinger.
26	Leberwein k. j. Brunf.	—	Frank?	Lehse?	Hollerel.
27	Miller, Hubmann, Kellerwein k. j.	Scherper.	Scherper, Miller.	Hofmaur.	Boischewöky k. j. Schulz, Hofmann.
28	Hallinger.	—	—	Jungheim.	—
29	Horschel.	—	—	Koch.	—
30	Hallinger.	—	—	Koch.	—
31	Pappel Horschel.	—	—	—	—
32	Johnerin.	—	—	Bettolini.	—
33	Brukhan.	—	—	Jungheim.	—
34	Horschel, Mein.	—	—	Hofmann, Stein, Werther, Heh. Lehlein.	—
35	Leberwein k. j. Horschel, Obersteuer.	—	—	Kindler.	—
36	Leberwein k. j.	—	—	Bettolini k. j.	—
37	Leberwein, Horschel.	—	—	Henhaffer.	—
38	Miller.	—	—	Liebbe.	—
39	Engl. Miller, Pappel.	—	—	Hofmann, Jungheim.	—
40	Schönberg.	—	—	Krampf.	Frank.
45	Pappel Miller.	Klingler.	Klingler.	Lehle, Weber.	Lehle.
46	—	—	—	Streitich.	Platzer.
47	—	St. Merori	St. Merori.	—	—
49	—	—	—	Dörfler.	—
50	—	—	—	Miller.	Schilf.
51	Melchom.	—	—	Kung.	—
52—53	—	Haas.	Haas.	Zöbele, Heih.	Zöbele, Miller.
54	—	—	—	Lehl.	Weilner.

148

Mitglieder Tabelle Nr. 5.	21. Seite 56. 1794—95. Frau Bottotini. IV.	22. Seite 57. 1795—96. Erstes Komite.	23 Seite 61. 1797. Direktor Kindler.	24. Seite 61. 1799—1800. Karl v. Steinsberg.	25. Seite 61. 1800—1801. v. Haselmeier. Lüders.
1	Müller d. ä. Steinmüller.	Darbenne, Sennfelder?	Darbenne.	Braunmüller.	Braunmüller.
2	Hansing.	Freuen, Ströbel d. ä.	Freuen. Ströbel d. ä,	Haag. Schickentanz Vater.	Freuen.
3	Heß.	Frey. Carli.	Frey.	Jungheim.	Weßner?
4	Gley d. ä.	Gley d. ä. Deutsch. Miedke.	Deutsch. Miedke.	Dywe.	Eßlair.
5	—	Röder. Horny. Hofmann.	Hofmann.	Keeß? Hübner?	Hofmann.
6	—	Haßlinger.	—	v. Steinsberg.	—
7	Vincenz.	Kindler. Thym. Hartmann?	Kindler.	Seitzl. Zielhard.	Kindler.
8	Döbele. Paulr.	Döbele. Kolo. Ströbel d. j.	Döbele. Kella. Ströbel d. j.	Döbele. Ernst?	Döbele. Kella.
9	Mändl? Gley d. j.	Grube? Lüders.	Lüders.	v. Harrer?	Müller.
10	Steinmüller.	Neumann. Rieser. Hofmann.	Hofmann. Rieser.	Haag.	Hofmann.
11	Bottotini d. ä. Hansing.	Kindler. Frey? Müller d. ä.	Kindler.	Ernst? Löser d. ä.? Löser d. j.?	Kindler.
12	Nerlinger. Berger.	Günther. Morelli? Berger. Freuen.	Freuen.	Braunmüller. Dywe d. ä.	Braunmüller. Freuen.
13	Burgstaller.	Erfurt.	Erfurt.	—	—
14	—	Lüders. Fischer.	Lüders.	Dywe d. j. Seitl d. j. Fischer.	Lüders. Hansen.
15	Paulr.	Spalding? Ströbel. Hansen.	Ströbel.	Muck? Müller?	—
16	Hansing. Müller. Steinmüller. Bottelini.	3 Freuen. Müller. 2 Hofmann. 3 Günther.	3 Freuen. 2 Hofmann.	2 Haag. 2 Muck.	4 Freuen. 2 Hofmann. Valentin.
17	Krebs.	Hansen. Hofmann.	Hofmann.	Löser? Schickentanz d. s.?	Hofmann.
18	—	Fischer. Neumann.	Fischer.	Fischer.	Hansen.
19	—	Tochtermann.	Tochtermann.	Schickentanz d. j.?	Hecht.

Mitglieder Tabelle Nr. 6.	26. Seite 62 1801—2. Büchner. I.	27. Seite 62 1802—3. Büchner. II.	28. Seite 63 1803—5. Direktor Panini. I. II.	29. Seite 64 1805—6. Direktor Panini. III.	30. Seite 65 1806. Direktor Panini. IV.
1	Leo? Büchner?	Zitt. Büchner?	Kniep?	Brandt d. j.? Ernst?	Gröning?
2	Pappel d. ä.	Christel.	Christel. Panini Vater. Haag. Schwarz.	Panini Vater. Schwarz. Panini d. j.?	Panini Vater.
3	Becker.	Carli.	Lauber. Gatto. Carli. Pfeil.	Eugen. Pfeil. Jungheim.	Panini d. j.? Hudmann?
4	Hofmann.	Hofmann. Klimetsch.	Bauernjöpel. Benner. Hofmann.	Bauernjöpel. Benner.	—
5	Pappel d. j.	Carolini? Davaranne?	Bauer. Panini d. j.? Bergheim.	Fridolin.	Ritter?
6	Berka. Freundhold?	Freundhold?	Grimminger? Beier. Berka.	Grimminger? Helming?	Grimminger? Helming?
7	Kindler. Rolland.	Kindler. Rolland.	Zielhard. Rosenberg?	Kindler.	Kindler. Nettmayer.
8	Enders? Lang.	Kallmetsch? Lang.	Leif? Löser?	Hokum? Oppel?	—
9	Gabler?	Gabler?	Raffalt?	Raffalt?	Raffalt?
10	Celve? Gabler?	Celve? Gabler?	Celve? Dersee. Panini d. ä.	Panini d. ä. Stehn.	Panini d. ä.
11	Kindler.	Christel. Kindler.	Christel.	Jakobi. Kindler.	Jakobi. Kindler.
12	Hennemann? Teilholz?	Carolini?	Gatto. Panini d. j.	Bremer. Panini d. j.	Bremer. Panini d. j.
13	Berka. Zuccarini?	Sennfelter? Zuccarini?	Benner. Berka.	Grimminger? Benner.	Grimminger? Hesse?
14	Merunka? Tanner?	Merunka?	Carli? Merunka? Fleck?	Meiler. Teichmann?	Meiler.
15	Rolland. Eisermann?	Rolland.	Kniep? Löser?	Brandt d. j.? Oppel?	Müller d. j.? Nettmayer?
16	Valentin d. j.	Valentin d. j.	Pfeil. 2 Krebs. Kniep. 2 Valentin. 3 Panini.	Pfeil. Jakobi. Meiler. Bremer. 2 Valentin. 3 Panini.	Meiler. Bremer. Müller. Jakobi. 2 Panini. Neukäufer. Nettmayer.
17	Hofmann.	Hofmann.	Hofmann. Krebs.	—	—
18	Hennemann? Herme?	Reger?	Hesselichwerdt. Carroni.	Hesselschwerdt. Weß?	Neukäufer.

Mitglieder-Liste Nr. 6.	26. Seite 61. 1901–2. Büchner. I.	27. Seite 62. 1902–3. Büchner. II.	28. Seite 63. 1903–5. Direkter Danini. I. II.	29. Seite 64. 1805–6. Direkter Danini. III.	30. Seite 65. 1806. Direkter Danini. IV.
19	Buße? Riecke?	Meyer d. J. ? Meyer d. j. ?	Scharpf?	Scharpf? Stegmann.	—
20	Meyer d. J. ? Meyer d. j. ?	Zön.	Gatte. Hörger.	—	—
21	Happel d. J. Federsen.	—	Lauber.	Jakobi.	Jakobi.
22	Kindler.	Kindler.	Schwarzenberg? Pfeil, Seeburg? Wagner?	Kindler. Pfeil. Wagner?	Kindler. Rottmayer. Wagner?
23	Jennen.	—	Sommer? Weinhold?	—	—
24	—	—	Uhlich. Schwarzenberg? Seeburg?	Müller.	Müller.
25	Frōen d. j.	—	Danini d. j. Sommer?	Zach?	Zach?
26	—	—	Krebs d. j. Noval?	—	—
27	Frōen d. ä.	—	Krebs d. ä.	Jakobi, Brandt. Valentin.	Jakobi. Valentin.
40	—	—	Capelle. Kaumeyer.	Brandt. Müller.	Müller.
41	—	—	Hessel sdwerbt.	Hessel sdwerbt.	—
45	Haffes.	Haffes.	Güße.	Jäger.	—
47	—	—	Zeißer.	Zeißer.	Zeißer.
49	—	—	Reßlinger.	Reßlinger.	Reßlinger.
51	Lang.	Lang.	Mayer.	Mayer.	Mayer.
52	—	—	Manteleire	Manteleire.	Manteleire.
54	Toppel.	Toppel.	Tomcher.	Tomcher.	Tomcher.
57	—	—	Kirsch.	Kirsch.	Kirsch.
59	Keim.	Keim.	Keith.	Keith.	Keith.

Mitglieder Das beste Nr. 7.	31. Seite 66. 1807. Frau von Schleppegrell.	32. Seite 68. 1807—9. Friedrich Müller. I. II	33. Seite 69. 1809—12. Friedrich Müller. III. IV. V.	34. Seite 70. 1812—13. Friedrich Müller. VI.	35. Seite 71. 1813—14. Frau Karoline Müller. VII.
1	Weise d. ä.	Müller? Leo. Dertinger.	Müller? Witz. Küchler.	Müller? Küchler. Vespermann. Klein.	Küchler. Klein. Vespermann.
2	Schwarz. Landais d. ä.? Burmeister.	Schwarz. Hesse. Braun. Hansing.	Schwarz. Hesse. Braun. Lanius. Kempe. Freuen d. j.	Schwarz. Hesse. Solbrig.	Schwarz. Hesse. Solbrig. Jakobi d. ä.
3	Pfeil. Lauber. Landais d. j.?	Dusey? Trommer.	Jungheim. Carli. Trommer. Lauber.	Jungheim. Pfeil.	Jungheim. Pfeil.
4	Haag d. ä. Sachs?	Solbrig dann Kühne. Röck?	Solbrig. Seewald.	Frasel. Schmidt.	Hildebrand?
5	Gritzner? Matyle?	Hösler. Tölle. Freuen d. j.	Fridolin. Tölle.	Julius. Tölle.	Annoni. Tölle.
6	Fichtner. Weise d. j. Haag d. j.	v. Steinsberg. Neuküstler d. j	Genze. Nußbaumer.	Nolte? Schönchen?	Wehlbrück.
7	Rottmayer. Pechstädt.	Lobraschka?	Augusti. Mayer. Bünsow.	Meesmüller.	Seitler.
8	Schmidt? Franke.	Meissinger. Franke. Kniep?	Meissinger. Franke. Geyer?	Meissinger. Riewe.	Meissinger. Weitl.
9	Raffalt?	Künze? Menö?	Reichard? Zinninger.	Klingmann? Köhl?	Klingmann?
10	Burmeister.	Burmeister. Hain. Villers?	Dorsee. Deutsch.	Schmieder d. ä. Köhl? Fritz?	Schmieder d. ä.
11	Weise. Bellotini.	Müller. Franke? Wagner d. ä. Reimeir?	Müller. Ziebler d. ä. Reimeir?	Müller. Schwarke. Jakobi d. ä.	Müller. Wagner d. ä. Jakobi d. ä.
12	Franke? Hesse? Runge.	Elmenreich. Zuhrmann?	Witz. Lanius.	Schmieder d. j. Voll.	Schmieder d. j.
13	Müller d. ä. Rottmayer?	Wagner d. j. Böck. Röck? Stengel d. ä.	Tölle. Wetzel.	Julius. Wetzel.	Julius. Wagner d. j. Wetzel.
14	Meiler. Landais.	Meiler. Müller? Stengel d. j. Benjamin.	Meiler. Giuliani. Stengel d. j. Lauber Ziebler d. j.	Meiler. Stengel d. j.	Meiler. Stengel d. j.
15	Pfeil Schleppegrell?	Meissinger. Pfeil. Kühne.	Meissinger. Lippe? Pfeil. Kempe.	Meissinger. Pfeil. Schittler d. ä.	Meissinger. Pfeil.
16	Haag. Meiler. Müller. Rottmayer.	Elmenreich. Hain. Hansing. Holzapfel. Meiler. Meissinger. Wud Müller. Wagner. Reimeir. Steingruber.	Braun. Kempe. Meiler. Witz. 2 Meissinger. Müller.	Köhl. Meiler. 2 Meissinger. Müller.	Seidler. Meiler. 2 Meissinger. Müller.

Nro.	31. Lade Nr. 1807. Frau von Schleppegrell. Nr. 7.	32. Conv. u. S. 1807.—9. Friedrich Müller. I. II	33. Seite 69. 1809—12. Friedrich Müller. III. IV. V.	34. Seite 70. 1812—13. Friedrich Müller. VI.	35. Seite 71. 1813—14. Frau Karoline Müller. VII.
17	—	Hyes. Annabell?	Venzinger. Annabell?	Rosenberg.	Weichselbaum.
18	Althaus. Fürsten? Semghaberen.	Sandhofer d. j. Wagner d. ä u. d. j.? Tölle.	Tölle.	Jakobi d. j. Saltzmann. Tölle.	Jakobi d. j. Tölle.
19	Weiss d. j.	Grabow	Rösert. Nußbaumer.	—	Grabow.
20	—	Muck. Heb.	Muck. Fried.	Wehrstedt.	Wehrstedt.
21	—	Hartlieg Renneric.	Wasser Renneric.	Jakobi d. ä.	Jakobi d. ä.
22	Schitt. Lamm. Renneric. Lauber.	Schwarz. Schmidt?	Schwarz. Rögerlich. Junius. Lauber	Pfeil. Schwarz. Gebmich.	Pfeil. Schwarz. Seitler.
23	Schitt. Henschke.	Witwe Müller? v. Elten?	Junzinger	—	Sehmann. Weil.
24	Schwarz? Schmidt d. ?	Roller. Römer? Busch.	Roller. Weihrauch d. ä.	Beckermann. Weihrauch d. ä. Jakobi d. j.	Beckermann.
25	Borstein. Wette	Olmenreich. Hartlieg.	Franz.	Bach. Hier. Julius.	Bach. Julius.
26	Müller d. j. Weil?	Gabelein. Wiedel. Schulze?	Weihrauch d. j. Zeller?	Weihrauch d. j. Saltzmann?	Seidler?
27	Salzmann. Busch.	Baumüller. Stengel d. ä. u. d. j. Kühne. Stengel?	Tölle Stengel d. j.	Schmieder d. ä. Stengel d. j. Schitter d. j.	Schmieder d. ä. Stengel d. j.
40	Schewis.	Hof. Braun.	Braun Pinzinger.	Prager.	Prager.
41	—	Zettel	—	—	—
42	} Müller jr.	Köhler.	Köhler. Gerwald.	Köhler.	Köhler.
43		Tölle.	Tölle.	Tölle.	Tölle.
45	Grunwald.	Heinemann dann Schwarz, dann Müller z.	Müller Karl.	Müller z.	Müller z.
47	—	Wasserl.	Wasserl.	Wasserl.	Wasserl.
48	—	Beil.	Beil.	Beil.	Beil.
49	Menzinger.	Meister.	Meister.	Meister.	Meister
50	Dove.	Roller.	Roller	—	—
51	Mayer.	Mayer.	Mayer.	Mayer	Mayer.
52	Grünmann.	Grünzinger.	Grünzinger.	Grünzinger.	Grünzinger.
53	Schütz.	Schütz.	—	Schütz.	Schütz.
54	Lautscher.	Lautscher.	Lautscher.	Lautscher.	Lautscher.
55	—	Heyer.	Heyer.	Heyer.	Heyer.
57	Reich.	Reich.	Reich.	Reich.	Reich
58	Busch.	Hr. Huber.	Hr. Huber.	Hr. Huber.	Hr. Huber
59	—	Taube.	Taube.	Taube.	Taube.

Mitglieder Tabelle Nr. 8.	36. Seite 71. 1814—15. Frau Karoline Müller. VIII.	37. Seite 72. 1815—16. Frau Karoline Müller. IX.	38. Seite 73. 1816—17. Karl Hain.	39. Seite 74. 1817—20. Joseph Schemenauer. I II III.	40. Seite 77. 1820—21. Joseph Schemenauer. IV V.
1	Vespermann. Braunmüller. Heigel E. Böhs.	Vespermann.	Roßburg.	Witz. Berninger. Brentano.	Witz.
2	Jakobi d. ä. Helling. Schwarz	Jakobi d. ä. Braun. Maier. Reitmeier.	Panini. Zettler.	Heigel A. Haag. Moltau.	Heigel Haag. Moltau.
3	Jungheim. Frey. Frühling.	Schönfeld.	Engen. Kindler.	Carli. Petrivi.	—
4	Deny.	Haake. Schmiedel.	Santner.	Schemenauer. Schulz. Hotlanßky. Korn	Schemenauer. Schulz.
5	Kneuer.	Scheuermann.	Senk.	Engelbrecht. Hilmer. Mayers heser. Senk.	Engelbrecht.
6	Bauer.	Metz.	Eckhardt.	Rabehl. Weyl. Volkmar.	Rabehl. Weyl.
7	Schittler d. j.	Roland.	Seidl.	Roland. Wieser.	Roland. Wieser.
8	Hoyer. Weiß.	Weiler. Lorenz.	—	Däubler. Lemmer. Otto.	Däubler. Steinbeck.
9	Meissinger.	Meissinger. Leitel.	Meissinger. Macco?	Bayer. Seitz. Fischer. Albrecht.	Bayer. Seitz.
10	Hoyer. Schittler Mutter.	Osten. Reitmeir?	Hain d. ä. Panini.	Schemenauer. Herbold.	Schemenauer.
11	Müller Kneuer. Jakobi d. ä.	Müller. Maier. Jakobi d. ä.	Kindler.	Leichmann. Herrmann	Leichmann. Herrmann.
12	Lecombe. Braunmüller. Deny.	Braun. Schönfeld.	Schönfeld.	Witz. Böhs dann Schönfeld.	Witz. Schönfeld dann Benda.
13	Schiele	Schiele. Haake. Stengel d. ä.	Eckhardt. Seidl d. j.	Hilmer. Pöschl d. j. Hansing.	Hahn Hansing.
14	Josetta. Meiler.	Meiler.	Hain d. j.	Pathe. Krafft.	Stühler. Wieser.
15	Meissinger. Erb. Schittler d. ä. und d. j.	Meissinger.	Meissinger.	Mayer.	Mayer.
16	3 Schittler. 3 Meissinger. 2 Deny. Meiler. Schiele.	2 Reitmeir. 3 Meissinger. 2 Roland Schiele. Vespermann. Braun.	3 Hain. 3 Meissinger. 2 Schönfeld. 3 Panini.	Haag. Witz. 3 Moltau. 2 Roland. 2 Schönfeld. Hilmer	Haag. 3 Moltau. 3 Roland. 2 Schönfeld.

Mini sterre-tas belle Nr. 8.	36. Seite 71. 1814—15. Frau Karoline Müller. VIII.	37. Seite 72. 1815—16. Frau Karoline Müller. IX.	38. Seite 73. 1816—17. Karl Hain.	39. Seite 74. 1817—20. Joseph Schemenauer. I II III.	40. Seite 77. 1820—22. Joseph Schemenauer. IV V.
17	Weichselbaum.	Weichselbaum.	Heil	Maiers dann Heil.	Maiers dann Heil.
18	Kneuer Jakobi d. j.	Schenermann Jakobi d. j.	—	Vollmar.	—
19	Schüller d. ä.	Garneri.	Wellman.	Wieser.	Wieser.
20	Ebauer.	Bestmeier Schönfelt.	Müller.	Sieber, Herbold Habermehl.	Habermehl. Scharrer, Heil.
21	Jakobi d. ä.	Jakobi d. ä. Schmiedel.	Reuper	Vezold, Petrivi. Navetheiser.	Rickle, Kunz.
22	Juny, Schwarz.	Roland.	Rindler.	Roland, Reber.	Roland
23	Denn, Schmiedel. Me B.	Braun.	—	Weyl, Däubler. Mollau.	Weyl, Däubler. Mollau.
24	Heußermann	Heußermann. Roland.	Seitl d. ä.	Roland d. ä. Wöhner.	Roland d. ä.
25	Bach Maurer.	Maurer. Braun	Seitl d. j.	Maurer.	Maurer. Scharrer.
26	Abel.	Abel.	Hain d. j.	Pöschel d. ä. Roland d. j.	Roland d. j.
27	Schüller d. j.	Olen. Stempel d. ä.	—	Ebner d. ä. Hanßng. Pathe.	Ebner d. ä. Hanßng. Stübler. Wieser.
40	Maurer.	Maurer.	Rindler	Maurer.	Maurer.
41	Schüller Nobel.	Dernharter.	—	Klinzy	Kinzy, Belz.
42	Pöschel Ell.	Heußermann.	Baum.	{ Wiz.	{ Wiz.
43	—	Braun.	Rindler.		
45	Daniel.	Neuherr.	—	Mayer.	Mayer.
47	Maureri.	Maureri.	Maureri.	Maureri.	Maureri.
48	Heil.	Heil.	Heil.	Heil dann Schoch	Schoch.
49	Müller.	Müller.	—	Wiz.	Wiz.
50	—	—	—	Mauer.	Mayer.
51	Mauer.	Mauer.	Mauer.	Heinrich.	Heinrich.
52	Wöllinger.	Wöllinger.	Wöllinger.	Bauer.	Bauer.
54	Tauscher.	Tauscher.	Tauscher.	Tauscher.	Tauscher.
55	Heyer.	Heyer.	Heyer.	Rieberer.	Rieberer.
56	—	—	—	Baumgartner.	Baumgartner.
57	Kirsch.	Kirsch.	Kirsch.	Kirsch.	Kirsch.
58	Huber.	Huber.	Huber.	Huber.	Huber.
59	Poschö.	Poschö.	Poschö.	Poschö.	Poschö.

Mitglieder Tabelle Nr. 9.	41. Seite 77. 1822—23. Joseph Schemenauer. VI.	42. Seite 78. 1823—25. Joseph Schemenauer. VII. VIII.	43. Seite 80. 1825—26. Joseph Schemenauer. IX.	44. Seite 81. 1826—27. Joseph Schemenauer. X.
1	Witz Vater.	Schubert.	Jettmann.	Roßberg.
2	Heigel.	Heigel. Wagner.	Grunert. Schemenauer.	Grunert. Schemenauer.
3	—	Eugen.	Ruschmann.	Ruschmann.
4	Schemenauer. Schulz.	Schemenauer. Schulz. Rößl.	Dittmarsch. Meyer.	Dittmarsch. Meyer. v. Langendorf.
5	Engelbrecht. Haischer.	Engelbrecht. Werth.	Engelbrecht. Blankenstein.	Engelbrecht. Blankenstein.
6	Nadehl. Weyl. Böhmert. Witz Sohn.	Weyl. Böhmert. Witz Sohn.	Böhmert.	Böhmert.
7	Roland. Wieser.	Roland. Wieser.	Roland. Dardenne.	Roland. Dardenne.
8	Velz.	Schüller. Zilcher.	—	Velzer?
9	Bayer. Seitz. Götz. Lang?	Bayer. Seitz	Bayer.	Bayer. Bille? Hallenstein?
10	Schemenauer.	Schemenauer.	Schemenauer.	Schemenauer.
11	Teichmann.	Teichmann.	Teichmann.	Teichmann.
12	Witz.	Witz. Rößl.	Meyer.	Meyer. Faltmann
13	Hahn.	Hahn.	Hahn. Glattacker.	Hahn. Glattacker
14	Stühler. Wieser.	Stühler. Wieser. Wagner d. ä	Geißler.	Geißler.
15	Mayer. Schemmer.	Mayer. Weitner?	Mayer.	Hallenstein?
16	Bur. Weyl. Wieser.	Bur 2 Wey'. 2 Wieser.	Bur.	Bur.
17	Köchert. Neumayer.	Köchert. Vetter.	—	Veils. Heinl.
18	Vetter. Boucher. dann Schemmer.	—	Meyer. Henesia.	Meyer. Henesia. Weichselbaumer.
19	Wieser.	Wieser.	Dardenne. Eck.	Dardenne. Eck.
20	Scharrer. Velt. Schütz.	Scharrer dann Wagner.	Geißler. Birnstill.	Geißler.
21	Miedke. Vollbrecht.	Miedke.	Szaben.	—
22	Roland.	Roland	Roland. Birnstill.	Roland. Uber.
23	Weyl.	Weyl		Weyl.
24	Roland d. ä. Neumayer.	Roland d. ä.	Dittmarsch Blankenstein	Dittmarsch. Blankenstein.

Mitgl. Tab. Nr.	41. Seite 77. 1822 — 23. Joseph Schemenauer. VI.	42. Seite 78. 1823 — 25. Joseph Schemenauer. VII. VIII.	43. Seite 80. 1825 — 26. Joseph Schemenauer. IX.	44. Seite 81. 1826 — 27. Joseph Schemenauer. X.
25	Mauer, Scharter. Selbricht.	Scharter dann Mauer.	Mauer.	Mauer.
26	Löw, Roland b. j.	Löw, Roland b. j	Weißner, Henesta. Roland b. j.	Geißler, Henesta. —
27	Sühler, Müller Ebner b. ä.	Ebner b. ä. Kraus b. ä.	Ebner b. ä. Kraus b. ä.	Ebner b. ä. Kraus b. ä.
28 29 }	Ebner b. ä.	Ebner b. ä. u. b. j. Kraus b. ä Wagner b. j.	Ebner b. ä u. b. j. Kraus b. j. P.	Ebner b. ä. u. b. j Kraus b. j. P.
30	Mayr Bieler R.	Mayr, Bieler R	Mauer.	Mayer.
32	Strebel, Seiz R.	Strebel, Seiz R.	Strebel	Strebel.
34	Schmezerle	Schmezerle Fischer R. Schäffer R.	—	—
36	Strebel.	Strebel, Bichler.	—	Tannhein.
38	Kugler.	Wenrieder, Kugler.	Wenrieder, Kugler.	Wenrieder, Kugler.
40	Mauer dann Kugler	Kugler dann Mauer.	Mauer.	Mauer.
41	Beil.	—	—	—
42	Beil dann Propst R.	Fischel.	Herrmann, Dithmarsch.	Dithmarsch.
43	Pfa. dann Roland.	Roland.	Roland.	Roland.
44	—	—	Dartinger	Dartinger.
45	Müller.	Müller.	Mayer.	Lerena
47	Moratel.	Moratel.	Moratel.	Schuster.
48	Schuh	Schuh.	W. Moratel	
49	Pfa.		—	Otto.
50	Mayer.	Mayer.	Mayer.	Mayer.
51	Heinrich.	Heinrich.	Heinrich.	Heinrich.
52	Pauli.	Pauli.	Pauli.	Pauli.
54	Landler.	Landler.	Landler.	Landler.
55	Kiesner.	Kiesner.	Kiesner.	Kiesner.
56	Baumgartner.	Baumgartner.	Baumgartner.	Baumgartner.
57	Hentsch.	Hentsch.	Hentsch.	Hentsch.
58	Huber.	Huber.	Huber.	Huber. Kraus.
60	Parisch	Parisch	Parisch.	Parisch

Mit-glieder-Ta-belle Nr. 10.	45. Seite 82. 1827—28. 2. Komite. (Dittmarsch.) I.	46. Seite 84. 1828—29. 2. Komite. (Dittmarsch.) II.	47. Seite 85. 1829—30. Johann Weinmüller I.	48. Seite 87. 1830—31. Johann Weinmüller II.	49. Seite 87. 1831—32. Johann Weinmüller III.
1	Epleiberger dann Bißler.	Bißler dann Zerrmann.	Beck Krieger. Cuppinger.	Grunert. Fischer.	Grunert. Fischer. Maier.
2	Kloos. Grunert.	Krahe.	Kruful. Schemenauer.	Kuling. Hansen.	Lommer.
3	Böhmert.	Klußmann. Böhmert.	Eugen. Böhmert.	Walter. Böhmert.	Walter Böhmert.
4	Dittmarsch.	Dittmarsch.	Rothhammer.	Lutz d. J. Waltmann	Lange. Waltmann.
5	Mühldorfer.	Grohmann.	Müller-Annoni. Gatterseldt. Engelbrecht.	Stelte.	Stelte. Düringer dann Haas.
6	Engelmann. Köhler.	Kalie. Köhler. Papke.	Müller-Anschütz. Schubert. Witz.	Witz.	Müller-Anschütz. Witz.
7	Huber. Dardenne.	Huber. Dardenne.	Huber. Huth. Dardenne. Stöger.	Roland. Witz Dardenne.	Stöger. Witz. Dardenne.
8	—	—	Justian.	Justian.	Würth.
9	—	Rudolph. Weymann.	Derleth. Weinmüller?	Lutz d. j. Weinmüller?	Weinmüller?
10	Räder. Wagner.	Wagner.	Wagner. Witz. Guttenhofer.	Grunert. Guttenhofer.	Grunert.
11	Lay.	Lay.	Lay. Maurer. Teichmann.	Lay. Rionde. Maurer. Hansen.	Rionde. Engelmann.
12	Guttenhofer.	Guttenhofer.	Cuppinger.	Cuppinger.	Cuppinger.
13	Glattacker.	Glattacker. Hirschmann. Katis.	Schaldauf. Anschütz Müller-Annoni.	Anschütz.	Anschütz. Rappolt.
14	Wagner.	—	Dötschel. Löwenthal.	Dötschel. Lutz. Löwenthal.	Dötschel. Löwenthal.
15	—	—	Beck. Stöger.	Fischer.	Fischer. Stöger.
16	Bur.	Bur.	Cuppinger. Stöger.	Cuppinger. Rionde.	Cuppinger. Donat. Stöger. Rionde. 2 Maier. 3 Weinmüller.
17	Wagner.	Wagner.	Wagner.	Hansen.	—
18	Tams.	Pollack. Klußmann	Mayer.	Mayer.	Mayer. Hagen.
19	Dardenne.	Dardenne.	Dardenne.	Dardenne. Witz.	Dardenne. Witz.
20	Birnbaum.	Birnbaum.	Versing. Stein.	Versing.	Bartholemy.
21	Welfram.	Welfram.	Huppmann.	Huppmann.	Huppmann.
22	Risse.	Risse.	Räder.	Eggert. Roland.	Birnstill.
23	—	Grohmann.	Stengel.	Fischer Walter.	Fischer. Walter.
24	Dittmarsch.	Dittmarsch. Lewissen.	Müller-Rednitz. Rielander. Speisegger.	Reu.	Reu. Maier.
25	Seconda. Papke.	Stern.	Müller-Anschütz. Müller-Annoni. Stern.	Hansen.	Müller. Anschütz.

	45. Seite 82. 1827—28. 2. Komite. (Dittmarsch.) I.	46. Seite 84. 1828—29. 2. Komite. (Dittmarsch.) II.	47. Seite 85. 1829—30. Johann Weinmüller. I.	48. Seite 87. 1830—31. Johann Weinmüller. II.	49. Seite 87. 1831—32. Johann Weinmüller. III.
26	Siebel d. Ä. Wagner.	Wettram.	Schwab.	Schwab.	Birnstill. Reichel.
27	Kraus d. Ä. Wagner d. J.	Kraus d. Ä. Wagner d. J.	Maurer. Wagner d. Ä.	Maurer.	Scharrer. Kröning.
28	Ebner d. Ä. u. d. J. Schiffmann.	Ebner d. Ä. und d. J. Kraus d. J.	Ebner d. Ä. und d. J. Kraus d. J.	Ebner d. Ä. Grbalnut.	Ebner d. J. Rumbucher.
29	Deschler. Kolb. Kraus d. J. P.	Deschler. Kolb. Kraus d. Ä. P.	Steger R. Bur. Kraus d. Ä. P.	Bur. Schroff.	Bur. Schroff. Steger R.
30	v. Mayr. Siebel d. J. Franzewitz. Wimmer.	v. Mayr. Müller. Franzewitz. Wimmer. Stern d. J.	Mair. Vogl. Huppmann. Löwenthal R. Stern d. J.	Mair. Vogl. Huppmann. Löwenthal R. Fischer R.	Mair. Vogl. Huppmann. Löwenthal R. Fischer R. Engelmann.
31	Hollner.	Hollner.	Hollner	Hollner.	Hollner.
32 33	Strobel. Pohl. Fretheisen.	Strobel. Pohl. Rudolph R.	Strobel. Pohl. Selzer. Schildner.	Lutz d. J. Selzer.	Rösthl. Schneider. Selzer.
34 35	Luttke. Will Perzel.	Bergmann R. Perzel.	Hieserich. Kurz. Perzel. Kerler.	Perzel. Kerler.	Walbow. Kärntl. Perzel. Kerler.
36 37	Gasser. Dannhorn.	Gasser. Dannhorn.	Gasser. Selig. Justian R. Derleth.	Gasser. Selig. Justian R. Kaufer.	Bäuerle. Milers. Selig.
38 39	Weßer. Kugler.	Weßer. Kugler.	Weßer. Holl. Kugler.	Weßer. Kugler.	Weßer. Karl. Kugler.
40	Köster dann Siebel.	Kleinlein dann Petri.	Köter dann Maurer.	Maurer.	Kähler.
41	Kleinlein.	Kleinlein.	—	—	—
42	Epplskoper dann Deßler.	Deßler dann Zerrmann.	Pet.	Grunert.	Grunert.
43	Huber.	Huber.	Huber.	Hanfen.	Birnstill
44	Darkenne.	Darkenne.	Witz.	Darkenne.	Steger.
45 46	} Lorenz.	} Lorenz.	Lorenz. Selig.	Lorenz. Selig.	Dowal. Prüßer. Selig.
47	Schuster.	Schuster.	Weinmüller.	Weinmüller.	Weinmüller.
49	Wittmann.	Wittmann	—	—	—
50	Mayer.	Mayer.	Mayer.	Mayer.	Mayer.
51	Wirsching. Heßner.	Wirsching. Heßner.	Wirsching.	Wirsching. Wannert.	Wirsching. Wannert.
52	Reichelt.	Reichelt.	Reichelt.	Reichelt.	Reichelt.
53	Haben.	Haben.	Heffelberger d. Ä.	Heffelberger d. Ä.	Heffelberger d. Ä.
54	Lausser.	Lausser.	Lausser	Kolbe.	Kolbe.
55	Simbeck.	Simbeck.	Lang.	Lang.	Lang.
56	Kopp.	Kopp.	Kopp.	Kopp.	Kopp.
57	Fr. Henrich.	Fr. Henrich.	Fr. Henrich.	Fr. Henrich.	Fr. Henrich.
58	Klein.	Klein.	Klein.	Klein.	Klein.
59	Chatelet.	Chatelet.	Chatelet	Chatelet.	Chatelet

Mit-glieder-Ta-belle Nr. 11.	50. Seite 88. 1832–33. Johann Weinmüller. IV.	51. Seite 89. 1833–34. Johann Weinmüller. V.	52. Seite 89. 1834–35. August Rothhammer. I.	53. Seite 90. 1835–36. August Rothhammer. II.	54. Seite 90. 1836–37. August Rothhammer. III.
1	Grunert. Fischer. Maier.	Fischer.	Wolff.	Wolff.	Wolff.
2	Lemmer.	Herrmann.	Michael	Richter.	Gottschlicht.
3	Jauß. Allmann. Böhmert.	Hurler. Haine. Allmann. Böhmert.	Salzmann. Haine. Böhmert.	Meixner. Haine. Böhmert.	Meixner. Böhmert.
4	Rothhammer.	Rothhammer. Moser.	Rothhammer.	Rothhammer.	Rothhammer.
5	Düval.	Rennert. Düval. Bonhal d. j.	Gerstorfer.	Gerstorfer. Koller.	Gerstorfer.
6	Augusti. Witz. Alsdorf.	Augusti. Jauch	Augusti.	Augusti. Jakobi.	Augusti. Jakobi.
7	Stöger. Witz.	Stöger. Witz. Börner.	Witz.	Witz. Petta.	Witz.
8	Russani.	Russani. Ambach.	Ambach.	Florge.	Florge.
9	Wüstenberg?	Herrmann. Fahrner.	Krügel. Fahrner.	Koller.	—
10	Grunert. Allmann.	Bonhal. Allmann.	Michael.	—	—
11	Rionde. Engelmann.	Rionde. Engelmann.	Rionde.	Rionde. Ear. Florge.	Ear. Florge.
12	Cuppinger. Miller-Hansen.	Cuppinger. Fellner.	Cuppinger. Fellner.	Cuppinger. Fellner.	Cuppinger. Roland.
13	Miller d. j.	Busse.	Rothhammer. Fries.	Rothhammer. Gelger. Schiedermaier d. ä.	Rothhammer. Schiedermaier d. ä.
14	Weinmüller.	Rothhammer.	Eder. Beckermann.		Lay.
15	Fischer. Düval. Stöger.	Fischer. Düval. Stöger. Forster.	—	Kleiber d. ä. Kleiber d. j.	Trummeter.
16	2 Cuppinger. 2 Maier. 2 Miller. 3 Weinmüller. Rionde. Stöger.	2 Cuppinger. 2 Bonhack. 2 Fahrner. Rionde. Stöger. 2 Rennert. 3 Weinmüller	2 Cuppinger 2 Fahrner. Rionde.	2 Cuppinger. Haine. Ernst. Rionde.	Gelger Laura. Cuppinger. Meixner. Rionde.
17	Johannes.	Roland. Bonhad d. j.	v. Peißl.	v. Peißl.	Roland.
18	Mayer. Hagen.	Tölö	Grunow.	Löwe.	Meyer.
19	Alsdorf. Witz.	Jäger dann Brückner. Witz.	Witz.	Witz.	Witz
20	Weber.	Haine.	Haine.	Haine. Sesselmann.	Schmidt.
21	Huppmann.	Kupfer.	Herbort.	Butsch.	Butsch.
22	—	Detleih.	Mager.	Sigl. Meixner.	Meixner.
23	Fischer.	Fischer.	—	—	Schweiger.
24	Neu. Maier.	Moser.	v. Faßmann.	Neu.	Neu. Redner.
25	Schnitzler.	Cziscewsky d. ä.	—	Urban d. ä.	Urban d. ä. Gneth.
26	Reichel.	Haine. Reichel.	Haine.	Haine. Gerstel. Schiedermaier d. j.	Schiedermaier d. j.
27	Scharrer. Kröning.	Dobritz. Haine. Bonhack d. j	Haine.	Urban d. j. Haine. Ernst.	Urban d. j. Scharrer. Ernst

Mit-glieder Ta-belle Nr. 11.	50. Seite 88. 1832—33. Johann Weinmüller. IV.	51. Seite 89. 1833—34. Johanna Weinmüller. V.	52. Seite 89. 1834—35. August Reithhammer. I.	53. Seite 90. 1835—36. August Reithhammer. II.	54. Seite 90. 1836—37. August Reithhammer. III.
28 29	Ebner e. 3. Edgar K. Rumbacher. Düval K. Bur. Rauch.	Ebner. Edger. Deperes. Rumbachen. Hecht N. Forster N. Düval. Dobitz K. Epilewitz d. j.	Ebner e. 3. Kraus d. j. Schubert. Rumbacher Kichner. Bur.	Ebner e. 3. Zankel d. j. Schubert. Kleiber d 3. u. d. j. Rumbacher Ernst P Bur.	Ebner d. 3. Zankel d. j. Trumeler Einsle e. 3. u. e. j. Ernst P. Bur.
30	Hartmann. Mair. Reig. Engelmann K. Ußmann K. Zschen K. Vogt.	Fuhrner. Vogt. Mair. Kennert. Bochul M. u. e. j. Engelmann K. Ußmann K Fischer.	Fuhrner. Mair. Dannhorn. Böhm. Vogt. Rickl.	Fierge K Mair. Fremm. Dannhorn. Vogt. Rickl. Gerard.	Fierge K. Mair. Girg. Dannhorn. Fremm. Vogt. Fr. Kraus.
31	Heßner.	Heßner. Kubele. Hartnagel	Kubele. Biertrinker.	Kubele. Zankel d. 3. Biertrinker. Hartmann.	Kubele. Zankel d. 3.
32 33	Bend. Setzer. Schreiber. Berger.	Weiß Berger. Dobitz. Zanh K.	Weiß. Berger. Lang. Stell. Dobitz. Kiswutter d. j.	Weiß. Lang. Rauch. Buchner. Berger. Fierge K.	Weiß. Lang. Rauch. Berger. Fierge K.
34 35	Schloßer. Kraus. Verzel. Kerler.	Seidert. Einsle. Verzel. Kerler.	Rumburger. Einsle. Ledgel K. Kerler.	Rumburger. Einsle. Kerler.	Kaiser. Bec. Einsle. Kerler.
36 37	Kraus. Selig.	Kraus. Embach. Embach K. Selig.	Kraus. Selig. Embach K. Dannhorn.	Grekmeier. Kraus. Selig.	Geiger. Schweiger P. Grekmeier. Kraus. Selig.
38 39	Weißer. Karl. Kugler.	Weißer. Peehl. Hörmann K. Kugler.	Weißer. Städter. Kriegbaum. Kugler.	Weißer. Städter. Kriegbaum. Kugler.	Weißer. Städter. Kriegbaum. Kugler.
40	Kühner. Müller.	Kühner.	Chelard.	Chelard.	Chelard.
41	Hahnschwarb.	—	Salzmann.	—	—
42	Kennert.	Reithhammer.	Wolff.	Wolff.	Wolff.
43	Huber.		Witz.	Witz.	Witz.
44	Edger.	Fuhrner. Edger.	Dobitz.	Fierge.	Fierge.
45	Prüller.	Prüller.	Prüller. Heinrich.	Ernst.	Eberle. Prüller.
46	Gorg.	Gorg.	Fuhrner. Selig.	Selig	Selig.
47	Weinmüller.	Weinmüller.	Weibezahn.	Weibezahn.	Weibezahn
48	—	—	Fr. Weibezahn.	Fr. Weibezahn.	Fr. Weibezahn.
49	Uprüht.	Uprüht.	Temy.	Otto.	—
50 51	Meyer. Wannert. Bleidung. Engler.	Meyer. Wannert. Bleidung.	Wannert. Bleidung.	Wannert. Bleidung.	Wannert. Bleidung.
52 53 54 55 56 57 58 59	Heßelberger d. 3. Heßelberger d. j. Kehle. Kraus. Garg. Henrici. Klein. Chatelet.	Heßelberger d. 3. Ratzl. Kehle. Lang. Rapp. Deutsch. Klein. Chatelet.	Heßelberger d. 3. Ratzl. Kehle. Lang. Rapp. Henrici. Klein. Chatelet.	Heßelberger d. 3. Wißnecker. Lang. Rapp. Henrici. Klein. Chatelet.	Heßelberger d. 3. Wißnecker. Lang. Rapp. Henrici. Klein. Chatelet.

Mitglieder Tabelle Nr. 12.	55. Seite 93. 1837—38. Johann Weinmüller. VI.	56. Seite 94. 1838—39. Johann Weinmüller. VII.	57. Seite 94. 1839—40. Johann Weinmüller. VIII.	58. Seite 94. 1840—41 Johann Weinmüller IX.	59. Seite 95. 1841—42. Karl Beurer. I.
1	—	Moser.	—	Degen	Beurer.
2	Rothhammer. Remol.	Rothhammer. Richter.	Harprecht.	Harprecht. Greiner	Harprecht.
3	Meirner. Böhmert.	Hadyer. Böhmert.	Schmitt. Böhmert.	Schmitt. Böhmert.	Maier. Böhmert
4	v. Horar.	Ludwig.	Schmitz. Wacker. Cargo.	Eichwald.	Pfeiffer.
5	Hagedorn.	Hagedorn	v. Witte.	v. Witte.	v. Witte. Brauny.
6	Weinmüller d. ä.	Leigh. Weinmüller d. ä.	Urban d. j. Weinmüller d. ä	Leißring. Weinmüller d. ä.	Tenkel.
7	Witz. Weinmüller d. j.	Witz Weinmüller d. j.	Witz Schilling. Weinmüller d. j	Witz. Weinmüller d. j.	Witz.
8	—	Weitt d ä.	—	Stehlin. Ebbe.	Braun.
9	—	Weitt d. j. Richter	—	Rall.	—
10	—	Richter.	Cuppinger. Harprecht.	Cuppinger Harprecht. Schäfer.	Klingemann. Harprecht.
11	Sar.	Sar. Weitt.	Sar.	Keller. Greiner.	—
12	v. Seele d. ä.	Ludwig.	Köhler.	Keller.	Fleckenstein.
13	Rothhammer. Schirmayer d ä.	Rothhammer.	—		Heuser d. ä. Wittich.
14	Valest	Leigh.	Schmitz. Müller.	Müller.	Heuser d. j
15	Weinmüller d. j.	Weinmüller d. j.	Weinmüller d. j.	Weinmüller d. j.	
16	Geiger. Meirner. v. Seele.	Geiger. 2 Richter.	Geiger. 2 Cuppinger.	Geiger. Greiner. 2 Cuppinger.	Geiger. 3 Haas.
17	—	Gransfeld.	Hoffmann.	—	Saierh.
18	Mayer.	Mayer.	Mayer.	Mayer.	Herzog.
19	Hansen.	Hansen.	Hansen.	Schemmer.	—
20	Schermüller.	Schermüller	Schermüller.	—	Hofer
21	—	—	Hammermeister. Maschek.	Kellermann.	Linker.
22	—	Geißler	Geißler. Giesele.	Geißler. Luin	Derleth.
23	Schweiger. Meirner.	Schweiger. Burkhardt. Erdinger.	Erdinger. Schweiger. Burkhardt.	Schweiger. Burkhardt	Maier. Burkhardt.
24	Höck.	Gransfeld.	Hammermeister.	Krall.	Kellermann.
25	Hansen.	Hansen.	Hansen.	Niccolini. Luin.	Obermaier.
26	Gerard.	Mutschlechner d. ä.	Mutschlechner d. ä. Belleville.	Mutschlechner d. j.	Mutschlechner d. j.
27	Scharrer.	Moser.	Hoffmann. Schweger.	Eikef. Schweger.	Linker.
28 / 29	Ebner d. j. Bur. Zankel d. j. Trumeter. Einsle d. ä. u. d. j. Jankowsky	Ebner d. ä. Bur. Zankel d. j. Weitt. Trumeter. Einsle d. j. 2 Richter. Jankewsky.	Ebner d. ä. Bur. Zankel d. j. Einsle d. j. Trumeter. Schweger P. Reinhardt.	Zankel d. j. Trumeter. Einsle d j. Schweger P. Eikef. Bur.	Zankel d. j. Weinstötter. Schmidt. Bur.

Mit-glieder Ta-belle Nr. 12.	55. Seite 93. 1637—38. Johann Weinmüller. VI.	56. Seite 94. 1638—39. Johann Weinmüller. VII.	57. Seite 94. 1639—40. Johann Weinmüller. VIII.	58. Seite 94. 1640—41. Johann Weinmüller. IX.	59. Seite 95. 1641—42. Karl Beuter. I.
30	Utz. Vogt. Mair. Mayer. Mauermeyer. Rokael. Kromm. Jr. Kronz.	Lorg. Vogt. Mair. Mayer. Krögel. Jr. Richter.	Mair. Mayer. Krögel. Vogt. Riederer.	Mair. Mayer. Krögel. Ebner d. j. Vogt. Riederer.	Mair. Krögel. Ebner d. j. Vogt. Riederer.
31	Kudele. Zankel d. ä.	Kudele. Zankel d. ä.	Kudele. Zankel d. ä.	Zankel d. ä.	Zankel d. ä. Sinner.
32 33	Weiß. Lang. Wacker. Bacher. Beuter.	Weiß. Lang. Wacker. Hahn.	Weiß. Lang. Wacker. Hahn.	Altmüller d. ä. Kolbe. Lang. Wacker. Schemm. Hahn. Stehlin R.	Altmüller d. ä. Lang. Wacker.
34 35	Günsle. Vogel. Kaiser. Beck. Kranzfelder. Kesler.	Günsle. Vogel. Kaiser. Beck. Kranzfelder. Kesler. Weidt d. j.	Günsle. Kaiser. Kranzfelder. Bauer. Kesler.	Günsle. Kaiser. Kranzfelder. Deup. Eitel. Kesler.	Günsle. Kaiser. Braun.
36 37	Geiger. Selig R. Vollmeier. Schweiger V.	Geiger. Selig R. Schweiger V.	Getner. Selig R. Schweiger P.	Geiger. Selig R. Stötzer. Schropp. Schweiger V.	Wiederhold. Tenz.
38 39	Feuerbach. Jacl. Hub. Kriechbaum. Günsle. Kugler.	Städter. Kugler. Burkhardt P. Weidt d. ä. R. Kriechbaum.	Städter. Burkhardt P. Kriechbaum. Kugler.	Städter. Erbbe. Burkhardt P. Kriechbaum. Kugler.	Städter. Burkhardt P. Kriechbaum. Kugler.
40	Rothmayr.	Weidt.	v. Weber.	Osbold. Schweger.	Zugler.
41	—	—	Schweger.	Stelers.	—
42	Rothhammer.	Rothhammer.	Sarge. Schulz.	Harprecht. Greiner.	Beuter.
43	Hansen.	Geißler. Hansen.	Geißler. Hansen.	Geißler.	Linker.
44	Kriechbaum.	Richter.	Kriechbaum.	Tenz.	Braun.
45	Preißer.	Preißer.	Hörmann.	Hörmann.	Schweiger. Hörmann.
46 47	Selig. Weinmüller.	Selig. Weinmüller.	Selig. Weinmüller.	Selig. Weinmüller.	— Fr. Beuter.
49	—	Hahn.	Hahn.	Hahn.	Hahn.
50	Wagnert.	Wagnert.	Wagnert.	Wagnert.	Wagnert.
51	Wörbing.	Wörbing.	Wörbing.	Wörbing.	Wörbing.
52	Lauterer d. j.	Lauterer.	Lauterer.	Lauterer.	Lauterer.
53	—	—	—	Rad.	—
54	Willneder.	Willneder.	Willneder.	Willneder.	Willneder.
55	Lang.	Lang.	Lang.	Lang.	Lang.
56	Kipp.	Kipp.	Kipp.	Kipp.	Kipp.
57	Prandsl.	Prandsl.	Prandsl.	Prandsl.	Prandsl.
58	Faus.	Nebl.	Jr. Lang.	Jr. Lang.	G. Lang.
59	Stadelin.	Stadelin.	Stadelin.	Stadelin.	Stadelin.

Mitglieds Tabelle Nr. 13.	60. Seite 96. 1842—43. Karl Beuter. II.	61. Seite 98. 1843—44 Johann Weinmüller. X.	62. Seite 98. 1844—45. Lagler und Roberti.	63. Seite 99. 1845 46. Wilhelm Lippert. I.	64. Seite 101. 1846—47. Wilhelm Lippert II.
1	Becker. Beuter.	Plepler. Riese.	Kurt. Meyer.	Podesta. Heigel. Van Bree. Herz.	Herz.
2	Waitzmann.	Herrmann. Gehrke.	Grohmann.	Grohmann. Van Bree. Gaukelius.	Van Bree. Richter.
3	Gerstel. Böhmert.	Böhmert.	Böhmert.	Gerstel. Weyland. Böhmert.	Gerstel Weyland. Böhmert.
4	v. Horar. Falkland.	Rothhammer. Wauer.	Schönfeld.	Plattner. Gumtau.	Gumtau.
5	Goubau. Weichselberger.	Bäck. Tieffenbacher.	Wittmann. Greß.	Goubau. Kruse.	Wenzel. v. Adlersberg.
6	William.	Urban d. j. Weinmüller d. ä.	—	Echten. Illo. Leuchtweiß.	Quien.
7	Witz. Gärtner.	Witz. Weinmüller d. j.	Starke. Witz.	Witz.	Witz.
8	—	Dennemy.	Dennemy. Krägel.	Ascher. Krägel.	Richter. Krägel.
9	—	Selig.	Plagge.	Müller.	Langendorf.
10	Klingemann.	Riese.	Huray.	Huray. Müller.	Huray. Richter.
11	Schauroth.	Sar.	Heigel.	Freimüller.	Freimüller.
12	v. Horar.	Reuter. Thierry.	Blick.	Spitzeder. Elsenmenger.	v. Seele. Van Bree.
13	Wabitsch.	Rothhammer. Eggers.	Heigel. Eckardt.	Kammermayer dann Herz.	Herz. Eggers.
14	Brock	Waßmann. Sigl d. j.	Ahnert d. ä. Sigl d. j.	Ahnert d. ä. Neumayer.	Hehl. Richter.
15	.	Weinmüller d. j.	Krägel.	Krägel. Reithmayr.	Krägel. Reithmayr.
16	Geiger. 3 Haas.	Geiger. 2 Riese.	Geiger. Roberti. 3 Krägel.	2 Krägel. Böhn.	Aubele. Böhn. Richter. Egloff. 2 Krägel.
17	Freiberg.	Schiele.	Schiele.	Freimüller.	Freimüller.
18	Falkland. Weiß.	—	Corregio.	Freiberg. Hübner.	Freiberg.
20	Weidner.	Hauser.	Werner.	v. Kaler.	Windwart. Täsch.
21	Waitzmann.	Cramer. Roberti.	v. Kaler. Roberti.	Andrée. Pichler.	Pichler.
22	Derleth. Gärtner.	Derleth. Linker.	—	Linker.	Linker.
23	Freund.	—	—	Feuerbacher. Braun. Leuchtweiß.	Feuerbacher. Schwarzer. Braun.
24	Kunzt d. ä.	Pohl=Beilsteiner. Reuß.	Ernst=Seidler.	Börnstein=Ruth. Wigand.	Wigand.
25	Kaßmann.	Saal d. ä. Mayrat.	Gzichna. Armitter.	Gzichna. Cecca=Basini.	Gzichna. Egloff. Weber.
26	Wabitsch.	Pechatschek. Schmitt.	La Roche. Wittmann.	Krall. Böhn.	Böhn. Mutschlechner d. ä.
27	—	Linker.	—	Baum.	

Min. pflege tar Tax telle Nr. 19.	60. Seite 96. 1842—43. Karl Beurer. II.	61. Seite 98. 1843—44. Johann Weinmüller. X.	62. Seite 98. 1844—45. Zagler und Roberti.	63. Seite 99. 1845—46. Wilhelm Lippert. I.	64. Seite 101. 1846—47. Wilhelm Lippert. II.
28 29	Zankel d. j. Luckk d. ä Luckk d. j. Bur. Grimm.	Zankel d. j. Waffenreiter. Roberti Bur. Saal d. j.	Zankel d. j. Waffenreiter. Roberti Bur. Ahnerl d. j. Boutlier.	Steinmüller. Zankel d. j. Waffenreiter. Ahnerl d. j. Boutlier.	Freimüller. Waffenreiter. Richter d. ä. u. j. Boutlier.
30	Walz Bogt. Lautl d. j. Krägel. Ebner d. j. Nieberer	Walz. Bogt. Krägel. Ebner d. j. Nieberer.	Verch. Tarche. Bogt. Giehl. Fr. Krägel R. Frl. Krägel. Ebner d. j. Zell. Zangerl.	Miller. Bogt. Fr. Krägel R. Frl. Krägel. Reithmayr R.	Richter d. j. Fr. Krägel R. Frl. Krägel. Reithmayr R.
31	—	Aubele d. j. Heinrich.	Aubele d. j. Keler.	Aubele d. j.	Aubele d. j.
32 33	Lang. Wacker. Hässler. Sorger.	Lang. Wacker. Huber. Hegwurer.	Lang. Wacker. Palm Wagenhäuser.	Lang. Wacker. Brann P. Paßate. Branntweiner.	Lang. Wacker. Witte. Brann P.
34 35	Kaser. Kaiser.	Kaiser. Stiefel. Miller. Wagner.	Kaiser. Stiefel. Groß R.	Stiefel. Müller. Breck. Miller. Ludwig.	Stiefel. Schwarzer.
36 37	Nagl. Simon Held. Penz.	Nagl. Heßner. Wiederhald. Penz. Selig.	Nagl. Ostertag. Weichselbaumer. Penz. Selig.	Nagl. Ostertag. Weichselbaumer. Penz. Kleiblod.	Nagl. Ostertag. Weichselbaumer. Penz.
38 39	Städter. Vankel. Kriegbaum. Kugler.	Städter. Vankel. Kriegbaum. Kugler.	Städter. Vankel. Kriegbaum. Kugler.	Städter. Vankel. Kriegbaum. Kugler	Städter. Vankel. Weiß. Kugler.
40	Zagler.	Kugler.	Zagler.	Kirchhof. Reithmayr.	Reithmayr.
42 43	Beurer.	Reithhammer. Anker.	Schütz. Zagler.	Podesta. Lippert	Van Bree. Lippert.
44	Kriegbaum.	Halter.	Dennemz.	Kriegbaum.	Richter.
45	Beutel.	Heßler.	Kienert.	Kienert. Weniger.	Hörmann.
47	Fr. Beurer.	Weinmüller.	Fr. Zagler.	Fr. Lippert.	Fr. Lippert.
49	Hahn.	Hahn.	Hahn.	Förster.	—
50	Wannerl.	Wirsching.	Wannerl.	Wannerl.	Wirsching.
51	Wirsching.	Wannerl.	Wirsching.	Wirsching.	Saler.
52	Laburrer.	Laburrer.	Krägel.	Krägel.	Krägel.
53	—	—	Laburrer.	Laburrer.	Laburrer.
54	Willnacher.	Willnacher.	Willnacher.	Willnacher.	Willnacher.
55	Lang.	Penz. Barthans.	Wannerl.	Ludwig.	Wacker Chatelet.
56	Kopp.	Kopp.	Kopp.	Kopp.	Kopp.
57	Heinrich.	Heinrich.	Fr. Giebel.	Fr. Giebel.	Fr. Giebel.
58	Lang.	Lang.	Lang.	Lang.	Lang.
59	Neumüller.	Neumüller.	Neumüller.	Neumüller.	Neumüller.

Mitglieder-Tabelle Nr. 14.	65. Seite 102. 1847—48. Wilhelm Lippert. III.	66. Seite 102. 1848—49. Wilhelm Lippert. IV.	67. Seite 103. 1849—50. Wilhelm Lippert. V.	68. Seite 103. 1850—51. Wilhelm Lippert. VI.	69. Seite 105. 1851—52. Karl Beurer. III.
1	Fischer. Schütz	Hebenstreit. Meyer.	Meyer. Wagner.	Schunke.	Schunke. Beurer.
2	Denkhausen. Richter.	Burmeister. Gäthke.	Richter.	Wollrabe.	Giegold.
3	Gerstel. Böhmert.	Gerstel. Gräf. Böhmert.	Gerstel. Gräf. Witz. Böhmert.	Gerstel. Gräf. Witz.	Gerstel. Witz.
4	Remay. Behrens.	Behrens.	Behrens.	Behrens.	Flachsland.
5	Simon. Heuser.	Simon. Fallenbach.	Simon. Schnitee. Lorenz.	Dieffenbacher. Schmale.	Zimmermann. Schmale.
6	Quien. Krilling. Bittner. Rebe.	—	—	Hoffmann.	—
7	Witz.	Witz	Mejo.	Mejo.	Mejo.
8	Richter. Krägel.	Richter. Krägel.	Krägel.	Krägel.	
9	Herrmann.	Klauer.	—	—	Stölzel.
10	Huray. Große. Richter.	Huray. Richter.	Huray.	Huray. Schunke.	Schunke.
11	Wahlmann. Freimüller.	Müller.	Spengler. Gräf.	—	Ubrich.
12	Bender.	Neumann.	Pätsch-Uez.	Pätsch-Uez. Starkloff.	Stölzel.
13	Herz. Claus. Graff.	Germann d. ä.	—	Scharff.	Zimmermann. Claus.
14	Große. Heyne. Fisch. r. Richter.	Schlegel. Richter.	Stölzel d. ä. Uez d. j.	Münster Uez d. j.	Münster.
15	Reithmayr. Krägel. Herrmann. Schützknecht.	Krägel.	Krägel. Reithmayr.	Krägel. Merwarth.	Merwarth.
16	Wahlmann. 2 Große. 2 Krägel	2 Krägel. 3 Freimüller.	2 Krägel. 3 Freimüller.	3 Krägel. 2 Weidt. 4 Wollrabe. 3 Freimüller.	5 Kaler. 3 Freimüller.
17	—	Heinrich.	Heinrich.	Diel. Burkhart.	Garvens.
18	Freimüller.	—	Künzel.	Lintau. Hiepe. Neupert.	Wieser.
19	Rebe.	Freimüller.	Freimüller.	Freimüller.	Freimüller.
20		Hiepe. Gäthke.	Watter.	v. Kaler.	Pettenkofer.
21	NB. keine Oper. f. Seite 99.	Bock dann Bühler.	Jöppel.	Scharff.	Ratkowsky. v. Kaler.
22	—	Gräf.	Gräf	Gräf. Weidt	Ubrich.
23	—	Baumann.	Enslin.	—	
24	—	Meyer-Welly.	Meyer-Welly. Esten.	Dümmler. Seeburg.	Staudt.
25	—	Czichna	Stang. Rudersdorf.	Uez d. ä. Burkhart.	Seeburg dann Brauns d. ä.

Mitglieder-Tabelle Nr. 14.	65. Seite 102. 1847–48. Wilhelm Lippert. III.	66. Seite 102. 1848–49. Wilhelm Lippert. IV.	67. Seite 103. 1849–50. Wilhelm Lippert. V.	68. Seite 103. 1850–51. Wilhelm Lippert VI.	69. Seite 103. 1851–52. Karl Deuter. III.
26	Böhm.	Blankenstein d. j.	Schmitt. Kutscher.	Kutscher.	Pfeffer kann Brand d. j.
27	—	Blankenstein d. ä.	—	Kutschlechner d. ä.	Ulrich.
28 29	Herrmann. Herrmüller. Richter d. ä. Deuster.	Blankenstein v. Richter d. ä. Bouttier.	Stölzel d. j. Spengler. Bouttier.	Wegerle. Weiß.	Wegerle. Weitenbach.
30	Richter d. ä. Fr. Krägel R. Frl. Krägel. Reithmayer R.	Riederer. Richter d. j. Herrmann d. j. Fr. u. Frl. Krägel.	Riederer. Gräf. Reithmayer R. Richter d. ä. d. j. Fr. u. Frl. Krägel.	Riederer. Reyer d. ä. Fr. Krägel R. Frl. Krägel.	Frl. Krägel. Schwab. Reyer d. ä.
31	Schillknecht R.	Krewer.	Ritter.	Merwarth R.	Merwarth R.
32 33	Danzeiger. Schwendtner. Herrmann R. Reg.	Altmutter d. ä. Schwendtner. Kauer R. Reg.	Altmutter d. ä. Reg.	Altmutter d. ä. Berger. Werner. Reg.	Hutschenteuther. Böttcher. Reg.
34 35	Lehmann, Reyer. Rothersscheid, Vol.	Schrödinger.	—	Schemm. Weichselbaum.	Schemm. Weiß. Kranzfelder.
36 37	Ostertag. Preng.	Baumann R. u. V. Ostertag. Preng.	Ostertag.	Ostertag.	Konopasek. Ostertag.
38 39	Gesner. Wolf. Kugler.	Richter † Wolf. Kugler. Perperczp.	Wolf. Kugler. Perperczp.	Wolf. Kugler. Perperczp.	Wolf. Kugler. Perperczp.
40	Reithmayr.	Kirschbel.	Reithmayr.	Lohr.	Lohr.
41	—	—	—	—	Konopasek.
42	Behrens.	Behrens.	Behrens.	Behrens.	Deuter. Stölzel.
43	Lippert.	Lippert.	Lippert.	Lippert.	Deuter.
44	Kugler.	Richter.	Altmutter d. ä.	Altmutter d. ä.	Kranzfelder.
45	Wohlmann.	El. Grimm.	Kienerl.	Kienerl.	Herrmann.
47	Fr. Deuter.	Fr. Lippert.	Fr. Lippert.	Fr. Lippert.	Fr. Deuter.
50	Wirsching.	Wirsching.	Wirsching.	Wirsching.	Wirsching. Saler.
51	Saler.	Saler.	Saler.	Saler.	Saler.
52	Krägel.	Krägel.	Krägel.	Krägel.	Latumer †
53	Latumer.	Latumer.	Latumer.	Latumer.	Lambes.
54	Wünscher.	Wünscher.	Wünscher.	Wünscher.	Wünscher.
55	Chatelet.	Chatelet.	Chatelet.	Chatelet.	Chatelet.
56	Kerp.	Kerp.	Kerp.	Kerp.	Kerp.
57	Mibel.	Mibel.	Mibel.	Mibel.	Mibel.
58	Lang.	Lang.	Lang.	Lang.	Lang.
59	Chatelet.	Chatelet.	Chatelet.	Chatelet.	Chatelet.

Mit-glieder-Ta-belle Nr. 15.	70. Seite 105. 1852–53. Ernst Walther.	71. Seite 108. 1853–54. Friedr. Engelken. I.	72. Seite 108. 1854–55. Friedr. Engelken. II.	73. Seite 109. 1655–56. Friedr. Engelken. III.	74. Seite 109. 1856–57. Friedr. Engelken. IV.
1	Walther. Keller. Krillius.	Sallmayer. Engelken.	Sallmayer. Engelken. Schwarz.	Heigel. Engelken.	Sonnthal. Ulrich. Engelken.
2	Bordasch.	Rottmeyer. Fritzmüller.	Fritzmüller.	Allmann.	Beken.
3	Witz.	Witz.	Witz.	Witz.	Witz.
4	Heine. Kleemann.	Burgraf.	Burgraf. Commenz.	Burgraf.	L'Hamé.
5	v. Seckar. Strömer. Meisinger.	Dieffenbacher. Schlegel.	Wünzer. Schlegel.	Keppla. Flüggen. Hübner.	Hübner. Pfeil.
6	Erl. Baßle.	Reuter. v. Langer.	Schreiber.	Reuter. Lanius. Schreiber.	Schreiber. Winter.
7	Mejo. Heß. Großmann.	Mejo. Lindemuth.	Mejo. Lindemuth.	Mejo. Fischer. Lindemuth.	Fischer. Lindemuth.
8	Hänsel. Stäbe.	Bannhardt. Reinhardt.	Bannhardt. Müller.	Bannhardt.	Bannhardt. Rauschenbach.
9	—	—	Lanzelot.	Hurler.	Blumer.
10	Frl. Anschütz.	Rottmeyer.	Cuppinger.	—	
11	Fr. Anschütz.	Riederer.	Heuberger.	Heuberger.	Leitner.
12	Taglio. Müller.	Kupfer. Winter.	Kupfer. Müller-Schirmer.	Kupfer. Winter.	Kupfer.
13	Ungar. Loitz d. I.	Kolb. Mendel.	Müller B. Greßbach. Mendel.	Becker d. ä. Weh. Horst.	Becker d. j. Weh. Wallbach.
14	Puls. Koch.	Sigl d. ä. Beck A.	Mühling. Beck A.	Rueff. Beck A. Heigel.	L'Hamé. Beck A. Heigel.
15	Merwarth. Müller.	Merwarth.	Merwarth. Eberhardt.	Merwarth.	Merwarth.
16	3 Freimüller. Seifert. Stäbe.	Fritzmüller. 4 Rottmeyer. 2 Weidt.	Fritzmüller. Müller. 2 Heuberger.	Knoß. 2 Heuberger.	2 Kreuzer. 2 Becker. Knoß.
17	Brauckmann.	Horn.	Horn. Jahns. Arnold.	Arnold. Khalß.	Mehrmann. Zeit.
18	Lindau.	Petak. Dankler.	Leuk. Renpert.	Zottmayr d. j.	Zottmayr d. j. Khalß.
19	Baßle. Erl.	Weh.	Weh.	Weh.	Baumhauer. Weh.
20	Graff.	Hertsch. Aynsley.	Hertsch. Aynsley.	Becker. Aynsley.	Becker. Hanke.
21	Vollenius.	v. Guy.	Lettinger. Zottmayr d. ä.	Zottmayr d. ä.	Pernitza.
22	—	Weh.	Weh. Joost.	Weh. Fischer.	Weh. Fischer.
23	Hänsel.	Bannhardt. Riebe.	Bannhardt.	Bannhardt.	Bannhardt.
24	Heine.	Beck-Weichselbaum.	Beck-Weichselbaum. Steger.	Beck-Weichselbaum. Stanke.	Beck-Weichselbaum.
25	Großmann. Ballmann.	Moritz. Welly.	v. Massow d. ä. Gilbert.	v. Massow d. ä.	Kreuzer.
26	Vollenius. Kirschbaum.	Sigl d. j. Reinhardt.	Lay.	Meyer E.	Winter.

Mit-glieder-Ta-belle Nr. 15.	70. Seite 105. 1852–53. Ernst Walcher.	71. Seite 108. 1853–54. Friedr. Engelken. I.	72. Seite 108. 1854–55. Friedr. Engelken. II.	73. Seite 109. 1855–56. Friedr. Engelken. III.	74. Seite 109. 1856–57. Friedr. Engelken. IV.
27	Müller Kelchen.	Kieverer	Henberger. Heigel.	Henberger.	—
28	Bärsch. Sulzer. Hahn	Bärsch. v. Sup. Kaibel. Weldt.	Blankenstein. Uhl.	Blankenstein Zilcher. Mielcke.	Blankenstein. Zilcher. Heger.
29	Korn b. J. Reyer b. A	Reyer b. A.	Nassow b. J. Reyer b. A.	Nassow v. J. Hötzel Pfeiffer. Reyer b. J.	Mielcke. Pfeiffer. Reyer b. J.
30	Müller R. Krägel Schwab.	v. Vipping Krigsmüller. Kohout. Krägel.	Reyer b. J. Krigsmüller. Kohout Krägel.	Becker b. J. Krägel. Knoh.	Becker b. J. Krägel Knoh.
31	Merwarth R.	Merwarth R.	Merwarth R.	Merw. Gebhart.	Merw. Gebhart
32	Lep. Hübner.	Dantler. Schrapp. Hoffmann	Kleite. Schrapp. Altmann. Holbauer.	Kleite. Hötzel. Ortmanns. Ungewitter.	Kleite. Mäumler Dunke·.
33		Wechsler Unge·witter.	Wechsler. Böttcher. Ungewitter.		Robertl. Ungewitter.
34	Müller Schuster.	Lebrün. Riedle V.	Hochstetter. Bauer.	Pfeiffer Braun. Weih.	Pfeiffer. Weih. Wiesböd.
35	Schröer		Schümann. Krebs. Weih.		Mayeber.
36	Gärtner. Leopold.	Ostertag.	Brauer. Maler. Boigt. Kampf.	Sievers. Kampf.	Sievers. Rauschenbach R.
37	Herbert. Ostertag		Ostertag.	Ostertag.	Ostertag.
38	Lübbe R. Widmuth.	Widmuth. Dannharte R.	Kohout. Kugler. Reichner. Wolf.	Kohout. Hurler Dannharts R. u.	Weigelt. Köhh Dannharts R. u.
39	Wolf. Kugler	und V. Wolf. Kugler.	Lewräber R Dannhardt R.	V. Wolf. Kugler.	V. Wolf. Kugler.
40	Kehr.	Herr.	Reichmer.	Reichmer	Leopold
41	Leopold	Leopold	Leopold.	Leopold.	—
42	Herm. Berthold.	Burgraf. Renter.	Burgraf. Fritzmüller.	Burgraf.	Winter.
43	Holz Weih	Engelken.	Engelken.	Engelken.	Engelken.
44	Widmuth.	Widmuth.	Lunnemuth Wolf. Kohra er Oper.	Lunnemuth	Lunnemuth.
45	Hörmann.	Hörmann.	Hörmann.	Hörmann.	Hörmann.
46	Wichmann.	Schlegel.	Schlegel.	Schlegel.	Schlegel.
47	Kleefaas	Kleefaas.	Kleefaas.	Kleefaas.	Kleefaas.
50	Saler.	Saler.	Saler.	Saler.	Saler.
52	Krassler	Krassler.	Krassler.	Krassler.	Krassler.
53	Burkhart.	Burkhart.	Burkhart.	Burkhart	Burkhart
54	Willnecker.	Willnecker.	Willnecker	Willnecker.	Willnecker.
55 39	Chatelet	Chatelet.	Chatelet.	Chatelet.	Chatelet.
56	Kopp.	Kopp.	Kopp.	Kopp.	Kopp.
57	Chatelet.	Fr. Chatelet.	Chatelet.	Chatelet.	Chatelet.
58	Jean Lang.	Frl. Lang.	Lang.	Lang.	Lang.

Mit-glieder- Ta-belle Nr. 16.	75.\nSeite 110.\n1857—58.\nFriedr. Engelken.\nV.	76.\nSeite 110.\n1858-59.\nAnton Bömly.\nI.	77.\nSeite 110.\n1859—60.\nAnton Bömly\nII.	78.\nSommer-Thtr.\nSeite 111\n1860.\nJoh. Schweizer.\nI.	79.\nStadt-Teater.\nSeite 111.\n1860—61.\nAnton Bömly.\nIII.
1	Engelken, Urban. Hebenstreit.	Urban.	Poresta. Schreiner.	Morall	Urban. Bärenfeld.
2	Giegold.	Albes. Ander.	Albes.	Chilst	Albes.
3	Wiß.	Wiß. Kläger.	Wiß. Auth.	Der Weiß. Jchr d. ä	Wiß. Auth.
4	L'Hamé.	Rüthling d. ä. Relowsky-Linden.	Rüthling d. J. Ditton. Böckel.	Kösiner.	Rüthling. Böckel.
5	Feldmann.	Rüthling d. j. Härting.	Link. Van d. Berge Hunzinger	Zinker.	—
6	Lanlus.	Wüst.	Sirill. Stentsch.	Jchr d. j.	Sirill.
7	Liey. Döhring. Lindemuth.	Liey. Heinemann.	Engelhart.	Weber Preis. Siebert.	Engelhardt. Bömly d. j.
8	—	Brandt. Weichselsdorfer.	Beßler. Weichselsdorfer.	Hilpert. Mößel.	Brandt. Deutsch. W. ichselsdorfer.
9	Heinrich.	Saal. Kettenheil.	Saal. Kaufmann.	Mann. Meier. Nesselsohn.	Saal. Kaufmann.
10	—	Kupfer. Sternwaldt.	Kupfer. Auth.		Auth.
11	Roßner.	Roßner	Roßner.	Schweiger. Ehrenstein.	Roßner.
12	Kupfer.	Ander. Winter.	Ander. Lindner. Schreiner.		Körner. Flett. Rönnecamp.
13	Beker d. ä. Beck A. Jost.	Beck A. Hacker Freund v. Sternwaldt.	Beck A. Hacker. Freund. Roland.	Weiblinger. Steinböck.	Beck A. Freund Seelig.
14	L'Hamé. Meister.	Münzinger.	Bissinger d. ä. Schäfer, Geßler. Tektot.	Schweiger.	
15	Hüttner.	Maier.	Meyer.	Branden. Scholz d. j.	Meyer.
16	2 Becker.	Bömly. Hoffmann. 2 Albes. Hart.	Bömly. Meyer. 2 Albes. 2 Chatelet.		Bömly. 2 Chatelet. Meyer. 2 Albes.
17	Herzog. Grevenberg.	Claus.	Claus.	Neuert.	Zehle. Sonnleithner.
18	Weißel.	Veith. Emanschel.	Veß. Birl.	—	Lenk
19	Jäger.	Baumhauer. Bömly.	Baumhauer. Schlosser.	—	Schlosser.
20	Becker. Hanke.	Van Gülpen.	Büssel. Hunzinger.	Weber.	Sesselberg. Linder. Thümmel.
21	Sailer. Schulze. Roßner.	Roßner.	Roßner.		Roßner.
22	Freund Pater.	Albes. Freund P.	Albes.	Preis.	Albes.
23	Schmellau.	—	Chelius. Schmellau Friesländer.		Chelius.
24	Beck-Weichsel-baum.	Beck-Weichsel-baum. Krebs. Weber.	Elbé. Strauß. Richter.	—	Richter.

Roll. Mitglieder Tabelle Nr. 16.	75. Seite 110. 1857–58. Feuer, Engelken. V.	76. Seite 110. 1858–59. Anton Schmid. I.	77. Seite 110. 1859–60. Anton Schmid. II.	78. Sommer-Thtr. Seite 111. 1860. Joh. Schweiger. I.	79. Stadt-Theater. Seite 111. 1860–61. Anton Schmid. III.
25	Loschge. Doren.	Albert. Klüger.	Petelin. Melente. Büffel. Brenken.	Lunzinger.	Brenken. Biener.
26	Werenberg. Braun.	Hölschmann. risch.	Wiren. Schmid d. j.	Zinker. Monier.	Turba. Schmid d. j.
27	Habich d. j.	Albert.	Albert.	Scholz d. ä.	Albert.
28	Leonhard. Müller, Heuer. Meyer d. ä.	Maier, Hart. Löscher, Kern.	Meyer, Meyer d. ä. Bachsen P. Bessinger d. j.	Branden.	Meyer, Decker. Keller.
29		Schauster. Meyer d. ä.	Schneider, Decker. Pfeiffer, Diamant.		
30	Decker d. j. Schauweiß. Bergheim.	Decker d. j. Weichselberger. Schauweiß. Hofmann. Regensburger.	Barth. Lüttich. v. Kemseyer. Schauweiß. Krader. Regensburger.	Steinböck.	Schauweiß. Regensburger.
31	Gebhart. Albert d. j.	Gebhart.	Gebhart. Steinböck.	Scholz d. j.	Gebhart.
32	Klette. Mühlhauser	Klette, Brandt R. Hartmann. Kaltenbach.	Klette, Port. Auer. Lemberg.	—	Klette, Müller. Brandt R. Altmutter d. ä.
33					
34	Kaßmayer. Teichmüller.	Kaßm., Saal. Hofmann. Schirp.	Kaufmann R. Saal, Pfeiffer. Wetzel, Burger. Schirp.	Schirp.	Schimp, Saal. Kaufmann R. Butzmann.
35					
36	Hände. Donnay	Offenbach. Schimp. Ostertag. Rothenbiger.	Winterhelt. Ostertag. Donndorf Kirchels. Plößner.	Meier.	Donndorf. Scherer. Ostertag. †
37					
38	Schneidau P. Burt, Engler.	Kaufl., Weiß. Weichselberger. Schängle. Weiß, Engler.	Schneidau P. Kaufl., Wolf. Weichselberger. Kugler.	Schwapp.	Deutsch R. Weichselberger. Wolf, Kugler.
39					
40	Freund.	Freund.	Freund.	Hinterstößer d. ä.	Freund.
41	—	—	Lemberg, Schmidt.	—	Hinterstößer d. ä.
42	Urban.	Urban.	Urban.	—	Urban.
43	Engelten.	Albert.	Albert, Engelhart.	—	Albert, Engelhart.
44	Hofmann.	Kaltenbach.	Kaufmann. Bößler.	—	Kaufmann.
45	Hofmann.	Hevermann.	Keßler.	—	H. Grimm.
46	Keßler.	Hevermann.	Hevermann.	—	Hevermann.
47	Phöbus.	Kirchels.	Phöbus.	—	Kleefaß.
50 51	Kaißl B. u. Sohn.	Kaißl B. u. Sohn.	Kaißl B. u. Sohn.	Kaißl B. u. Sohn.	Kaißl B. u. Sohn.
52	Kraßer.	Kraßer.	Kraßer.		Kraßer.
53	Burkhart.	Burkhart.	Burkhart.		Pfanneküßer d. j.
54	Willnauer.	Willnauer.	Willnauer.	Willnauer.	Willnauer.
55	Chatelet Vater.	Chatelet, Maier.	Chatelet Vater.	Chatelet Vater.	Chatelet Vater.
56	Romain.	Romain.	Romain.	Romain.	Romain.
57	Chatelet Wittwe.	Chatelet W.	Chatelet W.	Chatelet W.	Chatelet W.
58	Lang.	Lang.	Lang.	Lang.	Lang.
59	Chatelet Vater.	Chatelet Vater.	Chatelet Vater.	Chatelet Vater.	Chatelet Sohn.

Mit- glieder- Ta- belle Nr. 17.	80. Sommer=Theater. Seite 112. 1861. Joh. Schweiger. II.	81. Stabt=Theater. Seite 112. 1861 — 62. Anton Bömly. IV.	82. Sommer=Theater. Seite 112. 1862. Emil Weinmüller. I.	83. Stabt=Theater. Seite 113. 1862 — 63. Anton Bömly. V.	84. Sommer=Theater. Seite 113. 1863. Emil Weinmüller. II.
1	Moralt.	Urban.	Müller.	Wilhelmi.	v. Sterawalt.
2	Saschitzky. Kurt.	—	Felter.	Schulz.	Felter.
3	Dor.	Witz. Auth.	Czermak.	Witz. Auth.	Scharf. Czermak.
4	Köstner.	Rüthling. Thies.	Sievers.	Rüthling.	Schreiber.
5	Zinker. Maurer.	Hagen. Salm. Klüggen.	Krepp.	Roal. Romani.	Winter.
6	Fehr d. j.	Marr. Franzellus.	Rasch.	Ticker. Marr. Franziskus.	Berthold. Beier.
7	Fischer. Stetz. Sabatzky. Seitl.	Engelhart. Bömly d. j. Siebert.	Weinmüller d. ä. u. v. j. Heuberger. Raberg. Eng.	Siebert. Marsahit. Bömly d. j.	Weinmüller d. ä. Weinmüller d. j. Hellmuth.
8	Brandt. Butzmann.	Bannhardt. Deutsch.	Wolf. S'Lama.	Bannhardt. Brandt. Deutsch.	—
9	Kacl. Lipp. Leibich.	Weichselbaum. Rönnecamp.	Morasch.	Páglow. Rönnecamp.	—
10	Kurt.	Herz. Auth.	Weinmüller. Bacher.	Herz. Auth.	Weinmüller.
11	Schweiger. Ehrenstein.	Roßner.	Czermak.	Merbitz. Turba.	Czermak. Waßmann d. ä.
12	—	Rönnecamp.	Mösel.	Rönnecamp.	Mösel.
13	Sabatzky. Entner.	Freund.	Blum. Müller.	Lettinger. Ticker.	Müller.
14	Mayer. Schweiger.	Weitl.	Berg. Raberg.	Rothak. Weitl.	Berg. Saller.
15	—	Loderbeck.	—	Loderbeck.	—
16	—	Bömly Chatelet.	—	Bömly. Knie. Chatelet.	—
17	Deseilseur.	Sonnleithner.	—	Arnurius.	—
18	—	Pirk.	—	Henrien. Lent.	—
19	—	Schlosser.	—	Schlosser.	—
20	—	Neumüller. Feuerhacke.	—	Van Gülpen.	—
21	—	Roßner.	—	Heller.	—
22	—	Herger.	—	—	—
23	—	Weichselbaum. Bannhardt.	—	Bannhardt. Klein.	—
24	—	Klein-Eber. Kleitner d. ä.	—	Ruhr.	—
25	—	Brenken. Neumüller.	—	Brenken.	—
26	Deseilseur. Zinker. Marion.	Herbold. Ultsch. Bömly d. j.	Doris. Heuberger.	Herbold. Bömly. Schirmer.	Buse. Waßmann d. j.
27	—	Horst. Loderbeck.	—	Merbitz. Loderbeck.	—

Mit- glieder- Ta- belle Nr. 17	80. Sommertheater. Seite 112. 1861. Joh. Schweiger. II.	81. Stadt-Theater. Seite 112 1861—62. Anton Römiß. IV.	82. Sommertheater. Seite 112. 1862 Emil Weinmüller. L.	83 Stadt-Theater. Seite 113. 1862—63. Anton Römiß. V.	84. Sommertheater. Seite 113. 1863. Emil Weinmüller. II.
28 29	—	Sweda. Joh. Loberbeck R. u. P. Schüßler. Decker. Seifert. Meyer R.	—	Sweda. Loberbeck R. u. P. Decker. Starke.	—
30	—	Gutßke. Fritz. Kleiner u. f. Regensburger.	—	Gutßke. Rittßke d. ä. u. d. f. Regensburger.	—
31	—	Gebhart. Coßel.	6 Damen	Gebhart. Coßel.	4 Damen
32 33	Schimp. Brandt R.	Riette. Sweda.	6 Herren für Chor? 1	Riette. Sweda. täglew R. Brandt R.	4 Herren für Chor 11
34 35	Gerbl. Baumann.	Schmitt. Schimp.	—	Lübter. Müller. Heßant. Schweiter.	—
36 37	Karl Oelbich.	Demmer. Lengen. Seerer.	—	Rechtmann. Wentl. Berger. Scherer	—
38 39	Ypp.	Deutsch. Kugler. Martha Bannhartt R u. P.	—	Deutsch. Martha Bannhartt R u. P. Kugler. Stein.	—
40	Krbl.	Freund.	—	Starke.	—
41	—	Hintersößer.	—	Hintersößer.	—
42	Kutt.	Urban.	—	Rüßling. Wilhelmi.	—
43	—	Herger. Engelhart.	—	Van Gülpen.	Weinmüller d. ä.
44	—	Ahnorcamp.	—	Ahnorcamp.	—
45	—	Bertram. Kießling.	Rernich.	Kießling.	—
46	—	Heinemann.	—	Heinemann.	—
47	—	Kleefant.	—	Kleefant.	—
50	Euler Vater.	Euler V.	Euler V.	Euler V.	Euler V.
51	Euler C.	Euler C.	Euler C.	Euler C.	Euler C.
52	—	Kraßer.	—	Kraßer.	—
54	Willnecker.	Willnecker.	Willnecker.	Willnecker.	Willnecker.
55	Chatelet P.	Chatelet P.	Chatelet P.	Chatelet P.	Chatelet P.
56	Aumann.	Aumann.	Aumann.	Aumann.	Aumann.
57	Chatelet M.	Chatelet M.	Chatelet M.	Chatelet M.	Chatelet M.
58	Lang.	Lang.	Lang.	Lang.	Lang.
59	Chatelet C.	Chatelet C.	Chatelet C.	Chatelet C.	Chatelet C.

Mitglieder-Tabelle Nr. 18.	85. Stadt-Theater. Seite 113. 1863—64. Anton Bömly. VI.	86. Sommertheater. Seite 113. 1864. Louis Zinter. I.	87. Stadt-Theater. Seite 117. 1864—65. Karl Böckel. I.	88. Sommertheater. Seite 118. 1865. Emil Weinmüller. III.	89. Stadt-Theater. Seite 118. 1865—66. Karl Böckel. II.
1	Bakewitz. Schirmer.	Moralt.	Fröhlich Faber.	Pahlke.	Crelinger. Donalt.
2	Weiser. Glabisch.	Binder.	Arnold.	Aelter. Wagenbrunner.	Eichenwald. Poltewsky.
3	Wix. Morisson.	Theile. Eisenmann.	Wix	Bellment. Helmer.	Wix. Kraß.
4	Rüthling.	Schenk. Zinter.	Böckel. Piers.	Heinz. Müllner.	Böckel. Buchholz.
5	Szwirschina.	Müllner.	Thüringsfeld.	Rubin. Trev.	Pückert. Hannel. Urban d. j.
6	Marr.	—	Leichsenring. Rasch	Alberti. Fritzsche.	Lächelin.
7	Bömly d. j.	Seidl.	Schmitz.	Weinmüller J. u E. Naumann. Mackauer.	Hamm.
8	Brandt	Müller C. J.	—	Wennert. Link. Schön.	Kraß. Zunder.
10	Herz.	Moralt.	Huray.	Zimmermann. Weinmüller.	Grebe Leo. Wenzlawsky.
11	Bakewitz.	Binder.		Pletsch.	Herwegh. Clausius.
12	Bartsch.	Theile	Paris. Meinkel Hochheimer.	—	Fränzel.
13	Gabell.	Müllner.	Rewalt. Waldau	Krauß.	Böhm. Urban.
14	Erxleben. Weitt.	Valesi.	Häfl Giese.	Naumann. Weinmüller d. j.	Berg.
15	Hagen.		—	Augun. Vierneusel.	
16	Chatelet. Knie. Bömly.	Knie.	Knie. 3 Chatelet.	3 Chatelet.	3 Chatelet.
17	Clement	Hysel.	Damke.	—	Gütte.
18	Hallermeyer. Secelmaier.		Eidmann. Müller.	—	Zarf dann Winterberg.
19	Gartmüller.	—	Dieter dann Curti.		Hamm.
20	Feuerhacke dann Fischer.	—	Bagg. Schmittbauer.		Ganzenmüller.
21	Grünwald.		Hochheimer.		Friedenberg. Wenzlawsky.
22	Baßl. Scharpff.		Breva.		Weitt.
23	Morisson.		Mayer.		Kraß. Zunder.
24	Bywater.		Moréla dann Blazek		Grevenberg. Stübeck. Hornit.
25	Schönchen.		Koudelka.		Bartsch. Pichler.
26	Herbold. Bömly.	Grund. Zinter.	Braunsberg. Stieger d. ä.	Doris. Gbye. Zeitler.	Herwegh.
27	—	—			Hornit. Schèberl.

Nummer der Tabelle Nr. 18.	85. Stadt-Theater. Seite 113. 1863—64. Anton Wund. VI.	86. Sommertheater. Seite 113. 1864. Louis Zinder. I.	87. Stadt-Theater. Seite 117. 1864—65. Karl Bösel. I.	88. Sommertheater. Seite 118. 1865. C. Weinmüller. III.	89. Stadt-Theater. Seite 118. 1865—66. Karl Bösel. II.
28 29	Swoba, Wanz. Hertel. Hagen R.	—	Bassen v. Hannel Kersten. Traunwieser Schwarz.	—	Berger d. ä. u. d. j. Schwarz. Furcht Tassmer. Schöbel P
30	Guthle. Frauenvogel. Schuster.	—	Guthle. Waidl. Lang v. ä. Lang b. 1	—	Rübinger. Waidl. Schreiber. Weichmann.
31	Braun. Zucker.	—	Biermenzel.	Biermenzel.	Biermenzel.
32 33	Wime. Swoba. Braunt R	—	Klette Dietrich. Schäfer b. ä. b. j.	—	Klette. Schäfer d. ä. u. d. j.
34 35	Jartler. Löer	—	Lange Schmitt.	Mennert.	Hannel R. Dachtauer.
36 37	Wittag. Scerer.	—	Danndorf. Scherer.	Schöbn.	Tassmer. Kehl. Scherer. Müller.
38 39	Stein. Kugler.	—	Schwarz. Kugler.	Link.	Kratz u. Zinder. R. V. Kugler. Schwarz.
40	Wöelle Schulz. Wittag.	—	Weißheimer.	Sonthelmer.	Zwicker.
41	Sonnendicker.	—	Hey. Sonthelmer.	—	Rettenbach.
42	Sawring.	Zinder.	Fröhlich.	Heinz.	Gretlinger.
43	Sawring.	—	Danke.	—	Weitl.
44	Swoba.	—	Danndorf.	—	Tassmer.
45	Frühling Schön.	—	Schön.	—	Schön.
46	—	—	Schtteret.	—	Schtteret.
47	Neuhaus.	—	Ullersperger.	—	Ullersperger.
50 51	Saler V. u. E.	Saler V. u. E.	Saler V. u. E.	Saler V. u. E.	Saler V. u. E.
52	Krassen.	—	Krassen.	—	Kortlud.
53	Lehger.	—	Pechtl.	—	Pechtl.
54	Willnecker.	Willnecker.	Willnecker.	Willnecker.	Willnecker.
55 59	Chatelet V. u. E.	Chatelet V. u. E.	Chatelet V. u. E.	Chatelet V. u. E.	Chatelet V. u. E.
56	Romann.	Romann.	Romann.	Romann.	Romann.
57	Chatelet.	Chatelet.	Chatelet.	Chatelet.	Chatelet.
64	Lang.	Lang.	Lang.	Lang.	Lang.

Mitglieder Tabelle Nr. 19.	90. Sommertheater. Seite 118. 1866. C. Weinmüller. IV.	91. Stadt-Theater. Seite 118. 1866—67. Karl Böckel. III.	92. Sommertheater. Seite 119. 1867. Karl Böckel. I.	93. Stadt-Theater. Seite 119. 1867—68. Karl Böckel. IV.	94. Sommertheater. Seite 120. 1868. C. Weinmüller. V.
1	Selus.	Schlaff.	Pahlke.	Wolff.	Heitrich. Selus
2	Schuster. Morisson.	Burmeister.	—	Schweichhart. Hummer.	Rothhammer. Felder
3	Thal.	Wir	Wir.	Wir.	Weidenkeller.
4	Heinz.	Benke.	Benke.	Fels. Dejazin. Kowal.	Weller.
5	—	Savits.	Haas.	Willi. Haas.	Curde.
6	Hofberger.	Julius	Rosen.	Meißner.	Weinmüller b. j.
7	Weinmüller E. Carlmüller.	Wiesner.	Löes. Raberg.	Walter.	Weinmüller E. Hirsch.
8	Morasch.	Pirko. Richter. Weigelt. Zunder.	Käsmann. Pirko.	Zeller.	Sachse.
9	Meier.	Weichselbaum.	Gieser. Vogel	—	Desch.
10	Weinmüller.	Werner.	Werner.	Reichel.	Rothhammer.
11	Thal.	Ehrenstein. Ludwig.	Leuchtmann. Pirko. Beck. Weichselbaum.	Hinterberger	Fensterer.
12	—	Charles. Fränzl.	Kretschmer.	Talmar.	Stettmaier.
13	Werner.	—	Kornigg. Eisenrichter.	Hitzler.	Blum.
14	Raberg. Weinmüller d. j.	Constantin. Stieger d. j.	Weiß. Stieger d. j.	Hinterberger.	Hammerbacher. Schlütter. Weinmüller.
15	Clement Polar.	Pirko. Merwarth	Pirko.	Hausmann.	Hausmann. Berger. Lechner.
16	3 Chatelet. 2 Thal.	Hantelmann. Weitzmann. 3 Chatelet.	3 Chatelet.	3 Chatelet.	2 Cottrich. 3 Chatelet.
17	—	Weidemann	—	Zellmann.	—
18	—	Riedel.	—	Grusendorf.	—
19	Carlmüller.	Curti.	—	—	Evenbach.
20	—	Schmitt.	—	Hynek d. ä.	—
21	—	Ludwig.	—	Sodoma.	—
22	—	Hurst	—	Hausmann.	Hausmann.
23	Morisson.	Zunder. Weichselbaum.	—	Zeller.	—
24	—	Moser.	—	Fels. Hülgerth	—
25	Berger.	Zahorz.	—	Zahorz. Sewaits.	—
26	Schwarzenberger	Stieger d. ä.	Bondy.	Hasseit-Barth.	Falkenberg. Král Szenta
27	—	Helly. Schöberl	—	Augec. Schöberl.	—
28 / 29		Wohlfarth d. ä. Wohlfarth d. j. Schwaiz. Trau. Schöberl P. Furcht.	Wohlfarth d. ä Wohlfarth d. j.	Nelly d. ä u. d. j. Doberer. Berger. Hausmann. Schöberl P.	Berger. Scholl. Hausmann. Lechner.

	90. Sommertheater. Seite 118. 1866. A. Weinmüller. IV.	91. Stadt-Theater. Seite 118. 1866—67. Karl Böckel. III.	92. Sommertheater. Seite 119. 1867. Karl Böckel. I	93. Stadt-Theater. Seite 119. 1867—68. Karl Böckel. IV.	94. Sommertheater. Seite 120. 1868. C. Weinmüller. V.
30	Clement.	Hof. Schock. Waibl. Pirko.	Schock. Waibl. Pirko	Hof. Lehr. Auzec.	Nelly b. J. Nelly r. j.
31	Hofer.	Merwarth. Biergenbei.	—	Wehitsch.	
32 33	Moralih. Rehr.	Keile. † Sauter r. ä. Schüler r. j. Albanece.	Vogel. Bieyer.	Greh Bieyer. Schüler r. ä. Schüler r. j. Albanece. †	Sachse. Beisch. Müller.
34 35			Hofenberger.	Wredbach. Keib. Lemberg. Lange. Packmayer.	—
36 37		Vogel. Kohl. Scherer.	Kohl. Scherer.	Zeller. Ungar. Scherer.	Weinmüller b. j.
38 39		Schwarz. Alma. Kugler. Wehart. Janter A. u. P.	—	Hynek r. j. Hain. Kugler.	—
40	Roth.	Dr. Bach. Eberle.	Artenbach.	Auzec.	Hempel.
41	—	Arienbach.		Arienbach.	—
42	Herm.	Tephoff. Denle.	Denle.	Schweikhart.	Rothhammer.
43	—	Kunz. Bandner		Hauckmann. Walter.	Hauckmann.
44	Anner.	Kreller. Weigelt dann Vogel.	Pirko. Vogel. Käsmann.	Lemberg dann Zeller.	—
45	Morih.	Hauckmann.	Hauckmann dann Schaller.	Neubacha dann Rheeberg.	Fensterer Oesterich.
46	—	Pirko.	Pirko.	Hammer.	—
47	Weinmüller.	Oberspenger.	Schalder B.	Oberspenger.	Weinmüller.
50 51	Haller B. u. C.	Haller B. u. C.	Haller B. u. C.	Beter B. u. C.	Haller B. u. C.
52	—	Marl.	Pirkofl.	Quarter B. Trenki.	Beisch.
53	—	Trenki.	—	Egbert C.	
54	Hauckner.	Hauckner.	Hauckner.	Hauckner.	Hauckner.
55 56	Schalder B. u. C.	Schalder B. u. C.	Haller B. u. C.	Schalder B. u. C.	Schalder B. u. C.
56	Kommer.	Kommer.	Schöny.	Schöny.	Feuerbacher.
57		Schmidel.	Schalder.	Schoeler.	Schalder.
58	Lang.	Lang.	Lang.	Lang.	Lang.

Mit-glieder-Ta-belle Nr. 20.	95. Stadt=Theater. Seite 122. 1868—69. Louis Ubrich. I.	96. Sommertheater. Seite 122. 1869. E. Weinmüller. VI.	97. Stadt=Theater. Seite 123. 1869—70. Louis Ubrich. II.	98. Sommertheater. Seite 125. 1870. E. Weinmüller. VII.	99. Stadt=Theater. Seite 125. 1870—71. Louis Ubrich. III.
1	Holthaus. Ubrich.	Selus	Gretheim. Ubrich.	Heinz.	Holthaus. Ubrich. Wommer.
2	Richter	Rothhammer.	Holthaus. Wackwitz.	Schubert.	Buchwald.
3	Witz.	—	Witz.	Preißing.	Witz.
4	Lortzing.	Hörterich.	Abmeyer.	Lackner d. j.	Abmeyer.
5	Gschmeidler. Stubel. Flala. Lackner d. ä.	Woller.	Knorr.	Lackner d. ä. Hettler.	Hilpert. Neremberg.
6	Dederich.	Bertoli. Wein-müller d. j.	Dederich. Weinmüller d. j.	Weinmüller d. j.	Busse. Kletiner.
7	Stotz. Grahl.	Neuert. Wein-müller d. ä.	Stotz. † Hampl.	Karl. Wein-müller d. ä.	Zappe.
8	Eisenmann.	Klein. Beixel.	Werner	Steinhardt.	Anzinger. Lackner
9	Balzer. Weigelt.	Beisch. Wager.	Horn.	Freund. Scherer.	Garsch Pleyer.
10	Bartsch=Bork. Reichel d. ä.	Rothhammer.	Reichel.	Schubert. Heermann.	Bünger=Becker. † Kolb.
11	Stein.	Cantarelli.	Hampl.	Ehrenstein.	—
12	v. König.	Schlütter.	Hüttner.	—	Hüttner.
13	Reichel d. j.	Stettmaier.	Dangl.	Elmenreich.	Becker.
14	Hoffmann d. j. Hüttner.	Weinmüller d. j.	Lehmeyer. Unger.	Kramer. Nägele.	Fiedler.
15	3 Schulz.	Merveldt. Lechner.	3 Schulz.	Girard	—
16	2 Chatelet.	2 Hörtrich. 2 Chatelet	A. Kuhn. 2 Chatelet.	Lackner. Chatelet.	Lackner A. 2 Chatelet.
17	Wagner.	Cantarelli.	Rossi.	—	Rossi.
18	Lenz.	Neuert.	v. Neupauer. Bär.	—	Curiel. Witte. Großkopf.
19	Grahl.	—	Hampl.	Ott.	Zappe.
20	Schmitt=De Carli Melius	—	v. Reeben.	—	v. Reeken.
21	Gaßner dann Carlo d. Jansen	Weichselbaum.	Jansen † dann Lillmetz.	—	Rieß.
22	Rohbeck.	Hausmann.	Rohbeck. †	—	Wagner.
23	—	Weinmüller d. j.	Wackwitz. Horn.	Weinmüller d. j.	Reitz. Pleyer.
24	Klingelhöfer.	—	Erl.	—	v. Stieber.
25	Hoffmann d. ä.	Szenta.	Hysel.	—	Hysel.
26	Corte dann Preßler. Dirr.	Kral.	Rießling.	Austerlitz.	Rießling. Hellwig
27	Schöberl. Stein.	—	Schöberl.	—	Preiß. Schöberl.

Mit- glieder Ta- belle Nr. 20	93. Stadt-Theater. Seite 122. 1868—69. Louis Ubrich. I.	94. Sommertheater. Seite 122. 1869. E. Weinmüller. VI	97. Stadt-Theater. Seite 123. 1869—70. Louis Ubrich. II.	98. Sommertheater. Seite 125. 1870. E. Weinmüller. VII.	99. Stadt-Theater. Seite 125. 1870—71. Louis Ubrich. III.
28 } 29 }	Robbeck. Grater. Schulz R. u. V. Nesch d. ä. u. d. j.	Handmann. Burger.	Robbeck. Dangl R. Schulz J. R. u V. Schöberl.	—	Schwarzer. Berger. Keller. Schöberl.
30	Rummel Gl. Schulz J. R. Strafer. Schöberl.	Perockti. Lechner.	Rummel E. u. J. Strafer. Hampl.	—	Strafer. Rummel. Sech.
31	Schulz Jul. R. u. V. Vetthol.	—	Schulz Jul.	—	Neler. Fischer.
32 } 33 }	Dalzer R. u. V. Lauß. Schöfer d. j.	—	Horn R. u. V. Schäfer. Rupprecht.	—	Pleyer R. u. V. Rupprecht.
34 } 35 }	Müller. Schnett.	Mayer. Prirel.	Müller I. Schnell.	—	Junk.
36 } 37 }	Hermes. Flügel.	Klein. Müller.	Hermes. † Junk.	—	Müller I u. II. Roth V. Busse R.
38 } 39 }	Hansl. Kugler. Scherer.	Scherer.	Werner R. Scherer.	—	Mayer. Scherer.
40	Gyrom.	Schwarz.	Hofrichter.	Koch.	Hofrichter.
41	Reinbach. Woll.	—	Santheimer.	—	Santheimer.
42	Kühn.	Wellhammer.	Edelheim.	Heinz.	Buchwald.
43	Jansen. Step.	Cantara Fl.	Jansen. Step.	—	v. Reiten.
44	Schumann. Strigel.	Müller.	Horn. Weinmüller.	Weinmüller.	Reiß.
45	Kleeberg.	Oberth.	Kleeberg.	Bauer.	Schwegerle.
46	Keller.	—	Keller.	—	Lackner.
47	Altersperger.	Weinmüller.	Altersperger.	Weinmüller.	Altersperger.
49	Wittmann.	—	Wittmann.	—	Wittmann
50 51	Euler V. u. C.	Euler V. u. C.	Euler J. u. C.	Euler V. u. C.	Euler V. u. C.
52	Kraßer.	Delß.	Kraßer.	Delß.	Kraßer.
53	Wittgis d. j.	—	Wittgis d. j.	Cenrati.	Wittgis d. j. †
54	Willwecker.	Willwecker.	Willwecker.	Willwecker.	Willwecker.
55	Chatelet V.	Chatelet V.	Chatelet V.	Chatelet V.	Chatelet V.
56	Hemelbacher.	Scheible.	Scheible.	Scheible.	Scheible.
57	Chatelet.	Chatelet.	Chatelet.	Chatelet.	Chatelet.
58	Dienstmänner.	Penz.	Dienstmänner.	Penz.	Dienstmänner.
59	Chatelet C.	Chatelet C.	Chatelet C.	Chatelet C.	Chatelet C.

Mit-glieder-Ta-belle Nr. 21.	100. Sommertheater. Seite 125. 1871. Louis Zinker. II.	101. Stadt-Theater. Seite 126. 1871—72. Louis Ubrich. IV.	102. Sommertheater. Seite 126. 1872. Louis Zinker. III.	103. Stadt-Theater. Seite 126. 1872—73. Louis Ubrich. V.	104. Sommertheater. Seite 128. 1873. Louis Zinker. IV.
1	Zinker.	Heinrich. Ubrich. Hildebrandt.	Zinker.	Becker. Ubrich. Müller.	Zinker.
2	Weber.	—	Heine.	Hirning.	Heine.
3	Lunz.	Wiß.	Cantarelli. Köstner.	Wiß.	Cantarelli. Köstner.
4	Harry.	Mathes.	Weichselbaum	Domann.	Wagner.
5	Straßmeier.	Carobe.	Reuter.	Debauer.	Hettler.
6	Bertelli. Heine.	Martha.	Straßmeier.	Hoffmann.	Hörtel.
7	Seidl.	Zappe.	Seidl.	Schmidt.	Seidl. Stern.
8	Ritsch. Riethof.	Lackner.	Millner.	Lackner. Stenzsch.	Zeller.
9	Pirko.	Eisenmann.	Brand. Klein.	Zeller. Weichselbaum.	Burghard. Mar.
10	Weber.	Tannenhof. Rüthling. Wank.	Schwarzer.	Berger.	Buße.
11	Schwarzer.	Noval. Dobriß.	Buße. Schwarzer.	Miller.	Schwarzer.
12	Alexandra.	Seipel. Detlof.	Berger.	Roth.	Berg.
13	Reeb. Huppmann.	Weinbrenner. Becker.	Hebel. Höcht.	Orla.	Wenkl.
14	—	Noval. Wilar.	Wilar. Berg.	Trautmann.	Mayer.
15	Pirko. Bernkl.	Reß.	Rupprecht. Reß.	—	Buße. Winkelmann.
16	3 Weber. 2 Chatelet.	Lackner A. Chatelet R.	Buße Johanna Klara Gustav.	Lackner A. Mayer M.	Buße Klara und Gustav.
17	Bertelli.	Küch.	Reuter.	Fischer-Achten.	Reuter.
18	Harry.	Schlesinger.	Cantarelli.	Schlesinger.	Cantarelli.
19	Straßmeier.	Zappe.	Straßmeier.	Schmidt.	Hettler.
20	Lunz.	Mößlinger.	—	Wilke.	Zeller.
21	—	Krückl.	Weichselbaum.	Krückl.	Wagner
22	—	Ehrlich.	—	Müller.	—
23	—	Martha. Pleyer.	—	Weichselbaum. Stentsch.	—
24	Freudenberger	Erl.	—	v. Hartmann.	—
25	Bertelli.	Kempner.	Geringer.	v. Vogel.	Thalheim.
26	Eckersberg.	Ehrlich. Müller-Ponty.	Fontaine dann Scherenberg.	Hummler. Kayser. Wittmann. Reuert.	Wagner. Walter. Ringhetti.
27	Weiß. Weber.	Schwarzer.	—	Scraup. Miller.	

Nr. 21.	100. Sommertheater. Seite 125 1871. Louis Zinter. II.	101. Stadt-Theater. Seite 126. 1871—73. Louis Ubrich. IV.	102. Sommertheater. Seite 126. 1872. Louis Zinter. III.	103. Stadt-Theater. Seite 126. 1872—73. Louis Ubrich. V.	104. Sommertheater. Seite 128. 1873. Louis Zinter. IV.
28 29	—	Beder N. Deberg. Keller. Schwarzer. Straßer.	—	Schwarzer. Keller. Mayer. Rummel.	—
30	—	Hermes. Neß. Mayer. Rummel.	—	Seraup. Hechl. Hermes. Straßer.	—
31	—	Moser.	—	Moser. Seraup.	—
32 33	—	Zent. Pleyer. Ruprecht. †	—	Zent. Pleyer. Kreuzer.	—
34 35	—	Kehl. Burger.	—	Zeller.	—
36 37	—	Müller I. u. II.	—	Müller I. u. II.	—
38 39	—	Burkhart N. u. V. Mayer. Scheler.	—	Schulz. Mayer. Scheler.	
40	Flinberg.	Berges. Müller.	Quiel.		Debla
41	—	Sontheimer.		Sontheimer.	
42	Hertl.	Helwitz.	Seidl	Beder. Schmidt.	Seidl.
43	—	Matsch.	—	Küchl. Fischer-Achten.	Seidl.
44	Peth.	Wißmann.	Fr. Wißner.	Zeller.	Fr. Wißner.
45	Schloß.	Schwarzlo. D'Albert.	—	Placek.	Grün.
46	—	Laßner.	—	Laßner.	—
47	Fr. Zinter.	Westperger.	Fr. Zinter.	Westperger.	Zinter.
49	—	Wißmann	Wißner	Wißmann.	Wißner.
50	Euler b. ä.	Euler b. j.	Euler b. j.	Gall.	Wißner.
51	Euler b. j.	Gall.	Wißner.		
52	—	Kraßer.		Kraßer.	
53	—	Pöllgin b. ä.		Pöllgin b. ä.	
54	Mittecker.	Mittecker.	Mittecker.	Mittecker.	Mittecker.
55	Chanelet.	Chanelet.	Chanelet.	Chanelet.	Albert.
56	Scheler.	Scheler.	Scheler.	Scheler.	Scheler.
57	Chanelet.	Chanelet.	Chanelet.	Chanelet.	Chanelet.
58	Penz.	Taschenbauer.	Penz.	Taschenbauer.	Penz.
59	Grann.	Chanel.	Chanel.	Chanelet.	—

Mitglieder Laßende Nr. 22.	105. Stadt-Theater. Seite 128. 1873-74. Louis Ubrich. VI.	106. Sommertheater Seite 131. 1874. Louis Znker. V.	107. Stadt-Theater. Seite 131. 1874-75. Louis Ubrich. VII.	108. Sommertheater. Seite 133. 1875. Fr. Rüthling. I.	109. Stadt-Theater. Seite 133. 1875-76. Moritz Krüger. I.
1	v. Fischer. Ubrich.	Zinker.	v. Fischer. Ubrich.	Hirning. Carli.	Kugelberg. Kirchhof
2	Günther Brügmann.	Schrever. Cantarelli.	Reuter.	Rüthling. Rittersberger.	Prest. Eichberger.
3	Witz. Stentzsch.	Mayerhofer. Schwarz.	Witz Stentzsch.	Weinmüller sen.	Witz.
4	Rieh.	Fir.	Pochmann.	Scholling. Walenl.	Krüger. Zink
5	Grans. Norbert.	Klein. Heidenreich.	Mügge.	Firmanns.	Beck.
6	Fischer. Weinmüller.	Griese.	Zimmermann. Weinmüller.	Heygen. Marstadt.	Josst.
7	Schmitt.	Lada. Frank.	Eng.	Zsch. Weichselbaumer.	Fritze.
8	Lackner. Schiller	Ernst.	Lackner. Schiller.	Sonderland. Burger.	Bannhardt. Sommer. Müller.
9	Pirte.	Stentzel. Wat.	Girard. Weih.	Heisert. Timper.	Sternberg. Zoller.
10	Flüggen-Wulf.	Werner.	Flüggen-Wulf.	Jung.	Zink.
11	v. Pachert Ehrenstein.	Butze. Schwarzer.	Lippé.	Hirning. Lippé.	Walter.
12	Roth.	Lange.	Berg. Mariot.	Tannenhofer. Carli.	Fritze.
13	Wülffken.	Schrever. Wentt. Walt.	Stotz.	Rüthling. Petruscha.	Lehmann.
14	Segisser.	Butze.	Börner. Wünsch.	Pelletière. Hofbauer.	Müller.
15	Pirte. Nikolay.	Zinner. Meiser.	Mayer. Nikolay.	Gutherr.	Schwarzer. Meiser.
16	Lackner R. v. Fischer.	Butze S. Zinner. 3 Schreyer.	Lackner R. v. Fischer.	Hirning 2 Rüthling. Tannenhofer R.	2 Krüger.
17	Fischer-Achten.	Schwarz.	Eichen.	Lelsch.	Mauer. Moran.
18	Großkopf.	Cantarelli.	Winkelmann.	—	Schwab. Mehlen.
19	Schmidt.	Lada.	Eng.	—	Fritze.
20	Strebel.	—	Benedikt.	Weinmüller jun.	Hintze.
21	Lettinger. Krückl.	—	Goldberg.	—	Goldberg.
22	Fischer R.	—	Lippé.	—	Walter.
23	Hawranek Stentsch.	—	Stentzsch.	—	Eichberger.
24	Gunste. Rössel-Lund.		Ehrenfest.	Alberti. Hartmann.	Maclot.
25	Bertelli. Van Hoof.	Riotti.	Eichen.	Mai. Jansen	Biazzi. Aurely.
26	v. Fischer. Segisser.	Penisch.	v. Fischer.	Weichselbaumer.	Messert. Müller.
27	Keller. Schwarzer.	Werner.	Lippé.	Lippé.	Walter.

Mitglieder Tabelle Nr. 20.	105. Stadt-Theater. Seite 128. 1873—74 Louis Ubrich. VI.	106. Sommertheater. Seite 131. 1874. Louis Zinker. V.	107. Stadt-Theater. Seite 131. 1874—75. Louis Ubrich. VII.	108. Sommertheater. Seite 133. 1875. Fr. Rühling. I.	109. Stadt-Theater. Seite 133. 1875—76. Moritz Kräger. I.
28 29	Keßler Mayer. Rummel. Schwarzer.	—	Mayer R. u. P. Rummel. Adele Schwarzer. Dechner.	—	Mayer R. u. P. Rummel. Schwarzer. Thereſe.
30	Nikolai R. Winn. Reiner. Puhl.	—	Nikolai R. Reiner. Schoch. Winkelmann.	—	Reiner M. Melfer. Sigrist. Zimmler.
31	Lechner. Reiner.	—	Lechner. Reiner.	—	Reiner. H. Bannharot.
32 33	Bernlocher R. u. P. Fenl. Ruprecht. †	—	Bernlocher R. u. P. Fenl.	—	Arnt. Kreuz. r. Sommer. Sternberg.
34 35	Stempel. Kreuzer.	—	Stempel. Kreuzer.	—	Müller J. R. u. P. Pique.
36 37	Weinmüller R. u. P. Müller I. u. II.	—	Weinmüller R. u. P. Müller I. u. II.	—	Dömln. Zeller. Bannhardt. Müller R.
38 39	Lang. Mayer.	—	Mayer. Wißhen.	—	Mayer. Wißhen. Scherer.
40	Rackath.	Hofel.	Leiebel.	Hartung.	Hofrichter.
41	Canffe mer.	—	Kliebett.	—	Müller.
42	v. Fischer.	Schwaper.	v. Fischer.	Rühling. Schelling.	Zint. Kugelberg.
43	Kräutl.	—	Eug.	Zch.	Walther. Frhe. Goldberg.
44	Perla.	—	Girard. Weiß Schiller.	Purger.	Zeller.
45	Haaret Schiller.	—	Girard. Weiß. Furthner.	Höninger.	Fabricius.
46	Lackner.	—	Lackner.	—	
47	Wertsperger.	Zinken.	Reger.	Rühling.	Reguer.
49	Wittmann.	—	Wittmann.	—	Wittmann.
50	Demel.	—	Demel.	—	Wittmann
51	Hofmann.	—	Hofmann.	—	Hofmann.
52	Kraller.	—	Kraller.	Louterlant.	Kraller.
53	Pilipfa.	—	Pilipfa. †		Dichmer.
54	Willacker.	Willacker.	Willacker.	Willacker.	Willacker.
55	Chatzlet.	Robert.	Chatzlet.		Chatzlet.
56	Schelle.	Schellin.	Schelle.	Schelle.	Schelle.
57	Chatzlet.	Chatzlet.	Chatzlet. Dulershafer.	Chatzlet.	Chatzlet.
58	Traubhaiher.	Frei.	Traubhaiher.	—	Frei.

Alphabetisches Verzeichniß.

Was die Richtigkeit dieses Verzeichnisses betrifft, darf ich die Versicherung geben, daß ich wohl keine Mühe gescheut habe, aber dadurch auch zu der Ueberzeugung gelangte, daß es fast unmöglich ist, dasselbe auch nur annähernd vollkommen zu liefern. Unter den vielen Hindernissen, die sich entgegenstellen, will ich nur eines nennen, die Schreibart der eigenen Namen. Wer je in der Lage war, ein deutsches alphabetisches Namens = Verzeichniß anfertigen zu müssen, wird gleich mir die Schwierigkeit empfunden haben, die uns bei dieser Arbeit die vielen Faullenzer in unserem Alphabete bereiten.

Ich muß daher vor Allem Jeden bitten, der hier einen Namen aufsuchen will, sich die Mühe nicht verdrießen zu lassen, denselben unter allen möglichen Veränderungen zu suchen, denn leider werden ja nur zu oft eigene Namen selbst auf unsern Zetteln in einem Jahrgange auf dreierlei Art geschrieben.

Ich habe zwar, so viel mir möglich war, immer die richtige Schreibart zu ermitteln gesucht, in zweifelhaften Fällen aber zur Ersparung von Raum nur eine festgehalten, und es ist daher unvermeidlich, daß man die Namen stets bei ähnlich lautenden Buchstaben sucht. Ei, ai, ey, ay, eu, äu. Auch das Anhängen der Silbe „in" an die weiblichen Namen des vorigen Jahrhunderts kann verführen; findet man daher nicht Heiß, Seebach, Brand, so suche man Heißin, Seebachin, Brandin.

Die vielen Abkürzungen der Worte waren unvermeidlich, so erschwerend sie auch für das Auffinden sein mögen, aber bei den 3000 Schauspieler = Namen, die in diesem Verzeichniß vorkommen, würde die sich oft hundertmal wiederholende Ausschreibung der Fächer zu viel Raum eingenommen haben.

Wo ein Wort in der einfachen Zahl nicht zu finden ist, suche man es in der Mehrzahl oder umgekehrt. Wenn eine Seitenzahl eingeschlossen ist ( ) bedeutet es, daß der Gegenstand 2 mal auf derselben Seite vorkommt.

Auch die Unbequemlichkeit, ein Wort oft an drei Orten aufsuchen zu müssen, wenn es zur Zusammenstellung des gleichen Gegenstandes auftritt, wobei ich dann alle andern Benennungen mit einem „Siehe" versehen mußte, war unvermeidlich, wollte ich das Verzeichniß nicht allzusehr ausdehnen, also vertheuern.

A großes bedeutet bei Choristinnen Altstimme.

a kleines ist für „auch." — S. a. Siehe auch.

Abbreviaturen: Abkürzungen.
Zeichen:

— bedeutet „bis"; zum Beispiel Von 1812—15

= bedeutet „gleich";

† „ „gestorben."

Alle Abkürzungen durch Buchstaben siehe an der betreffenden Stelle des Registers.

Abbruch. S. Bau

Abdallah. S. Rhigas.

Abel Fl. Marie, jug. Säng 1814—16.

Abele Fl., Th. Sep. 1874.

Abg Abkürzung für „abgegangen" von der hiesigen Bühne.

Abgaben fremder Schplr. an die Chor Säng (19) 34; an d. Almosen-Amt 18. 41. 42; v. Bodenehr 27; v. Konditor u Obstler (41); an d. Martinsstiftung 42; von 68 an d. 78 bei jedem Jahrgange; dieselbe nicht erlassen 83. 87. Miethe f. d. Schießel'schen Häuser 88. Abgabe, sowie d. Miethe f. d. Schießel'schen Häuser endlich erlassen 90.

Abkürzungen der Worte im Register sind bei den einzelnen Buchstaben zu suchen

Ablaß S Th. im Freien 57.

Ableben S Schließen d. Th. bei Trauerfrauer

Abmeyer Hr. Friedrich. Gel. L. 1869 u. 1870.

Abonnement Dauer im Winter 75; zu 10 Vorstellungen 99; weiter zu 12 101; etwawat zu 16 erhöht 102;

zu 10 Billets nebst 2 Zwangs-Suppen dus 103; Verbindlichkeit f. d. ganzen Winter 107.

Abschreiber S. d. Mitgl-Tabellen bei Sekretär

Abt Hr, Karl Friedr, kom. Karrikaturen 1781.

Abzüge am Gehalt 81. 93 u. 99.

Acker Hr., Jos. unter d. 4 letzten Mstr.-Säng. 35.

Adacker Hr., Dir. einer Varieté-Gesellschaft als Gast 133.

Adacker Fl. Leop., Schlittschuh-Tänz. Als G. im S. Th. S. Syr Horatio 125. Auf d. Velocipede 133.

Adalbero Bischof v. Augsbg. guter Musiker 3.

Adam Hr., franz. Op. Komp.: der Postillon 94.

Adam Hr., Jos. Aug. Dichter v. hr. 64.

Adam Hr., 2. Garderobier 1807—9.

Adeliche die bei hiesiger Bühne eng. waren; d. h. ich habe auch nicht einen ihrer Adelsbriefe selbst gesehen. — Adlersberg, Eckersberg, Elmenreich, Faßmann, Fischer, Graßhof, Guy, Harrer, Hartmann, Haselmeyer, Horar, Kaler, König, Langendorf, Langer, Massow, Mayr, Morocz, Neumann, Neupauer, Pacheri, Pipping, Poißl, Vollenau, Reeden, Remav, Rigeno, Roggenhofer, Rosenau, Sabatzky, Schauroth, Schimmelpenning, Schleppegrell, Schweickart, Seele, Sesar, Siton, Steinsberg, Sternwaldt, Stieber, Sprow, Talmar, Vogel, Waltenau, Weber, Witte

Adeliche S. Patrizier-Liebhaber-Theater 49.

Adler Fl., Ch K 1844

15

Adlersberg Hr. v. sent. L. u. l. Z. 1846.

Adventzeit. Verbot im Th. zu spielen **33.**

Ae. Abkürzung f. Aeltere. Also d. ä. = der ältere.

Aelteres S. Almosenamt.

Aelteste. S. Langjährige Mitglieder.

Affenspieler (Joso) Bauer, Baumgartner, Copal, Jägler, Klischnigg, Ott, Nebisha, Schäffer, Seidl u. ein Münchner unbekannt **95.**

Agenten nannte man früher die spielenden Personen **13.**

Agsb. Abkürzung für Augsburg u. Augsburger.

Ahnert Fls. d. ä. Henriette, mmt. L.; d. j. deren Schwester, Ch. Sop. 1844 u. 45.

Ahrendt Fr. S. Hochheimer-Ahrendt.

Aichinger Hr., Char. mit Kindern. NB. Eine seiner Töchter wurde später eine berühmte Schspln. in Wien. 1784.

Aitersberger Hr., erste Väter S. Th. 1875.

Akkordiren der Direktoren mit den Gläubigern. S. Bankrott.

Akrobaten. S. Gymnastiker bei Gäste VI. F.

Aktien-Gesellschaften f. Th.-Bau **40. 56. 58. 70. 127.**

Aktien-Theater. S. Komite dirigirendes. Gärtner-Thtr.

Aktionäre. S. Komite.

Aktienen. (Haupt- u. Staats- **30.**)

Aktuar-Sekretär. S. d. Mitglieder-Tabellen.

Alayrac Hr. S. D'Alayrac.

Albert Fl., Lyr. Säng. 1858.

Albert Hr., Ch. u. Th.-Diener. — S. Th. 1873 u. 74.

Alberti Hr. L. Gecken; S. Th. -- S. a. D'Alberti 1865.

Alberti Fl. Säng. S. Th. 1875.

Albes Hr. B. b.; erste B.; Reg. d. Op.; sein Wirken **114.** — Fr. Albes Op. M.; Lilli u. Mina Kinder; alle v. 1858 b. 61.

Albini Hr. Eigentlich v. Meddlhammer, deutscher Lustsp.-Dichter: Zu zahm u. zu wild **86**; Kunst u. Natur **87**; d. seltsamen Ehen **89**; Endlich hat er es doch gut gemacht **90**; d. General-Hofschneider **93**; d. gefährliche Tante **94.**

Albis Hr. (François de-) Dir. einer Opera buffa **44.**

Alboneka (od. niko) auch Albun. S. Karl Roland.

Albrecht Hr. Kl. R abg nach kurzer Zeit 1817.

Aldridge Hr. S. Ira.

Alexander III. Papst. Schisma. **4.**

Alexander Sigmund Bischof v. Agsbg. verbietet theatr. Vorst. bei Prozessionen. **32.**

Alexandra Fl. Ges. L.; S. Th. 1871.

Alexandre Hr., Mimiker u. Bauchredner v. Paris als G. **88.**

Allegorisch-moralisches Schspl. (Moralität) **24.**

Allegorisches Dankspiel **27. 42.**

Alliirte. Theaterfeier ihres Einzugs in Paris. **71.**

Allmann Hr., Char. u. ernste B. Seine Fr. M. u. Ch. Sop. 1832 u. 1833. Er allein 1855.

Almanach. S. Theater-Almanach.

Almosenamt d. ä. u. d. j. — Das ältere Almosenamt hatte alle Wohlthätigkeits-Stiftungen u. ihr Vermögen, die Polizeistrafen, Armen

Almosenamt

...chten in d. Wirthshäusern, a. d. Abgaben bei öffentlichen Belustigungen u. Sch. in Verwaltung. Wahrscheinlich wegen Geschäfts-Ueberbürdung wurde später eine 2. Raths-Deputation d... neue oder jüngere Almosenamt errichtet, welchem die Einsammlung d. Almosens bei d. bemittelten Bürgerschaft u. dessen Vertheilung an die Armen zufiel. S. Abgaben, Bau u. Marienstiftung.

— — d. ältere baut d. 1. Theater **18**, das zweite **35**.

— — öffnet es fremden Gesellschaften **19**.

—, — erweitert seine Kasse **41**.

Klöber Hr., T. d. (Ob Vater des Folgenden?) 1809—12.

Klöber Hr., T.b.u. munt. L.; 1832.

Klee gewöhnlich f. d. Väter u. Mütter noch gebraucht, besonders im komischen.

Klee. S. Kanalbrücke.

Klimsen Hr., ch. T. 1854.

Altmutter Hr., b. d. 1840 u. 41 eine 1843—51 u. 1860, als Intr. 1840—51. — Altmutter b. j. Oh. T. u. Souffleur kam zum Th. nach ... 1834.

Amalie, Prinzessin v. Sachsen, ... Th....: d. Oheim; Vigr. u. Wahrheit; die Braut aus d. Residenz **90**; d. Landwirth **94**; d. Berichtigungstag, Vor Hort d. Fürsten **95**.

Aman K. Aug. Hr., Direktor d. Isar-Thea. **134**.

Am... Hr., ... 1843—44

Ambrosio Hr., L. ... Haßling, als G. auf Carls Grab u. Ballet v. München **105**.

Ammergau (Ober) Passionsspiele **3**.

Amor. S. Vorhang **39**.

Amor Hr., 1. kom. Tänz.; L.; Chor.; Fr. Amor Karol. Soub.; singt u. tanzt 1779.

Amphitheater d. Römer **1** u. **2**.

Ams Hr. (a. Ambs) 1. V.; Offiziere, a. kom. R. tanzt u. singt 2. P. Fr. Ams, kom. M. sig. 1779 u. 83.

Amt. S. Almosenamt.

Auber Hr., ernste V. 1858; — Fr. Auber-Durmont trag. L.; 1858 u. 59. als G. am S. Th. **112**.

Anders Hr., 1. T. als G. v. Breslau **77**.

André Hr., Bar.; n. L. F. 1845.

Anf. Abkürzung für Anfänger oder Anfängerin.

Anfang d. Tragödie u. d. Lust **3**.

— — d. deutschen Th. speziell **4**.

—, — d. französischen durch d. Troubadours **5**.

—, — d. Saison. S. d. einzelnen Direktorn.

— — der Vorstellungen: 1744 2 Uhr **32**; bei Wei; 3 Uhr **29**; 1755, $\frac{1}{2}$ 6 Uhr **31**; 1769: b. u. $\frac{1}{2}$ 6 Uhr **43**; auf einem Zettel von 1780 steht die Bemerkung, daß d. Th. „laut hoher Erinnerung" punkto $\frac{1}{2}$ 6 Uhr beginne, damit es gleich nach 8 Uhr geendet ist; (Warum?) 1786. 6 Uhr **51**; 1805: $4\frac{1}{2}$ Uhr **64**; 1807—9: 6 u. $\frac{1}{2}$ 7 Uhr **68**; 1809—12 sehr abwechselnd von 5 b. $\frac{1}{2}$ 7 Uhr, oft in einer u. derselben Woche **70**, 1827: 6 Uhr **83**. Bei Sommerauer und Weinmüller regelmäßig 6 Uhr b. 1831; b. Rotthammer $\frac{1}{2}$ 7 Uhr **90**. Jetzt ... um 7 Uhr u. im S. Th. ... $7\frac{1}{2}$ Uhr.

Angely Hr. Louis, Lustsp.-Dichter v. lauter Eintags-Fliegen b. auf „das Fest d. Handwerker", welches sich etwas länger erhielt.

Ankauf. S. Dekorationen, Garderobe, Inventar, a. Bau d. Th.

Ankleider. S. Garderobier.

Anna-Gymnasium 2 Jubiläum **28**; Studenten-Th. **16**; Kollegium **28**.

Annoni Hr., sent. L.; (S. a. Müller-Annoni) 1813.

Ansässige. S. Hiesige Verheirathete.

Ansager. S. Theater-Diener.

Anschaffungen. S. Bibliothek, Dekorationen, Garderobe, Inventar, Zuschuß u. Bau.

Anschütz Fr. S. Müller-Anschütz

Anschütz Fl., sent. L. 1829, 30 u 31. erste M. 1852.

Anstalten (Studien-) S. Studenten-Theater.

Anst. Abkürzung für:

Anstands-Rollen. Wird v. Väter-, Mütter- u. Liebhaber-Rollen gebraucht

Apparat (Hydro-Oxigen-Gas-) S Gäste V. D.

Araber. Gymnastiker-Ges. als G; unter Sidi Mohammed, Ben Sai, Mustapha Blsn, u. Beni Zoug-Zoug. **95, 102, 103, 105, 113, 117, 122.**

Armenhaus als Th. vorgeschlagen **41**.

Armenpflege. S. Almosenamt.

Armitter Fr., Lyr. Säng. 1844.

Arnold Hr., 1. T. 1854 u. 55.

Arnold Hr., ernste V. 1864; G. im S. Th. **118**.

Arnnrius Hr., 1. T. 1862.

Artenbach Hr., Ch.-Repetiter 1865 b. 68. Muf.-Dir. im S. Th. 1867.

Artikul. S. Gesetze.

Artin Fl. S. Fr. Schikaneder.

Ascher Hr., Kl kom. R. später berühmter Komiker 1845.

Assoluta (Prima Donna) = 1. Säng.

Athleten. S. Gymnastiker bei d. G. VI. F.

Aubele Fl. d. ä. Ch. A. v. 1833 b. 1840 — Aubele Fl. d. j. auch Ch. A. v. 1843—47 dann 1857 f. ll. P. nebst Kind Helene 1846 f. Kinder-Rollen.

Auber Hr., franz. Op.-Komp.; das Konzert am Hofe, d. Schnee u. Maurer u. Schlosser **84**; d. Stumme v. Portici **86**; Fra Diavolo **87**; der Zweikampf **90**; d. Brauer v. Preston **94**; d. Maskenball **95**; d. Teufels Antheil **98**.

Aubry (Hund des) S. Hund.

Auernheimer Hr. Gg. Leonh. baut in Nürnberg auf eigene Rechnung ein Theater **39**.

Auffenberg Hr., deutscher dramat. Dichter; Viola u. d. Syracuser **78**; Ludwig XI. **85**; Richard Löwenherz **90**; Löwe v. Kurdistan **106**.

Aushören. S. Mstr.-Säng. Studenten- u. Schultheater; Jesuitenorden.

Auflösung. S. Bankrott.

Augsburg und Augsburger. S. Hiesige. Augusta 1.

August Fl. Kl. R.; S. Th. 1865.

Augusti Hr. J. L. kam schon 1815 nach Mch., wo er bis zu seinem Tode beliebter Kom. war 1809—12. —

Augusti Hr., Sohn d. Vor.: mun'. L.; v. 1832 b. 37 kömmt ans Hof-Th. in Stuttgart **91**.

Aulep Hr., Ch. T. 1859.

Aumann Hr., Kalkant v. 1857—67.

Aurely Fl. S. Fl. Ruhr.

Balletzeit.
>a. tanzen können mußte. Mit 1800 findet man Tanzkundige immer nur vereinzelt. S. d Mitg.=Tabellen.

Ballhaus altes wird abgetragen. (S. a. Vaux-halls.)

Ballmann Fl., Soub.; u. k. Z. 1852.

Ballo Fl., 1. Säng., jugend. R. im Lustsp. 1780.

Ballon (Luft=) **52.**

Balzer Hr., Ch. T.; N. R. u. P. 1868.

Bande alter Ausdruck f. Th.=Ges. **19.**

Bandel Hr., B. Ch. Hautboist **78;** 1842 — 47.

Bannhardt Hr. J., B. Ch.; Gr. R. u. P.; v. 1853 — 57 dann 1861 u. 62. 1875 u. k. Z. S. Fl. Büchl u. Sigrist.

Bankrott. S. Rothhammer, Schemenauer, Schleppegrell, Voltolini. Akkordirt haben Banini u. Weinmüller Johann.

Bar. Abkürzung für Barytonstimme.

Barfüßerkirche als Schauplatz d. Mstr.=Säng. **12.**

Barth Fl. S. Hassell=Barth.

Barth Fl. Ch. Sop. 1859.

Bartholemy Hr., tiefer B. 1831.

Bartsch Fl. Maria, 1. L. 1863.

Bartsch Fl. Ottilie, Lyr. Säng. 1865. Als G. am S. Th. **119.**

Bartsch=Bork Fr., Ernste M.; u. k. Z. 1868.

Baryton, neuere Benennung seit 1825 ungefähr für „hoher Baß." S. d. Mitgl.=Tabellen.

Baschil. S Kratky=Baschil.

Basini. S. Cecca-Basini.

Baßle Hr., Spiel=T.; L.; u. k. Z. 1852.

Baßbuffo. Kom. B. B. Sind meist im Sch. a. Kom. o. launige B. S. d. Mitgl.=Tabellen.

Baß hoher. S. Baryton. Baß tiefer, gewöhnlich 1. Baß gen. spielt häufig im Sch. a. ernste B.

Bau d. römisch. Th. aus Backsteinen **1;** erstes deutsches **3;** d. Th. in Dresden, Hamburg, Leipzig, München, Wien, Würzburg **23;** Nürnberg **39;** Abbruch des Ballhauses u. Bau der Stadtbibliothek **16;** des 1. Th. h. in d. Jakober Vorstadt **18;** o. Jesuiten=Klosters **24;** d. Jesuiten Th. (Reitschule) **25;** d. Fechtschule (Opernhaus) **27;** dasselbe wird abgetragen **28;** d. Th. bei St. Anna **28;** d. protest. Kollegiums **28;** d. 2. Th. in d. Jakober Vorstadt **35, 45;** Kosten e. Bau's u. Beschreibung desselben **36.**

Bau der Schießel'schen Häuser (anno 1846) **36;** Ankauf v. d. Stiftung **42, 88;** Pacht dafür v. e. Stiftung übernommen **79;** d Miethe erlassen **90;** gehen an die Stadt über **94;** Eingerissen u. dafür das neue Hintergebäude **88.**

Bau=Kosten. S. Zuschüsse.

Bau=Meister. S. Grundtner, Müller J. S., Stuart.

Bau=Rechnungen. S. Zuschüsse.

Bau=Reparaturen **18, 39, 41, 74, 89.**

Bau=Verschönerungen. Gas=Einrichtung, S. Beleuchtung; Bühnen Podium neu gelegt **101, 122;** transparente Uhr **93;** Gallerietreppen **96 105;** d. Zuschauer=Raumes Proszenium, S. a. Plafond u. Sperrsitz **98, 108, 122.**

Becker Fl. Elise.
heirathete hier; desgl. noch 2 Ge=
schwister v. Marie für Kinder=
Rollen 1856—58.

Becker Gustav Hr., Char. u. Reg.
d. Sch. 1872.

Bedeutende. S. Dichter, Gäste,
Komponisten, Künstler, Meistersänger,
Minnesänger.

Bediente früher eines der 1. Fächer
als intriguirende u. pfiffige Bursche,
jetzt nur mehr unter kleinen Rollen
begriffen.

Bedingungen. S. Kontrakt.

Beduinen. S. Abdallah u. Rhigas 93.

Beeg Fl. Thea. Munt. L. 1865.

Beeinträchtigung. S. Meistersänger.

Beer Hr. Michael, Tr.=Dichter v.
„Struensee"; mit Musik von seinem
Bruder Meyerbeer 85.

Beethoven Hr. (Louis van) Fidelio
z. E. d. 18. Sptbr. 1835. 90. —
Dann die Musik zu Egmont v. Göthe.
Oktbr. 91.

Beginn d. Vorstellungen. S. Anfang.

Begräbniß. S. Gestorben.

Beheizung. S. Heizung.

Behrendt=Brand Fr. Säng. als
G. v. Mchn. 110.

Behrens Hr. Eduard, Helden; Reg.
d. Sch.; v. 1847 — 51.

Beier Hr., munt. L. 1803.

Beier Hr , munt. L.; S Th. 1863

Beils Hr., 1. T.; 1821 eing. u. abg.
nach Maiers; dann 1826 als G.
von Kassel 81, 85.

Beisch Hr., Garderobier; fl. R ;
S. Th. v. 1868 — 70

Beisler Hr., kön. Stdt.=Kommissär
u. Reggs=Rath, Mitglied d. 2 Komite
82.

Beisteiner Fr. S. Fr. Czabon

Beleuchter. S. d. Mitgl.=Tabellen

Beleuchtung. Auf d. Stadt=Kasse
übernommen 102; Lüstre mit Oel=
lampen 96; Lüstre u. Fußlampen
mit Gas 103; einige Vorder=Kulissen
mit desgl. 104; Orchester, 4 Kulissen,
Souffleur u. Garderoben 105; weitere
3 Kulissen 109; Oberbeleuchtung
u. Logen 117.

Bell Fr. Kassen=Kontrollenrin von
1807 — 1820

Belleville, Fl , 3. Säng. 1839.

Bellini Hr., ital. Op.=Komp. —
Norma, Unbekannte, Romeo u. Julie
90; Nachtwandlerin 94; Beatrice
di Tenda, Puritaner 96.

Bellmont Hr., Gsgs=Kom.; Alte;
S. Th. 1865.

Bellomo Hr., 2. T.; L.; — Dessen
Frau, Lyr. Säng. 1780.

Belustigungen. S. Verbot.

Belz Hr., Chor=Repetitor v. Stuttg.;
Kl R.; 1820 — 23. 78.

Benda Fl., Anst.=R. u. kl. Z 1821.

Bendel Hr., Souffleur 1842.

Bender Fr. Emma, Anst.=R. 1847.

Benedikt Hr., tiefer B. 1874.

Benedix Hr. Robert, Lustsp.=Dichter
3. Nov 1840 sein 1 Stück „das
bemooste Haupt" 95; Dr Wespe 95;
die Sonntags=Jäger 98; d Steck
brief, d. Weiberfeind 99; d. alte
Magister 101; d. Vetter 102;
Eigensinn 103; d. Kaufmann, d.
Hochzeitsreise 104; d. Gefängniß,
der Liebesbrief 105; d. Lügen 106;
Mathilde, Ein Lustspiel, Eine Künstlerin
Angela 108; Eine alte Jungfer, d.
Dienstboten, auf dem Lande 109;
d. Eifersüchtigen 110; d. Stiefmutter,

Benedix Hr. Rod., luftg. Dichter. s. Pasquillanten **112**; d. Störenfried vom 15. Sptbr. an 5 mal, d. Franzen, die Banditen **113**; Gegensätze, Sammelwuth **113**; d. zärtlichen Verwandten den 27. Sptbr. z. E. dann nach 7 mal **119**; d. verliebten Studenten, Aschenbrödel **122**, Er will nicht sterben S. Th. **123**, 1814, Roln **125**. Also im Ganzen 34 Stück hier gegeben.

Benennungen d. Töne d. Meistergesangs **7**.

Bengen Hr., Ch. B. auch P. 1861.

Beni Zoug-Zoug S. Maber.

Benjamin Fl., munt. L. 1808 u. 9.

Benke Hr. Albert, 1. L u. Reg. d. Sch. 1866. Im S. Th. 1867.

Benner Hr., gel. L; Fr. Benner, munt L. 1803 — 6.

Benoni Hr., Dir. einer franz. Th. Ges. als G **87**.

Ben Say S. Maber.

Berechnung S. Abgaben.

Berg Fl. Klara, Colt L; S. Th. 1870, auch im St Th. n. l. A. 1874 — Ob aber beide dasselbe?

Berg Fl. Marie, munt. L; S. Th. 1862 u. 63; ihre Tochter Klara a. munt. L; S. Th; 1872.

Berger Hr., theatral-Tänzer, die Gattin. Marie v. Mchn. **94** Helene **95**; d. Seehandlung **95**; Ihm Gott am Hofe **102**, d. Erbprinzess **103**.

Berger Hr., Tenor; **44** u. 1789. Ob dasmal derselbe?

Berger Hr., geb. b; (S. Komik von oben) 1794 — 95.

Berger Hr., Ch. L; 1832 — 37.

Berger Hr., Ch. T: (Ob wieder der Ber.?) 1850.

Berger Hr., Ch. B. 1862.

Berger Fl., d. ä., Ch. Sop. 1865. Berger d. j., Ch. Sop. 1865, 1867 u. 1870; beim S. Th. für L. 1872.

Berger Fr als Fl. Geiger b. eng. als sent. L. 1835 kam nach Mchn. v. dort als G. **96**.

Berger Fl. Anna, Säng.; S. Th. 1866; als G. v. Mchn. S. Th. **125**.

Bergheim Hr., sent L. 1803

Bergheim Fl., Ch. Sop. 1857.

Bergmüller Hr. Georg, Maler d. Jesuiten-Th. **26**.

Bergopzoomer Hr. Joh. Bapt. geb. zu Wien 1744, machte d. 7jährigen Krieg mit, deb. 1764; später selbst Dir. in Prag, berühmter Tyrannen Agent, auch Th.-Dichter 1769.

Bergsänger (Pyrenäen Säng.) als G **102**.

Berka Hr., munt. L; Fr. Berka, sent. L 1801 u. 1803.

Bern. S. Reisen der Gesellschaft.

Bernard Hr. Charles, gen. Donato II einbeiniger Tanz als G. **117**.

Bernarden, fom. Maske eines liederlichen teutschen Buben S Hr. v. Kurz.

Bernst Fl., Ch. Sop; II. R: S. Th. 1871.

Berner Hr Felix, geb. in Wien 1738 Dir. einer Kinder-Ges. **43**, v. Erwachsenen **47**, **48**. Dieser Mann der bei Bildung seiner Kinder-Ges. von dem Gedanken ausging, eine Pflanzschule guter Schspkr. durch die Beschäftigung von Jugend auf in Altern, führte diese Gesellschaft von nicht weniger als 40 Kindern von

Berner Hr. Felix.

1761 an durch das ganze südliche u. westliche Deutschland, gab Tragödien, Lustspiele, Opern u. besonders ganz ungewöhnlich gute Ballete. Sonderbar genug aber entsprach später auch nicht Einer der herangewachsenen Dressur‑Künstler dem angegebenen Zwecke des Direktors. Er starb in Wien 1787 in guten Glücksumständen. Seine Tochter S. Fr. Peyerl.

Berninger Hr. Ludwig. Anf.; später berühmter Charakter‑Spieler in Oldenburg 1817.

Berulocher Hr., Ch. T.; Kl. R. u. P. 1873 u. 74.

Bertelli Fl., Lyr. Säng. n. k. Z. 1873.

Berthold Hr., sent. L.; S. Th. 1863.

Bertoli Hr., Jos., Munt. L.; singt; S. Th. trat später ein 1869.

Bertoli Hr., wie früher 1871; — Fr. Bertoli Mar., Lokal‑Säng. 1871.

Bertram Hr., Souffleur; n. k. Z. 1861.

Bertram‑Mayer Fr., Marie, Altistin als G. v. Mannheim **133.**

Berühmte. S. Bedeutende.

Beschäftigung bürgerl. haben ergriffen: S. Hiesige.

Beschort Hr., Friedr. Jonas geb. 1767 zu Hanau, seit 1786 beim Theater, also hier als 20jähriger Mensch u. einjähr. Anf., der schon 1796 in Berlin deb., wo ihm als langjährigen Liebling d. Publikums zu seinem 50jährigen Jubiläum, davon 40 Jahre in Berlin, den 12. Okt. 1836 vom Publikum und seinen

Kollegen eine rührende Festlichkeit bereitet wurde. Doch als kleines Pröbchen, wie man damals noch hier über d. Schsplr.‑Stand dachte, mag hier ein Auszug aus einer handschriftlichen Nachricht — von Greif — über diese Ges. stehen, besonders diesen Künstler betreffend: „Er spielte den „Galanthomme so edel und mit so „viel Anstand u. Natur, daß er ihn „gewiß mit demselben Erfolge auf „dem großen Th. d. Welt spielen „könnte, wenn ihn nicht Liebe zur „Freiheit, zur Veränderung, zum „Reisen, der beinahe uneinge„schränkte Umgang mit dem „schönen Geschlecht und die „schmeichelnde Hoffnung entweder selbst „Prinzipal zu werden, oder sein Glück „an einem Hofe zu machen, („was sich „bei ihm bald erfüllte") in der **er‑** „**niedrigenden Klasse** erhielte, die „sich Jedem um 6 kr. produzirt." Hier spielte er L. in Lnst. u. Tr. u. war seiner hübschen Stimme wegen auch ein angenehmer Sänger 1787.

Beschränktheit d. Bühne **39.**

Beschränkungen d. Direktion. S. Kontrakt.

Beschwerden. S. Mstr.‑Säng. u. Klagen.

Bethge Hr., kom. V. 1780.

Bethge‑Truhn Fr. Elise, Schsplrn. als G. v. Schwerin **119.**

Beurer Hr. Karl, Char.; sein Wirken **96, 99. 104** u. **105**; Dir d. 1. mal 1841—43, Dir. d. 2. mal 1851 ohne zu spielen; privatisirte hier u. starb 9. Dez. 1868. Uebergiebt sein Inventar an Ubrich **121.**

Beuter Fr. Aug., geb. Klingemann;
(S. diese u. Haas) besorgte d. Kasse
u. häufig die Op.-Regie.

Beyschlag Hr., Dr. Dan. Eberh.
Rektor bei St. Anna. Sein Aufsatz
über die hies. Meister-Sänger als
Gelegenheitschrift bei d. Preisevertheilung 1807 wurde fleißig benützt. **15.**

Bez. Abkürzung für „beziehungsweise."

Bianchi Hr. (S. Fr. Chelly) ital.
Säng. als G. **72.**

Brazzi Fl. Franziska, Colorat.-Säng.
1875.

Bibliothek Schemenauers (Opern)
74, an d. Komite verkauft **80;**
v. d. an d. Stdt. **84;** wird versteigert **101.**

— . d. Th. Ihr eingebildeter Werth
116.

Bibliothekgebäude der Stdt. bei
St. Anna als Th. benützt **16;** neu
eingerichtet **28.**

Biblische Stoffe d. 1. Sch. **3;** S. a.
classische Darstellg.

Bichler. S. Büchler.

Bieler Hr. Franz Dom-Kapellmstr.
hier, komponirte viele Musik zu
Trauerdramen u. Chöre zu Sch. auch
eine Chor „das Gespenst" **68.**

Bieler Hr., T. b.; n. k. Z. 1864.

Bieler Hr., (Bier, Bührer) T. Th.
1862; im S. Th. 1867.

Bieray Hr., deutscher Op.-Komp.
Wohl außer unserm Zeitraume vor
1817 l. S. **70.**

Biermüller Fl., geb. Nauwerk v.
Leipzig Th. Dep. 1834—36.

Bilau Hr., 1. jug. L in Tr. u.
Dr.; auch Karrikatur-R. im Trefl
auch Bölna 1780.

Bilder (Gemähld.) S. Dekorationen.

Bildniß. S. Portrait.

Bille Hr., Friedr. (Fach?) abg. **81.**
1826.

Billet. S. Preise d. Plätze.

Bils Hr., munt. L. 1845.

Binder Hr., tiefer B. Den hiesigen
Bierwirthen und Trinkern gleich dem
dicken Hesse eine unvergeßliche Persönlichkeit; endete als Bänkelsänger
in Wien. 1860.

Binder Hr. Eduard B.; Reg. Fr.
Binder Christ., kom. M. beide
S. Th. 1864.

Birch-Pfeiffer Fr. Charl., geb. 1800
in Stuttgart, kam mit ihrem Vater
dem Ober-Kriegsrath Pfeiffer bald
nach Mchn. Mit 13 Jahren schon
körperlich entwickelt wurde sie dort
schon sehr frühe als trag. L. u. junge
Heldin engagirt, doch sang sie auch
mit Glück Altparthieen wie Tankred,
Page in Johann v. Paris u. A.,
worin ich sie selbst nebst ihrer Schwester
(S. b) in Aschaffenburg gesehen habe.
Als G. v. Mchn. noch als Fl. **74.**
78, 80; als G. v. Mchn. als verheirathet (**87**) **89, 90;** als Dichterin
100; Pfeffer-Rösl **86;** Schloß
Greifenstein, d. Walpurgisnacht, Alte
Liebe rostet nicht **87;** Fra Bartholo-
mäo, d. Verwaiste **87;** Robert der
Teufel als Sch. **88;** Graf Szapari,
d. Engländer in Paris Posse, Hinko,
d. Leichenräuber **89;** d. Glöckner v.
Notre-Dame **89;** Johannes Gutten-
berg **90;** d. Günstlinge, Rubens in
Madrid **93;** Scheibentoni im 1 Jahre
8 mal **94;** Onkel u. Nichte, **94;**
Steffen Langer **95;** Nacht u. Morgen
96; der beste Arzt **98;** Mutter
und Sohn **99;** Marquise v Vilette,

Bonhak Mina d. J. Ch. Sop.;

Bonhak Fl. d. j., 3. Säng.; dann noch Nannette u. Marie s. Kinder-Rollen 1833.

Bonvivants gehört zu Chargen u. munt. L.

Borchers Hr. Dav. geb. in Hamburg 1744 deb. 1764. Hier 1786 berühmter Akteur in munt. L. u. Königen; großes Genie, aber leidenschaftlicher Spieler, oft in Theater-Almanachen abgebildet. Auch Th.-Dichter. Später Dir. einer Ges. v. lauter jung. Frauenzimmern. Starb 1796.

Bordasch Hr., Ernste B. u. Reg. d. Sch. 1852.

Borkmann Hr., Balletmstr als G. **77.**

Bormuth, Hr., Maler u. Maschinist als G. v. Stuttgart, richtete d. Wolfsschlucht neu ein **119.**

Boßler Hr., Gr. R.; Insp. 1859.

Boucher Hr., lyr. T.; eing. u. abg. 1822.

Bourchet Fl. Karoline, Tänz. als G. v. Mch. **102.**

Bourlier Fl., Ch. Sop. — hier verheirathet — v. 1844 — 50.

Brachvogel Hr. A. E., Sch.-Dichter Narciß **110**; b. Tröbler **113**; b. Prinzessin v. Montpensier **119**; Harfenschule **123.**

Brähmer Hr. E., 2. Garb. 1875.

Brand. S. Behrendt-Brand, Brandin u. Brandt; im Mstr.-Säng.-Th. **18**; im Puppen-Th. **63**; v. Moskau als Tableau **71**; v. Hamburg (**95**) ein blinder Feuerlärm im St Th. d. 12. Dzbr. 1853 ging durch Engelkens Besonnenheit ohne Unglück vorüber. Ebenso eine Gas-Explosion während einer Orchesterprobe, die nur

ein zerschlagenes Biolencell kostete. Unter Ubrich. Logenbrand **134.**

Brand Hr., Souffleur; Fr. Brand Christ., Soub. 1787.

Brand Hr., Kl. R., Ch., S. Th. 1872.

Branden Fl., Kl. R.; S. Th. 1860.

Brandes Hr., 1. T. als G. v. Mchn. **108.**

Brandin Fl., (Brand) junge L; Schäfer, zänkische Weiber in Sch. u. Sgspl.; tanzt auch (S. Männerrollen) 1781. **48.**

Brandl Hr., 1. kom. B., Juden, kom. R.; hoher B. 1779. Fr. Brandl, zärtl. u. schwatzhafte M.; affectirte Damen in Lust.; Königinen im Tr. 1779 u. 82.

Brandmeier Hr., Ch. T. 1845.

Brandstetter Hr., (Fach?) 1779.

Brandstrupp Fl. Lina, Tänz. als G. v. Mch. **110.**

Brandt Hr., Ch. T.; (ob immer derselbe?) 1858, 60, 62 u. 63 S. Th. 61.

Brandt Hr., Mus.-Dir. 1793 u. 1805.

Brandt Fr., M. in d. Op.; Sohn u. Tochter (Fächer?) 1805.

Branitzka Fl., Tänz. als G. v. Mch. **113, 117.**

Brauer Fr. S. Düringer-Brauer.

Brauer Hr., Ch. B. 1854.

Brauckmann Hr., 1. T. 1852.

Braun Hr. Placidus, Geschichte d. Bischöfe v. Augsburg. 4 Bde. 1813. Quellenwerk.

Braun Hr., 1. L., junge Helden, singt Tenor 1789 u. 90.

Braun Hr. Georg, Mus.-Dir u. Bar. auch guter Väterspieler u. Dichter 1807 b. 1809; 1819 Dir. in Nürnberg, 1824 Oekonomie-Inspektor am Hof-

Th. in M.G. Auch 1809—12; Op
Reg. 1815.

Braun Fr., Säng. u. deren Kind
Fritz 1809—12; 1815.

Braun Hr., Insp. 1841; Ch. T. u.
R. V.; 1845 u 46; 1855.

Braun Fl., Ch. u. 1863.

Braunmüller Hr., Char.; — Fr.
Braunm. l.P. 1799; 1800 u. 1814

Brauns Fl. d. ä., lyr. Säng.; d. j.,
Soub. 1851, d. erstere als S. **106.**

Braunsberg Fl., Soub 1864.

Brauns Hr., sent. L. 1841.

Bravour. S. Sängerin.

Bregenz. S. Reisen der Ges.

Breite. S. Bühnenmaße **37.**

Breiting Hr., gen. d. Riesen-T.;
G. v. Berlin **85, 87.**

Bremer Fr., gef. L. u. Karl ihr
Kind 1805 u. 1806.

Brenken Fl Aug, lyr. Säng v.
1859 b. 63. Ihr Wirken **114.**

Brentano Hr., Char. 1819 eing.
u. abg.

Briccialdi Hr., Flt. Virt als G. **96.**

Brizel Hr., kl. R; S. Th. 1869.

Brizzi Hr., 1. T u. Fl Brizzi
Karol, Säng. als G. v. M.G. **72.**

Brochard Hr. Lambert, Säng. u.
Fl Broch, Säng. **31.**

Brod Fl. Fanny, munt. L 1842;
als G. v. Karlsruh **94.**

Brod Hr., Ch. T. 1845.

Brockmann Hr. Franz Karl geb 1745
zu Graz, det. 1760, kam 1764 zu
Th. v. Kurz, wo er 1769 hier b.
sm. Char. e Kreuzer spielte; 1776
war er schon der berühmteste Tragöde
unter Schröder in Hamburg, u. wurde
als Hamlet, den er zuerst auf d. deutsche
Bühne brachte „hervorgerufen" —

damals noch ein Wunder Chodowiecki
stach sein Bild in Kupfer u. Abramson
prägte eine Medaille auf ihn.

Broda Hr., Isidor, B. b. 1864.

Brößner Fl., Ch. Sop.; kl. R 1874.

Broßt Hr., 1. T. als G. 4mal **122.**

Broßmann Fl, 1. Säng., n. l. J.
1852.

Brousil'sche Kinder Adolph, Albin,
Alexs, Antonie, Bertha, Cäcilie, Mus.-
Ges. aus Prag als G. **109.**

Brückmann Hr., Ch. T. 1854.

Brückner Hr., 2. T. 1833.

Brügmann, Hr., Ernste V.; trat
später ein 1873.

Brunian Joh. Jos, Dir. einer italien.
Ballet- (Pantomimen-) Ges. **31.**

Brunnenmeier Hr. Kasp., 1. Kinderkomödien mit Schulknaben **13.**

Buchholz Hr. Robert, Helden 1865.

Buchner Hr., Ch. T. 1835.

Buchwald Hr. Ludwig, Ernste V. u.
Reg. 1870.

Büchl Fl., Ch. Sop. 1852 u. 53.
Verheir. mit Hr. Bannhardt (S. a.
Sigrist) 1875.

Büchler Hr., Ch. V. 1823.

Büchner Hr., Joh. Ludw., geb. 1754
in Frankfurt a. M. nanute sich oft
auch umgekehrt „Renschüb" (Fach?)
Dir. 1801 u 2. **62, 69.**

Büchsenmeister, Kammerd. Mstr. S. **7.**

Bühler Hr., Bar. 1848.

Bühne. S. Theater. Podium.

Bühnenmaße **37.**

Bünger-Becker Fr Helene, ernste
M; starb hier am Nervenfieber 1870.

Bünsow Hr., Kom. R. Ersteing. 1812.

Bürger Hr., Ch Ten 1871.

Bürger-Komödien und bürgerliche Gesellschaften. S. Liebh-Th.

Bürgerliche Beschäftigung haben ergriffen vom hies. Th. aus. S. Hiesige.

Bürgermeister S. Freiplätze.

Bürgerrecht für Schausp. S. Hier Verheirathet.

Büffel Hr., 1. B.; Fr. Büffel, 2. Säng. 1859.

Büßer fromme **15.**

Buffo für kom. Sing.P. Baßbuffo (B. b.) Tenorbuffo (T. b.)

Buliovsky Fls. Eveline u. Marie, Tänz. S. Th. 1866.

Buljowsky Fr. v. Lilli, Gast von Frankfurt **112, 118, 123.**

Bulla Hr. Frz., Dir. mit Seipp 1780.

Burger Hr., Ch. T. (Ob beidemal derselbe?) 1842, 1859. S. Th. 1875.

Burger Fl., Ch. Sop.; S.Th. 1869.

Burghard Hr., Ch. B. U. R.; S. Th. 1873.

Burgraf Hr., Helden, Reg. d. Sch.; v. 1853—56. Dessen Fr. als G. v. Hamburg **109.**

Burgstaller Fl., sent. L. 1794.

Burkardt Hr., Metzgersohn v. h.; Ch. B.; U. P. 1838—42.

Burkhart Hr., 1. T. (1. Prophet) Fr. Burkh 2. Säng. 1850.

Burkhart Hr., Garderobe-Gehilfe; v. 1854—60.

Burkhart Hr., Puppenspieler h. **64.**

Burkhart Hr., Ch. B., U. R. u. P. 1871.

Burmeister Hr. Friedr., geb. 1771, deb. 1794, ernste B.; schon 1810 in Dresden, rang er später als Heldenvater mit Eßlair um d. Preis. 1807.

Burmeister Fr. Sophie, zärtl. M., singt a.; trat erst nach ihm ein 1809.

Burmeister Hr., ernste B. 1848.

Burmeister Hr. Herm.; 1866. Nicht verw. m. d. Vor.

Bursche naive oder Naturbursche. Bezeichnung v. ganz jug. L.-R., die munter sind; auch Dümmlinge.

Busch Fr. v., Schsplrn. als G. von Frankfurt **77.**

Busch Hr., Schsplr. als G. v. Karlsruhe **123.**

Buse Fl. Ida, Soub., S. Th. 1863.

Busse Fl., 1. L. 1833.

Busse Hr., Ch. B., U. L. 1870.

Butsch Hr., Bar., v. 1835—37; wurde Antiquar **91.**

Butze Fr. Sophie, kom. M.; S. Th; Kinder: Johanna, später L. R.; dann Klara u. Gustav, Kinder-R. v. 1872 b. 74.

Bur Fl. Josepha v. h.; Kinder-R. v. 1823—29; beim Ch. 1829—45.

Buzmann Hr., Ch. B. 1860; im S. Th. 1861.

Bywater Fl. Jenny, 1. Säng. 1863.

C. Was nicht ganz d. allgem. Schreibgebrauche zuwiderlief, ist mit K geschrieben.

Cadell Fl., Adelaide, sent. L. 1863.

Calipoliti Fls., Alexandra und Marie Tänz. als Gäste v. Petersburg, S. Th **114,** im St. Th. **118.**

Candler Hrn., Brüder, Equilibristen als G. **101.**

Cantarelli Hr. Matteo, kom T. P. auch Reg. 1869, 1872, 73 u. 74. Fr. Cantarelli, kom. M. in Lust- u. Sgspl. 1869.

Canzoni villanesche, Villanellen, Bauernspiele **9.**

Capnio (Johann Reuchlin) **10.**

Cavo Hr. Andrea-Ferro, Dir. einer
ital. Pantomimen-Gesellschaft **30.**
Cavelle Hr. berühmter Polichinell
als G. **87.**
Carl Hr. Dir. d. Theater-Th. in
Mch. als G. in Hessen u. kom. R.
(**71**) **73. 77.** Dessen Frau Schksprn.
G. v. Mch. **71. 72. 73. 77.**
Carli Hr. (bald Carly bald Carli)
früher jung kom. später kom. V. 1795;
v. Komite entlassen **58.** dann 1802
b. 1805 u 1809—12; n f. Z. 1817.
Carli Hr. Char. S Th. 1875 u.
Fr. Carli geb. Vorm. 1875.
Carli Fr. (Fach) 1808.
Carlmüller Hr. S b. 1863. Im
S Th. Chgh.Kom 1866.
Carlo Hr. Var. n f. Z. 1865.
Carmoni Hr. 2 T. 1808; 1816.
Carode Hr. Karl (De Caro) sent
1871 als Gast **133.**
Caroline Hr. (oder Lini?) u. dessen
Frau (Rösel?) 1862.
Carlo Hr. al R.; a f Z. 1870.
Cassel Hr. Th. einer franz. Tänz.
Ges. (S Oroni) **87.**
Catalani Fr. Angelica, berühmte
Tänz als G. **82.**
Catterfeld Hr. 1. v.; n f Z;
sagt auch; 1827.
Casalla Hr. Maj.-Dir. v b. 1868.
Cecca-Vassi Fr. 1. Tänz. 1845.
Celebritäten. S Künstler.
Celestina, Sch u Rost Cotta und
Gerber **10.**
Ch. als Abkürzung für Charlt v.
Charlta. Ch. A. = Char-Alt;
Ch. B. = Char-Bass; Ch. Sop. =
Char Sopran v. Ch. T. = Char Tenor.
Chor als Abkürzung für:
Charakterspieler. Eine neuere Be-

nennung für jedes Rollenfach, das
dieselbe beanspruchen. Namentlich
sind es neben d. früheren Intriguants
(S. d.) die dankbarsten kom. Alten,
sowie Chargen (S. d.) die sie unter
Charakter begreifen.
Charfreitags-Prozession **15.**
Chargen. Ein früher sehr wichtiges,
jetzt erloschenes Fach für Gecken,
Chevaliers, Bourivants, pfiffige Bediente, Franzosen, blasirte Menschen;
im weiblichen Fache intriguirende
Kammerkätzchen oder Koketten, welche
man früher chargirte Rollen nannte.
In den Personal-Tabellen sind sie
mit den munt. Liebh. verbunden,
werden aber jetzt entweder d. Kom.
o. d. Char. zu Theil. In neuester
Zeit versteht man unter Chargen
nur mehr die größeren Nebenrollen.
Charitinnen. S. Vorhang **39.**
Charles Fl. Louise. Heldinnen. Kam
nach Weimar, wo sie Hrn. Savito
heirathete 1856.
Chatelet Hr. Aloys Vater, zuerst
als Beleuchter v. 1827—43, wo er
Diener der Ges. „Frohsinn" wurde;
dann Th. Diener und Beleuchter,
v. 1846—71. a im S. Th von
1860—71; Kalster im S. Th. 1867.
Starb b. an d. Blattern 1871 nachdem er alle 44 Jahre gewirkt. —
Dessen Frau, Requisiteurin v. 1853
b. 1876; a. S. Th. 1860—75.
Chatelet Joseph Sohn, Kinder-
R. 1859—60; Gehilfe d. Vaters
als Beleuchter u. nach dessen Tode
trat er in sein Stelle 1861—75.
Ch Klemens, Kinder-R. v 1859
† 64 d. Karoline Fl. Kinder-
R. v 1863—68.

Conradi Hr. Garderobier; fl. R.;
S. Th. 1870.

Constantin Fl. Marie, munt L,
a. Possen-Soub. 1866.

Copal Hr. Karl, Affenspieler als G. **94**

Cerdon Hr. J. Rollen 1769.

Cornelius Hr. Schspl. als G v.
Mainz **94.**

Correggio Hr. Joseph, lyr. T. 1844.

Corte Fl., Soub., n. f Z 1868.

Cossel Fl. Ch. A 1861 u. 62.

Cota Hr Rodrigo Sein Sch. Celestine
ward hier aus d. Spanischen übersetzt **10.**

Cottrely Hr. Heinrich, Chef einer
amerik. Tänz-Familie als G. **102.**

Courtilian S. Macken kom. u. Bedient

Coulser Hr. Joh. Sigism. (est auch
Kaiser) reist mit d. 1. deutschen Oper
23.

Cramer Hr. Wilhelm v. Stuttgart;
Bar. 1842.

Crelinger Hr Ludwig, Char. u. Reg.
d. Sch 1863.

Crophius Hr Phil. Jak. Rector v.
St. Anna-Gymnasium **28.**

Crova Joannes Franciscus, Dir. einer
Op.-Ges. **30.**

Crovelli Fl. Säng als G. **109.**

Cupplinger Hr Intrigant Mann
d. Folgenden. 1826.

Curzinger-Saß Fr. Jeanette, 1. v.
u. Anstands-R. v. 1829—37; als
erste M. v. 1839—41; dann 1854.
Ihre Kinder. S. das.

Curti Hr 1. L S. Th 1866.

Curtel Hr. kom. T. u. f. G. 1870.

Curti Hr. Richard, T. d. 1864 u.
Reg d. Op. 1866.

Czaben Hr. Bar. 1826 — Czybter

Mus. Dir. u. als solcher Gatte d.
Folgenden seit 1838.

Czaben Fr. Elise, 1. Säng. Reiste
und gastirte jedoch immer unter d.
Namen „Pohl-Beisteiner." Auch hier
engagirt 1843.

Czermak Hr. Jos. Kom.; S. Th.
1862 u. 63. Als G. v. Koburg **131.**

Czermak Fr. kom. M.; S. Th
1862 u. 63.

Czerny Hr. J. Karl, Mus.-Dir. 1868.
(S. Fl. Reniol)

Czichna Fl. lyr. Säng. v. 1844 b.
1847; dann 1848.

Cziscewsky Fl. d. ä. lyr. Säng. 1833.

Cziscewsky Fl. d. j. Eleonore Ch.
Sop. 1833.

D als Abkürzung gebraucht für: „der,
die, das, dem, den," auch „dieser,
diese, dieses" u. s. w. z. B. „S. d." =
Siehe diese; „d. ä." = der o. die
Ältere; „d. j." = der o die jüngere.
„d. h." = das heißt.

Daber Hr. (Fach?) 1780.

Dachlauer Hr. Ch. T. 1865.

Däubler Hr. Gertraute, 3. V. v.
1819 — 22.

Dahlstetig Hr. (ständig) Souffleur 1799.

Dahn Hr. u. seine 1. Frau Con-
stanze als G. v. Mchn. **95, 96,
98, 99, (102) 103.** Derselbe
mit Fr. Dahn-Hausmann 2. Fr.
(110) 112, 113.

D'Alayrac Hr. franz. Op.-Komp. liegt
außer unserm Zeitraume vor 1817.
S. S. **76.**

D'Alberti Hr. Souffleur, trat später
ein 1871.

Telefalefur Fr. Miranda Soub
S. Th. 1861.

Dem. Abkürzung für „Demoiselle.“

Demel Hr. Maschinist 1873 u 74.

Demharter Hr. Organist b. St. Ulrich
Chordirector 1815. Schrieb auch
eine Op in 1 Akt, Text von Mielach
— auch von b. — „die Rettung“ sowie
eine 2 v. Bührmann „d. schöne
Schlängerin“ in 1 Akt.

Demmer Hr. Ch. S. 1861.

Demmler Hr. Joh. Mich. Domorganist
herg. für Schulmelodien 14.

Demoiselle. Wird auf d. Zetteln
mit „Fräulein“ vertauscht 103.

Denüffe Hr. (Denüffe) Franz, Char.
auch Helden u. Th. Dichter 1776 u. 79

Denter Fl. Marie als S. v. Mch.
95, 96, 98, 101.

Denkhausen Hr. ernste u. kom. B;
auch Char. 1847.

Dannhberg Hrn. Brüder, Metamor
phosen Th. als S 71.

Dannewitz Hr. Kom. Mit; Thorgen
1842, auch Joh. 1844.

Danneslein Hr. langjähr. Kom.
am Stdt. Th. in Würzburg (S. der
selbe) dessen Geschichte d. Th. v. Würz
burg in eigenem Buche oft berührt wurde.

Danh Hr. hiesige dessen Sings a
M. 1814; kam nach Karls, Fr. Dan
Sophie geb. L; nebst deren Kindern
Wilhelm u. Karl für Klavier-M.

Danh Hr. Maler 1854.

Danzi Hr. Demelio, Dir. einer ital
Op-Ges. 30.

Derleth Hr. Kapu als Ch. S. 1839,
als B. b. 1850, 1861 — 63; als
Op-Komp „d. böse Kind“ 98.

De Rossi Hr. Taschenspieler als
Gast 77.

Dertinger Hr. vorzügl. Intriguant,
war blos 1808 hier, kam nach Mch.,
wo er sich entleibte.

Deschler Fl. Creszens. v. hier; Ch.
Sep. 1827 u. 28.

Dessales Hr. Filippo, Dir. einer
ital. Op.-Ges. 31.

Deslanne Hr. Louis, Erfinder u Vir
tuose auf d Blas u. Bogen-Instrument
Melophon mit seinen Söhnen Antoine
u. Teslué als S. 96.

Detlef Fr. S. M. Winter.

Deutmeyer Fl. (auch Davt.) (Fach?)
1779 u. 80.

Teutsch Hr. gei L. 1795 — 97.
Fr. Deutsch M 1809—12.

Deutsch Hr. Ch. B. u. gr. R 1860 b.63

Devrient Hr. Eduard, Dichter. Text
z. Op. „Hans Heiling“ 90; v. Gunst
b. Augenblick, d. Geschwister 94;
d. Verirrungen, d. Fabrikant 95;
Treue Liebe 96

Devrient Hr Emil, Schspir. als S.
v. Dreden 111, 112

Devrient Fr. S. Schroder-Devrient.

Teyrer Fl. Ch. Sep. 1838.

Dialekt Rollen, die in einem bestimmten
Volksdialekt gesprochen werden müssen

Diamant Fl. Ch. Sep. 1859.

Dichter erste deutsche mit Privilegien 6
Kaufbeuren 21 Fräulein. Reiteren
S. a. Degner Dichter 20. Uhen
ysht, Herer, Sachs.

Dichter hiesige oder doch hier heimi
schende, d. h. die mit Erfolg ge
schrieben haben, denn die erfolglosen
Schriftsteller zählten S Rhein, Pau
sanger Dr., Prch L., Belvarius, Cra
nillod, Oder v. Schellen, Eble, Cra
pod, d. Heißbert, Hombuig, Jean
Werg M., Röbet, Lallmayer, Schenk,

Debriz Fl. Ch. Sop. u. fl P. 1833; Ch. Sop u. kom M. 1871.

Debriz Hr. August, Schspr. als G. v. Stuttgart **96.**

Döbele Hr. Garderobier, Lebanten, Bandisten 1790—1804

Döbler Hr. S. Räder.

Döbler Hr. (Professor?) Taschenspieler als G. **94. 99.**

Dölle Hr. Hr T.; Liebh. im Sch.; Reg d Op. v. 1807—14.

Dölle Fr. ernst L.; singt auch. Bloß 1809—12.

Döllinger Hr. Ch. T. 1847.

Döllscher Hr. Maler v. d neuen Bühne **122**

Döring Hr. jung kom. R. 1857.

Döttschel Fl. Christ. munt. L. singt auch; v. 1829—32.

Domann Hr. Karl, Helden 1872.

Domherrn besuchen Theater **4**

Dom-Kapellmeister. S. Bieler, Giulini, Kyller Hanne.

Domkirche wird aus d. röm. Theater gebaut **2**

Dom-Organist. S. Dembarter und Dümmler.

Donal Hr. Souffleur 1814. Dann bei Pössler 1831. Donal Karl sein Sohn, Knabe-R. wird Hrr Maler 1831.

Depald Hr Intriguante n. f. Z 1845

Donate II Hr. Bernhard, einbringer Thea. als G **117**

Donzetti Hr Kal Komp.; Uebertkraut **94**; Belisar **95**; Regimentstochter **96**; Lucretia Borgia **101**; Lucia II Lammermoor **105**; Favoritin **118**

Donna (Prima) ...

Doppeldirektionen. S. Direkt. in Compagnie.

Dor Hr. Hermann, Lokal-Kom.; S. Th. 1860 u. 61.

D'Or Fl. Rosa, Violin-Virtuosin als G. **109.**

Doris Fl. Soub.; S. Th. 1862 u. 65.

Dorn Hr. Maschinist 1807.

Dorsch Hr. Beleuchter v. 1807 bis 1820. Vielleicht auch schon früher.

Dorsee Fr. ernste u. kom M. 1803 u. 1809—12.

Dosch Hr. (Dub) Ch. T. u. Insp. 1840.

Dram. Abkürzung für Drama und dramatisch.

Drama, f. Th., Anfänge, Dichtkunst u. neue Stücke.

Dramatische bei Sängerinnen gebraucht, wie tragische, getragenerGesang.

Drang. S. Sturm u. Drang.

Dresden. Theaterbau. Opernpomp **23**.

Dreßler Hr. Theatermaler (ob von hier?) 1791

Dümmler Fl. 1. Säng. (Altistin) 1. Fides im Propheten 1850.

Dümmlinge mit Naturburschen u ganz jug. L. zusammengefaßt.

Düringer Hr. Phil. Jak. seit L 1831. Auch Herausgeber eines Th. Lexikons, d. jedoch wenig f. d. Buch benützt wurde. Später Reg. in Leipzig

Düringer-Brauer Fr. Säng als G. v. Mannheim **87.**

Düringsfeld Hr. Friedr. (Schimmelpennig van der Oye) seit L. (heir. später Fl Mallinger) 1864.

Dutch Hr. (Fuch?) Bloß 1807 u. 8.

Duflos-Maillard Fr. Säng als G. **95.**

Dunker Hr. Ch. T. Hieß auf d. Zettel „Karl" (?) 1856.

Ehrhard Hr. Maschinist u. Maler
1780.

Ehrhardt Hr. Christ. letzter Meistersänger 35.

Eibe Hr. v. Dr. Albrecht v. Augsbg.
übersetzt Plautus 10.

Eichberg Fl. Harfen-Virtuosin v.
Mch. als G. S. Th. 111

Eichberger Hr. Max, 2 B. u. 2 B.
1875.

Eichenwald Hr. ernste B. übermäßig
dick; n f Z. 1865.

Eichler Hr. Gymnastiker als G. (S.
Rebikka u. Felds) 103.

Eichwald Hr. Helden 1840; zu
Pferde 95.

Eixner Hr. Th. B. 1852.

Eiferer gegen d. Th.; f. a. Theaterstreit 50, 54, 59.

Eigner Hr. k. Gallerie-Inspekter
hier. Maler d. Vorhangs 96.

Eilef Hr. Ch. T; Fr. Eilef,
Ch. Sop.; Op M 1840.

Einbuße. S. Schaden.

Einfälle d. Ungarn 3.

Eing. Abkürzung für „eingetreten" ins
Engagement.

Einsies Fl. (auch Eunike) S. Fr.
Reichardt.

Einheimische S. Hiesige.

Einlaßgeld. S. Preise d. Plätze.

Einmann Hr. 1 Garderobier 1807.

Einnahme möglichst 37 u. 38; f. a.
Abgaben.

Einschränkungen S. Abzüge.

Einsle Hr. Ch T. a 1833 — 43
wo er starb; Fl. Einsle d. ä.,
1836 u 27; Fl Einsle d j v.
1836—41.

Eintrittsgeld. S. Preise d. Plätze.

Einzug d. Meistr.-Säng. in d. Martins-
schule 13; d. Alürten in Paris. Fest-
Vorstellung 71.

Eisenmann Hr. Friseur 1794 — 97.

Eisenmann Hr. Franz Xav. d. ä,
Kom. B.; S Th. 1864.

Eisenmann Hr. d. j., dessen Bruder.
Kl. R. u. Inspiz. 1868 u. 71.

Eisenmenger Fl. 1. L. u. l. Z. 1845.

Eisenrichter Fl. L. S. Th. 1867.

Eifermann Fl. (Fach?) 1801.

Elbe Fl. 1. Säng. n l. Z. 1859.

Eleven. S. Tanz-Eleven.

Elisabeth d. Heil. auf d. Wartburg 5.

Ellenrieder Hr. Hautboist 78; Ch.
B. v. 1823—27 wurde später Stadt-
Thürmer 81.

El Maraphot Hr. Taschenspieler 126.

Elmenreich Fr. v. Fried. Anstands-
R. 1807 u. 8. Als Contre-Alt-Säng.
sang sie auch Tenor-Parth. in Karlsruhe. Uebersetzte später über 30 Opern.

Elmenreich Josephine, 1807 für
Kinder-R. d. Vor. Kind; später beim
Th. an einen Hrn. Saal verheirathet,
wurde sie Mutter v. Fl. Saal u.
Großmutter v. Hr. Saal. S. d.

Ellmenreich Fl feut.L.; S. Th. 1870.

Emanschef S. Illenberger.

Enders Hr. (Fach?) 1801.

Eng Hr. Kom. S Th. 1862.

Eng Hr. Gfgs.-Kom. (ob d. Vorige?)
1874

Eng. als Abkürzung für:

Engagirt u. Engagement. S. a.
Hier Engagirte.

Engelbrecht Hr. Karl, 1. L.; v.
Sept. 1819—1827, dann 1829 81;
spielt im Fuggersaale 85.

Engelhardt Hr., Gsgs.-Kom. 1859 b. 1862. Reg. d. Posse 1860—61; hat die Posse: „die Maschinenbauer" als Spinner v. Agsbg. sehr glücklich einger. **112**. Sein Wirken **114**. Kam nach langem Wirken in Leipzig nach Dresden.

Engelken Hr. Friedr. Char.; führt auch Op.-Regie v. 1853—58; sein Wirken **107** b. **114**.

Engelmann Hr. Karl. munt. L. 1827.

Engelmann Fr., kom. Alte auch Ch. Sop. 1831—34.

Englische Schauspieler (S. a. Ira Aldridge) **19** u. **20**.

Englische Tänzer-Gesellsch. S. Lewin u. Cottrely.

Engst Fr. Kath. Koketten, Soub. sig. 1782 u. 87.

Enslin Hr. 2, B. u. k Z. 1849.

Entner Fl. sent. L; S. Th. 1861.

Entrée. S. Preise d. Plätze.

Entremets (Entremeses) Zwischen-spiele **10**.

Entrepreneurs. S Komite 1tes. **57**.

Enz Fl. S. Fr. Weinmüller (Emil).

Epiloge zu halten hört auf **42**.

Episoden nennt man größere Nebenroll.

Eppinger Hr. S. Kopist Fischer.

Epoche. S. Sturm u. Drang.

Eppstein Hr. (Doktor?) Bauchredner u. Taschenspieler als G. **122**.

Equilibristen. S. Gäste Abtheilg. VI.

Erasmus von Rotterdam **10**.

Erb Fr. 2 Rollen 1814.

Erbauung. S. Bau.

Erdinger Hr. Eduard v h. Anf. Kl. B. P. 1838—40.

Erdmann Hr. Lyr. T 1864.

Erdmann Hr. Ludw. Kom. Bediente u. Alte; T. b. 1783.

Erdmann Hr. Ludw. a. Th. Dichter, zog später (1797) umher, gab Konzerte u. ließ Luftballone steigen.

Erdt Hr. B. b. v. hier als G. **125**; heirathet hier.

Erfurt Fr. sent. L. 1795—97.

Erhardt S Ehrhardt.

Erhöhung. S. Preise d. Plätze u. Abgaben.

Erk Hr. Chargen; T. b. 1852.

Erl Fl. d. ä. 1. dram Säng. kam nach Darmstadt 1869. Erl Fl. Marianne d. j. Schwester. Dasselbe Fach 1871.

Erleichterung. S. Abgaben u. Zuschüsse.

Erneuerung. S. Mstrsäng.-Ordnung.

Ernst Hr. Jak. Jos. (Fach?) 1799 u. 1805. Fr. Ernst Joh. (Fach?) 1799.

Ernst Hr. Ch. Ten 1832.

Ernst Laura Schspirn. als G. **111**, **122**.

Ernst Hr. Souffleur 1835; Fr. Ernst Ch. Sop.; Op. M. 1835 u. 36.

Ernst-Seidler Fr. S Fr. Kurt.

Ernst Hr. Heinr. Wilh. Violin-Virtuose 2 Konzerte Nvbr. 1840. **95**

Ernst Hr. Kl R. u Ch. S. Th. 1874.

Ernste S. Väter- und Mütter-Rollen

Eröffnung d. Jesuiten-Th. **26**; b. 1. Komödienstadels **18**, d. 2. **36**; der Saison steht bei jedem Jahrgange.

Erste. S. Op. u. Studenten-Th. u. d. verschiedenen Fächer wie Liebhaber, Sänger, B. u. M. u. s. w.

Ertrag d. Schauplatzes **37** u **38**.

Errleben Fl. Munt. L. u. k. Z. 1863.

Erziehungs-Spiele. S. Schul- u. Studenten-Th

Eschenbach. S. Fridolin u. Wolfram von E.

Escrocs, Gauner, Diebe, Preller, früher ein eigenes Rollenfach wie Intrigant. S. Charakter.

Eklair Hr. geb. 1772 zu Essel in
Slavonien aus d. adl Familie v. Kheven-
hüller. Hier eng. als Held 1800; **61**
u. **62**; als G. v. Karlsruhe **71**; v.
204. **77**, **87**, **90**, **91**.

Essen Fl. 1. Säng; u. k. Z. 1849.

Etat. S. Gehalts-Betrag.

Ettlinger Hr. (Fach?) 1781.

Eugen Hr. Kom B. 1789. 1805 1816.
Dann August 1823 eing. für Wit
Vater bis 1825. Auch 1829, wurde
bis ins späteste Alter v. sogenannten
russischen Bierbrauer Wagenseil zur
Krone in d. Vorstadt unterstützt, wo er
auf d. von jenem dirigirten Liebhaber-
Th. im Baugarten verwendet wurde bis
in d. letzten 30ger Jahre wo er starb.
S Liebhaber-Th. im Baugarten **89**.

Euling Hr. ernste B. 1830.

Eumike Fl. S. Fr. Reichardt.

Evenbach Hr. Spiel-L. als G. eng.;
S. Th. 1865.

Ewest Hr. Fr. hud. munt. L.; Fr. Ewest
munt. B. sang a. Und Kind 1793.

Exkursion u. S. Reisen d. Gesellschaft.

Extemporirte Komödien **30** —
Haupt- u. Staats-Aktionen genannt —
waren Stücke, die — wenn auch nicht
v. Magister Veltheim u. seiner Truppe
(S. d.) erfunden — so doch bedeutend
ausgebildet u. nicht geschrieben waren,
sondern nach einem gegebenen heroischen
Schema v. jedem Einzelnen im Geiste
d. ihm zugetheilten Charakters extemporirt wurden. Da sie großen Anerkennung fanden, so machten sich bald
minder geniale Nachahmer darüber,
unter deren Händen heroische Personen
bald zu Karrikaturen wurden. Sie
brachten die unnatürlichsten und
widersprechendsten Begebenheiten mit

hochtrabendem Unsinn u. marktschreieri-
scher Gestikulation, u. nach der mittlerweile erfolgten Ausbildung d. dramat.
Schwankes durfte auch d. kom Element, d. h. d. niedrigsten Späße
nicht fehlen, die neben wirklicher oder
Scheingröße mit der ausgemachtesten
Narrheit ihr Wesen trieben.

Extradition. S. Almosen-Amt **41**.

Eydner Hr. Vater 1., Eydner Hr.
Theod. Sohn 2. Garderobier 1867.

F als Abkürzung statt „für.“

Faber Hr. Intriguant, u. k. Z. 1864.

Faber Hr. (Professor?) mit einer Sprechmaschine als G. S. Th. **123**.

Fabri Fl. Leopoldine Tänz. als G. mit
Pasqualis; S. Th. **131**.

Fabricius Fr. Johanna, Souffleuse
1875

(Fach?) bedeutet beim Namen eines Mitgliedes, daß mir nicht mehr möglich
war, dessen Rollenfach zu ermitteln.
S. Rollenfach **139**.

Fahrende Sänger als 1. Schausp. **5**.

Fahrner Hr. Kl. R; Insp. dann
Sekretär 1833 u. 34. Fr. Fahrner
Ch. Sop.; u. Kinder Kreszenon
Kathar. 1833 u. 34.

Fackler Hr. Direktor **43**

Falkenberg Fl. Soub.; S Th. u k
Z. 1868.

Falkand Hr. 1. L u 2. lyr. T. 1842.

Fallenbach Hr. Kl sent. L. 1848.

Falliment. S Bankrott.

Falconi Fr. S Bechholz-Falconi.

Familien. S. Sänger-, Tänzer- u.
Musiker Fam. beim Artikel „Gäste.“

Fanatismus für Verein **23**.

Farces der Franzosen **21**.

Fiedler Hr. niedrig kom. R.; singt; u. k. Z. 1787. Fr. Fiedler Margar. kom. M. nebst Kind 1787 u. 1809 b. 1812.

Fiedler Fl. Hedwig, zärtl. u. munt. L. (nicht vermählt) 1870.

Fielitz Hr. v. Otto Kom. als G. v. Petersburg; S. Th. **119**.

Figer Hr. Louis Taschenspfr. (Magie d. Orients) als G. **99**.

Fig. als Abkürzung f. d. Corps d. Ballet anstatt „figurirt."

Figuranten u. Figurantinnen. S. Mitgl.-Tabellen v. 1769 b. 1800.

Filzmeyer Hr. (Fach?) 1779.

Finkl Fr. Säng. als G. S. Hr. Berger **44**.

Firmans Hr. 1. Ltbr. S. Th. 1875.

Fischer Hr. Noten Kopist, Verfasser d. in d. Vorrede erwähnten theat. Tagebuchs, auch Galleria-Literatur v. 1769 bis in d. 40ger Jahre unseres Jahrhunderts, wo er schon halb blind war. Mit ihm war auch ein gewisser Eprin-ger v. d. — soll denn so alt — von den 30ger Jahren bis über 1841 als Billeteur auf d. letzten Platze.

Fischer Hr. lyr. T. aus einer hiesigen Schule v. Salimbeni zur Bühne gebracht. 1790 — 93; 1795 — 1800. Fr. Fischer munt. l. u. 2. R. sehr brav **60**; (1795 entlassen v. Komite) 1799.

Fischer Hr. Kl. R.; Ch. T. 1819 eine; 1819 ... ; dann auch 1824.

Fischer-Bernier Fr. Säng. und Schüler von Dresden als G. **77**.

Fischer Hr. Chor; 2 B, Hr. Fischer Ch. Sop. Kl. R. 1820—24.

Fischer Hr. Chor, Fr. Fischer munt. r. 1847.

Fischer Hr. N. b. d. Kom.; Fr. Fischer Ch. Sop. 1853 u. 54, sie auch noch 1857.

Fischer Hr. Eigs.-Kom.; S. Th. 1861.

Fischer Fl. Ch. Sop. 1858.

Fischer Fl. Ch. A. eine Andere 1870.

Fischer Hr. Karl 1. B. Kam nach Mch. 1863. Von da als G. **122**

Fischer-Achten Hr. Ludwig 1. Ten. u. Reg. d. Op. 1872 u. 73.

Fischer Hr. v. Gustav, Char. u. Reg. d. Sch. 1873 u. 74. Fr. v. Fischer Pauline Soub. 1873 u. 74, nebst 1 Knaben Hans.

Fischer Robert Hr. B. b 1873.

Fir Hr. August. Ges. L.; S. Th. 1874.

Fl. Abkürzung für Fräulein. Fls. als Mehrzahl.

Flach Hr. S. Regenti u. Flach Marmor-Tableaur **96**, **98**.

Flachsland Hr. Hermann, Helden 1851. Seine Fr. 1mal als G.

Fleck Fr. (Fach?) 1803.

Fleckenstein Fl. Fanny, Anstands-R. 1841.

Fleiner Fl. vey hier. Auf. 1789.

Fleischmann Fl. als G. v. Mch. **96**.

Flerr Hr. Kom. als G. v. Mch. **127**; S. Th. **133**.

Flett Fl. 1. L. 1860

Fleury Fl. Tänz. als G. S. Hr. Leon (Saint) **110**.

Flögel Hr. Karl Friedr. Prof. d. Philosophie; Geschichte d. kom. Literatur 4 Bände. 8°. Liegnitz u. Leipzig bei Dav. Siegert 1784. Viel benutzt in diesem Buche.

Flöh (Verylap) S. Rathhaus-Flöh **32**.

Fler Fr. lyr. Säng. 1812.

Florge Hr. Kl. R. Insp.; Ch. T. Fr. Florge kom. M. Ch. Sop. 1835 u. 36.

Flotow Hr. Komp. Stradella **101**; Martha 25. Novbr. 1848 **103**;

Indra **109**; Musik z. Shakesp. Wintermärchen **123**. Sein Schatten **126**.

Flüggen Hr. jug. Helden. Anf. 1855. 1. L. 1861. Dessen Frau Louise Ernste M. 1873 u. 74.; als G. **133**.

Flugmaschine Erfindung **53**.

Föppel Hr. Bar. 1849.

Förster Hr. L.; fl. R.; tanzt 1778.

Förster Hr. Maler u. Maschinist, legt ein Podium. 1845. **101**.

Fr. Förster Säng. als G. v. Mch. **118**.

Folds Hr. Gymnastiker als Gast. S. Rebisha u. Eichler **103**.

Fond (Armen=) S. Almosenamt.

Fontaine Fl. Soub S. Th. u. f. Z. 1872.

Formes Hr. Karl 1. B. als G. **113**.

Forst Hr. Schsplr. als G. v. Mch. **88**.

Forster-Philipsberg Hr. v. Ernst, kön. Kammerherr u. Majorats Komite Mitg. **82**; Verschönert d. Th. **108**.

Forster Fl. Ch. Sop.; kl. R. 1833.

Fosetta Fl. munt. L. Kam nach Stuttgart 1814.

Fr. Abkürzung für „Frau"; Frn. für die Mehrzahl.

Fränkel Hr. fl. R.; Fr. Fränkel fl. R. 1783.

Fränzel Fl. Anna Franziska. Anst. R. 1865 u. 66. Als G. **119**.

Fräulein gegen die frühere Demoiselle 1850 auf den Zetteln vertauscht **103**.

Fragezeichen b. d. Namen d Mitgl. in d. Tabellen u. b. alphabet. Register bedeutet stets, daß ich deren Rollenfach nicht mehr ermitteln konnte.

Francis Hr. M. Direktor einer Varieté Gesellschaft als Gast **133**.

Frank Fl. (Fach?) 1789.

Frank Hr. Eduard. Kom. S. Th. 1874.

Franke Hr. Karl. ges. R.; tanzt auch Pierrots 1807—1812; **66** u. **67**; Fr. Franke (Fach?) blos 1807.

Franke Hr. Tenor Kassel als G. **102**.

Franzelius Hr. sent. L.; u. f. Z. 1861.

Franziskus Hr. sent. L u. f. Z. 1862.

Französische Schauspr.-Ges. **31, 70, 99, 101, 108**; Sänger-Ges. **102, 110, 125**; Tänzer-Ges. **30, 87**; Theater-Zettel **61, 70**.

Französische Willkür **69**.

Franzosen, sog. Deutsch-Franzosen ist als Rollenfach mit Chevaliers unter Chargen begriffen u. in d. Tabellen mit d. munt. L. vereinigt.

Franzowitz Fl. Kreszenz. Ch. Sop. 1827 u. 28.

Frasel Hr. ges. L. 1812.

Frau gegen die frühere „Madame" 1850 auf den Theaterzetteln vertauscht **103**.

Frauen junge. S. Liebhaberin gesetzte.

Frauenlob zugleich letzter Minnesäng. u. 1. Mstr.-Säng. **6**.

Frauenrollen v. Männern gespielt **13**; v. Studenten **24**; zuerst v. Frauen S. Neuber u. Lamotte; in Liebhabertheatern **32**.

Fredy-Myers Hr. u. Miß Ella. Plastische Tableaux als G. S. Th. **133**.

Frei Hr. Ch. B. v. hier, wurde Todtengräber 1837.

Freiberg Hr. Eduard 1 T. 1842; lyr. T. 1845 u. 46.

Freien. S. Im Freien spielen.

Freiheiten u. Privilegien d. 1. Dichter **6**; Ordnungen d. Mstr.-Säng. **7**.

Freilogen S. Freiplätze.

Freimüller Hr. 1. T. 1845 u. 46; im Sgspl. 1847. T. b. u. Insp. v. 1848—52.; Freimüller Fr. Ch. Sop. u. fl. M. 1845—48. Kinder-R. Emilie, Therese, Karl.

Freiplätze im Th. **83**, **124**, **126**. Vertrag mit Rosa **45**.

Freitag Hr. Gustav Dichter: Valentine **102**; d. Journalisten **109**; Graf Waldemar **112**.

Freiwald Hr. (Freyw.) B. b.; kom. B. Char.; ging auch einmal b. Boltolini durch 1782.

Freyer Fl. Tänz. S. Th. 1866.

Freudenberger Fl. Säng. S. Th. 1871.

Freuen Hr. Friedr. Vater. Edle u. kom. B., 2.B. 1795—97, 1800. Freuen Fr. Christiane Mutter, Anst. R. 3. P. 1795—97, 1800 u. 1801. Freuen Hr. Wilhelm Sohn Kinder-R. 1795 bis 97, 1800 u. 1801; als sent. L. v. 1809—10; dann ernste B. v. 1810 b. 12 kam zu Dir. Carl am Isarthor in Mch. und nach dessen Abreise an's Hof-Th. Von da als S. **70**; Freuen Hr. Karl 2. Sohn. Freuen Fl. Amalie u. noch 1 Tochter für Kinder-R. 1795—97, 1800 u. 1801. Alle sangen.

Freund Hr. Vater, S. b. v. Mannheim rengasiert u. b. als S. eng. 1857 u. 58. Freund Hr. Sohn b. J. 2.B. 1842. Freund Hr. Sohn b. j. Casimir. Kut. Dir. Spielte auch einige kom. R. v. 1857—62; Freund Fr. geb. Vinale sent. L. als Fl. 1858 als Fr. 1859—62.

Freund Hr. Kl. R.; Ch. B., S. Th. 1870.

Freundhold Hr. (Fach?) 1801 b. 3.

Frey Hr. Ert. Ang. als kom. B. sehr gut, sang auch S. b. oder nicht gut **60** u. 1795—97, dann 1814. Fr. Frey (Fach?) vom Comité entlassen 1799

Frisolin Hr. ein angenommener Th.-Name, der seiner Schönheit halber durch

Frauengunst hier gefesselt u. placirt wurde. Dieser Liebling aller Damen aber wurde später d. Schrecken aller Handwerksbursche auf hiesigem Paß-büreau. 1805. 1809—12.

Friebach Fr. S. Fl. Rosenberg.

Friedberger-Handwerker-Liebh.-Ges. **32**.

Friedel Hr. Tänz. v. Mch. Nachahmer Rappo's als G. **86**.

Friedenberg Hr. Karl. Bar.; Schüler v. Ign. Lachner 1865.

Friedmann Fl. Schsplrn. als G. v. Mch. **96**.

Friedrich Hr. (Fach?) 1791. Ging 1791 schon ab.

Friedrichs Fl. Tänz.; S. Th. 1866.

Fries Hr. Joh. Eg. aus einer Maler-familie, zahlreich an Brüdern, Onkeln u. Vettern, die alle Bassisten u. Decorationsmaler waren. Er kam 1820 als 1. Bassist nach Mch., war dann 18 Jahre Kostümier dort, dessen Figu-rinen Epoche an allen europäischen Th. machten. 1809—12. Fries Fr. Louise Tänz. als G. v. Mch. **102**. Fries Fl. 2. L. 1834.

Friese Hr. Karl Adolf Gsgs. Kom. Fr. Slura-Friese Josefine Säng. u. Kind Dora Gäste v. Wien S. Th. **133**.

Friesländer Hr. 2.B. n. l. Z. 1859.

Frikell Hr. (Dr.? Wiljalba) Taschen-spieler als G. **102**.

Frischeisen Hr. Joh. Ad. Ch. T. 1827.

Friseure d Th. S. d. Mitglieder-Tab.

Fritz Fr. (Fach?) 1812.

Fritze Hr. Karl, Gsgs.-Kom. u. Reg.; Fr. Fritze-Ziegler Molly, 1. L. 1875.

Fritzmüller Hr. ernste B. Reg. d. Sch. 1853 u. 54; Fritzmüller Fr. Ch. Sop. u. deren Knabe Kinder-R. 1853 u. 54.

Fritzsche Hr. Jul. als G. im S. Th. 114; eng. als Bonvivant 1865.

Fröhlich Hr. Karl Char. Reg. d. Sch. 1864.

Frörtrock Hr. (Fach?) Nur 1791 u. 92.

Frohn Fl. Schsplrn. als G. v. Petersburg 119.

Fromm Fl. S. Fr. Reithmayr.

Fromme 50, 54, 59. S. a. Geistliche u. Theaterstreit.

Frühling Hr. B. Chargen 1814.

Fuchs Hr. (Fach?) 1780.

Fürst Hr. Johann. Dir. einer reisenden Ges. für Wiener Possen als G. (119)

Fürstbischof. S. Bischöfe.

Fürstliche Gelage. S. Vermählungen, Feste u. Jokulator.

Fugger errichten d. Jesuiten-Kloster 16, 23; F. Graf Statthalter 15; F. Josef Reichsgraf v. Kirchheim Chef d. 1. Komite's 57, 58; F. Haus als Schauplatz f. d. Meistr.-Säng. 15; F.-Haus u. Kanzlei als Th. vorgeschlagen 40; F.-Haus-Saal als Liebh.-Th. (S. a. Pollenau) 85.

Fuhrmann Fr. (Fach?) 1807 u 8.

Funk Hr. Ch. B. 1869 u. 70.

Furcht Fl. Ch. Sop. 1865 u. 66

Furthner Hr. Souffleur 1874, dann Dir. in Lechhausen 132.

Fußlampen. S. Beleuchtung.

G. Abkürzung für Gast u. Gäste.

Gabler Hr. (Fach?) Fr. Gabler (Fach?) 1801—1803.

Gang — Gänge (Logenreihen) 27.

Gärtner-Theater königl. in München; früher Aktien-Theater 123.

Gärtner Hr. B. b. u. Kom. Kam nach Petersburg 1842.

Gärtner Hr. mit 3 Kindern. Kinder-Vorstellungen 133.

Gäste. NB. Die hervorragendsten sind v. 1812 an bei jedem Jahrgange angegeben 70.

I. Gäste v. Mch. was nur irgend v. Bedeutung war. S. S. 134.

A. Schauspiel-Gäste von München:

Frau Berger, Birch, Carl, Dahn I u. II, Eckhard, Häußer, Hölken, Schröder, Straßmann, Tochtermann.

Fräulein D'Arcourt, Denker, Fleischmann, Friedmann, Elenk, Hagen A. u. C., Hausmann, Jahn, Jenke, Kindermann, Meindl, Meyer Joh. u. M., Sanguné, Schloth·uer, Seebach, Thierry Weiß, Ziegler.

Herr Carl, Christen, Dahn, Davideit, Dekeliseur, Eckhard, Eßlair, Flerr, Forst, Freuen, Haase, Häußer, Heigel, Herz, Hölken, Hofpauer, Jost, Knorr, Kürzinger, Lang, Neuert, Ottomeier, Possart, Richter, Rossi, Rüthling, Schenk, Skitt, Sulzer, Straßmann, Urban, Vespermann, Vogel, Zängel. Auch die ganze Sch. u. Op. Ges. vom Hof-Th. beim Brand v. Hamburg 95; für die verwundeten Krieger 123; b. Ges. des Aktien- (Gärtner-) Theaters 123, b. Thaliatheaters 132, 133.

B. Operngäste von München:

Frau Behrendt-Brandt, Diez, Förster, v. Neumann, Possart, Vespermann-Metzger u. Vesp.-Sigl.

Fräulein v. Bärmann, Brizzi, Edelsberg, Geistinger, Hefner, Lauser, Mallinger, Marmilien, Meysenheim, Pfeiffer,

B. **Operngäste von München.**

Radecka, Rudolph, Schröner, Schön-
dorn, Stöple, Stöger, Vial.

Herr Baußwein, Bayer, Brandes,
Brizzi, Detz, Gerstel, Grill, Gum,
Härtinger, Heinrich, Hirsch, Hoffmann,
Hoppe, Kindermann, Krause, Linde-
mann, Löhle, Mittermaier, Nachbauer,
v. Pössl, Schlosser, Sedelmaier, Sigl,
Seyvart, Vogel.

C. **Balletgäste von München.**

Frau Fürst Fräuleins Bouchet,
Brandheim, Brandofa Fenzl Grahn,
Gunther, Haller, Opfermann, Polin,
Ritz, Roroff.

Herr Heinrich Horschelt, Laroche Opfermann, u. d. Ghor-Personal **95, 96,
108**; d. Tanz-Eleven **102, 103**
Mll Lucile Grahn Hr Ambrogio
mit 9 Personen **105**; ein Pas de
quatre **112.**

II. **Gäste von auswärtigen Theatern.**

A. **Schauspiel-Gäste auswärtige.**

NB. Ganz untergeordnete weggelassen.

Frau v. Biedorf, Bethge-Truhn, Bur-
graf, v. Bulch, Glar, Carlshin, Eichel,
Schwartz, Sorback, Kierstein, Steinau,
Thöne, Ulke, Pohl-Herbe, Werth,
Widauß, Wilhelmi.

Fräulein Begner, Schiwosch, Ernst
Lotera, Frohn, Werg, Gohlmann, Hart-
mann, Jannenhof, Ruhe, Serbach,
Söhnau, Thiele, Ulrich, Kanin,
Wieland.

Herr Bauer, Blank, Bulch, Christel,
Cornelius, Dawison, Fournier Emil,
Doltorf, Feldmann, Gerstel, Grabowski,
v. Hahn, Hartl, Hermann, Jerr Wiesby,
Jsch Carlshin Kirchner, Karoli, Köhn,
Kund, Horschar, Korry, Meirad,
Maria, Nachmann Otte Paul, Pöhler.

C. Ballet-Gäste auswärtige.

Sandbichler, Thompson, Waldenberg
d. ä. u. d. j., Wiesböck.

Herr Ambrogio, Vorkmann, Carelle,
Donato II, Heinrich, Levasseur = Salta=
rello, Lunt, Macco, Marwig, Pasqua=
lis, Saint Leon, Wienrich.

S. a. Affenspieler, Balletmeistr.
u. Tanzende. Ballet = Gesellsch.
Gottrelv, Koller, Levin, Ruth, Schäffer,
Schier, Weiß u. d. Stuttgarter
Hofballet. S. Dardenne. — Eng=
lische, französische, indianische
italienische, Kinder=, spanische
ungarische, auch d. Varieté= Ges.

III. Gäste im Sommertheater.

A. Schauspiel, Oper und Ballet.

Frau Ander, Dziuba, Friese, Hainz=
Naberg, Penz, Rothhammer, Waibl=
Riedheim.

Fräulein Adacker, Bartsch, Becker,
Berger, Blick, Calipoliti, d. ä. u. d. j.,
Fabri, Genée, Granzoff, Herwegh,
Hüttner, Jung, Kratz, Neufeld, Rönne=
camp, Nummel, Schubert, Wald,
Zeisler.

Herr Arnold, Czermak, Dederich, Del=
cliseur, v. Fielitz, Flerr, Friese, Fritzsche,
Helmstädt, Hirsch, Hofvauer, 3 Hysel,
Klischnigg, Köstner, Kühn, Lang V. u.
S., Maier, Mackauer, Pasqualis, Penz,
Nekowsky, Rosner, Rothhammer,
Schweiger Joh., Siebert, Stettmeyer,
Syr, Van Gülpen, Weidenkeller, Wei=
gelt, Weinmüller Fritz.

B. Gesellschaften und Künstler.

S. franz., ital. und spanische; Kühn,
Ballet=Ges. v. 9 Kindern; Vogel, Ballet
mit 6 Damen; Schneider plastische Vor=
stellungen; Rottmeyer mit Kindern,

Fl. Eichberg, Hr. Faber, Gasner,
Kratky-B., Münz, d. 3 Zwerge.

IV. Gäste die früher hier engagirt waren.

Frau Beck=Weichselbaum, Flüggen,
Kneuer, Roland, Rothhammer, Waibl
Riedheim.

Fräulein Bartsch, Brauns, Brock,
Ehrenfest, Fränzel, Herwegh, Heuser
d. ä. u. d. j., Herz, Hornik, Klettner,
Schunke, Sigl, Staudt, Stern, Ubrich.

Herr Veils, Böckel, Börner, Carode,
Dieffenbacher, Fischer, Glev, Götte,
Grunert, Heigel, Jerrmann, v. Kaler,
Khals, Klein, Klostermayer, Klühne,
Kneuer, Knorr, Köchert, Mejo, Miedke,
Moser, Nabehl, Pezold, Pfeiffer, v.
Poißl, Quien, Roland V. u. S., Roth=
hammer, Seewald, v. Selar, Siebert,
Sigl, Simon, Starke, Vetter, Weichel=
berger, Weidemann, Weidt.

V. Gäste für besondere Kunstfächer.

A. Für Instrumental = Musik.

Violine: Fräulein D'Or, Heß, d.
beiden Milanollo.

Herr Bazzini, Ernst, Just, Miska=
Hauser, Ole Bull, Paganini, Nappoldi,
Sivori, Br Walter.

Cello: Hr. Diem u. Krähmer.

Pianoforte Fl. Kastner. Herr
Hormaier, Liszt, A. Rubinstein.

Harfe: Fräulein Eichberg. Hr.
Bochsa.

Guitarre: Fräulein Lunt, Herr
Legnani.

Flöte: Herr Briccialdi.

Klarinette: Frau Krähmer.

Melophon. Herr Dessanne u. Söhne.

Posaune: Herr Böhme, Chiampo,
Schmidt.

Hirtenschalmey. Herr Nagy.

Holz- und Strohharmonika Herr
Ehr...

Trommeln und Tambour. Herr
Minz.
Die Kinder d. Familie Breußil u.
Strahl.

B. Für plastische Darstellungen.
Averino. Fredl. Myers u. Miß Ella.
Marmor-Tableaur. Hrn. Lang,
Regenti, Riste, Schneider.
Biblische (Passions-) Vorstell-
ungen. Hrn. Holgel Cachar, Hilmer,
Lang, Schneider.

C. Für Malerei. Die Dekorationsmaler,
welche für hier gemalt haben, ohne eng.
zu sein. (NB. Die engagirten: S. d.
Mitgl-Tabellen.
Herr Bauer Ign., Bergmüller, Bermuth, Dölscher, Eigner, Fistler, Hen-
nig, Huber Joh., Kühn, Mühlwerter
d. ä. u. d. j., Müller Joh. Sig.,
Quaglio, Schaffler, Schwarzmann,
Wollmann.

D. Optik (sogenannte Licht- od. Nebel-
Bilder, Hydro-Oxygen-Gas-
Apparat, oder photelestrisch
Mikroskop.
Herr Hillmann, Ring, Bezius, Meier,
Kunze Schwob. Hieher gehört auch
Kaleidoskope-Chromatrope ꝛc.
Herr Uderman.

VI. Gäste für Kunstfertigkeiten.
A. Physiker, sogenannte Professoren
und Erklärer der Magie vulgo
Taschenspieler.
Frau Minto, Herr Becker, De Roma,
Döbler, G. Mauyhey Herrm. Hart-
wig, Schmer, Mauer, Kuperg, Kreutz-
Bachel, Mart. Wilda, Jahn, Carl.

B. Mechaniker.
Kleinwerkstatt d. Gebr. Taunberg.

Optisch-mechanisches Th. v. Kopelent,
Sprechmaschine v. Faber. Auch Bermuth.

C. Kunstreiter. Herr Tourniaire.

D. Seiltänzer.
Fräulein Romanine u. Frau Klein
auf Drath. Frau Sacchi, d. Ges.
von Averino, Cogen u. Portes.

E. Ventriloquisten vulgo Bauch-
redner. Herr Duschnée, Grystein,
Schreiber, Stegl, auch Alexandre und
Levasser.

**F. Athleten, Akrobaten, Equili-
bristen, Gymnastiker, Herku-
lesse, Jongleurs.** S. a. Gaukler.
Frau Teutsch. Herr Abdallah, Averino,
Gaukler, Chiarini, Dupuis, Eckard,
Gichler, Flach, Folds, Friedel, Grassina,
Parker, Rappo, Rassni, Redisha,
Regenti, Rhigas, Schörfer, Simonelli,
Steinträgler, dann d. arabischen, chinesi-
schen, japanesischen und persischen
Gymnastiker. Hieher auch der hiesige
Turner-Verein.

G. Feuerkönige, sogenannte Feuerfest.
S. Hart u. Schwarzenberg.

Gaethle Hr. Baß u. Räte 1848.
Gage. S. Gehalt.
Galla Hr. Bediente, komische R. 1779.
Galerie. S. Bau, Gänge u. Theile d.
Plätze.
Gall Hr. Nach Salers Tod Dekorateur
1871. Später Maschinist 1872.
Gamlin Fl. munt. L. in Lust. u. Sch.
Erst. Auz. 1781.
Ganz. S. Baßhorn.
Ganzenmüller Hr. Karl Bes. R. 1805.
Garbe. S. Stadtgarde.
Garderobe Personale 74; fand
b. Resid. 80; v. Stadt 84, wird ver-
fault 110; Werth 116

Garderobier. S. d. Mitgl-Tabellen.

Gardinen. S. Dekorationen.

Garnig Hr. (Fach? 1785.

Garnier Hr. U. R im Sch. Singt Chor 1781.

Garrys Fl. S. Fr. Roland Karl.

Garten. S. Federl. u. Stifts-Garten.

Garvens Hr. 1. T. (mit dem Titel Doctor?) 1851.

Gas. S. Hydro-Oxygen-Gas u. Beleuchtung.

Gasser Hr. Xystus Ch. B. v 1827—31.

Gaßner Hr. Baryton u. k. Z. 1868.

Gaßner-Cancou Hr. Taschenspieler S. Th. **126**.

Gatto Hr. Franz Anton vorzüglich tiefer B.; 1. Sarastro seiner Zeit, im Sch. kom. B. 1803; Fr. Gatto Elise 1. L. in Lust. u. Tr. figurirt auch. 1803.

Gaudelius Hr. ernste B. 1845.

Gaukler im Bodeneyr-Stadel. (S. a. Athleten) **27**.

Gauner gehört zu Intriguant und Character.

Geb. als Abkürzung für „geboren"

Gebhart Fl. Ch. Alt v. 1855—63.

Geborene. S. Hier Geborene.

Gebot. S. Verbot.

Gecke u mit d. muntern Liebh. zusammengefaßt.

Gehalts-Betrag. **48, 82, 85, 88**.

Gehalts-Einschränkungen **81** b. **93, 99**.

Gehilfen. S. Garderobier u. Maschinist Mitgl.-Tabellen.

Gehrke Hr. kom. Väter 1843.

Gehwolf Hr. Musik-Direktor. S. Th. 1869.

Geiger Hr. Alois Chor-Repetiter 1779.

Geiger Hr. Ch. B. v. h. 1836 b. 41, wurde wieder Beinringler.

Geiger Fl. Laura v. h., spielte Kinder R. v. 1836 - 41.

Geiger Fl. S. Fr. Berger.

Geischer Hr. (Fach?) 1770

Geißler, fromme Büßer **15**.

Geißler Hr. Joh Friedr. Väter ernste u. launige 1789. Geißler Fr. Joh. Eleon. M. kom. 1789. Nach ihres Mannes Tode heirathete sie Hrn. Grünberg. S. diesen Beider Silhouetten S. Portraits.

Geißler Hr. Wolfgang. Tiefer B. 1825 b. 27. **81**; a. Reg. d. Op. 1838 b. 41.

Geißler Fr. Nannette Soub. Später in Darmstadt 1825—27. **81**.

Geist Hr. 2. T. 1793.

Geislinger Fl. Marie, Lokal-Säng G. v. Mch. **110**.

Geistliche Kleider bei Komödien verboten **4**; führen Mysterien auf **3**; 1. Theaterstreit **21**; 2. desgl. **29**; protestiren gegen d. Fechtschulen **27**; protestiren gegen d. Th. überhaupt **29**.

Gelage. S. Feste u. Jokulater.

Geld. S. Preise d. Plätze u. Gehalt.

Gelbin Fl. S Fr. Veltheim.

Gelegenheitsdichter. S. Dichterhies.

Gemälde. S. plastische Vorstllgn. u. Portraits.

Gen. als Abkürzung für „genannt" b. falschen Th.-Namen.

Genée Fl Ottilie als S. im S. Th. **113**.

Genze Hr. sent. u. munt. L., junge Helden 1809—12.

Gepränge bei Vorstellungen. S. Ausstattung.

Gerard Fr. Ch. Sop. 1835.

Gerard Fl. Soub. 1837.

Geringer Fl. Jul Säng. S. Th. 1872.

Germann Fl. d. ä. sent. L. Fl. Germann d. j. Ch. Sop. 1848.

Gernecker Hr. Joh Christ. Direktor
mit Hoffmann 19

Gerstel Hr. Vater, Kom. Alte 1842
dann 1845—52; Gerstel Hr. Wil-
helm d. ä. Sohn, Char. als G 99;
Gerstel Hr. d. j Sohn, V.b. als
G. v. Mch. 90; Gerstel d. Vor-
Fran; Soub 1835.

Gersterer Hr. 1. L.; singt auch 1834
b 37; kömmt nach Dresden 91.

Gerüste. S. Proszenium u. Verhang.

Ges. mit groß G als Abkürzung für
„Gesellschaft" mit klein g beim Lieb-
haberach für „gesetzt" — ältere —
Liebhaber Rollen.

Gesang, Bravour, Coloratur, getragener oder lyrischer. S. Tenor u. Säng

Gesang-Unterricht d. Mstr Säng.
u. Schullehrer 12

Geschäfts-Führer für Direktoren:
Tilkworth, Herrmann, Kinder, Lüders,
Mäurl, Müller Friedr.

Gesellen-Congregation ledige 60.

Gesellschafts-Lokale. S. Mittags.

Gesellschaft. S. Alten, Kinder, Liebhaber, fahrachspieler, reisende, Singspiel, Studenten, Varieté, wandernde.
S. a. Orte u. extemporirte Stücke.

Gesetz b. Mstr-Säng 6, 7, 13; b.
englischen Komödiant 20; b. Kaufbeurer 21; b. fahrachspieler 22;
b. Festspielen 27, d. Dir. Mch 46

Gesetzt. S. Verhälter u Liebhaberin

Gest. oder auch † als Abkürzung für:
Gestorben am hiesigen Pl. während
d. Saison: Frau Sänger-Gockr.,
Henrici, Huber, Klich, Mäler, Reit-
maier, Roman, Roland Vater und
Schwiegerrichter, Schwanseer, Weinmüller, Witz.

Fr Kal. Chatelet, Einsle, Heutelmann.

Herr Chatelet, Eberle, Einsle, Hain K.,
Henrici, Hermes, Hermann, Hessel-
berger d. ä., Hopfner, Huber, Jansen,
Kerler, Klette, Köck, Kolbe, Lang
Th.-Diener, Laturner, Mayer Th.-
Mstr. u. Mayer Souffleur, Mösterer,
Moller, Ostertag, Perzel, Pfälzis V.
u. S., Reitmayer, Rohbeck, Roland
V. u. S., Rupprecht, Saler, Schäfer
d. ä., Schulz Fanni, Städter, Stetz,
Tauscher, Valentin Gustav, Vanini
Georg, Wannert, Weiß Ch. T., Will-
necker, Wirsching, Witz V. NB. In
den alten Theater-Almanach's ist bei
Todesfällen v Schauspielern stets be-
sonders bemerkt, daß sie auf dem
Gottesacker begraben wurden. Eine
Verweigerung des Begräbnisses ist hier
nicht vorgekommen.

Getragener Gesang. S. Tenor u.
Sängerin.

Getraute. S. Verheirathet.

Geuger Hr. (Fach?) 1770.

Gew. als Abkürzung für „gewöhnlich."

Gewinne (Gewennster) d. Mstrg. 7.

Geyer Hr. (Fach?) Blos 1812.

Giebel Fl. d. ä. Soub ; Giebel Fl
d. j. Ch. Sop. n. l. J. 1827.

Giegold Hr. ernste Väter 1851 u. 57.

Giebl Fl. Ch. Sop. 1844.

Giese Fl. Chargirte R., besten Soub.
1864.

Giesele Hr. J. G. R., sent. L., auch
Th. Dichter 1786

Giesele Hr. Vaßbuffo 1839.

Gieser Hr. Kl. R.; S Th; u. l. J.
1867.

Gilbert Fl. Lyr Säng. 1854.

Girard Hr. Kl R. Insp. Fr. Girard
Bruslente n. l J 1874.

Girard Fl. Kl.R Ch Sop. S. Th. 1870.

Girg Fl. Ch. Sep. 1836.

Girndt Hr. Dr. Otto. Lust. Dichter: A 1 **119**; Am andern Tage **122**; Preußisches Strafrecht **127**.

Giuliani Fl. mum. L. 1809—12.

Giulini Hr. Andreas Dom-Kapellmstr. komp. für Schultheater **14**.

Glabisch Hr. ernste R.; n k. Z. 1863.

Gladiatoren. S. Fechter **27**.

Glaeser Hr. Komp.: „Clotilde, das Mädchen ohne Zunge," Melodram **78**; Adlers Horst **90**.

Glanz Hr. Franz (Fach?) 1779.

Glattacker Fl Wilh. sent. L. v. 1825 b. 29 und **81**.

Glenk Fl. Anna. Schsplrn. als G. v. Mch. **119**, **123**, **126**, **127**.

Gley Hr. d. ä. Liebling d. Publikums in Helden, L. u. Bonvivants v. 1793 b. 96. **71**; als G. **72**; Fr. Gley nebst Tochter als G. **71**, **72**; Sohn 3. R. 1794.

Gnadenkette d. Mstr.-Säng. **7, 11**.

Gnauth Hr. Ch. B. 1833.

Gneth Fl. Louise, Säng. n k. Z. 1836.

Goebel Fr. Requisiteurin v. 1844—53.

Görlich Hr. B. b u. Op. Reg. Fr. Görlich Jenny, Soub. 1871.

Görner Hr. Lust. Dichter: d. schwarze Peter, Englisch, Wie 3 Musikanten ihre Zeche bezahlen **106**; d. Salz d. Ehe, d. Magisters Perrücke **108**; Eine kleine Erzählung ohne Namen **109**; Jettchen am Fenster, Tantchen Unverzagt **110**; Ein glücklicher Familienvater **110**; Auf Rosen **110**; Nichte u. Tante **112**; Ein geadelter Kaufmann **113**; Sperber u. Sperling **117**; Erziehung macht d. Menschen **118**; d. Heirath durch einen Hut, Frauenthränen wirken (?) S. Th. **118**;

T. Kindermärchen: Schneewittchen u. d. Zwerge 9 mal; Apfelbaum, Erdmännchen u. Flöte 7 mal; Lügenmäulchen u. Wahrheitsmündchen 1mal **122**; im S Th. auch noch Prinzessin Marzipan, dann d. Stück „Schloß Montbazon(?) **123**; auf dem Hühnerhofe, Im Walde **123**; d. 3 Haulemännchen **125**; vor dem Balle **126**; Aschenbrödel **128**. Im 1. Jahre 12 mal. Im Ganzen 25 mal.

Goethe Hr. Wolfg. **42**. Was vor 1817 gegeben wurde? S. S. **76**. Seine Todtenfeier **76**; Tankred Okt. 1818 und Egmont April 1819 **77**, aber noch ohne Musik v. Beethoven; diese erst 1835 **91**; Faust **90**; Stella **133**.

Götte Hr. Wilhelm 1. T. als G. v. Zürich **117**; als Mitg. 1865.

Götz Hr. v. J. F. Direktor d. adelichen Liebhaber-Th. **50**.

Götz Hr. U. R. eing u. abg. 1822.

Götze Fl. Soub.; S. Th. 1865.

Goldberg Hr. Albert, Baryton u Reg. 1874 u. 75.

Goldene Kette d. Mstr. Säng. **7, 11**.

Goldene Kronen als Preis für Mstr.-Säng. **7, 11**.

Goldener Saal b. d. Jesuiten **25**.

Gollmik Hr. Baßbuffo 1812.

Gomantzky Fr S. Fr. Kupfer-Gomantzky.

Goßler Fl. 2. mum. L. 1859.

Goßmann Fl. Friedr. (Fr. Prokesch-Osten) als G. **113**.

Gotha. S. Theater-Almanach.

Gottesdienst. S. Kirchenfeste.

Gottsched Hr. Joh. Christ. Röthiger Berrath zur Geschichte d. deutsch. dram. Dichtkunst (2 Bände 1757—65)

Gröning Hr. (Fach?) Ob nicht Kröning? 1806.

Grönland Hr. Th.-Diener 1827 b. 29.

Grönlund Fl. Ch. Sop. 1830.

Grohmann Hr. jug. Helden, z.B. 1828.

Grohmann Hr. Wilhelm, Helden B. Ob derselbe? 1844 u. 45.

Groß Hr. 3 sent. L. u. k. Z. 1844.

Groß Hr. Ch. T; H. R. 1844 u. 67.

Große Fr. 2. M. u. d. jüngern Töchter Charlotte u. Elise Kinder-Rollen. Große Fl. Albertine, älteste Tochter; munt. L. 1847.

Große Fr. Auguste, tragische Mutter 1865.

Großkopf Hr. lyr. T. als Mitg. 1870 u. 73. Als G **119, 131.**

Großmann Hr. jung. kom. R. u. k. Z. Auch Sekretär 1852.

Grotesk. Ueblicher Ausdruck f. d. kom. Charaktere im Ballet.

Grube Hr. Sigm. Gottl. (Fach?) Ein bei den Akten liegendes Th.-Journal sagt von ihm: „hat sich auf eine sehr unschickliche Art unsichtbar gemacht. 1795.

Grün Hr. Ludwig Souffleur; S Th. 1873.

Grünberg Hr. 1. Sänger; im Sch. Offiziers; kom. B. 1769. (NB. Seine 2. Frau Fr. Geißler Joh. Eleon. S. d.) Fr. Grünberg Marianne 3. R.; starb 1789. Beide Vorigen die Eltern d. Dichterin v. Weißenthurn u. Frau Schemnauer. S. d. 1769.

Gründung d. 1. Mstr.-Säng.-Schule zu Mainz **7.**

Grünwald Hr. Ludw. Procop. Souffl. 1807.

Grünwald Hr. Julius, Baryton 1863.

Grüpeck Hr. Joseph, Verfasser von Komödien **9.**

Grund Fl. Minna Soub S Th. 1864.

Grundtner Hr. Fr. Xav. Baumeister d. Th. **36.**

Grunert Hr. Karl, 2. B; Anf.; v. 1825—28 **81;** als Char. u. Reg. d. Sch; singt auch; von April 1830—33. Als G. v Stuttgart **110, 113**; Fr. Grunert als erste M. u Anstands R. 1830—33.

Grunow Hr. 1. T; ausgezeichnet durch Häßlichkeit 1834.

Grusendorf Hr. lyr. T. 1867.

Gschmeidler Hr. sent L 1868.

Gschwendner Hr. (auch Geschwendner u. Geschwender) ges. L. u. edle B.; auch Maler 1776.

Gsgs. Als Abkürzung für Gesangs-Parth. Gesangs-Komiker.

Gspann Hr. Ign. Musik-Dir. komp. Opern u. spielt Pedanten 1781; Fr. Gspann Eine 2. Vestvali. Spielte Helden, Könige, 1. L. u. Char. im Sch. u Sgspl. 1781. S. Männerrollen u. **48.**

Gülpen. S. Van Gülpen.

Günther Hr. Tiefer Baß. Fr. Günther Sophie 1. L. beide viel in Almanachen silhouettirt u. in Kupfer gestochen 1795. Günther Fl S. Fr. Lüders, ferner Karl, Karoline u. Fritz für Kinder-R. 1795.

Günzburger Hr. Bernhard v. Kriegshaber, Par.; als G. v. Regensb. **123, 133.**

Gullmann Hr. Friedr. Karl Geschichte d. Sdt. Agsbg. 4 Bände. 8° Agsbg. b. Geiger; oft in diesem Buche citirt.

Gum Hr. 1. T. als G v. Mch. **131**

Gumtau Hr. trag. L.; Helden 1845 u 46.

Gunkel Hr. tiefer Baß 1793 u. 94.
Gunske Fl. 1. dram. Säng. u. ? J. 1873.
Gut. S. Gartengut.
Gutherr Fl. 2. Rollen. S. Th. 1875.
Guthfe Fl. Ch. Sop. 1861—65.
Guttenhofer Fl. ges. L. 1827 u. 28;
Erste M. 1829 u. 30

Gutzkow Hr. Sch.-Dichter. Werner 95;
Zopf u. Schwert 98; Urbild d. Tartüffe 101; Uriel Akosta 102; Königs-
lieutenant 109; Ella Rosa 110.

Guy Hr. v. Barolon; Fr. v. Guy
Ch. Sop. 1853.

Gymnasium. S. St. Anna u. St. Salvator (Jesuiten).

Gymnastiker. S. Gäste Abthlg. VI. F.

H. (kleines) als Abkürzung für „hier.“
v. h. = v. hier

Haake Hr. August Helden; Fr. Haake
sent. L. 1815.

Haag Hr. Erste Väter 1799 u. 1803;
Fr. Haag Erste M. 1799 u. dessen
Söhne Wilhelm u. Karl 1799.

Haag Hr. (Ch d Vor. Wilhelm oder
Karl ?) u. Helden 1807 Erste H. 66
u. Mai 1818—1821. Dessen Sohn
Martin

Haas Hr. Herrmann; 1. sent. L. 1831.
Haas Hr. sent. L.; Kol.; S. Th. 1867;
Soli-Th. 1867.

Haas Mme. Nelli u. Marie Kinder R.
1841 — 44. Vermählte Flügelinder
Bauer's. B. A.

Haase Hr. Friedrich, Schsplr. als G.
v. Mch 109

Haber Hr. Gárten-Schüler 1827 u.
1828.

Haßermehl Hr. Thier M. v. Seyffe
1819—21.

Hacker Fl. 1. sent. L. Hat hier geheirathet
1858 u. 59.

Hackländer Hr. Lust.-Dichter. Soldatenleben, Opern-Tert. S. Kirchhof 103;
d. geheime Agent 105; magnetische
Kuren 109.

Haber Hr. Ch. T. 1843.

Häckhel Hr. Thomas. Ueberall anders
geschrieben: Hälbel, Häckell u. s. w.
Ballet-Mstr. u. Tänz. Kom P. v. 1777
b. 1780. Fr. Häckhell Soub. Kom.
M. Tanzt seriense v. 1777—80.

Hänsel Hr. 2. B. in Op u. Sch. 1852.

Här Hr. (Fach?) 1789.

Härting Hr. sent. L. 1858.

Härtinger Hr. 1. Ten. als G. v. Mch
98, 103.

Häuser. S. Fugger H u. Schiessel'sche H.

Häußer Hr. Schspl. als G. v. Mch.
123; seine Frau einmal 131.

Hagedorn Hr. sent L. 1837 u. 38.

Hagen Hr. 2. Ten. u. Baryton 1831
u. 32.

Hagen Hr. 2 sent. L u. k. J 1861.

Hagen Fr. Ch. Sop.; U. R. 1863.

Hagen Fl. v. d. L Charlotte Schsplrn.
als G. v. Mch. 86 Hagen Fl. v.
d. j. Auguste, Schsplrn. als G. v. Mch.
87.

Hahn Fl. Louise. Sent. L. (1. Preziosa)
v. 1821 an b. 27 kam aus Hoftheater
in Hannover 79, 81.

Hahn Fl. Ch. Sop. 1852.

Hahn Hr. Maler v. b. 1838 b. 45.

Hahn Hr. Ch. T. 1838—41.

Haibel Fl. Säng. als G. 85.

Haim Hr., Fr. H. u Kind (Fächer?)
Ob nicht Heim? 1793.

Hain Hr. Karl Ten. 1816; 63; Fr.
Hain Kath. Erste M. 1807 1816.
Hain Fl. Rosine als Kind 1807;

erwachsen Soub. 1816; Karl wurde
20. Mai 1816 mit 6 Jahren durch
d. Einsturz eines Bretterhausens im
Th.-Hofe erschlagen. Louise, Louis
u. Ernst Kinder-R. 1816.

Hain Hr. Ch. B. 1867;
Fr. Hain-Schnaidtinger Marie.
Säng. als G. **125**.

Haindl Fl. Ch. Sop. 1864.

Haine Hr. Tiefer B.; auch ernste B.
1833—36; Fr. Haine Louise, geb.
Kraus v. h. als ledig von 1824 b. 30. **81**
Ch. Sop. u. kl. P.; verheirathet Soub.
1833—36 nebst Söhnchen Karl für
Kinder-R.

Haizinger Hr. 1. T. als G. v. Karlsruhe **85**; Fr. Haizinger geb. Marstadt, zuerst verheirathet an Neumann,
als G. v. Karlsruhe **77, 85**. März
1875 60jähr. Jubiläum in Wien.

Halevy Hr. franz. Op. Komp.: die
Jüdin, 21. März 1843 **96**.

Hallenstein J. u. Fl. Hall. (Fächer?)
1826.

Haller. Alte Münzen deren Werth zu
verschiedenen Zeiten sehr verschieden war.
d. Pfd. ungefähr ½ fl.

Haller Fl. (Fach?) 1780.

Hallermeyer Hr'. Lyr. T Auf. 1863.

Halm Hr. Sch. Dichter: Griseldis **93**;
d. Adept **94**; d. Sohn d. Wildniß
(6mal im 1. Jahre) **96**; Ein mildes
Urtheil **98**; d. Fechter von Ravenna
109, Wildfeuer **119**.

Hamm Hr. Ch. T. 1858.

Hamm Hr. Anton. Esgs.-Kom u. T. b.
1865.

Hamburg. Theaterstreit **21** u **29**;
Theaterbau **23**; Brand (**95**).

Hammer Fl. (Hammerin) Solo-Tänz.
1781.

Hammerbacher Fl. munt L. S.Th.
1868.

Hammerer Hr. Mus-Dir. (Ob von
hier?) 1779.

Hammermeister Hr. Var.; Frau
Hammerm. Mina, 1. Säng. 1839.

Hampl Hr. Emil, Esgs.-Kom.; Fr.
Hampl Ch. Sop. Kom. M. 1869.

Handschriften. S. Hr. Greif Ludwig.

Handwerker-Spiele S. Liebh.-Th. u.
Gesetze.

Hanke Hr. 2. B. 1856 u. 57.

Hannel Hr. Ch. T auch 3. L.; u. kl. R.
1865.

Hans Hr. Julius, Prof. h. über d.
Augsb. Schulwesen. Zeitschrift d hist.
Vereins 1875. Einigemale benützt.

Hansen Hr. 1. T. 1795. 1800; kom.
B. 1830. Hansen Fr. Kammer-
mädchen, v. Komite entlassen. 1795.
Kom. M. 1830; Hr. Hansen Franz,
Sohn; 1. Ten. u. Reg. d. Op. 1830;
als T. b. u. Reg. d. Op. 1837—40;
Fr. Hansen dessen Frau, 2. Säng.
1830, dann v. 1837—40. S. a. Miller.

Hansing Hr. 2. B.; B.; 1793 u. 94;
dann 1807 u. 1808. Fr. Hansing
kom. M. 1793 u. 94; Fl. Hans.
d. ä. als Kind 1793 u. 94; als 1. Säng.
1807 u. 1808; Fl. Hansing d. j.
Sophie als Kind 1807 (singt schon);
als sent. L. u. Soub (1. Aennchen im
Freischütz) 1819—22.

Hanswurst **20, 22, 63**. Gottsched
fand den Namen zuerst gebraucht für
einen Bauern in einem Manuscripte
mehrerer Fastnachtsspiele v. 1553, seine
Figur will man schon in einem alten
Bilde v. 1504 entdeckt haben u. daß
er schon 1541 allgemein bekannt war,
erhellt aus Luthers Streitschrift „wider

Hanswurst.
Hans Worst." Gottsched verbrannte
zwar sein Bild. (S. Neuber) doch kaum
begraben, stand er als Bernardon, Kris-
pin, Äpperl, Kasperl, Thaddädl (S. d.)
u. Staberl immer wieder auf, selbst
als d. italien. Harlekin sich d. Pritsche
bemächtigte. Gottsched konnte wohl den
Pöbel Hanswurst vertreiben, d. kom.
Volksfigur nicht. S. v. Kurz, Pre-
hauser u. Masken komische.

Hantelmann Fr. Doris Soufflense
1866; S. Th 1867 mit 2 Kindern,
woven 1 im Stadtbach ertrank.

Harlekin. S. Masken komische.

Harprecht Hr. Eduard ernste R. u.
Reg. d. Sch 1839 — 42; Fr. Harprecht Babette geb. Beopermann aus
1. Ehe; als Kind spielte schon „die
kleine Zigeunerin" eine wichtige Kinder-
R v. Kotzebue 1815; als Fl. 2 munt.
L 1834; als Fr. gef. L. 1839—42.

Harrer Hr. v. (Fach?) 1799.

Harry Hr. Karl gef. L.; singt auch
S. Th 1871

Hartl Hr. sog. Feuerkönig als G. 95.

Hartl Fl. Th. Sop. u. deren Kind 1858.

Hartmann Fl. Th. Alt, Schwester v.
Fr. Diez 1835.

Hartmann Hr. (Fach?) 1795.

Hartmann Fl. Schülerin als G. 106.

Hartmann Fl. v. Emilie 1. dramat.
Säng. 1872.

Hartnagel Fl. Ch. Alt. 1833.

Hartwig Hr. Souffleur 1795—97.

Haselmeier Hr. v. (Haselm.) Dir.
1826. 61 u. 62.

Hasenest Hr. Souffleur u. Requis. auch
gef. R. spielt; gab bis 1 Th. Journale
heraus, v. denen d. Nürnberger Stadt-
Bibliothek viele besitzt. 1777, 1790 u. 92.

Hasenest Fr. geb. Scherzinger, Reb.
R.; fig.; 1780. H. vermählt 8. Febr.
1781. 47.

Hasper Hr. kom. R. — Später hier
Kaufer 1838.

Hasselmann Fl. Soub. 1858.

Hasselt-Barth Fl. Johanna, Soub.
1867.

Haßlinger Hr. Balletmstr u. 1. Tänz.,
spielt auch Stutzer, Gecken u. Chev. in
Sch. u. Sgspl. 1781, 1787, 1795.

Hatscher Hr. sent. L; u. l. Z. April
1823. Da er sehr mißfiel, sagte d.
Volkswitz von ihm: er solle hin-
hatschen, wo er herhatschte.

Haubner Fl. Anna Tänz. als G. v.
Mch. 102.

Haugg Hr. Jos. Nur 1 Jahr Zettelträger nach Huber 1826.

Hannstetten. Theater im Freien 64.

Hauptfächer. S. Rollenfächer.

Haupt- u. Staats-Aktionen S.
extemporirte Stücke.

Hauser Hr. 1. tiefer B. 1843.

Hauser Hr. S. Hr. Miska Hauser.

Hausmann Hr. B. b.; Reg. d. Op.
1867. S. Th. 1868 u 69. Fr.
Hausmann Ch. Sop. Kl. R. 1867.
S. Th. 1868 u. 69.

Fl. Hausmann d. ä. S. Fr. Dahn
H.; Fl. Hausmann d. j. deren
Schwester G. v. Mch. 113.

Hautboisten d. Reg. Prinz Karl b.;
d. lange d. Stützen d. Chors waren.
S. Brandel, Ellenrieber, Hegenauer,
Krauß, Angler, Moller u. Perzel 78.

Hawranek Hr. 2. B. u. l. Z. 1873.

Hebbel Hr. Tr. Dichter: Judith 105;
d. Nibelungen 123.

Hebel Fl. järtl. L.; S. Th. 1872

Hebenstreit Hr. 2. Char. 1848 u 57.

Hecht Hr. Tenorbuffo 1800.

Hecht Fls. M. u. St. Ch. Sop. nebst Brüderchen Karl. Kinder-R. 1833.

Hecht Fl. Mina v h.; Ch. Sop. S. Th. 1872. Stdt.-Th. 1872.

Heck Hr. (Fach?) eing. 1790; abg. 1792.

Heckenberger Hr. Ch. T. 1866; S. Th. 1867.

Hederer Hr. Magist.-Rath, Komite-Mitglied 82.

Hefelin Hr. Agsb. Mstr.-Säng 32.

Helfert Hr. 3. R. S. Th. 1875.

Hefner Fl. Säng. als G. v Mch. 103 (109) 110.

Hegenauer Hr. Hautboist, Ch.B. 78. 1843.

Hegenbart Hr. (part) Jos. 1. L.; Helden. 1782. Starb in Karlsruhe.

Heger Hr. (Höger) Aloys. Th.-Diener. 1807—15.

Heger Fl. Ch. Sop. 1856. 1857.

Hehl Fl. mmt L; n. f. Z. 1846.

Hehlhofer Hr. (Fach?) 1769.

Heidenreich Hr. sent L.; S. Th.; n. f. Z. 1874.

Heigel Hr. August, geb. 1792 in Mch.; Anf. v. 1817—23; auch Reg d. Sch. nach Wtz. Ernste B. 1823. Kam nach Mch. Als G. v. Mch. 86, 90, 94, 95, 101. Heigel Hr. Cäsar Max, älterer Bruder d. Vor. gibt plast. Vorstellgn. 71; Als Char. u. Reg. d. Sch. 1814; will Dir. werden 80; NB. Beider Vater u Mutter wurden in Mch. noch Ende d. vor. Jahrhunderts „Haigl" geschrieben; Heigel Fr., Cäsars Frau. Kom. M. 1844. Heigel Hr. Cäsar, d. Vor. ältest. Sohn; Char. 1845 u. 55; Fr. Heigel Fr. d. Vor. chargirte Rollen 1855 u. 1856; Fl Heigel Cäsarine älteste Tochter. S.

Fr. Kupfer-Gomansky. Heigel Fl. Rosa, 2. Tochter; 1. sent. L. 1844.

Heigel Fl. Angelika, 3. Tochter. Alt-R. gab 3. Jan. 1855 ein Concert als Altistin u. heirathete hier.

Heil Hr. 1. T. 1816; dann 1818 eing. u. abg. vor Maiers.

Heilig ausgelassen. S. Kreuz, Kirche u. Kirchenfeste.

Heim Hr. u. Fr. Heim (Fächer?) Ob nicht eins mit Haim? 1789.

Heindl Hr. Ch. T 1857.

Heine Hr. Helden. Reg. d. Sch.; n. f. Z.; Fr. Heine 1. Säng. 1852.

Heine Hr. Germain, ges. L.; S. Th. 1871. Ernste B. 1872 u. 73.

Heinemann Hr. (Fach?) 1784.

Heinemann Hr. Kom. R. Souffleur 1858. Sekretär 1859—63.

Heinrich Hr. 1. T. 1848 u 49; als G. v Mch. 109 (110).

Heinrich Hr. Souffleur nach Prüller 1834.

Heinrich Hr. Maschinist 81; v. 1817 an bis 1827.

Heinrich IV. Bischof verbietet d. Th. 9.

Heinrich V. Bischof weiht d. Kirche zu St. Salvator 24.

Heinrich Fl. Ch. A. 1843.

Heinrich Hr. Ludwig Tänz. v. Mch. als G. 102, 109. Als Mitg. 1857.

Heinrich v. Meißen; gen. Frauenlob 1. Mstr.-Säng. 6.

Heinritz Hr. Lud. Char.; Reg. d. Sch. 1871.

Heins Hr. (Fach?) 1780.

Heinz Hr. Reinhard (Hainz?) 1. L.; Reg. d. Sch. 1865 u. 66. als Char. 1870. Beidemal S. Th.; seine Frau Fl. Raberg.

Heinz Hr. 1. T. 1826.

Heirathen S. Hier verheirathet.

Heißdorf Hr. v. Aug. Th. Dichter **65**.

Heißin Fl. Josepha 1. Säng 1769.

Heßbarkeit d. Th S Schlichen d Th. wegen Kälte.

Heizung 1. Verrichtung **96**; auf Regie d. Ent **102**; Versuch mit Luftheizung **108**

Held Hr. Tiefer B.; Anf. 1822; wurde d 1823 Calligraphie Lehrer.

Helden u. Heldinnen. S. 1. L.; Helden Tenor, H=Väter u. Helden M. S d Mitglieder Tabellen.

Helin Fl. Louise Tänz als S v. Mch. **117**

Hell Hr Theodor, bust.=Dichter hat keine Originale, nur Uebersetzgn. u. Bearbeitungen aus andern Sprachen geliefert

Heller Hr. Baryton 1862.

Heller als Münze. (S. Haller) **6**.

Helling Hr. (Heling) ernste B. 1814

Hellmuth Hr. junge kom. R.; S Th 1863

Hellwig Fl. Anna Soub Anf. v. h. 1870.

Hella Fl. Mittim. u. l. J. 1866.

Helmbeck Hr. d. ä. Juden. Bauern. Nachspiel. Tanzt 1777 u. 78 nebst Sohn u. Tochter für Kinder R Tanzen auch.

Helmer Hr. kom. B.; S Th 1865

Helming Hr. (Fach?) (Hellming) 1805 u. 1806

Helmstädt Hr. K. Oyp Kom. als M. S Th **114**

Hempel Hr. Mus. Dir.; S Th 1868

Henneman Hr. u. Henneman Fr. (Fach?) 1591.

Henrici Fr. Kunstbereiterin d. 1824 b. ... Henrici Hr. Maler aus b. ..., der 1824 auch einmal

eine schauderhafte Dekoration malte, führte d. Geschäft der Mutter fort bis 1844.

Henrion Hr. 2. T.; u. l. J. 1862.

Henry Hr. (Fach?) In Nürnberg Hauw geschrbn. 1781.

Hensel Hr. Joh. Gottl. kom. Alte u. alte Bediente mit großem Verdienste; auch Th Dichter 1782.

Herausrufen 1.; S. Brockmann u. Schikaneder **54**

Herberger Hr. Theodor städt. Archivar. Seine Abhandlung über d. hiesigen Mstr.=Säng nach d. Aufsatze v. Dr. Beyschlag (S. d) ergänzt u. erweitert nur im Manuscript in meinen Händen wurde fleißig benützt.

Herbold Hr. August 1. B.; Fr. Herbold ernste M. 1819 abg

Herbold Fl Betty; Soub. 1861—64.

Herbert Hr. Baryton 1834.

Herbst Hr. Hofschplr als S v.Wien**70**

Herger Hr. Joseph B. b. u. Reg. d. Op. kam als Gsgs. Lehrer aus Konservatorium in Mch. 1861.

Herkulesse. S Gäste Abtheilung VI F.

Herleßsohn Hr. K. S; S. Th. Ver.

Herman Hr. (Hertm. u. Hörm.) Joh. Peter 3. R. Tanzt 1777 u. 78.

Hermes Hr. Ch. B; 1868 u. 69. Fl. Hermes Seine Schwester Ch Sep. 1871 u. 72.

Herold Hr. franz. Op. Komp.: Wunderglöckchen **78**; Zampa **88**.

Herrmann Hr. Joh. Jak. Souffleur 1795 u. 1807 u. 1808.

Herrmann Fr. Kom. M.; Ch. Sep. 1817—22.

Herrmann Hr. Ch. T.; u R Fl Herrm. Schwst. Ch. Sep.; L 1847.

Herrmann Hr. ernfte B. (Nicht verwandt mit d. Folgenden) 1833.

Herrmann Hr. Helden u. Väter 1843.

Herrmann Fl. ernfte M.; S. Th. 1870.

Hertel Fl. Ch. Sop. 1863.

Hertfch Hr. tiefer B. u. B. 1853 u. 54. Kam fpäter nach Wien. Sein Wirken **107**.

Herzog Hr. 2. T. 1841.

Hervorragende. S Gäfte, Dichter Komp u. Künftler.

Herwegh Hr. ernfte Väter als G. v. Nürnberg **96**; Fr. Herwegh kom. M.; Fl. Herw. Soub. 1865. Als G. am S. Th. **118**.

Herz Fl Mina, 1. L. 1845—48; als ernfte M. 1861—64. Als G. **105**.

Herz Hr. Franz d. Vor. Bruder; Char. 1845 u. 46. Als G. v. Mch. **110**, **111, 112, (113) 123, 127, 133.**

Herzog Hr. 1. T.; u.f.Z. 1857.

Heß Hr. kom. Alte; figurirt 1790 u. 94.

Heß Hr. 1. tiefer B. 1807 u. 1808.

Heß Hr. Ch. B. 1837.

Heß Hr. Kom. R. 1852.

Heß Fl. Babette, Violin-Virtuofin als G. **110**.

Heß Fl. Ch. Sop. 1866 u. 67.

Heffe Fr. (Fach?) 1806 u 7.

Heffe Hr. ernfte B. Beim Th. als „d. dicke H" bekannt, hatte fich neben feiner Tüchtigkeit als Darfteller, wofür feine 7jährige Anwefenheit bürgt, auch den hiefigen „Biertrinkern" unvergeßlich gemacht, von denen er auch die Ausdauerndften in manchem Wettkampfe niederftreckte. v. 1807—14.

Heffelberger Hr. d. ä. 2. Garberobier 1829—31; als 1. 1832 wo er ftarb.

Heffelberger Hr. d. j. 2. Garberobier 1832; 1. 1833—38.

Heffelfchwerdt Hr. Muf. Dir. auch 2. T.; 1803—6; Chor-Rep. 1832.

Hettler Hr. Z. munt. L.; auch T b.; S. Th. 1870 u. 73.

Hetzen. S. Thierhetzen (Ochfen- Bären) **27**.

Heuberger Fr. Kom. M in Op. u. Sch 1854 u. 55. Karl u. Fritz.

Heuberger Hr. Efgb.-Kom.; Fr. Henberger Soub. S. Th. 1862.

Heufer Fl. Gertrude, fent L. 1841; Fl. H. Polixena munt. L.; 1841; Brach hier auf d. Bühne den Fuß als Käthchen v. Heilbron. Beide als G. v. Mannheim **96**.

Heufer Hr. Ludwig 1. fent. L. 1847.

Hey Hr. Jul. Ch.-Repet.; u. f. Z wurde Gfglehr. am Konfervatorium in Mch. 1864

Heyder Hr. Ignatz (Fach?) 1784.

Heygen Hr. munt. L.; S. Th. 1875.

Heyne Hr. (Fach?) 1801.

Heyne Fl. Augufte munt. L. 1847.

Hiepe Hr. Tiefer B. 1848.

Hiepe Hr. 2. T 1850.

Hieferich Hr. Ch. T. 1829.

Hiefige. I. Hier Geborene, die fich d. Th. widmeten oder dabei Bedienftungen nahmen. NB. Den frühften Direktoren war ausdrücklich im Kontrakt verboten, hiefige Minderjährige bei ihrem Theater anzuftellen.

Frau Bell, Kraus, Schoch.

Fräulein Aubeled ä. u. d. j., Bourlier, Bur, Dannhorn, Defchler, Ebner d. ä. u. d. j., Einöle d. ä. u. d j., Entz, Fleiner, Fromm, Hecht, Hellwig, Hirfchmann, v Hörwarth, Hummler, Jankowfky, Keller, Kraus d. ä. u. d. j. Kraußin, Lay Jean ,Löwenthal, Lorz, Macceri Mayer, Mofer, Reklau, Riederer, Rum-

Hiesige. I. Hier Geborene beim Th. kucher, Schlederer, Schmidt, Scheck, Schäberl, Schroff, Valentin d. ä. u. d. j., Vogt, Waibl, Wallenreiter, Zankl. Herr Anzinger, Beck, Burkardt, Cavallo, Dannhorn, Demharter, Einöle, Erdinger, Erdt, Fernsemer, Fischer I. Ten., Frei, Geiger, Grimmer, Hinterstößer d. ä. u. d. j., Hörmann, Kaumaier, Kleosaas, Kranzfelder, Kriegbaum, Lang, Lommer, Lop, Macceri, Machatsch, Mayer, Meiler, Meitinger, Müller, Rieser, Riggl, Ostertag, Raiser, Reithmayr, Rupprecht, Schem, Schmidtbauer, Schropp, Schwegerle, Spindler, Eppi, Städter, Stichel, Stößel, Tochtermann, Ungewitter, Vallade, Vogel, Weißezahn, Weigelt, Weiß, Wolff P. A., Wolf Gh. V.; Zeidler. Kinder-Rollen: Geiger Laura, Knie Fanny u. Steingruber Nanette S. a. Keller.

Von Lechhausen: Fr. Schmitz, Fl. Viertrinker u. Ebner III. Von Kriegshaber: Hr. Günzburger. Die meisten sind nur im Chor u. untergeordneten Fächern; außer diesen S. Hautboisten. u. das ganze technische Personal, das größtentheils aus Hiesigen besteht, oder wenn sie v. Dir. mitgebracht wurden, Chor sangen, U. R. spielten oder sig S. a. Kinder-Ges.

II. Hier Engagirte. Adeliche S. d. Die v. Th in bürgerliche Geschäfte über- oder zurückgingen.

Hr. Beck kam zur allgemeinen Zeitg.

„ Beurer Dir privatisirte später h.

„ Bohl Christ. wurde Klavierstimmer später Verwalter.

„ Butsch übernahm eine Antiquariats-Buchhandlg.

Hr. Donal Karl wurde hier Maler.

„ Ellenrieder wurde Stadtthürmer auswärts.

„ Frei wurde hier Todtengräber.

„ Fridolin kam ins Paßbureau.

„ Geiger wurde wieder Beinringler

„ Hasper wurde hier Küsster.

„ Held wurde hier Calligraphielehrer.

„ Herger wurde Gesangs-Lehrer in München. Hr. Hey ebenfalls.

„ Hörmann wurde wieder Glaser-Meister.

„ Krähmer wurde Musik-Lehrer in München.

„ Kliebert Dr. wurde Direktor der Musikschule in Würzburg.

„ Klimetsch wurde Leihbibliothekar.

„ Lang Gottfried wurde Kirchen-Vorsänger.

„ Lenk trat in ein Kaufmannsgeschäft über.

„ Lommer wurde Zahnarzt.

„ Moser, Direktor, privatisirte hier.

„ Riggl J. kam ins städt. Archiv und wurde Chorregent.

„ Schiele wurde wieder Advokat in Vallenstedt.

„ Schropp wurde wieder Buchbinder.

„ Schuster ging als Küster zurück.

„ Schwegerle wurde Lithograph.

„ Stichel wurde Lehrer.

„ Vallade übernahm ein Kommissionsbureau

„ Wolff Chorbaß erhielt Bedienstung b. einem Kaufmann.

„ Wolfram wurde Kaufmann in Chemnitz.

„ Zell ging wieder zur Jurisprudenz zurück.

IV. Hier Engagirte die direkt oder später an Hoftheater kamen. Deren sind noch weit Mehrere, die mir gerade nicht immer bekannt wurden, deren Talent aber hier häufig unbeachtet geblieben.

a. nach Berlin: Fl. v. Faßmann u. Puls; Herr Beschort.

b. nach Braunschweig: 2 Fls. Urban u. Hr. Wehrstedt.

c. nach Darmstadt: Fr. Geißler, Fls. Eil u. Ubrich, Hr. Becker u. v. Poißl.

d. nach Dessau: Hr. Grans, Hr. u. Fr. Pichler.

e. nach Dresden: Hrn. Burmeister, Dittmarsch, Engelhart u. Gerstorfer. Hr. Ungewitter zum Chor.

f. nach Hannover: Fl. Hahn, Hr. Holthaus u. Senk.

g. nach Karlsruhe: Frn. v. Elmenreich u. Reichel; Fls. Brock u. Rönnecamp; Hrn. Hegenbart u. Klostermayer u. als Muf.-Dir. Hr. Ruzek.

h. nach Kassel: Fr. Deny, Fl. Roland S.; Hrn. Beils, Birnbaum, Dams Deny u. Zottmayer.

i. nach Koburg: Fr. Moritz.

k. nach Mannheim: 2 Fls. Heuser u. Kießling; Hrn. Mejo, Nebe, Pfeiffer, v. Reeden, Versing.

l. nach München: Fl. Geiger, Hrn. Augusti Vater, Dertinger, Eßlair, Fischer K., Freuen, Fries, Heigel A., Heinrich, Herz, Knorr, Rieser, Rüthling, Schlosser, Sigl, Tochtermann, Vespermann. Musikdirektoren Hr. Eberle u. Röber. Lehrer am Konservatorium: Hrn. Herger, Hey, Krähmer, Maschinist Roller, Oekonom Braun, Bibliothekar Leigh, Souffleur Prüller, Schöne u. Fr. Schwegerle; Kassier Keller; zum Chor: Fl. Moser, Hrn. Altmutter d. j., Carl, Schwaiger, Selzer.

m. nach Oldenburg: Fl. Lay Nannette, Hr. Berninger.

n. nach Petersburg: Hrn. Gärtner Huppmann u. Sartory.

o. nach Stuttgart: Fls. Bissinger, Josella u. Klettner; Hrn. Augusti Sohn, Belz, Böckel, Grunert, Kunz, Miedke Vater, Offenbach, Pezold, Rosner Sohn, Röder, Vetter, Vincenz, Wenzel. Zum Chor Dandler.

p. nach Weimar: Fls. Charles u. Sigl Karol. Hrn. Krieger, Savits. Muf.-Dir. Chelard.

q. nach Wien: Fr. Kupfer, Fls. Hirschmann u. Neu. Hrn. Brockmann, Hertsch u. Löwe.

r. nach Wiesbaden: Hr. Meissinger Pensionär's v. Hoftheatern als Gäste hier engagirt. Fr. Rosner Mutter, Hr. Freund B., Stoß, Quien.

V. Hier Gestorben beim Theater während der Saison. S. Gestorben.

VI. Hier Verheirathet während des Engagements. So wie die Geistlichen in früheren Zeiten den Schauspielern das Begräbniß auf d. Kirchhofe verweigerten, so wurde auch noch nach 1774 im Norden Deutschlands manche Heirath unmöglich gemacht, weil sie Niemand finden konnten, der sie kopulirte; ja noch 1796 zog man im hiesigen Senate die Frage in reifliche Erwägung: „ob ein lediger, „oder verwittibter Acteur, oder eine „ledige oder verwittibte Actrice einen „hiesigen ledigen oder verwittibten „Bürger, oder eine ledige Bürgers-„tochter oder bürgerliche Witwe auf „den bloßen Theater-Verdienst hin

„heirathen dürfe!" Desgleichen war den Schauspielern verboten: Unterricht im Tanzen, Zeichnen, Musik, fremden Sprachen, Galanterie u. weiblichen Arbeiten, auch nicht im Lesen, Schreiben u. Rechnen zu geben, ja nicht einmal für's Geld abschreiben durften sie, noch weniger nebenbei eine bürgerliche Nahrung oder Gewerbe ausüben, „was „Berechtigung zur Erwerbung des „Bürgerrechts geben könnte!"

A. Fräuleins vom Theater mit hiesigen Geschäftsleuten:

Becker Eleonore mit Hrn. Glasermstr. Stehle.

Becker Elise mit Hrn. Privatier Eckart.

Bourlier mit Hrn. Strohhut-Fabrik. Frühbeis.

Dannhorn mit Hrn. Kaufmann Zimmermann.

Hacker mit Hrn. Parfümerie-Fabrikant. ...

Ohler mit Hrn. Wirthhof-Besitzer Deutinger.

Fleeberg mit Hrn. Photographen ...

Frank mit Hrn. Kaufmann Berlinger.

Ohm mit Hrn. Kaufmann Nagelseil.

Mischke mit Hrn. Weinwirth Plaß.

Beyer mit Hrn. Kassier Reich.

Schmitz mit Hrn. Metzgermeister Karl Koch.

Schwab mit Hrn. Bäcker Adolph Obermaier.

Stähler mit Hrn. Pastetenbäcker Riehl.

B. Fräuleins v. Th. mit auswärtigen Herren:

Heigel Angelika mit Hrn. v. Eisen, Forstmeister in Kempten.

Lorz mit d. Taschenspieler Kratky-Baschik.

Mendel mit Sr. k. Hoheit Prinz Louis v. Baiern.

Rohbeck (Frau) mit X?

Rueff mit Grafen Chorinsky.

Waibl mit Hrn. Baron v. Riedheim.

C. Herren vom Th. mit hiesigen Bürgerstöchtern.

Böhmert mit Fl. Benz, Putzmacherin.

Lagler mit Fl. Schorer, Weberstochter.

Meje mit Fl. Außerbauer Putzmacherin.

Prüller mit Fl. Seni, Friseurstochter.

Roland Anton mit Fl. Paravisio, Kaufmanns-Tochter.

Schlosser mit Fl. Stark Bäckerstochter.

Schneider Direktor mit Fl. Nillan, Wirthstochter.

Weinmüller Emil mit Fl. Entz, Kattundruckers-Tochter.

Witz mit Fl. Schabl, Spezereihändlers-Tochter.

D. Beide beim Th. hier getraut.

Gebl mit Fl. Elise Rummel.

Freund mit Fl. Wally.

Hainest mit Fl. Scherzinger.

Kaßa mit Fl. Rosenberg.

Lommer mit Fr. Schatrer.

Müller mit Fl. Pantschmirdin.

Nigl mit Fl. Stollenreiter.

Reichard mit Fl. Gnichin.

Rothmann mit Fl. Fromm.

Roland Karl mit Fr. Müller-Garrvo, erste Frau.

Rothhammer mit Fl. Weinmüller Nan.

Schlander mit Fl. Artin.

Schmidt Ernest mit Fl. Begrser.

Schwarzenberg mit Fl. Oller.

Sippl mit Fl. Paninta.

Miller mit Fl. Puthe

21

E. Beide hier engagirt aber auswärts getraut.

Cuppinger mit Fl. Jeanette Lay.

Dederich mit Fl. Julie Schulz.

Flüggen mit Fl. Wulff.

Haine mit Fl. Kraus d. ä.

Pichler mit Fl. Wigand. ·

Roland Karl mit Fl. Streb 2. Fr.

Schwarz mit Fl Mühling.

Weißheimer mit einer Singlehrerin in Wien.

Wolfram mit Fl. Wagner.

Hiesige. S. a. Dichter u. Komponisten.

Hildebrand Hr. (Hillebrand) (Fach?) 1813.

Hildebrandt Hr Karl, 2. Char. 1871.

Hilfsrollen unter kleine R. begriffen.

Hilmer Hr. sent. L. u. Fr. Hilmer sent. L.; nebst Söhnchen Karl f. Kinder-R. Sommer 1818. Auch plastische Darstellungen 77.

Hilpert Hr. Kl. R.; S. Th. 1860 sent. L.; St. Th. u. k. Z. 1870.

Hinterberger Fr. Pauline. Kom M. Fl. Hint.. Louise, munt. L. 1867.

Hinterstößer Hr. d. ä. (gen. Rieg) Mus-Dir; S. Th. 1860; Chor-Rep. im Stdt. Th. 1860—64. Hinterstößer Hr. d. j. 2. Garderobier 1860.

Hintze Hr. Paul tiefer B. 1875.

Hirning Hr. ernste u. kom. Väter 1872. Charakter S. Th. 1875. Hirning Fr. Kom. M. S. Th. nebst Kind 1875.

Hirsch Hr. Albert, Baryton als G. v. Mch. 101.

Hirsch Hr. A. Gsgs-Kom S Th. 1868. Als G. 114.

Hirschmann Fl. Klara, sent. L. 1827. Anf. v. bedeutender Begabung, Tochter d. Lehrers d. franz Sprache am hies.

Gymnasium zu St. Anna, Schülerin Herrmanns, später von Dichter Vogel nach Wien u. Dresden gebracht. Sie starb schon 1835. 92.

Hitzler Fl. Josefine, munt. L.; heir. hier 1867.

Hochheimer Hr. Jos. Baryton. Starb 1870 als Dir. in Aachen. 1864. Fr. Hochheimer-Arendt sent. L. trat später ein 1864.

Hochkirch Fr. (Fach?) u. ihre Kinder 1780—81.

Hochschule d. Mstrsäng. zu Mainz 7.

Hochstetter Hr. Ch. T. 1854.

Hochtragisch. Ausdruck f. B. u. M. u. Liebhaber-R. gebraucht.

Hochzeiten. S. Hier verheirathet u. Feste.

Hobiansky Hr. Helden. Eing u abg. 1819.

Hobum Hr. (Fach?) 1805.

Höchstetter's Stadel, Produktions-Lokal d. Mstr.-Säng. 12.

Höck Fl. 1. Säng. 1837.

Höfl Fl. Johanna, munt. L. 1864.

Höfler Hr. 1. T u. sent L. 1807 u. 8.

Höhe. S. Bühnenmaße 37.

Hölken Hr. Ludw. Schfpl. als G. v. Karlsruhe 77; als G. v. Mch. 80, 90. Fr. Hölken G. v. Mch. 80.

Hölzel Hr. Ch. T.; Fr. Hölzel Ch. Sop. 1855.

Höninger Fr. Elise Souffleuse S. Th. 1875.

Höpfner Hr. Ch. T. 1852.

Hörger Hr. tiefer B. 1795—97 dann 1800 u. 1803.

Hörmann Hr. Aloys v. h.; Ch. B. u. Kl. R. 1833; als Souffleur 1839 b. 41; dann 1842; dann 1846; dann v. 1851—58.

Hörtel Hr. munt. L. S. Th. 1873.

Höttrich Hr. Char. S. Th 1868.
U. ernste 1869; Fr. Höttrich Anna,
Souffleuse nebst Kinder Olga und
Josefine 1868 u 69

Hörwarthfl v. Anna Marie, Schplrn.
v. hier **65**.

Höslin Hr. v. Magistr. Rth. Komite-
Mitglied **82**

Hof von Holeis. S. Puppentheater.

Hofbauer Hr. Ch. T. 1854.

Hofbauer Fl. munt. L S. Th. 1875.

Hofberger Hr. Marzug L.S Th. 1866.

Hofer Hr. tiefer Baß 1841

Hoffmann Hr. Theatermaler 1769.

Hoffmann Hr. Paul Lichtbilder „die
Wunder Gottes" genannt mit Hydro-
Oxygen-Gas-Apparat als G. **114**

Hoffmann Hr. 1. T; Fr. Hoffmann Op. R. 1839.

Hoffmann Hr. Bassist. S. v. Mch **99**.

Hoffmann Hr. munt. L. 1850.

Hoffmann Hr Ch. T. 1853.

Hoffmann Hr Ch. T. u. Tänz. Fl.
Hoffmann Ch. Sop. u. Tänz. n.
Kind 1858.

Hoffmann Fl. Anna d L. Chr. Säng
Fl Hoffm Elise d j. munt. L. 1868.

Hoffmann Hr. munt. L; n.l. Z. 1872.

Hoffmann Hr. Ad. Friedr., sehr fleißig
u brauchbar **60** als 1. T. u. 1. L.
Tanzt auch 1790—93, dann 1793
dann 1795—96. Von hier an gesetzt
L. v. 1800—1805; Fr. Hofmann
Lalanne. Sehr gut in Ausst. R. u. sent.
L **60**. Später 1 M in Op. u. Sch.
mit Kindern Joseph u. Fritz b. 1800.

Hofmann Hr. Christoph Maschinist
1794 97.

Hofmann Hr. Anton Puppenspieler **63**.

Hofmann Hr. Hans Ernst Direktor
mit Vernecke **19**.

Hofmann Hr. Rudolf Dekorateur mit
Demel. 1873—76.

Hofpauer Hr. Mar, Kom. als G. v.
Mch **126**; S. Th. **133**.

Hofrichter Hr. J Mus-Dir. 1869,
1870 u. 75; Fl. Hofrich. Gabriele
dessen Schwester, Säng. v. Karlsruhe
als G. **133**.

Hoftheater. S. Künstler und h. Eng.

Hohe Hr. v. Schplr als G. v. Kassel **77**.

Hoher Baß. S. Baryton. Hoher
Tenor = erster.

Hohe Schule d. Mstrsäng. zu Mainz **7**.

Holbein Hr. v. Dichter dessen meiste
Stücke vor 1817 fallen. S. S. **77**.
Später: d. Wunderschrank **78**; d.
Jugendfreund **95**; Pantoffel u. Degen
106.

Holeis'scher Hof. S. Puppentheater.

Hell Hr. Ch B. 1829.

Holland Hr Ch. T. 1862.

Holler Fl. Friedr. Tänz. als G. v.
Mch **96, 102**.

Hollezek Hr. (Hellat, Helletsch) 1. T.
Fr. Hollez. 3. Säng. 1793.

Hollner Fl. Ther. Ch Altv. 1827b 34.

Hollner Hr. Ch. B. 1813.

Holtey Hr. dramat Dichter **75**; d.
Wiener in Berlin u. die Berliner in
Wien **85**; Leonore **86**; d. alte Feld-
herr **87**; Text zur Op.: d. Adlers
Horst **90**; Lorbeerbaum u. Bettel-
stab **101**; d. Perlenschnur **102**; d.
Wiener in Paris **108**; Sie schreibt
an sich selbst **113**.

Holthaus Hr. Friedr. Char. Später
in Hannover 1868 b. 71.

Holzapfel Hr Christoph Fr. Souffleur
u. Kind Mina 1807.

Holzer Hr. (Fuch?) 1826.

Holzmann Hr. (Fuch?) 1785.

Homann Hr. Ch. T. 1858.

Homburg Hr. Augsburger Dichter 20

Honesta Hr. Lyr. T. Fr. Honesta
Soub. 1825—27 81.

Honorar. S. Autoren=H.

Hopfner Hr. Dekorateur 1827, 28
u. 32 wo er starb.

Hopp Hr. Julius, Mus.=Dir. (Sohn
d. Possendichters) studierte hier zuerst
Thannhäuser ein 1853. Oper Murilla
S. Th. 132.

Hoppe Hr. Tenor als G. v. Mch. 94.

Hormaier Hr. Klavier=Virtuose als
Gast 101.

Horn Hr. 1 Tannhäuser 1853 u. 54.

Horn Hr. Ch. T.; R. u. P.; auch Insp.
1869.

Hornik Fl. 3. Säng.; n. k. Z. 1865
Als G. 122.

Hornung Hr. Jos. Balletmstr. 1. Tänz.
Maler u. Maschinist, 2. B. im Sch.
u. Sgspl. 1776 u. 1779. Fr. Hor=
nung Anna, zärt. u. kom. M.; singt
u. sig. 1776, 79 u. 85.

Horny Hr. jug. L u. Helden, jung.
Mann voll Feuer, aber im Eifer zu viel
thuend 60. B. Komite entlassen 1795.

Horschelt Hr. 1. Tänz. u. Balletmstr.
auch L. und Helden aus d. Tänz.=
Familie. Später in Mch. 1780 u. 87.

Horschelt Hr. August, Tänz. als G.
v. Mch. 109.

Horst Fl. sent. L. 1855. Fl. Horst,
3. Säng.; n. k. Z. 1861.

Hosenrollen nennt man, wenn Frauen=
zimmer in Männerkleidern erscheinen.
S. Männer=R.

Houwald Hr. Ch. E. Freiherr v. —
Tr.Dichter 75, d. Bild, Fluch u. Segen
78; Fürst u. Bürger, d. Heimkehr,
d. Leuchtthurm 80; die Feinde 90.

Hovemann Fl. Säng. v. Frankfurt
als G. 122.

Hewitz=Steinau Fr. Säng. als G.
v. Stuttgart 118.

Horar Hr. v. Mar, 1. L. u. Helden
1837 u. 42. Fr. v. Horar Karol.
Anst.=R. 1842.

Hoyer Hr. Gr. R.; Fr. Hoyer.
Ernste M. 1814.

Hr. Abkürzung für „Herr"; Hrn. Mehr=
zahl „Herren."

Huber Hr. Franz d. ä. zärtl. u. Helden.
B. 1770, 77—79, 1782; Huber
Fr. Henriette kom.M.; sig. u. singt 1777
u. 78; Huber Hr. Sohn Clement;
2. munt. L. Balletmstr. u. 1 Tänz.;
singt auch; 1778 u. 79; 1782 u. 85.

Huber Fl. Charl. Doroth. Sent. L.
1872. Gehört nicht zu d. Vorigen.

Huber Fl. (Fach?) Fischer sagt von
ihr: „aus tristigen Ursachen augen=
blicklich entlassen" 1793.

Huber Hr. Ant. Kom.; u. Reg. d. Op.
1827 b. 30.

Huber Hr. Joh. Jos. Akademie=Dir.
u. Historien=Maler malt d. Th. Vorhang
39; wird kopirt 96.

Huber Hr. Kaspar Zettelträger 1807
b. 12; Fr. Huber Johanna dessen
Wittwe (allgem. Zettelhanne gen.) setzt
sein Geschäft fort v. 1812 bis sie starb
März 1826.

Hubmann Hr. (Fach?) 1806.

Hübner Hr. (Fach?) 1799.

Hübner Hr. T. b. 1845.

Hübner Hr. jug. sent. L. Trat erst
Februar ein 1855 u. 56.

Hübsch Hr. ausgez. Bassist als G. 77;
bekannt durch d. Bonmot, was er auf
seinen Namen machte: „Ich heiße H.,
bin h., singe h. und lasse mich h. zahlen."

Insp. Als Abkürzung für:

Inspizient, eine Stelle, die erst Jerrmann 1825 einführte. Früher mußte
sich Jeder selbst um d. zu seiner R.
Gehörige bekümmern.

Inszenirung. S. Ausstattung.

Intriguant, Bösewichter, Diebe, Escrocs, Gauner, Preller, Räuber. Zum
Charakterfach gehörig.

Inventar d. Th. 41; S. Bibliothek,
Dekoration u. Garderobe. (S. a. Köppe.)
Mosers an Schikaneder 46; Böhm
an Waizhofer 49; Schikaneder an
Rechenmacher 51; Schemenauer an's
Komite 81; d. Komite an die Stdt. 84.
S. Versteigerung. Beurer an Ubrich
121; Werth desselben 41, 116.

Ira-Aldridge Hr. engl. Schspir. S.
v. London 110.

Irrsinnig wurden: Fr. Witz, Hr. Eberle,
Feuerstacke, Schmidtbauer, Schwupp,
Sonnthal.

Italien. Wiege d. Op.; Opern-Fana-
tismus 23.

Italienische Op.-Gesellsch. 30,
31, 44, 72, 94, 96, S. Th. 113.
Pantomimen-Gesellsch. Brunian.
Capo. 30 u. 31. Ital. Nacht im
Schießgraben 112, 118.

j. Als Abkürzung für „jüngere." Also
d. j. = der jüngere.

Jäger Hr. Karl Heinr. Souffleur 1805.

Jäger Hr. T. b.; u. k. Z. 1833.

Jäger Hr. T. b. (Ein anderer) 1857.

Jägler Hr. Affenspieler als G. 93, 94.

Jagdstein Fl. 1. L.; 3. P. 1786

Jahn Fl. Klara. Schspirn. als G. v.
Mch. (109.)

Jahns Hr. 1. T. u k. Z. 1854.

Jahreskontrakt. Eine seltene Gunst
d. Schicksals f. Mitgl. d. Agsb. Stdt.-
Th. 58; Bei Müller 67; bei Schemenauer 74; Rothhammer 90. S a.
Kontrakt, Sustentationen.

Jahreszeiterlaubtes.Theaterspielen33.

Jahrgang. Jahreszahl mit 4 Ziffern
sind im Register bei d. hier eng. Mitg.
gebraucht u. weisen auf d. von Seite
43 an bezeichneten Jahrgang hin. Die
größeren Zahlen mit 1 — 3 Ziffern
weisen auf d. Seite d. Buches.

Jakobi Hr. d. ä. Hoher B. Jakobi
Fr. d. ä. Kom M. 1805—7; 1812
b. 16; Jakobi Hr. d. j. Johann
als Kind 1805—7; als 2. T. 1812
b. 15; abg. u. wieder eing 1816.
Fr. Jakobi d. j. d. Vor. Frau erste
Säng. 1812.

Jakobi Hr. munt. L. 1835 u. 36.

Jakober Kirchweihtage wird gespielt 104, 106, 109.

Jakobskirche Produktions-Lokal d.
Mstr.-Säng 12; wieder untersagt 15.

Jakobspfründe. Ges.-Lokal d.Mstr.-
Säng. 13.

Janauschek Fl. Fanny, Schspirn. v.
Dresden 113, 117.

Jankowsky Fl. Ch. Sop. von hier
1837 u. 38.

Jann Hr. Fr. Xav. Jesuit u. Th-
Dichter 65.

Jansen Hr. Fritz. Bar u. Reg d. Op.
1868 u. 69. Starb hier Mai 1870.

Janson Fl. Josefine Säng. S. Th.1875.

Jarret Fr. Ch. Alt 1863

Japanesische Equilibristen-Ges.
als G. 123.

Jauch Hr. Ch T. Kl.R.; u k. Z. 1833.

Jauß Hr. Kom. B. 1832.

Jehle Hr. Balduin, 1. T. 1860.

Jehnsen Hr. und Jehnsen Fr. (Fächer?) 1789.

Jenke Fl. Antonie, Schſplrn. Gaſt v. Rch. **125**.

Jerrmann Hr. Johann Eduard Char. u. Reg. d. Sch. 1825 u. 28. **80**. Als G. **94**.

Jeſu Leidensgeſchichte. S. plaſtiſche Dar-ſtellungen.

Jeſuiten. S. Maſenius und Jann. Werden hier eingeführt, erbauen Kloſter u. Kollegium und beginnen ihre Studenten-Sch. **16**, **23**; komponiren auch Chöre dazu **24**; dieſelben werden in d. Kirche gegeben **25**; führen auch Faſtnachtsſtücke auf **25**; geben Saal u. Kirche als Schauplatz u. haben auch Ballet **25**; d. neue Th. wird gebaut, ſie werden aufgehoben u ſpielen zum letztenmal **26**; nehmen wieder Beſitz v. St. Anna **28**; d. ledige Geſellen-Congregation ſpielt im Th. **60**; ein Luftballon wird im Th. conſtruirt **52**; d. Th. wird zu Militär-Magazinen benützt **26**.

Jett Hr. (Graf Karl von) projektirt einen Theaterbau **39**.

Jetzt oder bis jetzt bedeutet immer bis z. Ende d. Buches 1876.

Joas Hr. Joh. Pet. geſ. L.; ſingt, tanzt u. iſt. Maler 1777 u. 78.

Joculator S. Jongleur.

Johannes Hr. l. T. n. l. Z 1832.

Joko. S. Schauſpieler.

Jongleur. S. Minneſänger **5**, **6**. Göbr. Sch. V. F.

Joos Hr. G b.; n l. Z. 1854.

Joſef Hr. Bohnslav 2 L. 1875.

Joſt Hr. Joh. Karl Friedr. Als G. v. Rch. **95**, **96**, **97**, **99**, bringt d. Perſonal v. Rch. gegen d. Hamburger

Brand **95**. Fl. Joſt, deſſen Tochter ſent. L.; Anf. 1857.

Journal. Verzeichniß d. gegeben. Stücke und Mitglieder einer Saiſon, gewöhn-lich am Neujahrstage v. d. Souffleuren ausgegeb. S Haſeneſt u. Protokoll.

Jubiläum. Jub. Kirche St Ulrich **25**: bei St. Anna **28**; S. Beſchort, Hai-zinger, Weißenthurn. Böhmert 25jähr. **102**; Witz 25jähr. **102**, 50jähr. **120**, **129**. 50jähr. d Freiſchütz. S. Weber Karl M.

Jüngeres. S. Almoſenamt

Jug. Abkürzung f. „jugendliche“ R. u. P.

Julius Hr. Sent L. Fr. Julius Sent. L. Singt auch 1812.

Julius Fr. (Eine andere) Lyr. Säng. auch Op. M. 1813.

Julius Hr. jug. munt. L. 1866.

Jung Fl. Amalie als G. v. Rch.; S. Th. **125**.

Jung Fr. Zärtl. M. S. Th. 1875.

Junge Ehemänner u Frauen. S L. geſetzte (1).

Junge Burſche u. Mädchen. Jung = kom. R.

Jungheim Hr. Friedr. In d. Jugend ausgez. Harlekin. Balletmſtr. Macht noch Ballete bis 1814 **54**. S Maurer Muſ.-Dir. Später ſpielte er kom. V., Deutſch-Franzoſen, Böſewichter. Seine Silhouette bei Verhelſt: Boltolini's Geſ. 1786. Dann 1790—92; 1799, 1805; v. 1809—15. Fr. Jung-heim Char. R. Kom. M. 1790 b. 92.

Juſt Hr. Nachahmer Paganini's als G **87**.

Juſtian Hr. Kl. R u. Ch. B. 1829 u 30; wurde ſpäter blind u. ſpielte noch lange als blind. 1873 wurde noch ein Benefiz für ihn im S Th. gegeben.

Katholisch als Eigenschafts-Wort ausgelassen.

Kaufbeuren. Liebh. Th. **21**. Reise dahin **88**.

Kaufer Hr. Ch. B. 1830.

Kaufmann Hr. Ch. T.; 2 Alte; Inspizient 1859 u. 60.

Kaumeyer Hr. v. d.; Mus.-Dir. 1803.

Kautz Hr. Ch. B. 1858 u. 59.

Kaution d. Direktors **44** u. **98**.

Kayser Fl. Marie Soub. 1872.

Keeh Hr. (Fach?) 1799.

Keilbolz Fr. Doroth. Elise geb. Brückmann (Fach?) 1801. Eine im Trennen u. Wiederverheirathen sehr geübte Frau. Bis 1789 hatte sie bereits d. 5. Mann.

Keller Fr. Kom M.; Fl. Keller Wilhelmine 1. L 1840

Keller Hr. Intriguants; n. f. B. 1852.

Keller Fl. Ch. Sep. 1860.

Keller Hr. Sekretär u. Vice-Dir. bei Ubrich. Jetzt in Mch. 1868 u. 69.

Keller Fl. Fanny. Tochter d. Domkapellmstrs. v. d. Ch. Sep. 1870 b. 74. Sang auch schon 1864/65 mit ihren Brüdern Max u. August d. 3 Genien in d. Zauberflöte.

Kellermann Hr. Barbten 1840.

Kellermann Fl. 1. Sing. 1841.

Kellner Hr. J. M. kom. R.; Chor. auch Töchter u. Sig. 1782.

Kellner d. ä. Hr. Kl M.; Souffleur; d. j. Kl. M. 1786.

Kempe 2. C. Fr. Kempe 2. R. 1809 b. 12 nebst einer Tochter Henriette für Kinder-R.

Kempner Fl. Selma, Koloratur-Säng 1871

Kempten S. Reise Sp. **88**, **102**.

Kerg Fl. Ch. Sep. 1832.

Kerler Hr. Ch. T. von 1829 b. 41, wo er starb.

Kern Fl. Ch. Sep. 1858.

Kerner Hr. Joh. 2.R.; Fr. Kerner Sophie 2. R. 1769 u. 70.

Kerscher Hr. und Fr. Kerscher (Fächer?) 1799.

Kerschin Fr. S. Fr. Kirsch.

Kersten Fl. Ch. Sep. 1864.

Keßler Hr. Souffleur 1859.

Kette. S. Gnadenkette, goldene Kette **7**, **11**.

Kettenbeil Hr. Tänz. Kl. R. 1858.

Khalß Hr. 1. T. 1855. Lyr. T. 1856. Als G. v. Ulm (**119**).

Kiefer Hr. Karl Mar. Fr. Kiefer Friedr. Mar. (Fächer?) 1789.

Kielblock Hr. Ch. B. 1845.

Kienerl Hr. Souffleur 1844. 1845 n. f. Z dann 1849 u. 50.

Kienlein Hr. Joh. Christ. (Kienlen, Künlein) Chor-Repetitor 1827. Als Mus.-Dir. aushilfsw. verwendet vor Petri 1828.

Kleyerz Hr. Taschenspieler als G. **119**

Kießling Hr. Souffleur 1861—64.

Kießling Fl. Emilie Op. u. Possen-Soub Kam nach Mannheim 1869 u. 70.

Kind Hr. Joh. Fried. 1818, d. Nachtlager zu Granada als Sch. **77**. Wurde später zur Op. v. Kreutzer verwerthet; bekannter ist sein Textbuch z. Freischütz.

Kinder die Rollen gespielt haben, sind bei ihren Eltern genannt.

Kinder-Gesellschaften. S. a. Schultheater; für Sch. u. Sgsp.: Berner, Butze, Gärtner, v. Kaler, König, Moser, Richter, Rodaer, Rottmeyer, Woùrabe. Hiesige Kinder **122**, (**123**), **126**. S. Gäste

22

Kinder-Ges. für Ballet. S. Gäste, Verner, Kühn, Ruth, Opfermann, Sebastiani, Weiß. Tom Ponco.

Kinder-Ges. für Instrumental-Mus. Brousil u. Graßl.

Kindermann Hr. August. Barhton als G. v. Mch **103, 109, 110, (113) 119, 126.** Fl. Kindermann Schsplrn. dessen Tochter als 1. Versuch **119.**

Kindler Hr. V. b. u. Kom. Schreit, extemporirt viel u outrirt **60.** 1782. 1787. 1790—93. 1795—97. Als Reg. b. Op. **58**; als Dir. 1797; wieder als Mitg. 1800—1803; 1805 u. 1806. Als Mus.-Dir. u. Reg. d. Op. 1816; Fr. Kindler. Alte Koketten, Französinnen, später kom. M. Als Tänz. sehr gut, doch wegen ihrer großen Figur meist in Männerkleidern **62**; 1790—93; 1795—97. 1800. 1801—1803; 1805—6; 1816.

Kinzy Hr. Chor-Repetitor 1817—22.

Kircheis Hr. Ch. B. 1859.

Kirchen als 1. Sch.-Häuser **3, 12.** S. a. Anna, Barfüßer, Dom, Jakobs-Kreuz-, Moritz-, Salvator-, Stephans-u. Ulrichs- S. a. Feste u. Jubiläa.

Kirchenväter verbieten d. röm. Th. **2.** S. a. Bischöfe.

Kirchheim. S. Fugger Reichsgraf von.

Kirchhof Hr. Mus. Dir. 1845 u. k. Z.; dann 1848. Kompon. auch b. Op. „Soldatenleben" v. Hackländer **103.** Hat auch eine sehr schöne Oper „Sand-wirth Hofer" geschrieben. Die Auf-führung wurde aber hier ebensowenig erlaubt, wie schon 1835 b. Drama: „Ein Trauerspiel in Tirol" von Immer-mann, welches dasselbe Sujet hatte; u. doch wurde diese Oper von 1850

b. 58 unzählige Male u. alljährlich mit gleichem Erfolge in Nürnberg ge-geben u. b. dortige Behörde fand keine Veranlassung die Aufführung zu ver-bieten; wir hatten eben hier immer ein besonderes Glück.

Kirchhof Hr. Otto Char. R. k. Z. Nicht verwandt mit dem Vor. 1875.

Kirchliche Feste. S. Feste.

Kirchner Hr. Schüler Röders. Mus.-Dir. 1833.

Kirchner Fl. Ch. Sop. 1834.

Kirchner Hr. Fistel-Säng. „falsche Catalani" als G. **98.**

Kirchweihe. S. Jakober-

Kirsch Fr. Requisiteurin, wahrschein-lich schon vor 1803—24, wo sie starb. Bei Fischer bald Kerschin, bald Kersch-lin genannt, weil sie nach hiesigem Dialekt allgemein „Froh Kerschi" hieß.

Kirschbaum Fl. 3. Säng. u. k. Z. 1852.

Kistenfeger Fl. Ch. Sop. 1859.

Kiß-Joszi. S. Zwerge.

Kl. Abkürzung für „Kleine" Kl. R. = Rollen. Kl. P. = Sing-Parthieen.

Kläger Hr. 2. launige V.; Kläger Fr. 2. Säng. 1858.

Klagen über Fechtschulen u. Th. S. Geistliche. — Ueber d. hiesige Publikum S. Kritik. D. Weiber über d. Th.-Spielen b. Mstr.-Säng. **18**;

Klaj Hr. (Clajus) Nürnberger (Pegnitz) Dichter **21.**

Klauer Hr. Ch. T.; Kl. R. 1848.

Kleeberg Fl. Frida. Soufflense 1867 b. 72. Heirathete hier.

Kleemann Hr. 1. L. 1852.

Kleiber Fl. d. ä. Kl. R.; Ch. Sop. Fl. Keiber d. j. Kl. R.; Ch. Sop. 1835.

Kleider. S. Ordenskleider.

Kleidermacher. S. Garderobier.

Klein Hr. Balthasar giebt eine Vorstellung 10.

Klein Hr. Zettelträger v. 1790—1803. Fr. Klein dessen Wittwe Antonie, insgemein „Zettel-Toni" genannt v. 1820—39, wohl auch schon früher Gehülfin bei Fr. Huber.

Klein-Romanine Fr. (S. d.) Draht Tänz; als G. 88

Klein Hr. Intriguant auch L. 1812 b. 14. Als G. 71.

Klein-Eder Fr. 1.Säng. n l J.1861.

Klein Hr. 2. Baß 1862.

Klein Hr. Kl. R ; Ch.; S. Th. 1869, 1872 u. 1874.

Kleist Hr. v. Dichter: Prinz v. Homburg 84. Sein Käthchen v. Heilbronn wurde nur in d. Holbein'schen Bearbeitung gegeben; d. zerbrochene Krug 131. Ob aber nicht schon früher?

Klemens Wenzeslaus Kurfürst 33, 47.

Klemm Hr. (Fach?) 1790, abg. 1792.

Kleofaas Hr. Kassier 1852—64.

Klette Hr. Ch. T.; trat März 1855 ein u. wirb 11 Jahre bis er sich im Herbst 1866 im untern Schießgraben erhängte. Zuletzt auch Insp.

Klettner Fl. d. J. 1. Säng. 1861. Als G. v. Stuttgart 119. b. j. 1861 Ob. Cap.

Klettner Hr. musil L., n.l. J. 1870.

Kliebert Hr. Dr. 2. Buff-Th. u. Chor Repetit. 1874; jetzt Direktor d. Musikschule in Würzburg.

Klimetsch Hr. Jul. Helden 1802. Später Theatersekretär in Preßburg.

Klingelhöfer Fr. 1. Säng. 180?.

Klingemann Hr. Dr. August. Dram. Dichter vor 1817. (S. S.76) Nachher nur 1819 Ferdinand Cortez 77. Und die Braut v. Kynast 87 Klingemann Fr. dessen Wittwe. Ernste M. 1841u 42. deren Tochter S.Fr.Benker.

Klingemann Hr. (Fach?) 1812 b. 14.

Klinger Hr. dram. Dichter 42.

Klischnigg Hr. Eduard Affenspieler als G. 93; S. Th. 112.

Klöster als 1. Schauspielhäuser 3

Kloos Hr. Ernste Väter 1827.

Klostermeier Hr. 1. Ten. als G. v. Karlsruhe (70). NB. Verwandt mit d. „Bair. Hiesel." Gebürtig aus Schmiechen b. Augsbg. Fr. Klostermeier Säng. als G. 70.

Klühne Hr. Karl. Helden. Reg. d. Sch. 69. Der schönste Mann mit Eßlair's Figur u. Organ, u. höchst talentvoll. Aber auch er wurde später Direkter, u. wie mancher kühne Flug wurde schon auf diesem Vogelheerde gelähmt. Als G. v. Würzburg 77. Fr. Klühne Säng. 1807—9.

Klug Hr. Dr. Candidus als G. mit photo-elektr. Riesen-Mikroscop 120.

Klughammer Hr. (Fach?) Nur 1791.

Klusmann Hr. Fried. 2. L. Kom. Alte 1828.

Knecht Fl. d. j. S. Fr. Bellenius Fl. Knecht d. j. Ch. Sep. 1842.

Kneib Hr. Schüler als G. v. Mannheim 77.

Kneuer Hr. Lyr. T.; L.; Fr. Kneuer Kom. M. singt; 1814; als G. 77

Knie Fl. Fanny von hier. Kinder M. Erhält dafür sogar im S. Th. ein Benefice 1862—65.

Knieß Hr. Heinr. Wilh. (Fach?) v. Komite entlassen 1795, dann 1808 u. 1808 bis 1809.

Kniep Fr. Joh. Mar. (Fach?) 1795.
Kinder=R. Wilhelm 1803.

Knorr Hr. Sent. L.; kam nach Mch.
1869. Als G. **125**, **133**.

Knoß Fl. Ch. Sop. u. deren Kind
1855 u. 56.

Koberwein Hr. Friedr. Dir. Helden,
edle u. kom. B.; Fr. Koberwein
Franziska, geb. Sartory (S. d.) 1. L.
u. 1. Soub. in Op. u. Sch. Beide
1782 u. 1787.' Koberwein Hr.
d. j. Bruder Joseph. Dümmlinge,
Gecken. 1782 u. 87.; Koberwein
Fl. Franziska, Schwester d. Dir.; 2. L.;
singt u. tanzt; Koberwein Fl. Kath.
Tochter d. Dir. Kinder=R. 1782. Anst.=
R. u. Solo=Tänz. 1787.

Koch Hr. Friedr. Tiefer B. u ernste B.;
Tänzer= u. Ballet=Mstr. Zuletzt Haus=
meister im Charlottenburger Th. 1786;
1790—93.

Koch Hr. Siegfr. Gotthilf (heißt eigent=
lich „Eckhardt.“) Später Zierde d. k. k.
Th. in Wien. Als G. v. Hamburg.
Koch Fr. Henriette. Beide oft portrai=
tirt u. silhouettirt **65**.

Koch Hr. August Dir. d. städt. Kapelle.
Muf.=Dir. S. Th. 1866 u. 70.

Koch Fl. munt. L.; Koketten 1852.

Köbisch Fl. Agnes. Fl. Köbisch
Marie. Tänz. als G. **108**.

Köchert Hr. Heldentenor 1822—25.
Als G. **86**.

Köck Hr. Joseph. Hier gestorben. Fr.
Köck (Fächer?) 1807—9.

Köhl Hr. P. H. u. Fr. Köhl nebst
Kind (Fächer?) 1812.

Köhler Hr. Wilh. munt. L. u. jug.
Helden 1827—29.

Köhler Fr. 1. L. 1839.

König. S. Ferdinand, Ludwig 1, Max 1,
Max II.

König Hr. u. Fr. König (Fächer?)
1784.

König Fl. v. Mar. Gef. L. 1868.

König Fr. Direktorin einer Kinder=
Gesellschaft **133**.

Königin. S. Karoline u. Therese.

Königsberger Hr. Joseph führte die
von seinem Vater im Novbr. 1796
unter d. 1 Komite eingerichtete Th.=
Konditorei fort bis 1871 also 75 Jahre.
Seine Abgaben (**41**) Sein Wirken **93**.
Seine Zettelsammlung ist in meinen
Händen.

Köppe Hr. Gottlieb Kom. B. 1769;
als Dir. 1770. Fr. Köppe dessen
Frau Kom. M. Hat als Wittwe 1778
ihr Inventar d. Hofe v Neuwied gegen
Leibrente überlassen.

Körner Hr. Dichter vor 1817. (f.
S. **76**) Nachher nur 1819 „d. Braut.“

Körner Fl. 1. L. 1860.

Körntl Hr. Ch. T. 1831 u. 32.

Kösel Fl. 3. Säng. 1800.

Köstner Hr. Math. Gef. L.; S. Th.
1860 u. 61. Laun. B. 1872 u. 73.
S. Th. Als G. ebenda **125**.

Köth Hr. Ch. T. 1867.

Kohaut Hr. Ch. B.; Fl. Kohaut d. ä.
seine Schwest. S. Fr. Kaibel 1854
u. 55; Fl. Kohaut d. j. Ch. Sop.
1853 u. 54.

Kohl Hr. Ch. B. auch Insp. sehr l. Z.
1865, 66 dann 71.

Koketten. S. Chargen.

Kolb Fl. Antonette Ch. Sop. 1827 u. 28.

Kolb Fl. Therese. 1. L. 1853. Als
zärtl. M. 1870.

Kolbe Hr. Friseur v. 1830—35 wo
er starb.

Kolbe Hr. Ch. T. 1840.

Kolla Hr. Ganz junger Mensch. Kl R. 1895—97. 1800.

Kollegium protest. bei St. Anna führt Sch. auf 17, 28; kathol. bei d. Jesuiten wird erbaut 24.

Keller Hr. Joseph Ballet-Mstr. mit Familie als G. 70.

Kolmar Mstr.-Säng. Schule d. Schuhmacher 7.

Kolvenbach Hr. Ch. T. u. Insp. 1868.

Kom. Als Abkürzung für „Komiker" u. „komisch."

Komiker können sein Lokal-K.; Gesangs-K., Baß- u. Tenorbuffo. Auch Väter u. Mütter. S. d. Mitg.-Tabellen.

Komische Fächer theilen sich in fein u. niedrig kom., jung u. altkom. S. a. Masken

Komite dirigirendes 1. 57; 2. 82. Sein Schaden 85. Aktionäre 58, 82, 83; — überwachendes 41, 85, 104, 105, 108 S. a Orchester.

Komödie und Komödianten. S Künstler, Mstr.-Säng., Schul-K., k Stabel. Theater u. Englische Schsplr.

Komp. Als Abkürzung für „Komponist" u. „Kompositeur."

Kompagnie und Kompagnon. S. Direktoren.

Komponisten, Kompositeur hiesigen Orts hier angeführt wurden: Aßer, Bach, Bieler, Braun, Dembartier, Dembler, Dorleß, Giulini, Jschalen Stahovsten, Kirchhof, Krähmer, Lasser, Maurer, Mayer, Michl, Müller Prant, Rüßer, Schack, Schlaucher, Schramm, Tyroller.

Konditor. S. Königsberger und Abraham. (41).

Kongregation. S lange Messen 60.

Konopasek Hr. Chorführer u. Chor-Repetit. 1851—53. Von 1854—56 nur Chor-Direktor; Mus.-Dir. 1856.

Konrad v. Würzburg. Mstr.-Säng. 7.

Konräder Hr. (Conräder?) Ch. B; fl. R.; Insp. 1854.

Konsilium verbietet Sch. in d. Kirchen 3.

Kontrakte. S. a. Jahreskontrakte u. Orchester; mit den Direktoren: mit Rosa 44; mit d. 1. Komite 58 auf 6 Jahre; mit Müller auf 6 Jahre 67, 70, 73; Schemenauer 74, 79; mit Beuter 96; von Rothhammer an auf 3 Jahre u. s. fort bis Engelken auf 1 Jahr, dann wieder auf 3 Jahre 109; mißbrich (121) 123, 124; Autoren-Honorar 126, 128

Kontrolle d. Kasse v. Jerrmann 1825 abgeschafft, wird v. Rothhammer wieder eingerichtet, dann aber ganz aufgehoben. S. d. Mitgl.-Tabellen.

Konzession. S. Permission u. Kontrakt.

Kopelent Hr. F. als G. mit optisch-mechanisch Vorstlgn. 99.

Kopist zusammengefaßt mit Sekretär. Mitgl.-Tabellen

Kopp Hr. zärtl. L. Helden; Tyrannen kom. R. tanzt 1777 u. 78.

Kopp Hr. Mathias, Kassant v. 1827 b. 57. Starb 1868 an d. Blattern.

Koppla Hr. sent. L. 1855.

Kopulation. S. Hier verheirathet.

Korn Hr. Helden u. L.; eing 1818 bis 20.

Korndorfer Hr. Joseph spielte noch 1747 in d. Weiber-Schule mit Marionetten.

Korndorfer Hr. Mitg. 1782; Dir. 1783. Helden; Lieb. V.; Anstands R.

Korndorfer Fl. d. ä. 1. L. u. Heldin, 2. Säng. u. Tänz. 1782 u. 83.

Kornborfer Fl. d. j. ernste u. dumme
 R.; tanzt; 1782 u. 83.
Kornigg Fl. L.; S. Th. 1867.
Koften. S. Bau u. Zuschüsse.
Kotzebue Hr. v. Sch.=Dichter größten=
 theils schon vor 1817. S. S. **75** u.
 76. Seine dram. Werke hier aufzu=
 führen, würde wahrlich der Raum fehlen.
 Doch darf man annehmen, daß bei dem
 Heißhunger, mit dem Direktoren und
 Publikum über jedes seiner Erzeugnisse
 herfielen, von seinen 211 jetzt ganz
 werthlosen und vergessenen Stücken nur
 wenige hier nicht aufgeführt wurden.
 Er beherrschte das Repertoire dermaßen,
 daß gewiß d. 3. Vorstellung eines seiner
 Machwerke ausfüllte.
Koudelka Fl. Laura 2. Säng. 1864.
Kowal Hr. Egmont. Helden 1867.
Kracker Fl. Ch. Sop. 1859.
Krägel Hr. 2. Garderobier; II. R.
 1834. Als 1. Gard. u. gr. R. 1844
 bis 51.; Fr. Krägel Ch. Sop. u.
 II. M. mit den Kindern Ferdinand
 Nannette u. Mina für Kinder=R.
 1844—51.
Krägel Fl. oft auch Kriegbaum genannt
 von h. Ch. Sop. 1837—57.
Krähmer Fr. Klarinett=Virtuosin als
 Gast **90**; Krähmer Hr., deren
 Sohn Cello=Virtuose als G. **90**. Als
 Muf.=Dir. 1854 u. 55, als Komp.
 einer preisgekrönten Oper „d. Veteran“
 112. Kam als Lehrer an die Musik=
 Akademie nach München.
Krafft Hr. Dir. d. S. Th. in Lech=
 hausen **118**.
Krafft Fl. mmt. L. Anf. Schülerin
 v. Fr. Carl aus Mch. 1819 eing. u.
 ausg.

Krahe Hr. Karl. Heldenvater auch Literat
 1828.
Kräl Hr. J. N. Muf.=Dir. S. Th. 1861.
Kräl Fl. Olga; Soub.; S. Th. 1868
 u. 69.
Krall Fr. 1. Säng 1840.
Krall Fl. Soub. u. f. Z. 1845.
Kramer Fl. mmt. L.; S. Th. 1870.
Krampl Hr. Muf.=Dir. 1790—93.
Krankenhausstiftung. S. Martins=
 stiftung, Abgaben u. Bau.
Krankenkasse bei Dir. Böhm **46**.
Krankheiten. S. Grippe **91**; Nerven=
 fieber **98**; Cholera **108**. Blattern
 1868 u. 71. S. Kopp, Chatelet,
 Saler.
Kranzfelder Hr. Ch. T. 1837—41.
 Auch Insp. 1851. Von hier.
Krasser Hr. Joseph Garderobier 1852
 b. 65. Dann in Mch. beim Aktien=
 Th. Wieder hier v. 1868—76.
Kratky=Baschik Hr. Taschenspieler
 als G. **106**, **109**. S. Th. **113**.
Kratz Hr. Ch. B.; 2. B.; 2. B. 1865.
Kratz Fl. Anna, Hofschsplrn. v. Wien
 als G.; S. Th. **119**.
Kraus Fl. d. ä. S. Fr. Haine v. h.
Kraus Fl. d. j. v. h.; Ch. Sop. 1828
 b. 30. Dann 1834.
Kraus Hr. Bruder d. Vor. v. h.;
 Hautboist **78**. Ch. B. 1832—37. Fr.
 Kraus Frau d. Vor. geb. Venderome
 v. h. 1836—38.
Krause Hr. Baryton als G. v. Mch. **96**.
Krauß Hr. Joh. Georg Tanzlehrer v.
 hier **25**.
Krauß Fl. Sent. L.; S. Th. 1865.
Kraußin Fl. S. Fr. Nerlinger.
Krebs Hr. Franz Xav. 1. T. 1794,
 1803.

Künze Hr. Ebenso. Fr. Künze (Fächer?) 1807.

Künzel Hr. 2. T. R. k. Z. 1849.

Kürzinger Hr. Schsplr. als G. v. Mch. **73, 86.**

Küsler Fr. (Fach?) 1779.

Kugelberg Hr. Fritz. Char. u. Reg. d. Schspls. 1875.

Kugler Hr. Hautboist von hier **78**; v. 1823—69. Ch. B.

Kuhr Hr. Ignaz Souffleur 1784.

Kuisle Hr. Ch. T. 1827.

Kulissenzahl **37**; S. a Dekoration Beleuchtung. Luftheizung.

Kummerfeldt Fr. Karoline, geb. Schulze in Wien 1743 deb. 1757. Hier 1780 u. 81. Eine Jugendflamme Göthe's als Leipziger Student. In der höchsten Blüthe ihrer Kunst viel verewigt durch Gedichte u. Portraits. Verheirathete sich 1768 in Wien mit d. Buchhalter an d. Bank, der 1777 starb. Nach 9 Jahren wieder zum Th. (in Hamburg) zurückgekehrt, fand sie d. alten Beifall nicht mehr, trat zurück, errichtete eine Nähschule in Weimar u. war glückliche Erfinderin d. Kummerfeldt'schen (Damen-Toiletten) Waschwassers.

Kundt Fl. b. ä Johanna. Säng.; 1. Regiments-Tochter 1842; Kundt Fl. b. j. Ch. Sop. 1842.

Kunst Hr. Wilhelm Schsplr. als G. v. Wien **90, 102.**

Kunstreiter in d. Fechtschule **27**; S. a. Tourniaire als G. **90.**

Kunz Hr. 2. B. v. Stuttgart **78**; 1821 eing. u. abg.

Kunz Hr. Joh Christian (Fach?) 1780.

Kupfer-Gomantzky Fr. Cäsarine, geb. Heigel Anstands-R. v 1853—58.

Ihr Wirken **107, 114** Später edle Mütter 1858—60. Jetzt in Wien.

Kupfer Hr. Baryton. (Nicht verwandt mit b. Vor.) 1833.

Kupferstiche. S. Portraits.

Kurt Hr. Wilhelm. Intriguant. 1844. Reg. b. Sch. S. Th 1861; Fr. Kurt Marianne, berühmt in Wien als Ernst-Seidler 1. Säng 1844. Als kom. M. im S. Th 1861.

Kurtz Hr. v. Joseph, geb. 1715 Kom. **36, 43.** Eine d. berühmtesten Persönlichkeiten d. damaligen Zeit. (Wie Gervinus dazu kömmt, ihn Felix v. K. zu nennen?) Nachdem die lustige Person Deutschlands die 4 Epochen als Courtisan, Pickelhäring, Harlekin u. Hanswurst durchlaufen, trat er 1740 zu Wien in b. Maske d. Bernardon (S. d.) auf — b. ital. Scapino nachgebildet — u. machte viel Aufsehen, bis er wieder v. Lipperl (Philipp) Kaspar u. Thaddädl (Thaddäus) überflügelt wurde, worauf er mit einer Ges. in d. Reichslande ging, bei der unter Anderen auch b. berühmte Schröder seine Schule durchmachte. (S. Nieser, Brockmann, Bergopzoomer) Wir finden ihn in dieser Zeit überall v. Mainz b. Prag. — Den größten Theil seiner Possen dichtete er selbst u. eine d. beliebtesten: „der 30jährige ABC-Schütz" erinnere ich mich selbst noch 1811 gesehen zu haben. Als es gar nicht mehr ging, wurde er 1783 Papiermüller in Warschau u. starb schon 1784 in Wien im Alter von 69 Jahren. Fr. v. Kurtz Theresina Direktorin **43.** Spielt Verkleidungs-Rollen als Bernardon's — ihres Mannes — Geliebte Fiametta u. ist sehr ähnlich in Kupfer gestochen Auf einem

Kurz Fr. v

Nürnberger Zettel wird d. Publikum besonders darauf aufmerksam gemacht, welcher Anstrengung u. Kraftausdauer dieses zarte Frauenzimmer fähig ist So viel aber auch über den berühmten Bernardon in allen deutschen Literatur-Geschichten geredet wird, so ist doch von ihr nirgends eine Erwähnung zu finden.

Kurz Hr. Ch T. 1829.

Kutler Hr. S Souffleur.

Kutscher Fl. Soub 1849 u 50.

K. Z. Abkürzung für „kurze Zeit" nemlich ...

L als Abkürzung für Liebhaber u. Liebhaberin.

Lachner Hr. d. ä. Joseph. Ernste L; S Th. 1870.

Lachner Hr. d. j. Georg L; u. Sohn Michael 1870.

Lachner Hr. Ignaz. Komp: d. letzte Zauberin I u II. Theil im 1. Winter 15 mal 101; b dessen Freier 102; s. Jubelfeier 103

Lachner Hr. d. j. Sept. L. n f Z 1868.

Lackner Hr. Georg L; Gr. R. u L; Schreibt 1870 u. 75. Des ältern Bruders Klara Amalie lebte beim Jüng.

Lademann Hr. 2. munt. L 1865

Lagler Hr. Franz Mus.Dir. 1822 u. 23. 1841—45 als Dir. u. Reg d Co 98; heirathete hier u seine Frau brachte auch die Kasse.

Lambert Hr. 2. Garderobier v 1851 b 54.

Lamotte Fl. Marie. S. Räuber.

Lampen S Beleuchtung

Landais Hr. Vater Balletmstr.; Hr. Landais Sohn Tänz Fl. Landais Jul. Munt. L.; Tänz. Alle v. Braunschweig 1807.

Landestrauer. S. Schließen d. Th.

Lang Fr. (Fach?) 1780.

Lang Hr. Dekorateur. Kl.R. v. 1790 b 93. (dann 1801—03).

Lang Hr. Dir. einer Ges. für biblische Gemälde 70.

Lang Hr. (Fach?) Eing. u. abg. 1823.

Lang Hr. Theaterdiener v. 1829—44, wo er starb. Fr. Lang dessen Frau. Lange Jahre Obstverkäuferin im Parterre, dann Zettelträgerin v 1839 b. 53; Fl. Lang deren Tochter übernimmt wegen Alter d. Mutter d. Zettel v. 1853—68. Auch im S.Th. v. 1860 an.

Lang Hr. Gottfried. Ch T. v. 1834 b. 47. Wird Kirchen-Vorsänger.

Lang Hr. Ferdinand Kom. als S. v. Mth. **(90) 96, 102, 108, (109) 112, (113) 117, 119, 127, 128, 133** Auch im S.Th. **120, 123, 131, 133** Lang Hr. dessen Sohn S v Königsberg S.Th. **123.**

Lang Fl. d. ä. Ch. Sop Fl. Lang d. j. Ch. Sop. 1864.

Lange Hr. Dir. einer franz Schauspiel-Ges. **108.**

Lange Fr. geb. L; n f. Z. 1831.

Lange Hr. Ch T. 1864 n. 67.

Lange Fl. Rola. Sch L; S.Th 1874.

Langendorf Hr. v. 1 L; Helden 1826. **81.**

Langendorf Hr. Ch R u L Z. 1846.

Langer Hr. v. munt. L. 1853.

Langjährige Mitglieder sind fast nur im techn. u. Chor-Personale zu finden, die hier ansässig waren. Von Darstellern hat nur Blumert mit 26

Langjährige.
u. Witz mit über 50 Jahren, die sich hier ebenfalls ansäßig machten. Einige mit 12 Jahren. (Cuppinger u. f. w.)

Lanius Hr. Ernste V.; V. b.; Fr. Lanius. Singt u. tanzt Columbine später kom M. 1809 u. 10.

Lanius Hr. munt. L.; jug. kom. R; nicht verwandt mit d. Vor. 1855 u. 57.

Lanner Fl. Katharine. Tänz. als G. mit Levasseur 110.

Lanzelot Hr. Tänz. Kl R. mit Eberhardt 1854.

Laroche Hr. Eduard. Grotesk-Tänz. als G. v. Mch. 86.

Laroche Fl. Soub. 1844

Laskar Hr. Julius Gsgs.-Kom.; S. Th 1874.

Lateinisch. S. römisch.

Laturner Hr. 1. Garderobier v. 1838 b. 44; dann 2. v 1844—51. Wieder erster u. gestorben 1852

Laube Hr. Dr. Heinrich Sch-Dichter: Zaganini 87; d. Bernsteinhexe 98; Struensee 101; d.Karlsschüler 102; Gottsched u. Gellert 102; Prinz Friedrich 104; Monaldeschi 109; Graf Essex 110; Monte Rosa 112; d. Statthalter v. Bengalen 119; Böse Zungen 122; d. Hauptmann v. d. Scharwach 123.

Lauber Hr. Kom. V. u. Bar. 1807; Fr. Lauber munt. L. 1810—12.

Laußer Fl. Laura Säng. als G. v Mch 119.

Lannige. S. Väter- und Mütter-R

Lantz Hr Ch. T. 1868.

Lay Fl. Jeanette S Fr.Cuppinger-Lay. Lay Fl Nannette Kinder-R. 1829 b. 36. Schon ll. L. 1836. Hr. Lay

Theober. Kinder-R. 1829-36 dann 1839—41; Fl. Lay Jeanette. Hier geb Kinder-R 1839—41. Als Soub. 1854.

Fr. Lay Jeanette. Kom. M. 1827—31. Tante von Cup-Lay.

Lazareth aus d. Komödienstadel gemacht 26.

Lebeau Fr. S. Fr. Lettinger-L.

Lebrun Hr Lust.-Dichter hat nur Uebersetzungen u. Bearbeitungen geliefert außer: Nummero 777 78; u. d. Verstorbene 86.

Lebrun Hr. Ch. T. 1853

Lechhausen. S. Th. Krafft 118, Furthner 132. Geborene: Fr. Schmitz, Ebner b j., Biertrinker.

Lechner Fr. Ch Sop.; Kl R. S. Th. 1868 u. 69.

Lechner Fl. Ch. Sop. 1873 u. 74.

Leckermann Hr als G. mit Kalospinte-chromo'rene 119.

Lecocq Hr. Charles franz. Komp.: Mamsell Angot S. Th. 132.

Lecombe Fr. Ges. L. 1814

Lederer Hr. José, 1. T als G. v. Darmstadt. Sollte schon einmal 1868 gastiren, wurde aber durch Heiserkeit abgehalten, dann 126, 127. S. Fl. Ulbrich.

Ledige Gesellen-Congregation 60.

Leggeld. S. Preise d. Plätze.

Leguani Hr. Guitarre-Virtuose als G. 93.

Lehmann Hr. Ch. T. 1847.

Lehmann Fl. Margot munt. L. 1875.

Lehmeyer Fl. munt. L. 1869.

Lehrer S. Fecht- Musik- Schul- Tanz- S. a. Meister.

Leibich Hr. Kl R S. Th. 1861.

Leichsenring Hr. munt. L. 1864.

Leidel Hr. Joh. Hinr. Chor Repetitor n. l. Z. 1807.

Leidel Hr. A. Rollen 1815.

Leidensgeschichte Jsu. S. plastische Vorstellung'n

Leigh Hr. munt. L.; kam nach Ach; Fl. Leigh munt. L. 1838.

Leik Hr. (Fach?) (Ob nicht auch Leigh?) 1803.

Leipzig Theaterban 23

Leitsch Hr. Tenor S. Th. 1875.

Leisewitz Hr. 42; Dichter vor 1817. S. S. 76

Leitring Hr. L; Sch.n 1840.

Leitner Fl. Kom. M. 1856.

Lemberg Hr. Eduard Ch.T. u. Ch. Repetitor N.l.Z. 1859 Als Ch.T. u. Insp. 1867. Als Mus-Dir. im S.Th. 1871

Lembert Hr. Sch-Dichter. Areta 77; Onkel Adam u. Nichte Eva. D. Reise zur Hochzeit 78.

Lenk Hr. jur. T. 1854. 1860. 1862. Erhielt hier eine Bedienstung.

Lenz Hr. ? lyr. Tenor 1868.

Lenz Hr. Sch-Dichter aus früherer Periode 42

Leo VIII. Papst bestätigt d. Privilegien d. Mitr-Slag 6

Leo X. in der Pantomime 11.

Leo Hr. Karl. Mär. 1801 u. 7. (als K. v. Kassel 77).

Leo Fr. Ernst. M.; n l Z. 1865.

Leobner Hr. Ch.T. 1863.

Léon Hr. (Saint-) Tänz. als G. mit Fl. Fuoco 110

Löpper Hr. (Fach?) 1773.

Lerch Fl. Ch. Eng. 1844.

Lessel Hr. (Chl) S. b; kam Bediente; Solo-Tänz 1781.

Lessing Hr. G. G. Dichter u. Kritiker 34 42. 59. Seine Werke vor 1817. S. S. 76. doch wurde Nathan nach einem Zettel erst 22. März 1824 z. E gegeben 80

Lettinger Hr. Bar. 1854. Auch 1873 aber n. l. Z.

Lettinger-Lebeau Fr. 1. L. 1862.

Letzter Platz S. Preise d. Plätze.

Leuchtmann Fl. Marie. Kom. M; S. Th. 1867.

Leuchtweiß Hr. Kl. L u. K P. 1845.

Levasseur Hr. August (gen. Saltarello) Tänz. als G. 110

Levasser Hr. Mimiker. Als G. v. Paris 110

Lewin Hr. Dir. einer englisch Pantomimen-Ges 77

Lexicon S. Theater-Lexikon.

L'hamé (Hammel) 1. L. Helden. Fr. L'hamé munt. L. 1856 u. 57.

Lichtbilder. S. Gäste Abtheilung V. D. Optiker.

Liebhaber und Liebhaberinnen. Die wichtigsten Fächer, die jedoch sehr viele Abstufungen haben. Man unterscheidet tragische, gesetzte, (Ehemänner u junge Frauen, Helden u Heldinnen u. nennt diese meistens 1 L.; Sentimentale u. zärtliche heißen 2. Die 3. sind die muntern, naiven, auch Naturkinder, sowie Bonvivants, Chevaliers, Gecken, Stutzer, chargirte R. u von Frauenzimmern Koketten. Doch gehen dieselben oft so ineinander über je nach Individualität u. Alter d. Darsteller, daß eine Abgrenzung unmöglich ist. Manche Helden u Heldinnen spielen zugleich noch Bonvivants u. Koketten, während andere sich schon zu tragischen Vätern u Müttern hinneigen. S. d. Mitgl-Tabellen.

Liebhaber-Gesellschaften: Friedberger **32**; Kaufbeurer **21**; Patrizier
49; ledige Gesellen **60**; in Privat-
häusern **18**, **32**; Typographen **95**,
96, **99**; mit Hrn. Metz **29**; mit
Dir. Confser **23**.

Liebhaber-Theater verboten **18**,
32; im Baugarten v. Wagner u. Wittwe
31, **32**; v. Wagenseil **88**; im Fuggersaale **85**; 1. v. Lateinschülern **9**;
S. Verbot, Studenten, Mstr.-Säng.

Lind Fl. Jenny gen. die schwedische
Nachtigall Konzert 13. Dzbr. **102**.

Lindau. S. Reisen d. Ges.

Lindau Hr. Lyr. T.; beide Male n. k.
Z. 1850 u. 52.

Lindau Hr. Paul dram. Dichter. Maria
u. Magdalena **128**; Ein Erfolg **131**;
Tante Therese **133**.

Lindemann Hr. Bassist als G. v. Mch.
113.

Lindemuth Hr. kom. R.; u. Insp.
v. 1853—58.

Linden Hr. S. Nekowsky.

Lindner Hr. Beleuchter. S. Mitgl.-
Tabelle. 1826. **81**.

Lindner Fl. Ges. L. später mit Rüthling
Fritz verheir. 1859. Kassierin S. Th.
1875 nebst 2 Kindern.

Lindpaintner Hr. Komp. Mus. z.
Brand v. Moskau **71**. Ballet Jolo **82**;
Melodram zur Glocke v. Schiller **109**.

Link Hr. sent. L.; n. k. Z. 1859.

Link Hr. Kl. R.; S. Th. 1865.

Link Fl. Aug. Soub. Sang 3 mal auf
Engagement ohne Erfolg **127**.

Linke Hr. (Fach?) 1801.

Linker Hr. Konrad. Bar. 1841; B. b.
1843 u. Reg. d. Op. 45 u. 46. Fr.
Linker verwitt. Eggers; Op. M. 1841
u. 43. S. Fl. Eggers.

Lipp Hr. Kl. R.; S. Th. 1861.

Lippe Fr. (Fach?) N. k. Z 1809.

Lippé Hr. V. b.; Fr. Lippé kom.
M. in Op. u. Sch. 1874. S. Th. 1875.

Lipperl S. Masken kom. S. a. Puppentheater.

Lippert Hr. Wilhelm Dir.; u. Op.
Reg. v. **99** bis **104**; Fr. Lippert
Mathilde geb. Licht besorgte d Kasse mit.

Liskin Fl. d. ä. 1. L.; singt u. tanzt
Solo. Fl. Liskin d. j. Kl. R.; sig.
1781.

Liszt Hr. Dr. Franz Klavier-Virtuose
Konzerte: Als Knabe **78**. 1. u. 4.
Nvbr. 1843. **98**.

Litter Fr. (Fach?) Auch einigemal
Litler gedruckt. 1779.

Lizenberger Hr. (Fach?) 1789.

Löes Hr. Gustav. Eigs.-Kom.; Reg.
d. Posse S. Th. 1867.

Loderbeck Fl. Ch. Sop.; Kl. L.; fl.
P. 1861 u. 62.

Löffler Hr. (auch Lösler) Wenzesl.
Munt. R. Pedanten 1776—78.

Löffler Hr. 2 Garderobier 1793.

Löhle Hr. 1. T. als G. v. Mch. **84**,
85, **86**.

Löser Hr. Fr. Löser u. Fl. Löser
S. Fr. Schwarzenberg (Fächer?) 1799
1803.

Löw Fl. Soub. tritt August 1823 ein
u. heirathete hier.

Löwe Hr. lyr. T. 1835. Kömmt nach
Wien **91**.

Löwe Fl. Säng. v. Wien als G. **128**.

Löwenthal Fl. Fanny v. h. Ch. Sop.
fl. munt. L. 1829—32.

Logen. S. Gänge **27**; Stäbln **20**;
122. S. Preise d. Pl. Bau; Beleuchtung u. Freiplätze.

Lustre S. Beleuchtung.

Luther Dr. Martin **10** S a Hanswurst.

Lutz Hr. d ä. Joh. Helden. Mit-Dir. mit Weinmüller, hat auch in Nürnberg d. Th. im Stich gelassen **87**.

Lutz Fr. munt. L, Hr. Lutz d. j d. Obig. Bruder Ch. B.; Kl. R. 1830.

Lyr. Abkürzung für Lyrisch, Sängerin u. Tenor.

M. Abkürzung für Mütter-Rollen

Macceri Hr. Kassier von 1807 b. Komite 1826. Tritt wegen Krankheit, ab u. auch Fl. Macceri seine Tochter b. nach ihm Kasse u. Kontrolle noch einige Zeit führte, wird v. Komite entlassen.

Macco Hr. Karl Ferd. ehem. Kapellmeister beim 3. Regmt. hier, zugleich Tänz als G. **72, 87**. Eng. (Fach?) 1816.

Machatsch Hr. Karl (hier geboren) Mus.-Dir. 1873.

Mack Hr. Jak. Ant. (Ost Maag u. Magg) Mus.-Dir. Kl. R. n. f Z. 1778 Fr Mack Mar. Ant. (Auch Fr. von Magg) 1.L; u. 1. Säng 1790 abg. 1792.

Mackauer Hr. Ant. Gsgs.-Kom.; S. Th. 1865. Ebenda als G. **114**

Macklot Fl. Amalie 1. dram. Säng 1875.

Mad Hr. Kl. R.; Ch. T.; S. Th. 1873 u 74.

Mad. Abkürzung für:

Madame wird auf den Zetteln mit Frau vertauscht **103**

Mademoiselle S. Demoiselle. Ebenso wie Madame.

Madonis Hr. Dir. einer italien Op. Ges. **30**.

Madrider. S. spanische Tänz.-Ges. als G. St Th. **90**; S. Th **111**.

Mädchen naive. Bezeichnung v. ganz jug. L.

Mäder Hr. B. b. n. l. Z. 1829.

Mändl Hr. Wolfgang, auch Mändel u. Mendel (Fach?) Dir. od. Geschäftsführer b. 1 Komite 1794; abg **57 58**; mit Haselmeier Dir. **62**.

Männerrollen von Frauenzimmern gespielt war nichts Seltenes, wenn Figur u. Organ sich dazu eigneten, u d. große Personale eines Stückes diese Aushilfe nöthig machte. Erinnere ich mich doch meine eigene Mutter noch in diesem Jahrhunderte als Melchthal im Tell u. Korsinsky in den Räubern gesehen zu haben. S. a. Frauenrollen u Fr. Gspan, Fl. Schneckenburger, Vogtin, Brandin u. noch neuestens Bestvali.

Märtyrer-Feste durch Sch. verherrlicht **2, 32**.

Magazin für Militär. S. Jesuiten-Th. **26**.

Mager Hr. Baßbuffo 1834.

Mager Hr. Kl. R.; Ch. T.; S. Th. 1869.

Magister. S. Veltheim.

Mahowsky Hr. Mus. Dir. 1807.

Mai Fl. Säng. S. Th. 1875.

Maier. Was hier nicht zu finden ist, suche man bei Mair, Mayer, Meier od. Meyer, für deren verschiedene Schreibart ich bei d. älteren nicht gutstehen kann.

Maier Hr. Karl Intrigant; Fr. Maier 2. Säng. 1831 u 32 u. deren Kinder Maria u. Xav. s. Kinder-R.

Maier Hr. gef. L.; B; Fr. Maier
Kom M. 1815

Maier Hr. Kl. B. P.; som B. 1841.

Maier Hr. Ch. B. 1854.

Maier Fl. S. Fr. Pirke

Maier Hr. Schpl. als S. v. Zürich
S. Th **120**.

Maiers Hr (Mayers) 1. lyr. T. 1817,
dann wieder 1818 nach Heil u. vor
Beile 1820

Maisabrth Hr. Gigs-Kom. u. ? 3
1862.

Maillard Fr. S. Duflos-Maillard.

Maillart Hr. franz. Komp. d Glöck-
chen d. Eremiten **113**

Mainz Hohe Schule d Mstr. Säng **7**;
Ihr Ende **35**.

Mair Fl. Franziska (eigentlich Fl. v.
Reggenhofer) Th Sop. v. 1829 bis
44. Wegen Alter u. Häßlichkeit entlassen, nährte sie sich hier noch lange
durch Zucht u. Dressur von weißen
Puseln.

Maier für d. hies. Th. Engagirte: S.
Mitgl. Tabellen. Nicht Engagirte: S.
Gäste Abtheilung V.

Mallinger Fl. Mathilde. Säng als
S. v. Mch. **119**.

Malter Hr. Palkmeister 1769.

Maltitz Hr. v. Lust. Dichter: Kohlhas **85**; d. Pagenil **87**; d. alte
polnisch Student **88**; d Leibrente **95**

Mann Hr. Kl K; S Th 1860

Mann Feinerner **54**

Manz Fl. Ch Sop 1863.

Mara-Vollmer Fr. Säng als **109**

Marcoquelle Fr. 1. Tänz. Kuch Kl
K. 1787.

Marie Antoinette v Oesterreich **23**.

Maria Theresia Kaiserin Oesterreich

47

Marianus Hr. Theater Diener 1843
u. 44.

Marion Fl. Karoline; Soub S. Th.
1861.

Marionetten. S Puppentheater.

Mariet Fl. gef L. 1874.

Mark Hr. Garderobier 1866.

Markgraff Hr. S. Th. Lexikon.

Marlow Fr. Säng. v. Stuttgart als
S. **128**.

Marmor-Tableaur. S. Averino,
Regenti u Flach, Riese, Schneider.

Marsano Hr. dram. Dichter: d. Rosa-
mundenthurm **88**; d. Brautschau; d.
Helden **89**.

Marschner Hr. Komp; d. Vampyr
mit brillanter Ausstattung **85**; Hans
Heiling **90**; Templer u. Jüdin **110**.

Marteleire Hr. Jean. Garderobier
v 1803—6.

Martins-Schule Produktions-Lokal
d. Mstr Säng. **13** u. **14**.

Martins-Stiftung (Krankenh.-St)
S. Abgaben u. Bau.

Marwig Hr. Karl. Tänz v. Stockholm
als G S. Sandbichler **119**.

Marr Hr. Taschenspieler als G **95**.

Marr Hr. Ludwig munt. L. v. 1861
b 64.

Maschek Hr. Ernst. Bar; Auch Nachahmer Paganini's 1839

Maschinisten u. Dekorateure. S.
d Mitg Tabellen.

Masenius Hr. Jesuit beschreibt d.
1. Pantamime in seinem „Speculum
imaginum veritatis occultae Pag.
662. **10**.

Masken komische: Bernardon, Stapino,
Lipperl, Kasperl, Thaddädl S. Hr. v.
Kurz; Pierrel. Champitasche Schol-
witz **20**; Kilopin. S. Brockmann,

Masken komische.
　franz. Comtisan (spanisch gracioso) S. Beschott; Polichinell, S. Carelle; Clown und Pickelhäring **20**; Harlekin S. Hanswurst u. Balletzeit. Auch Masks der Engländer u. Farces d. Franz. **21**.

Massa Hr. Taschenspieler als G. **110**.

Massow Fl. v. A d. k Lyr. Säng. Fl. v. Massow C. d. j. Ch. Sep. 1854 u. 55.

Maße d. hiesigen Bühne **37**.

Mathes Hr. Dekorateur 1795—97

Mathes Hr. Emil gest. L. 1871.

Matzer Fl. Marianne munt. L.; singt; S. Th. 1873.

Matzke Hr. (Fach?) 1807.

Mauer Hr. Heinr. 1. Ten 1875.

Mauermeyer Fl. Ch. Sep. 1837.

Maurer Hr. Michael. Mus. Dir. v. 1814—16. Dann 1817—22, 1823 ausg. u. wieder eing nach Lagler bis 1827. Ging auch 1824 noch einmal auf kurze Zeit ab, kam aber bald wieder. Nach Röder 1829 u. 30. Starb zu Bamberg als Dom-Kapell-meister. Als höchst fruchtbarer Komp. zähle ich blos während seines hiesigen Aufenthalts durch Zettel verbürgt: 7 Opern, 8 melodram. Musik-Begleitung. mit Chören zu Schauspielen, 4 Ballets, 1 Kantate u. mehrere Festspiele **64, 76, 86**; Fr. Maurer Charlotte, geb. Valentin Stdt.-Musikus-Tochter v. h.; (S. d.) Als Kind 1803—6; als lyr. Säng. v. 1816 an stets mit d. Manne. Als kom. u. Op. M. 1829 u. 30.

Maurer Hr. Alx. Sent. L.; S. Th. 1861.

Maurer Hr. Aug. Wilh. Schüler Isslands. Als G. v Stuttgart **95**

Mar I König v. Baiern. Ankunft hier **74**, Ableben **80** Mar II. Ableben **113**.

Marmilien Fl. Säng. als G. v Mch. **110**.

Marstadt Hr. munt.Lbhr. S.Th. 1875.

Mayer. S. a. Maier, Mair, Meier u. Meyer.

Mayer Hr. Lorenz unter d. letzten 4 Mstr.-Säng. **35**

Mayer Hr. Mus.-Dir. Komp. Opern u Ballete 1779.

Mayer Hr. Bar. u. kom. R.; 1809 b. 12.

Mayer Hr. v. h. bald Dekorateur, bald Maschinist v. 1803—34 wo er starb. **81**. S. d. Mitgl-Tabellen.

Mayer Hr. Engelbert Souffleur v. 1817 b. 26, wo er starb; Fr. Mayer dessen Frau Ch. Sep. v. 1817—26 dann als Wittwe 1826 u. 27.

Mayer Hr. Joseph. Lyr T. v. 1829 b. 33 u. v. 1837—41.

Mayer Fr. S. Fr. Rennert.

Mayer Fl. munt. L.; S. Th. 1861.

Mayer Hr. 2. B.; n. k. Z. 1864.

Mayer Hr. Joseph v. h; Ch. B. v. 1870—75; Fl. Mayer Amalie Kinder-R. b. 1871 dann Ch. Sep., Kl. R. u P. bis 1875

Mayerhofer Hr. Bar u. L; v. 1817 an, 1818 ausg.

Mayerhofer Hr. Ludwig Kom. B.; S. Th. 1874.

Mayober Hr. Ch. T. 1856.

Mayr Fl. Therese von; Ch. Sep. 1827 b. 29.

Mayrat Fl. 2 lyr Säng 1813.

Mayrhofer Hr. Magistratsrath u.
Komite-Mitglied **82**.

M.S. Abkürzung für „München."

Medaille. S. Brockmann, Lütgendorf
u. Rieter

Medelhammer Hr. v. Dichter. S.
Klein

Meffert Fl. Emma Soub. 1875.

Negerle Fl. Ch. Sop. 1850 u. 51.

Nehrmann Hr. 1. T. u. k. J. 1856.

Nebul Hr. franz. Op. Komp. vor
1817 S. S. **76**.

Neidinger Fl. Sent L.; S. Th. 1860.

Meier. S. a. Maier, Mair, Mayer
Mayr u. Meyer

Meier Hr. Friedrich. Theaterbau-
Projekt **40**.

Meier Hr. Kl. R.; S. Th. 1860.
Auch als Inst. 1866.

Meiler Hr. Maler v. h Spielte auch
fl. R.; 1807—16; doch wahrscheinlich auch schon v. 1805 wie seine Fr.
Fr. Meiler war L. u. deren Kind
Marie v. 1805—16.

Meindl Fl. Henriette 1. L. als S.
v. M. **113** Als eng. R k. J. 1864.

Meiser Fl. b. L Ch. Sop.; N. R.
S. Th. 1874; Fl. Meiser d. j.
Aeltere Alt Sop. Kl. R. b. Ver.
Schwester 1875.

Meisinger Hr. jug. L. 1852.

Meißen (Heinrich von) 1. Mstrsäng.
S. Frauenlob.

Meißinger Hr. (Ost-Reich) Garderobier
u. fl. R. 1807—17; Fr. Meißinger Ch. Sop.; Kl. R.; ebenso nebst
Kindern Georg der ein ausgez. Sgr.
war wurde. Joseph. Nannette
u. Jely.

Meißner Hr. L u Helden. u. k. J. 1847.

Meister. S. Ballet, Bau-, Büchsen-,
Fecht-, Kronen-, Merk-, Schlüssel-,
Schul-, Tanz- u. Theater-Meister.

Meister Fl. L.; n. k. J. 1857.

Meister-Gesang. Abstammung, hohe
Schule u. Zunft **6** b. **7**; Gründung
in Mainz **7**; Tonbenennungen **7**;
Verfall **22**.

Meister-Sänger berühmte hies.
Aker, Ehrhardt, Hefelin, Mayer Lor.,
Purrmann, Sarter, Schwarzenbach,
Spreng, Steichele, Wiest, Wild. —
Berühmte Auswärtige: Ayrer,
Frauenlob, Konrad v. Würzburg, Rosen-
plüt, Hans Sachs.

Gesellschafts- u. Produktions-
lokale: Barfüßer-Kirche, Heil. Kreuz,
St. Stephan, St. Jakob **12**; St.
Jakobspfründe **13**; St. Martin **13**
u. **14**; Tanzhaus **14**, **17**; Sad-
pfeiffe **17**; Welser-Stadel **12** u. **17**;
vor den Fuggerhäusern **15**.

Meistersänger-Ordnung öfter erneuert 1534, 1561 u 1611; Schulen
werden besucht **7** u. **8**; gemieden **11**;
Stadel Welser-St. **17**; 1. in d.
Vorstadt wird erbaut **18**; 2. **35**;
Backöfen darin **26**; S Bau; Th.-
Stücke: 1. **12**; verboten u. wieder
erlaubt **28** u. **29**. Zunft- und
Zunftzwang. S Abgaben, Vor-
stände **7**; 1. Privilegien v. Kaiser **6**;
v. Rath **19**; Abgaben v. reisenden
Ges. **19**, **34**; Beschwerden wegen Beeinträchtigung durch d. Schulmeister
12, **13**; durch reisende Ges. **11**,
21, **32**, **33**, **53**; b. Zunft sinkt
zur Gemeinheit herab **22**; ihr Ende
35, **63**

Meitinger Hr. Maler v. h 1803—7.

Mössel Hr. Kl. R.; S. Th.; (Ob
Mösel?) 1860.

Mösserer Hr. (Fach?) 1777. Starb
hier 11. Febr. 1778.

Mohrenkopf. Theater v. Schmidt **132**.

Molendo Fr. S Fr. Podesta.

Molkau Hr. ernste B; 2. B; nebst
Kindern Wilh., Karl u. Sophie
1817—22.

Moll Hr. Franz ernste B.; 1. Säng;
tanzt. Fr. Moll (Mollin) Theresia,
M. ernste; tanzt 1777.

Moll Fl. Juliane, munt L.; tanzt 1778.

Moller Hr. Michael, Hautboist v. h.
78; Ch. B. v. 1827—37 wo er starb.

Molzheim Hr. Simon Dekorateur;
Fr. Molzheim Susanne, 2. M.;
2. Tänz. u. f. Z. 1787.

Mommer Hr. 2. Char. Chargen u.
f. Z. 1870.

Monbelli Fr. Marie berühmt. Säng.
v. London als G. **128**.

Moniok Fl. Janiska. Soub. S. Th.;
heirathet später Mus.Dir. Czerny 1860.

Mons Hr. (Fach?) Blos 1807 u. 8.

Moosmüller Hr. jug. kom. R. 1812.

Moralitäten **24**.

Moralt Hr. Jul. Char.; S. Th.; 1860,
61 u. 64. Fr. Moralt M. S. Th.
1864.

Moran Hr. 1. T.; R. f. Z. 1875.

Morasch Hr. Souffleur u. gr. R.;
S. Th. 1862 u. 66.

Morelli Hr. Tänz; Fr. Morelli
Tänz. (Fächer?) 1795.

Morisson Hr. 2. B.; 2. B.; 1863.
Im S. Th. 1866.

Moritz Hr. Heinr. Schspl. als E. v.
Stuttgart **108**.

Moritz Fr. Henriette, lyr. Säng. 1.
Elisabeth im Thaunhäuser, kam v.

Schwerin, gastirte erst im Sch. dann
in d. Oper 1853; kam nach Koburg.
Ihr Wirken **107**.

Moritzkirche als Th. vorgeschlagen **40**.

Morocz Hr. v. Karl Dir.; erste B;
Char. Fr. v. Morocz Kassierin;
Morocz Hr. v. Karl, Sohn. Jug.
kom. R.; Fl. v. Morocz Tochter,
1. L.; singt. Später mit L. Braun
verheir. Sämmtlich 1789 u. 90.

Morska Fl. 1. Säng.; u. f. Z. 1864.

Mosenthal Hr. dram. Dichter, Deborah
103; Bürger u. Molly **106**; d.
Sonnwendhof **108**; Text nach Shaks=
peare zur Op.: d. lustigen Weiber v.
Nikolay **109**; d. deutschen Komödian=
ten **113**; Pietra **117**; d. Schulz
v. Altenbüren **122**.

Moser Hr. Franz Dir. v. Kindern
1773. **43**; v. Erwachsenen (Fach?)
1777. **46**; Moser Fr. Barbara
d. Vor. Frau. Hier gestorben 18. Jan.
1778 u. „auf dem kath. Gottesacker
begraben!" (Ihr Fach?) S. a. Fl.
Müller.

Moser Hr. Franz Helden 1833. Char.
1838. Als G. **108**; Fr. Moser.
Früher Müller=Rednitz 1. Säng. 1829
u. 1833; später M. in d. Op. 1838.

Moser Fl. Marie 1. Säng. 1866.

Moser Fl. Kathar. v. h.; Ch. Alt;
kam nach Mch. 1870—73.

Moser Hr. v. G. Lust. Dichter. Wie
denken Sie über Rußland **112**; Eine
kranke Familie **113**; Eine Frau die
in Paris war **117**; Kandel's Gardinen=
Predigten **125**; d. Stiftungsfest, Wie
denken Sie über Rumänien, Ein
moderner Barbar **126**; die beiden
Egiste. mit L'Arronge zujammen:
Papa hat's erlaubt u. der Registrator

Moser Hr. v. C. Lust.-Dichter.
auf Reisen **127**; d. Elephant **128**;
Ultimo **131**; d. Veilchenfresser **133**.

Roslauer Brand. Transparent Gemälde **71**.

Mozart Hr. Amad. Vor 1817. S.
S. **76**. Bekannt ist nur die 1. Aufführung d. Zauberflöte **56**; ein Zettel
davon **62**; d. 2. Theil d. Oper **65**.
Mstr. als Abkürzung für „Meister."

Muck Hr. Joh. Bapt. Tiefer B.; 1799;
1807—12. Frl. Muck (Fach?) 1799
nebst Kindern Rosalie u. X. für
Kinder-R. 1807.

Mügge Alex. Hr. sent. L. 1874.

Mühlbauer Hr. Ch. T. 1857.

Mühldorfer Hr. d. ä. Maschinist v.
Mannheim als C. **105**; Mühldorfer Hr. d. j. desgl. **112**; Beide
richteten d. Op. Undine hier ein.

Mühldorfer Hr. Sent. L. 1827.

Mühling Fl. munt. L. 1854.

Müller. Suche auch bei Miller.

Müller Hr. Joh. Elgm. Maler u.
Baumeister d. 1 Th **18**.

Müller Hr. munt.L, Deutsch-Franz.,
Hr. Müller (Fach?) 1780.

Müller Fl. (Miller?) Hochtrag. L. u.
Heldenmütter; tanzt auch. Dir. Fr.
Meyers berühmte Meyerdoter v. Sturm
im Würzh in Kupfer gestochen. Wird
sehr gelobt in „traurten u. verzweifel-
ten M." 1777 u. 78.

Müller Hr. Friedrich Mus. Dir. u
einer d. 1. Violin-Virtuosen. Komp.
a. führte hier auf d. Op. „d. Mädchen-
markt" (Ob nicht d. Capito Bartha?)
1794 u. 95. Dem Komite entlassen
58, als Meisteror d. Wahl **57**;
Juch 1799. Als Schärpgarde Geschäftsführer **66**. 1806 u. 7. **67**.

Als Dir. 1807—13. Fr. Müller
Karoline. 1. Säng 1794 u. 95. Vom
Komite entlassen **60**; dann wieder
1799. Als kom. M. 1807—13. Als
Direktorin 1812—16. Müller Fl.
Henriette Kinder-R. 1794 u. 95,
1799, 1807 u. gieng ab 1808.

Müller Hr. Kl. R. 1801.

Müller Hr. Karl Souffleur 1807 b.
14; Fl. Müller dessen Schwester
od. Tochter; singt 1807.

Müller Hr. 1. Baß 1816.

Müller Fl. Johanna, Ch. Sop. 1828.

Müller Hr. 2. sent. L. 1829. Fr.
Müller-Annoni 2. Säng. d. Vor.
Fr. 1829. Fl. Müller deren Tochter
2. L. 1829.

Müller Hr. 2. munt. L. 1829; Fr.
Müller-Anschütz Josephine, des
Vor. Frau 1. Säng. 1829 u 31;
als kom. M. 1852. S. a. Fl. Anschütz.

Müller-Rednitz Fr. S. Fr. Moser.

Müller-Garros Fr. S. 1. Fr v.
Roland Karl.

Müller Fl. munt. L. 1839 u. 40.

Müller Hr. Ch. T.; Il. R; Fr.
Müller 2. M. 1845.

Müller Fr. Kom. M. 1848.

Müller Fl. Ch. Sop.; Il. R. 1852.

Müller Hr. Gr. R. 1854. Müller-
Schirmer Fr. d. Vor. Anstands-
R. 1854.

Müller Fl. B. 1 L. und deren Kind
1854.

Müller Hr. Donat. Obertgent v. hier,
komp. d. Opern d. Geisterhöhle am
Thuner See **89**, d. Kokal u. der
Freiwillige **89**, d. Einquartierung **104**.

Müller Hr. Ch T. 1860, 62 u 63
Juch C. Th. 1869.

Müller Hr. Char.; S. Th. 1862. Auch Stdt. Th. N. f. Z. 1872.

Müller Fl. Sent. L.; S. Th. 1862 u. 63.

Müller Hr. C. J.; Gr. R.; S. Th. 1864.

Müller Hr. Lyr. T. 1864.

Müller Hr. Joseph I Ch. B. v. hier 1865 u. 68 b. 75. S. Th. 1868.

Müller Hr. Karl II Ch. B. auch 2. Chor-Repetitor v. hier 1870 b. 76.

Müller Hr. Friedr. Muf. Dir.; S. Fl. Bondy 1871.

Müller Hr. Robert B. b.; kam nach Leipzig, jetzt in Dresden 1872.

Müller Hr. Joh. Ch. Baß u. ll. L.; n. f. Z. 1875.

Müller Fl. M., munt. L.; Soub. 1875.

Müllner Hr. Gef. L.; S. Th. 1865.

Müllner Hr. dram. Dichter vor 1817. **75**. Nur 1819 d. Wahn u. König Yngurd **77**; der Blitz; d. Vertrauten **78**; d. Albaneserin **87**.

München. Mittelpunkt deutscher Musik **7**. Conffer gibt dort Opern u. Theaterban **23**. Ein Aufsatz über d. Anfänge d. Mchner. Bühne aus d. Mchner. allg. Rundschau v. 1865 diente mir öfters als Quelle. S. a. Thalia- u. Gärtner-Theater.

Münster Fl. munt. L. 1850 u. 51.

Münz Hr. Wilhelm, Virtuose auf Trommeln u. Tympany's als G. im S. Th. **125**.

Münzberger Hr. munt. L. 1784.

Münzen. S. Medaillen.

Münzinger Fl. munt. L. 1858.

Mütter-Rollen edle, zärtl. u. Helden-M. Ueberhaupt alle alten Frauen u. Jungfrauen. Zu den komischen gehören auch zänk. Weiber, Bet- u. Klatsch-Schwestern.

Munt. Als Abkürzung für:

Muntere. Man nennt so meist Liebhaber u. Liebhaberinnen.

Murschhauser Hr. (auch Murschhäufer) 1. T. Kl. R. 1779.

Musäum (Armenhaus) als Th. vorgeschlagen **41**.

Muf. als Abkürzung für:

Musik d. frühesten Zeiten **3**; in Nürnbg. u. Mch. **7, 23**.

Musik-Dirigenten (Direktoren meist Kapellmstr.) genannt. S. d. Mitg.-T.

Musiker u. Musiker-Familien. S. Gäste. Abthg. V.

Musiklehrer. Herger, Hey, Kliebert, Krähmer.

Mustapha Hr. Blfn. S. Araber-Springer.

Mutschlechner Fl. d. ä. Soub. 1838 u. 39. Hatte mittlerweile wieder einen Hrn. Mutschlechner in Innsbruck geheirathet u. war schon wieder Wittwe 1846. Als Op. M. 1850.

Mutschlechner Fl. d. j. Soub. 1840 u. 41.

Myers Hr. S. Fredy **133**.

Mysterien **2** u. **3**.

N. Als Abkürzung für „Nebenrollen" z. B. gr. N. = größere Neben-R. kl. N. = kleine Neben-R.

Nabehl Hr. Franz, Chargen, vorzüglich Franzosen, singt auch P.; begann hier seine theatralische Laufbahn 1818 u. ging 1823 nach Leipzig. Von da als G. **88**. Bruder von Fr. Witz.

Nachbauer Hr. 1 T. als G. v. Mch. **122, 123**.

Nacht. S. italienische.

Nägele Fl munt. L.; S. Th. 1870.

Nagy Hr. Jakob aus Pest, Virtuose auf d. Hirten-Schalmey als G. **119**

Naive Bursche u. Mädchen wie Naturburschen.

Namen d. Töne d Meistergesangs **7.**

Naturbursche und Naturkinder. Eine Fachbezeichnung, die mit ganz jug. L., a. Dümmlingen verbunden ist.

Natursänger S. Sängergesellschaften. bei d. Gästen Abth. V. B.

Naumann Hr. Säng.; Naumann Fr. Säng. **31.**

Naumann Hr. Kom. Fl. Naumann munt. L; S. Th. 1865.

Naumburger Hr. Ch. T. 1834—36.

Rede Hr. Eduard Bonvivants. P. im Schpl. Kam nach Mannheim 1847.

Nebelbilder. S. Gäste Abth. V. D.

Nebenrollen größere od. Hilfs-R. Bezeichnet mit Gr. R.

Nelly Fl. d. ä. Ch. Sop; N R. Fl. Nelly d. j. Ch. Sop. 1867 u. 68. Auch S. Th; n t. J. 1868

Nerlinger Fr. geb. Kraußin hier verheirathet. Als Fl. geb. L.; Säng. (1 Pamina) 1785 **56.** Als Fr. 1793—94.

Neredt Fl. gr. Kinder R.; ganz jug. Mädchen; tanzt 1778.

Nergenstieber hier **98**

Nesmüller Hr. Ferd. Jos. Kom. als G. **106**

Neß Fl. Ch. Sop.; Fl. R.; 1871; S. Th. 1872.

Nesselsahs Hr. Kl. R.; S. Th. 1860.

Nestroy Hr. Joh. Possen-Dichter: Lumpacivagabundus d. 27. Febr. 1834 z. G. **89**; d. Familien Zwirn, Knierem u. Leim 2. Theil **89**; Zu ebener Erde u. 1. Stock, d. 10. März 1836 z. E. **90**; Eulenspiegel **91**; Küchengretel, Hutmacher u. Strumpfwirker, Affe u. Bräutigam, d. beiden Nachtwandler, d. Haus d. Temperamente **93**; die verhängnißvolle Faschingsnacht; Müller, Kohlenbrenner u. Sesselträger **94**; d. Färber u. sein Zwillings-Bruder, d. Talisman 17. Mai 1841 z. E. **95**; Einen Jux will er sich machen, d. Möbel a. d. Vorstadt, d. Papiere d. Teufels **96**; d. Zerrissene **99**; Liebesgeschichten u. Heirathssachen. Freiheit in Krähwinkel **100, 103**; Eisenbahn-Heirathen durch d. Eisenbahn **105**; Thannhäuser Parodie **110** S. Th. Unverhofft **119**.

Neu Fl. 1. Säng. 1830—33; dann 1835—37; kömmt nach Wien **91.**

Neubau. S. Bau d. Th.

Neuber Fr. Friedr. Berühmte Schspln. u. Direktorin **30**; d. Th. Geschichte nennt eine Marie Lamotte, die es in d. 1. Jahren d. 18. Jahrhunderts zuerst wagte in Frauenrollen auf der Bühne zu erscheinen Ob d. Veltheim'schen Studenten schon Frauenzimmer bei sich hatten, konnte ich nirgends finden. Jedenfalls war die Neuber eine d. ersten Nachfolgerinnen d. Lamotte, u. zwar in einer Weise, daß Lessing sie eine Schspln. nannte, wie Deutschland seitdem keine wieder gesehen. — Sie verbrennt mit Gottsched in Leipzig d. Hanswurst 1740. **22.** S. a. Gottsched

Neue Stücke: Lust, Schau u. Trauerspiele, Opern, Singspiele u. Possen sind v d. besten Dichtern u. Komp. v. 1817 an bei jedem Jahrgange angegeben **76.**

Neuert Hr. J. Ten. u. Kom.; S. Th. 1860 u. 69; als G. im Stdt.-Th. **127**; Seine Frau s. Fr. Wittmann-N.

Neues. S. Almosenamt.

Neufeld Fl. Marie, Possen-Soub. als G. **122**. Im S. Th. **128**.

Neuherr Hr. Souffleur 1815.

Neuigkeiten. S. neue Stücke **76**.

Neukäufler Hr. Helden, später edle V. 1777 u. 78, 1787 u. 91, 92; Fr. Neukäufler 3. Tänz. Kolumbine. 1787. Dann nur 1791 u. 92.

Neukäusler Hr. Ferd. 2. T. 1806. Dann 1807—9. Neukäufler Hr. Anton als Kind 1806. Ganz jug. N. 1807—9.

Neumann Hr. guter T. auch L. 1795. Fr. Neumann kom. M.; Soub. 3. Tänz. 1795. Beide v. Komite entlassen.

Neumann Fr. v. Säng. als G. v. Mch u. **77**.

Neumann Fr. S. Fr. Haizinger.

Neumann Fl. Marie. Auslands-N. 1848.

Neumayer Hr. 1. T.; Fr. Neumayer 1. Säng. u. k. Z. 1822.

Neumayer Fl. munt L. 1845.

Neumüller Hr. v. h., Beleuchter von 1843—47.

Neumüller Hr. tiefer B.; Fr. Neumüller 1. Säng. u. k. Z. 1861.

Neupauer Hr. v. Lyr. T. u. k. Z. 1869.

Neuper Hr. hoher Baß 1816.

Neupert Hr. 1. T.; n.k. Z. 1850.

Neupert Hr. 2. T.; u. k. Z. (Ob der Vorige?) 1854.

Neyer Fl. W. d. ä.; Ch. Sop.; hier vermählt 1850 - 60. Neyer Fl. Em. d. j. Ch. Sop. nebst Töchterchen Marie 1854.

Nickl Fl. (Nikel) Ch. Sop. 1834 u. 1835.

Niedrig u. sein komisch s. komisch.

Niemann Fr. S. Seebach-N.

Nieser Hr. Franz, ein Augsburger, Schüler v. Brockmann u. Bergopzoomer. S. 1769. Sent. L.; kehrte 1770 nach Mch. zurück, wo er als junger Jurist angefangen hatte zu spielen, wurde dort schon 1771 der Gründer d. deutschen Thts. u. verdrängte damit d. französische. Er verbannte d. Hanswurst, u. seine Bestrebungen wurden derart anerkannt, daß d. neugegründete Akademie der Wissenschaften eine Medaille auf ihn prägen ließ. Auch silhouettirt wurde er oft u. starb als pens. Hofschsplr. 1811; Fr. Nieser geb. Hörl v. Mch. gef. L. u. zärtl. M.; auch alle Frauenrollen in Männerkleidung. Wahrscheinlich in Mch. nicht mit ihrem Gatten eng., suchte sie bei hiesiger Bühne Verdienst 1795—98.

Niggl Hr. Jakob Ch. B. wurde hier später städt. Archiv-Aktuar u. Chorregent b. hl. Kreuz. Heirathete hier. 1842—47.

Nikolay Hr. Komp. d. Op. „d. lustigen Weiber", Text nach Shakespeare v. Mosenthal **109**.

Nikolay Fl. S. Fl. Nitschke d. ä.

Nilson Hr. Zeichnungslehrer v. hier machte viele Silhouetten u. Porträts in Kupferstich v. hiesigen Mitgl. S. Portraits u. Verhelst.

Nitschke Fl. Ida d. ä.; Ch. Sop. Gr. N. 1862. Unter d. Namen Fl. Nikolay, auch Fr. Großkopf 1873 u. 74.

Nütschke Fl. d i. Ch. Sop. u. Tänz.
1862.

N. k. Z. Als Abkürzung für „nur kurze
Zeit" engagirt.

Noal Hr. munt. L ; n. k. Z. 1862.

Nobili. S. 1. Komite **57**.

Nördlinger Hof Theater **131, 132.**

Nöfl Hr. Helden. Fr. Nöfl gei. L
n. k. Z. 1823.

Nolte Hr. (Fach?) 1812.

Nonnenkleidung b. Sch. verboten **4.**
S. Roswitha.

Norbert Hr. Sent. L. 1873.

Norremberg r. Franz. Sent L. 1870.

Nothas Fl. munt. L ; n. k. Z. 1862.

Noth-Treppe z. Gallerie. S. Bau.

Noval Fl. (Fach?) 1803.

Noval Fr. Kom. M.; Fl. Noval
munt. L. 1871

Novitäten. S neue Stücke **76.**

Nürnberg. Meistersänger-Schule **7**;
ihr Ende **35.** S. Pegnitzer Sänger
21; Ayrer, Rosenplüt, Sachs **22**;
Theaterbau i. Fassnachtspiele **22**; 1.
23; 2. **39**; 3jähriges Privilegium
34. S. a. Hotel G.

Nuhr Fl. Bertha 1 Säng. Colorat.
1862. Als Fl. Aurelo n. k. Z. 1875.

Nusshaumer Hr. munt. L. jng fem.
M.; T. b.; 1809—12.

Nuth Hr. Dar. einer Kinder-Ballet-Chef
als G. **70.**

Nuth Fr. Kostm. Nicht verwandt mit
b. Vor.; 1. L. hübsche Mädchen, nach
beren Kind Auguste 1790—93

O auch er. als Abkürzung für „ober"

Ober. S. Gardevobier, Regisseur u.
Gleichthalseur

Ober-Ammergau. Passions-Vor
stellungen **3.**

Ober-Beleuchtung. S Beleuchtung.

Oberéle Fl. Fanny Ch. Sop. u. kl.
Rollen 1875.

Oberhausen Theater. S. Dir. Schmidt.

Obermaier Fl. Lyr. Säng. 1841.

Obermayer Hr. Joseph, Violinspieler
11 Jahre alt als G. **110.**

Obstuer. S. Abgaben derselben (**41.**)

Ochsenhetzen **27.**

Oeffentlich weggelassen.

Oehlenschläger Hr. Adam Gottlr,
den ich hier zu b. deutschen Dichtern
rechne. Die Schachtgrube auf Rhein
berg 1818. Ebenda b. Ludlams-Höhle
77; Correggio 1824 im März **80**

Oehlmann Hr. L. V. 1813

Offenbach Hr. franz Komp. Orpheus
112; b. Verlobung bei b. Laterne **112**;
b. Großherzogin v. Gerolstein u. die
schöne Helena **122**; Hanni weint,
Hansi lacht **123**; Urlaub nach Zapfen
streich **127.** Im S Th. b. Zauber
geige **113**; Fortunios Liebeslied **118**;
b. schönen Weiber v. Georgien, Ritter
Blaubart u. der Ehemann vor b. Thür
123; b. Savoyarden v. Paris u.
Pariser Leben **125**; b. Schwätzerin
v. Saragossa **126**; b. Prinzessin v
Trapezunt **127** auch **132**

Ole Bull Hr. Violin-Virtuose Konzert
16. Nov 1839; **94, 133**

Oliva Fl. S. l'epita de O.

Or. Als Abkürzung für:

Oper 1. (S. a. Singspiel Text) ward
zuerst Ober genannt **23**; nicht zu
halten erklärt Bauer **96**; Appert **99**;
Walther weg. schlechter Dekoration **105.**

Opristen S. Sänger.

Opern-Direktor. S Mus Direktor.

Portes Hr. Dir einer Seiltänzer-Ges. **70** u **71**.

Portraits berühmter Künstler waren schon im vorigen Jahrhundert sehr beliebt u. zwar als Kupferstich, am häufigsten aber als Silhouetten. Namentlich haben hier der Zeichnungslehrer Nilson u. d. Kunsthandlung von Berhelst deren sehr viele herausgegeben.

a. Silhouetten v. Nilson: Fr. Schimann, Fl. Wenzig, Hr. Jungbeim, Schikaneder, Schopf u. Wahr, Hr. u. Fr. Geißler, Hr. u Fr. Schopper, Hr. u Fr. Stohn. D. ganze Gesellschaft v. Morocz u. Boltolini.

b. Silhouetten v. Auswärtigen Hr. Nieser in Mch., Berner'sche Kinder-Ges. S. Fr. Peyerl.

c. Kupferstiche v. Nilson: Fr. Schimann als Ophelia. Hr. v. Lütgendorf als Luftschiffer. Hr. Schikaneder u. Schopf als Hamlet. Hr. Wahr.

d. Kupferstiche v Auswärtigen Fr. Dobler, Illenberger, Krummerseldt u. Stierle. Fl. Müller Mosers Pflegetochter. Hr. Borchers, Brockmann, Kaffka, Hr. u. Fr. Günther, Hr. u. Fr. Koch, Hr. u. Fr. v. Kurz.

Possart Hr. Ernst als G. v. Mch. (119) **123**, **125**, **126**, **131**, **133**. Fr. Possart Anna Säng als G. v. Mch. **133**.

Possen. S. neue Stücke Englische Schauspiele, Fastnachtspiele, Masks u. Farces.

Possenreißer S. Masken dem.

Possenspiele singende (1 Singspiel) **23**.

Pothoff Fl. Ch Alt 1868.

Pouce. S. Tom Pouce.

Poysel Hr (Poisel, Poissel) Tyrannen. Kom. B. Singt B. 1785. Fr. Poysel Kammer v. Bauernmädchen 1785.

Präger Hr. Heinrich Muf. Dir. 1812 b 14.

Prehauser Hr. berühmt Hanswurst geb. 1699 gest. 1769 S a. Hr v. Kurz. Mit ihm erlosch d. Hanswurst gänzlich. Später auch hier als Dir. **30**

Preis Hr. B. Ch. B. 1833. Kom. am S. Th 1860.

Preis Fl. Auguste Altistin. 1870. Schon als G. v. Zürich **123**.

Preise der Mstr.-Säng. (Kronen und Zinn) **7**, **11**.

Preise d. Plätze bei d. Mstr.-Säng 1 Pfennig **13**, **16**; später 5 Heller bis 6 kr. **19**; bei d englischen Komödianten 2—3 Groschen **20**; in der Fechtschule 1 kr. **27**; im Bangarten 30, 15, 10 u. 6 kr. **31** u. **32**; beim Luftballon 2 Federthaler **52**; Purzeulh. 1 kr. per Akt **63**; Auf d. Bleiche 1 fl., 36 u 12 kr. **64**.

Preise d. Plätze im Stdt-Th. Erhöhung kam vor Paganini nicht vor, außer bei d. Zauberflöte **56**; **37**, **38**, **75**; kleine Preise bei klassisch. Stücken **122**

Preise der Plätze im Stadt-Theater.

Redwitz Hr. v., Dichter. Philippine Welser 27. Dzbr. 1859 **110**; d. Kunstmeister v. Nürnberg **112**.

Reeb Fl. Sent. L.; S. Th. 1871.

Reeden Hr. v. Friedr. 1. B. 1869 u. 70. Kam nach Mannheim.

Reer Hr. 1. T. v. Koburg als G. **110**.

Reg. Als Abkürzung für „Regisseur."

Regensburg. S. Reisen d. Ges.

Regensburger Fl. Ch. Sop. 1858 b. 64.

Regenti Hr. (u Flach) Athleten mit Marmottableaux **96, 98**.

Reger Hr. (Fach?) 1802.

Regie u. Regisseurs für Sch. u. Op. früher fast stets vereint, sind jetzt meist getrennt. Oberregisseur. S Geschäftsführer.

Reglement. S. Gesetze.

Regner Hr. Kassier nach Allersperger v. Frühjahr 1874 an bis Ende.

Reich Hr. 2. Garderob.; H. R. 1790 b. 93.

Reichard Hr. Frdr. (Fach?) 1809 b. 12.

Reichardt Hr. Gabriel Muf. Dir; spielt auch gr. R. 1780. Hier vermählt 26 Febr. 1781 47 wurde er im Geburtsorte seiner Frau Stadt-musikus; Fr. Reichardt Magdalena geb. Einichin von Weißenburg am Sand. Soub.; naive R.; fig. 1780.

Reichel Hr. u. Fr. Reichel Schsplr. als G. v. Karlsruhe **84**.

Reichel Fr. Bernhardine, erste M.; 1867 — 70; kam nach Karlsruhe, studirte zuerst d. Kinder-Vorstellungen ein **122**. Fl. Reichel Anna deren Tochter als 1. Versuch 1868. Als G. **123**.

Reichel Fl. Nannette, 2. u 3. Säng Soub. 1831.—34.

Reichelt Hr. Gottfried 1. Garderobier 1827—32.

Reichsgraf. S. Fugger.

Reichsstadt Augsburg geht an die Krone Baiern **64**.

Reichstag zu Augsburg **10** u **11**.

Reifferscheid Hr. Ch. T. 1817.

Reiner Fl. Marie u. Fl. Reiner Hildegard, Ch. Sop. 1873—76

Reinhardt Fr. Ch Sop. 1839.

Reinhardt Hr. (Ruppins) Gr. R. 1853. Fr. Reinhardt Marie Soub. 1853. Als Fr. Ehrenstein fem. M; u. l. Z 1866, dann 1873, als Fl. Ehrenstein im S. Th. 1860 u. 61; 1870.

Reis Hr. 2. Garderobier 1812—14.

Reisen d. Augsburger Gesellschaft als Sommerausflug, um im Winter wieder-zukehren, mit Kindler nach Nürnberg **60**; mit Schemenauer nach Bern, Solothurn, Straßburg **76**; mit Weinmüller nach Kaufbeuren, Kempten, Memmingen **88**; Straßburg Zürich, u. Baden **88**; nach Straßburg **89**; nach Baden-Baden **95**; mit Lippert nach Lindau u. Bregenz **101**; nach Kempten u. Bregenz **102**; mit Engel-ten nach Regensburg **108**; mit Römly nach Kissingen 1860—64. **114**

Reisende Gesellschaften kommen hieher **6, 9, 11, 16, 19,** Engländ. **19, 33**; Kaufbeurer **21**; Geldin, Pre-hauser u. Neuber **30**; Friedberger **32**; werden beschenkt **137**

Reiser Hr. Georg zeigt photograph Lichtbilder als G. **110**.

Reissiger Hr. Komp d. Felsenmühle **94**; Yelva **109**

Reiter S. Silbernes, steinernes, Kunst-reiter u. Eichwald.

Reit, Rait, Reith, Raithmaier, mayer, meier, meyer, mair, meir. Dieser

Eingeschrieben ist aber auch überall anders geschrieben, oft in einem Jahrgang dreimal verschieden.

Reithmayr Hr. Mitw. von hier Muf. Dir. 1837 dann 1845—48 u. 1849. Fr. Reithmayr hier vermählt als K. Jnvern, Ch. Sop. 1835—38 Mitglsng 3 K. 1845—48, dann 1849.

Reitmeir Hr. (Reithmeir, Reithmeyer) Baryton 1807—12 Fr. Reitmeir (Juch?) u. deren Kind Joseph 1807 b. 12.

Reitmeir Hr. Joh. Tiefer B. Auslande-R 1815; Fr. Reitmeir (Juch?) nebst Kindern Karl u. Karoline. Starb den 21. Feb. 1816

Reitschule d. Militärs. S. Jesuiten &c. 26

Relly Hr. Ch. B. Nachtl B. Juli 1870.

Reßlan Fl. S. Fr. Schröter.

Reschenftn Linde na Hr. Held n 1858 Als Gr. im S. Th 113.

Restel undst St. Nom. Geschlag 15, Puls 16, Schenk 16, Geppner 28.

R. Cäcilie S. Held u. Steffe.

Renart Hr. Com v. Grzgold G. 91

Reymes Hr. s. 1. T.; u f g 1847.

Rewel Hr. S. Reuter.

Rendlin Hr. Eml. B. nebst Kindern Theodor u. Angelika 1833. Fr. Reinert Ch. Sop. 1833. Als Fr. Maur 1837—41.

Renovirts. S. Schöller u. Hr. eng.

Renovirung S. Bau d. Th.

Rentsch Hr. S. Bühner.

Rentz d. Th. S. Inspurhmann u. Kysten.

Renle Hr. Mr N.; Ch. u. Kint Sol. Fl. Renlin (Reubin) nebst Mädchen v. Am. Schwabet, mari. G. m Epst v. Gh. Girtrub Ring; alt betragen 1791.

Reparaturen. S. Bau d. Th und Zuschüsse.

Repetitoren. S. Chor-Repetitoren.

Requisiteur u. Requisitricen. S. Mitgl. Tabellen.

Resch Hr. Zettelträger 1803—7.

Rettenberger Hr. Ch. B. 1858.

Reyer Hr. B. b. 1817, ausg. 1818.

Reuchlin Johann (Capnio) 10.

Reuß Fl. 1. Säng. 1843

Reuter Hr. Jos. Ernste B.; tiefer B.; (1. Sarastre) Von 1792 — 93 als Bewerber um d. Direktion 70; Fr. Reuter 1. Säng. (1. Königin d. Nacht) 1792—93

Reuter Fl. Auslande-R 1844.

Reuter Hr. Karl munt. L.; Reg. d Sch. Sein Wirken 107 1853 u 55.

Reuter Hr. Karl sent. L. u. 1 T.; S. Th. 1872 u. 73.

Reuter Hr. Ernste Väter 1874.

Rewalt Fl. Sent L. 1864.

Rhigas Hr. u. Abdallah Beduinen, Charakteristen Gäste 93

Rhona Fl. (Albinati) Tänz. v. Lonten als G 119.

Richter Hr. Heinrich als G. v. Mh 109, 110, 113, 118, 122, 123.

Richter Hr. 2 B.; gr. R.; Insp. Fr. Richter 2. R.; Ch. Sop.; Fl. Richter Louise als Kind u. später H. L. 1838 1846—49. Fl. Richter Karoline ebenfalls als Kind u. dann Ch. Sop. nebst noch mehreren Kindern mit wenn sie hier u. Umgegend Kinder familien aufführten.

Richter Hr. ernste B.; u f g 1845.

Richter Fr. 1. Säng. 1859 u 60.

Richter Hr. Ernste B. 1849 u. Reg. d. Sch. 1862.

Richter Hr. Mr. R 1864.

Rieck Hr. Theodor Baryton 1870.

Riecke Hr. (Fach?) 1801.

Riedel Hr. Alexander lyr. T. 1866.

Riederer Hr. Joh. Theaterdiener 1817 b. 27; Fl. Riederer dessen Tochter, Ch. Sop. 1839—44 dann 1848 b. 51 u. als kom. M. in Op. u. Lokal-Possen 1853.

Riedheim Fr. v. S. Fl. Waibel.

Riedhof Hr. (Rüdhof) U. R. S. Th. 1871.

Riedle Hr. Ch. T. auch U P. 1853.

Rieg Hr. S. Hinterstößer o. ä.

Riegler Hr. Souffleur 1780 u. 85.

Rieländer Fl. Bravour-Säng. u. L. Z 1829.

Riepel S. Masken kom. **20.**

Riese Hr. H. Intriguant, Tänz. Stellt Marmor-Tableaux 1843; Fr. Riese erste M u. Kinder Albert u. Marie 1843.

Rietz Hr. Paul. gef. L.; (Sohn d. Komponisten) 1873.

Riewe Hr. Gr. R. 1812.

Rigeno Fl. v. Mathilde. Säng. Als Gast engagirt **127.**

Rionde Fr. kom. M. 1830—36, wo sie hier starb; deren Kind Emilie wurde noch nach ihrem Tode hier ernährt bis 1837.

Riotti Fl. Therese Säng.; S. Th. 1874.

Rischar Fr. Johanna gef. L. 1769.

Risse Hr. Karl, B. b. 1827—29.

Ritsch Hr. v. Peter Paul, Mitvorstand d. I. Komite **58.**

Ritsch Hr. 2. R; S. Th. 1871.

Ritter Hr. (Fach?) 1806.

Ritter Fl. Ch. Alt 1849.

Roberti Hr. (heißt Nikolaus Anvera) Bar. 1843 u. 44 als Direktor mit Lagler u. sein Wirken **98.**

Roberti Fr. Ch. Sop. auch Kassierin nebst einem Kind F. 1844.

Roberti Hr. Ch. Ten. 1856.

Robin Hr. Taschenspieler u. chromatisch. Phantasmagorie **102.**

Rödel Hr. Benno, Verfasser mehrerer gelungener Gelegenheitsstücke s. d. S Th.

Röder Hr. sent. L.; wurde hier als vorzügl. Künstler geschätzt **60,** zog aber ein Engagement in Stuttgart bei Mühouse? vor. Dort nannte er sich aber „Töbler" Warum? 1795.

Röder Hr. Gg. V. geb. 1780. Muf. Dir. vor Maurer 1829. S. a. Kirchn r. Einer der genialsten Tonsetzer im Kirchenstyle komp. hier seine „Messiade" u. „Cäcilia die Feier der Tonkunst." 1837 wurde er Hof-Muf. Dir. in Mch., 1841 Kapellmeister an d. reichen Kapelle in Alt-Oetting. Starb dort 1848.

Röhner Hr. Muf. Dir. 1827.

Röhrl Hr. David, Sekretär 1795—97.

Röllhöck Hr. Ch. T (wahrscheinlich Köhler) 1831.

Römer Fl. (Fach?) eing. 1808—9.

Römer. S Amphitheater, Bad, Kapitel, König, Th. ater.

Römische Sch. verboten **2;** d. Sprache fällt weg **3;** Schenkenbühnen **22.**

Rönnekamp Hr. Kom. V.; Insp. 1861 u. 62. Rönnekamp Fl. Louise. Anstands-R. 1860—62; ihr Wirken **114.** Kam später n. Karlsruhe. Als G. im S. Th. **113.**

Röske-Lund Fl. Linda, 1. Säng; hat Ende Oktober ein 1873.

Rösle Hr. Johann als Max im Freischütz **89.** Als Prophet **103.**

Rößl Hr. Wolfgang. Alte Helden. Edle V.; als Direktor 1779.

Rößl Fr. 1 trug R u. Rosetten 1779
Reggenhofer Fl v S Fl. Maier.
Rebbeck Hr. Wilhelm B. b.; 1868
u. 69; starb hier 27 Dzbr. Fr.
Rebbeck dessen Fr. Eh. Sep. heirathete
hier wieder.
Rebbe u. Sigmund Hr n. Optische Licht-
bilder als G. **109**.

A. Roland Hr. Anton Kom. u. B b.
Auch Tänz. Als G. **71**, als Mitgl.
1815 dann Novbr. 1818 — 23. Auch
Op. Reg. 1823 — 27 **81**. D. Komite
engagirte ihn nicht u. er privatisirte hier
v. Tanzstunden lebend. Erst 1830 trat
er nach Eggert wieder ein u. heirathete
noch eine 3. Frau (Fl Paravico v hier)
Er starb 1831.

B Seine erste Fr. gastirte hier **70**

C Roland Fl. Sophie Tochter 1. Ehe
als Kind 1818. Als jug. Säng v Novbr.
1818 — 21, wo sie nach Kassel kam.

D Roland Fr. Lob. Ur. geb. Valentin
e. b., Süd. Weißlaer Tochter (S. a Fr
Maurer). Als Kind 1800 — 1801, als
Mädchen 1815 — 9. Als Säng 1815
dann v. Novbr. 1818 — 23, wo sie hier
starb

E Roland Hr. Karl, Sohn 2 Ehe
als Kind 1815 dann 1818 — 22; als
1. L. 1835 u. 36. Als G. von Dahl
91, 95 102; als Chorist (Albureo
genannt) 1866 u 67 wo er starb

F Roland Fr Karl 1 Fr. Verwittwete
Müller Charron geb S ; hier vermählt
1866

G Roland Fr Karl 2 Fr. geb. Streb.
Von Neujahr 1860 an. Sent L.; u.
Tänz R. L. Z

H Roland Fl. Karoline Tochter 2 Ehe
(n. A. u C.) als Kind 1815, dann

von 1817—22. Schon jug Parth.
1823 — 26.

I Roland Hr. Albert jüngst. Sohn v.
A u C Als Kind 1815. Brach hier
den Fuß u. starb als Komtorist in
b. großen Spinnerei u. Weberei 1869.

Rolland Hr. Karrikatur-R ; Tänz.
Ballet Mstr. 1784 u. 1801 — 3; Fr.
Rolland 2 R.; tanzl Fl. Rolland
Nanette 1. L. u. Tänz NB. Alle 3
nicht verwandt mit der ver. Familie
obgleich auch jene auf Nürnberger
Zetteln est mit zwei L geschrieben ist.

Rollberg Hr. Char. 1826 **81**.

Rollen. Bei den Namen b. Chor-
Personals in d. Mitgl. Tabellen be-
deutet das R, daß d. Betreffenden auch
R. Rollen im Schauspiel spielten. S.
a. Männer- u. Frauenrollen und
Parthien.

Rollenfächer. D. Ausdruck Haupt-
u Nebenfächer ist sehr relativ, da eigentlich jedes Fach so genannt werden
kann, je nachdem es durch d. Talent
b. Darstellers zu einem oder d. andern
gemacht wird. Vom vorigen Jahrhundert
ist es kaum möglich, ein bestimmtes
Fach anzugeben, da sich oft die heterogen-
sten Charaktere in einer Person vereinigten u fast jeder Schauspieler auch
in Oper u. Ballet verwendbar sein
mußte. Man suche daher die einzelnen
Namen im Register oder bei d. Mitgl.
Tabellen S. a. S. **51**

Rollenschreiber. S Kopist b. Sekretar.

Roller Hr. Maschinist. Kam nach
München ; Fr. Roller 1. Säng 1807
b. 12.

Roller Hr v. R. R.; nur bis Neujahr 1835.

Romani Hr. Luigi Dir. einer italien.
Op. Ges. **96**

Romani Hr. munt L. 1862; bei
Fürst's Ges. (**119**.)

Romanine Fl. Seiltänz. auf Drath.
S. a. Fr. Klein-R. **88**.

Romano Fl. S. Fl. Biertrinker.

Roos Hr. (Fach?) 1793.

Rosa Hr. Peter, Dir. einer opera buffa
44.

Rosen Hr. munt. L.; S. Th. 1867.

Rosen Hr. Julius, Lust. Dichter: Hohe
Politik **118**; Il baccio **119**; ein
schlechter Mensch **119**; Kanonenfutter
122; d. Nächsten Hausfrau **123**;
Im Schlafe **125**; Ein Engel, Fromme
Wünsche **126**; Garibaldi **127**; ein
Knopf, ein Teufel(**128**)Citronen**133**.

Rosenau Hr. S. Steinsberg.

Rosenberg Fl. Therese 1. sent L.;
u. 1. Tänz. 1777 später an Kassfa
verheirathet.

Rosenberg Hr. Helden, Könige, zärtl.
Väter 1782 u. 87. Ist auch Musf. Dir.
heißt eigentlich Clementi u. wenn er
kein Engagement hat, reist er als Violin-
Virtuose.

Rosenberg Hr. Karl Eduard (Fach?)
1803.

Rosenberg Hr. 1. T. Ob d. Vorige?
1812.

Rosenblüt (plüt) Hans, genannt d.
Schnepperer, Nürnberger Dichter **20**,
22.

Rosner Hr. Vater 1. T. als G. v.
Stuttgart **91**; Fr. Rosner Flora
Mutter 1. Säng. v. Stuttgart für die
Saison als G. engagirt 1836; Hr.
Rosner Wilhelm Sohn; Baryten
Auslands-R. 1857—62. Sein Wirken
107, **114**. Als G. am S. Th. **113**,
119; Fr. Rosner kom. M. 1857
b. 62; Rosner Marie, Flora, Wilhelm

Kinder v. Wilhelms älterem Bruder
Kinder-Vorstellung **113**

Roßburg Hr. Joh. Ludw. Char. 1816.

Rossi Hr. Säng. als G. v. Wch. **71**

Rossi Hr. Julius 1. T. 1869 u. 70.
S. a. De Rossi.

Rossini Hr. Giacomo Komp. **76**;
Tankred **77**; d. Italienerin in Algier
78; Othello **78**; d. diebische Elster,
Elisabeth, Barbier v. Sevilla **80**;
Moses **86**; Wilhelm Tell **87**; d.
Belagerung v. Chorinth **88**; Stabat
mater 1832 u 1847 in Konzerten
auf der Bühne.

Rostock Hr. Heinr. u. Fritz, Maler
als Gäste mit Dekorationen **133**

Roßmarkt Ges.-Lokal d. Mstrsäng. **12**.

Roswitha Nonne, schreibt d. ersten
Schauspiele **4**.

Roth Fl. Rosa, 1. L. 1872 u. 73.

Rothhammer Hr. August. Helden
1829 dann 1832 u. 33. Als T in.
1834 — 37; macht Bankrott **91**;
Ernste R. u. Reg. 1837—39; dann
1843. Im S. Th. 1868 u. 69; Fr.
Rothhammer Nannette, geb. Weinmüller, hier vermählt Oktb. 1833.
Als ledig munt. L 1832 u. 33; als
Frau sent. L. von 1834—39, dann
1843. Beide als G. v. Nürnberg **94**,
95. Im S Th. **112** u. **113**; Ebenda
beide als Mitgl. 1868 u. 69. Sie
studirt Kinderkomödien ein **123**

Rotter Hr. Ferd. (Fach?) 1787.

Rottmayer Hr. Jos. B. b.; Kom.
Fr. Rottmayer (Fach?) u. 1 Kind
1806 u. 7. **66**. Diese sowie die
Folgenden überall anders geschrieben.

Rottmeyer Hr. Wilhelm. Gr. R;
B. Fr. Rottmeyer 2. M; 1853.
Kinder Louise, Franziska, Amalie u.

Kellmeyer Hr.
  Freundschaft mit denen er Kinderkomödien
  gab **108** Im S. Th. **111**

Kemlein Hr. Karl. Ch. R.; Char.;
  tangl 1787.

Kabbelerin Fl. Kom. u. zärtl. M.;
  ingst auch; 1 Thlg. 1781.

Kahn Hr. Stat. R.; S. Th. 1865

Kahlstein Hr. Anton Klaviervirtuose
  Konzert 2. Dez. **119.**

Kubersdorf Fl. 1. Säng.; n. f. J.
  1848.

Kabelri Fl. Tänz v. Rich als G. **119.**

Kabelrh Hr. (Rich?) 1762.

Kabelgh Hr. Karl; R. M.; Ch. T
  1824.

Kabelrh Fl. Eltg v. Rich als G. **119.**

Kückert Fl. b. 1. Ch. Sop; Fl.
  Rückert R. j. Ch. Sop 1849.

Rückkehr S. a. Rückg am Gehalt.

Küslinger Fl. Ch. Sop. 1865.

Kueff Fl. Komphle ward L. 1855
  Später als Gräfin Therinsky ermordet

Kühling Hr. Bernhard. Helden, Bonvivants 1863 — 64. Nach Reg. b. Sch.
  1862. Sein Walten **114**. Kam nach
  Frkf. **115** Als G. von da **117.**
  119. 123. 125. 126. 128.

Kühling Hr. Fritz Bruder d. Vor.
  Frkf. R.; n. f. J. 1859. Später
  Dir. in ersten S. Fl. Kühler. Auch
  hier S. Th. 1875 Spielte Väter.
  Erster Schwärm. S. Fr. Komorowei-
  Kühling. Hr. Kühling Paul
  Schwachsinstud der Vor.; G. a. Stutt-
  gart **117**

Kühn. S. Hennemeier.

Kellani Hr. Ch. R. Thlg. 1872 u. 73.

Kembacher Fl. Ch. Alt 1841 — 56.

Kemmel Fl. Mich. Ch. Sop. Heirathe-
  ten 1868 u. 69

Rummel Fl. Fanny Ch. Sop. 1869
  b. 76. Als G. im S. Th. **125.**

Runge Fr. Auslands R. u. Heldin 1807.

Ruppius Hr. S. Hr. Reinhardt.

Rupprecht Hr. Ch. B 1869 — 72.
  Starb hier.

Rupprecht Fl. M. R.; S. Th. n. f.
  J. 1872.

Ruplius Hr. Garderobier 1865.

Ruichmann Hr. J. Rom. B. 1825 b 27.

Ruth Fr. S. Börnstein-Ruth.

Ruzel Hr. Joj. Muf. Dir. Kam nach
  Karlsruhe 1867. Fr. Ruzel Elise
  Cp. M; J. B; Ch. Sop. 1867.

S. In Verbindung mit Th. = S. Th.
  „Sommer Theater!“ S großes und
  kleines als Abkürzung für „Siehe“ u.
  „Seite.“ Also S. S. = Siehe Seite
  Bei Schauspieler Namen bedeutet es
  auch oft „Sohn“ zum Unterschied vom
  „Vater“, wenn dieser auch Mitg. ist.
  S. a. = Siehe auch. S. d. = Siehe
  diese, diesen u. s. w.

Saal (goldener) bei den Jesuiten **25.**

Saal Fl. Amalie d. J. S. Glmenreich.
  2. Säng Fl. Saal d. j. Ch. Sop.
  1843. Saal Hr. Sohn v. Amalie;
  Ch. T. Kl. R. 1858 — 60.

Sabatyh Hr. v. Rich. Rom.; Fr.
  v. Sab Henrig Sent.; S. Th. 1861.

Sachi Fr. Seiltänzerin als G. **88;**
  einst Maitresse Napoleons I. tanzte sie
  noch mit 50 Jahren.

Sachs Hans berühmter Meister-Säng.
  7. 17. 23. R. Genannt „der Mittelpunkt zwischen alter u. neuer Kunst“
  genannt. Schloß im Ganzen 6048
  Gedichte.

Sachs Hr. (Fritz?) 1807

Sachse Hr. Ch.; Kl. R.; S. Th 1868.

Sackpfeiffe Ges. Lokal d. Mstr. Säng. **17**.

Säng. Als Abkürzung f. „Sänger" u. „Sängerin"; Alt, Baryton, Baß, Tenor u. Sop.; Minne- u. Mstr.-Säng.

Sänger-Dichter mit Privilegien versehen **6**; fahrende als 1. Schsplr. **5** u. **6**; -Krieg auf d. Wartburg **5**; S. a. Säng.-Ges. bei den Gästen Altthlg. V. A.

Sängerin. Zur Zeit d. Herrschaft d. italien. Op. hieß die Koleratur- u. Bravour-Säng die 1. (Prima Donna assoluta) Jetzt ist es umgekehrt; die tragische, dramatische, auchAdagioSäng. heißt die 1. und Koleratur-Säng. die 2. Unter 3. Säng. versteht man alle kleineren Parthien, Altistin, u. d. älteren für Opern-Mütter.

Saidel Hr. (Fach?) Ob nicht etwa Seidel? 1789.

Saifert Fr. (Fach?) Ebenso Seifert? 1799.

Sailer Hr. Bar. N. k. Z. 1857.

Saint (heilig) ausgelassen

Saler Hr. Vater. Seine Theatermaße **37**; als Dekorateur 1846 — 51; Maschinist v. 1851—71 wo er an d. Blattern starb; auch im S. Th. v. 1860—71. Saler Hr Sohn Jakob wuchs unter seiner Leitung mit heran als Gehilfe d. B. 1857—71; von da an d. B. Stelle, aber nur ein Jahr. Fr. Saler Mutter, Ankleherin, so lange beide da waren.

Saletti Hr. u. Fl. Saletti Tänz. Kl. R. u. Aloys Kinder-R. 1776

Saller Fl. munt. L; S. Th. 1863

Sallmayer Hr. Char 1853 u. 54.

Als Dichter **107**; zwei Frauenherzen **108**; Philippine Welser **109**.

Salm Hr. sent L; u. k. Z. 1861.

Saltarello S. Levasseur.

Salvator (Sankt) S. Jesuiten.

Salzmann Hr. 2. T. 1812 Chor-Repetitoru. kom B. 1834; Fr. Salzmann (Fach?) 1812.

Sandbichler Fl. Marie Tänz. als G. S. Marwig **119**.

Sander Hr. Ludwig, kön. Assessor d Wechsel-Gerichts 1 Instanz u. Fabrik-Inhaber, Komite-Mitglied **82**.

Sangué Fl. Schsplrn. G. v. Mch. **113**; G. v. Hannover **119**

Santner Hr. ges. L 1816.

Sargo Hr. Gustav. Helden u. Reg d. Sch. u. k. Z. 1839.

Sartor Hr. Joh. Gottfr. Letzter Agsbgr Meist.-Säng. **35**; sein Puppentheater brennt ab **63**.

Sartori Hr. Joh. Gottfr. Kassier bei Dir. Schopf. **44** D. Greif'schen Handschriften enthalten eine Art Th.-Journal mit Angabe d. Personals u. d gegeb. Stücke 1776

Sartory Hr. guter Tenor 1792 in Petersburg pensionirt. Hier Mitdirektor v Grimmer. (Ob derselbe wie vorhin?) 1775.

Sartory Fl. Schwester v Fr. Koberwein (Fach?, 1784.

Saschitzky Hr. B.; S. Th. 1861.

Satorsy Hr. Joseph 1. T. 1841.

Satyrische Schauspiele d. Griechen **22**.

Savits Hr. Joeza. Sent L. Kam nach Weimar u heirathete dort Fl. Charles. 1866.

Sar Fl. Auguste Kom M.; B. Dezbr. 1836 — 40; dann 1843.

führt d. Studenten Schauspiele w. iter **16.**

Schenk Hr. v. Eduard, k. b. Minister u. Dichter: Henriette v England; Belisar **82**; Kaiser Ludwigs Traum **86**; Albrecht Dürer in Venedig **87**; d Krone v. Cypern **88**; d Griechen in Nürnberg **94**

Schenk Hr. k. Hof Schsplr. als G. v. Rich. **102.**

Schenk Hr. Louis, talentvoller Dichter d. Sch. „Hans Kohlhas" **113**; gef. L. im S. Th. 1864.

Schenkenbühnen römische **22.**

Scherenberg Fl Sonb; S.Th 1872.

Scherer Hr. Mar Ch. B. 1860—73 dann 1875 Im S Th. 1867 u. 69.

Scherzinger Fl S. Fr. Hasenest.

Scheuermann Hr. jug sent. L.; Z. T. 1815.

Scheune. S. Stadel.

Schiedermaier Fl. Louise 1. sent. L.; 1835—37. In Wien **91**;

Schiedermaier Fl. Charl.Lyr. Säng. 1835 u 36. Geht nach Dresden u. heirathet dort Gerstorfer **91.**

Schiele Fr. Wilhelmine 1. L.; u. Kind Fanchette 1814—16

Schiele Hr. Rudolf 1. T. Wurde wieder Advokat in Ballenstedt 1843 u. 44.

Schier Hr. Tänz. Familie als G **103.**

Schießel'sche Häuser. S. Bau d. Th.

Schießgraben. S. Sommertheater.

Schießl Hr. Eduard Souffleur. S Th. 1871.

Schiffmann Fl. Karoline Ch Sop. 1827.

Schika Hr. (Zach?) 1785.

Schikaneder Hr. Immanuel geb. 1751 in Regensbg. 1776 u. 77. Dir. 1778 u. 1786 Ein Universalgenie v Rilson

silhouettirt u. als Hamlet in Kupfer gestochen 1 L. u. 1. Säng. Helden u. hochkom R; tanzt auch **51.** Th. Dichter(Zauberflöte Z Mozart u dessen 2. Theil „das Labyrinth." S K. v. Winter; dann d. schöne Schusterin. Auch Kompositem seiner eigenen Oper: „d. Tyrannen ob d lustige Elend." Wird in Stuttgart als Hamlet herausgerufen, damals noch etwas ganz Außerordentliches. Welches Ansehen er auch hier genoß, zeigt, daß Wagenseil's Geschichte ihn als Dichter „unsterblich" nennt. Er erbaute 1801 d. Th an d. Wien u. starb ebenda 1812 in Armuth; Fr Schikaneder Eleonore geb. Artin 1776 b. 78; 1786. Ebenfalls Universalgenie 1. Säng.; 1 L. trag und sem. R., naive Bauernmädchen u. Königinnen, tanzt auch. Sie muß Anfang d. Jahres 1777 hier geheirathet haben, denn in Fischer's Verzeichniß, das offenbar von einem zum neuen Jahre v. Souffleur aus gegebenen Journale abgeschrieben ist, steht sie noch als Demoiselle Artin, u in dem bei Sartori erwähnten Bogen mit d. Datum 11. Febr. ist sie bereits Mad. Schikaneder genannt. Während d. Direktion ihres Mannes in Wien spielte sie nur selten mehr u. dann nur Mütter.

Schikaneder Fl. lyr. Säng Ob nah oder fern verwandt mit d. Vorigen? 1799. 1800.

Schicketanz Hr. Väter. Seine Söhne Karl u. Anton (Fächer?) 1799.

Schildknecht Fl. Ch. Alt. U.R 1847.

Schiller Hr. v. Friedr. Tragöd Dichter **42** In unserer Periode (S. S **76**) nur mehr 1818 Phädra **77**; Wallen

...Säger **84**; d. Lied v. d. Glocke mit Musik von Lindpaintner **109**; Demetrius, Fragment **119**.

Schiller Hr. Mus. Dir. R.; Insp.; Op. Souffleur 1873 u. 74. Dann l. Z. Dir. d. Th. am Nürnberger Hof **132**

Schilling Hr. Joh. 1. kom R.; L.; Helden 1785.

Schilling Hr. 1839 kom. R

Schimann Fr. (auch Schümann) Theob. Liebhabrtn u als Orhelia in Kayser ... v. Killen Hier, spielte als 1. kom...ischen R. Sie rühmte sich eine Schülerin Schlegel zu sein, für die er seine Miß Sara Sampson ge...rieben habe. Wenn das wahr ist, ... er wohl mehr Freund (?) als ... gewesen sein, da er bekanntlich ... in den ersten 50ger Jahren starb. 1775 u 84

Schwamelbraung Hr. von der Opr. ...

Schmid Hr. Ob T, 1858—62 O. Th. 1860 u 64

Schinkler Hr. Balln. komn. L.; Obd 1789 b. 92.

Schirmer Hr. Chor. 1862

Schirmer Fl. Emil z Das Schneider 1862

Schitine S. Herzl Johann II Alexander III u. Christophoro

Schüller (Schiller) Thr. Familie mit deren Hilfe l. alte Ingolstadt noch einmal seine Schätze aufgehaben **54**

Schiller Hr. Ullr; Chor Noveltr; Fl. Th. Katharina, Urahn M., erschüttert; Hr. Th. b. d. Enke, T. b. Königin Hr. Th. v. b. gew. kom. R., Clavigo; Fl. Th. b. d. Kammer ... R.; Thg. Fl. Th. b. d.

Gretchen J. P.; tanzt Kinder-Rollen August, Franz u. Katharina 1814.

Schlanzowsky Hr. d. ä. Ballet-Mstr.; 1. kom. Tänz. 1770 Schlanzew. Hr. d. j. Franz, Tänzer 1770

Schlegel Hr. sent. L. u Sekretär 1853 u. 54; spielte nicht mehr, bloß Sekretär 1855 b. 58.

Schlegel Fl. mutt. L. 1848.

Schleich Hr. Possen-Dichter: Irren ist menschlich **108**; Bürger u. Junker, d. letzte Herr; **109**; d. Haushälterin, drei Kandidaten **110**; Antikög **112**

Schlenz Hr. (Fach?) 1786 Schlenzin Fr. geb. Weisi (S. d.) 1. Säng. auch L. 1786 u. 87.

Schleppegrell Fr. v. Tir. (Fach?) 1807. Macht Bankerott **66**

Schlesinger Hr. zer T 1871 u 72.

Schletterer Fl. v. b. als G **133**.

Schießen d. Th. wegen Landestrauer: König Max I **80**; Königin Karoline **97**; Königin Therese **108**; König Max II **113**, König Ludwig I. **117** u **119**; wegen Hoftrauer **84, 87**.

Schlögel Fl. Ob Sop 1861.

Schlösser Hr. Ob L. 1829 u. 42.

Schlosser Hr. Mar b L; sein Haken **114**, 1850 b. 52; wurde Vater, heirathete aber als solcher, u. kam dann wieder als Säng. nach Wien. Von da als G. **127, 131**

Schlothauer Fl. Ob v. Sop. **77**.

Schßßllelmeister Barbara d. Ritt Säng. **7**

Schüller Fl. R. gef. L.; S 24 1868 u 69.

Schluß S. Schlußball, Th. D. laufen S. d. einzelnen Theilnamen.

Schmala Hr. Intl. R. 1850 u. 51

Schmalzbauer Hr. (Fach?) 1779.

Schmelzer Hr. 1 L. u. 1 B. 1789.

Schmerek Hr. T b.; auch L. 1786.

Schmettau Hr. Ch B.; fl. P.; 1857 u 59.

Schmid, Schmidt, Schmitt oft zweifelhaft.

Schmid Hr. Philipp, Magistr.=Rath u. Dichter v. Ritter=Sch. u. Gelegenheitsstücken: **68, 70, 75**. D. einzige Stück, welches in unsere Periode fällt **86**; Komite=Mitg. **82**.

Schmidt Hr. Julian. Geschichte der deutschen Literatur seit Lessings Tode 3 Bände. Leipzig 1858. Ein in diesem Buche oft citirter Autor.

Schmidt Hr. Gottfr. Heinr. (Fach?) 1790.

Schmidt Hr. und Fr. Schmidt (Fächer?) 1807.

Schmidt Fr. F. (Fach?) Gleichzeitig eine Andere 1807.

Schmidt Hr. 1 u. munt. L. 1812.

Schmidt Hr. Posaunen=Virtuose als Gast **88**.

Schmidt Hr. Tiefer B. 1836.

Schmidt Hr. Wilhelm. Kom. B 1839 u. 40.

Schmidt Fl. Ch. Sop. 1841.

Schmidt Fl. Soub.; Kafetiers=Tochter von hier 1843 u. 49.

Schmidt Hr. Chor=Repetitor, ehemals Schullehrer 1859.

Schmidt Hr. Ch. T. 1861 u. 64.

Schmidt Hr. Karl, 1. B 1866.

Schmidt Hr. Eduard, Efgs=Kom. u. Possen=Reg.Heirathete hier; 1872 u.73.

Schmidt Hr. Th Dir. in Oberhausen u. Mohrenkopf **131, 132**.

Schmidtbauer Hr. tiefer B. v. hier; n. l. Z. Wurde etwas irrsinnig 1864.

Schmiedel Hr. gef L.; auch Säng. 1815.

Schmieder Fr. ernste u. Op. M.; Fl. Schmieder gef. L.; singt 1812 b. 14.

Schmitt de Carli Hr. 1. B. u. l. Z. 1868.

Schmitz Hr. Joh. Heinr. 1. L. u. Sch Reg. **94**; Fr. Schmitz Soph. Karol. geb. Western v. Lechhausen; munt. L 1839; Schmitz Hr. Sohn d. Vor. Efgs=Kom. 1864.

Schneckenburgerin Fl. (bergerin) Helden, Könige, 1. L.; auch Char. u. Tänz 1781. S. a. Männerrollen **48**.

Schneider S. Garderobier.

Schneider Hr. Ch. T. 1831 u. 32.

Schneider Fr. Ch. Sop. 1859 u.63.

Schneider Hr. Ch. T. 1862.

Schneider Hr. Dir. einer Ges. für Marmortableaur u. plastische (Passions) Vorst. als G. im S. Th. **113**; Fr. Schneider dessen Frau, geb Nellau von hier **113**.

Schneider Fl. Therese Säng. v. Karlsruhe als G. **125**.

Schneidt Hr. Ch. T. 1868 u. 69.

Schneien auf d. Bühne **87, 96**.

Schnell Hr. (Fach?) u. l. Z. 1807.

Schnepperer Spitzname Rosenplüt's **22**.

Schnitzler Hr. k. Hofmaler v. Mch. zeigt ein Gemälde **71** Schnitzler Fl dessen Tochter; 1 Säng. 1832.

Schoch Fr. Kassa=Kontrolleurin nach Bell 1817 b 25.

Schoch Hr. Augsburger Dichter **20**

Schoch Fl. Ch. Sop. v. hier; 1866, 70 u 74. N. l. Z. S. Th. 1867.

Scheberl Fl. Ch Sop v. hier, auch gr. R u. Dr. M. 1865—71.

Schön Hr. gr. R; S. Th. 1865.

Schönchen Hr. (Fach?) 1812.

Schönchen Fl. Amalie. Ern. Säng. 1821 als M. v. Mch **110**.

Schäne Hr. Souffleur 1863 b. 66. Kam nach Mch.

Schönfeld Hr. Kom.R.; Chargen; singt auch 1815; Fr. Schönfeld Marie 1 trag R. 1815—17 tritt wieder ein Febr. 1820; abg. 1821. Kinder R. Nannette u. Lotte.

Schönfeld Hr. Karl Chf L.; Reg. d. Sch. 1844.

Schönbel Fl. 3. R.; n. l. J. 1857.

Schönweis Fl. Ch. Sop. 1857 b. 61. Heirathet hier.

Schöpfer Hr. S. a. Steinmetzler Athleten als S. **99**.

Scholl Fl. Ch. Sop; S. Th. 1868.

Schöling Hr. gr. L.; Reg. S. Th. 1876.

Scholz Fl. Klara d. l. Soub. S. Th. Fl. Scholz d. j Kl. R. 1860.

Schauer Hr. L. liebt Ch (Th Schönwert) 1814.

Scherf Hr. Andreas l L.; Helden, Chevaliers, phil. u. kom. L.; Im Sylst. als kom. R.; von Milien silhouettirt u. als Hamlet in Kupfer gestochen **36**, **45**, 1776 u. 81. Fr. Scherf S. U. Bergh Theile.

Scherf Hr. Joseph Bruder d. Dir.; Junger Helden l. fri. Tänz 1776.

Scheyrer Hr. Richtig kam R. singt auch 1789. Fr. Scheyrer Karol. 2 L; sing; unter Hof in der Herbsb'schen Sammlung Silhouettirt 1789.

Schörmüller Hr. lieb R. 1837—39.

Schußwitz komische Rolle **20**.

Schrapp Hr. Ch. T. 1853 u. 54.

Schredinger Hr. Ch. T. 1848.

Schreiber, Kopist, in den Mitgl-Listen zusammengefaßt mit Sekretär.

Schreiber Hr. Karl, munt. L. 1854 b. 57.

Schreiber Hr. Joh Bauchredner u. Nachahmer Alexandres in d. Mimik als S. **94**, **95**.

Schreiber Hr. Ernst gel. L.; S. Th. 1863.

Schreiner Hr. Char.: R L.R.; Fr. Schreiner Anstands R. 1859.

Schreiner Fl. Tänz.; S. Th. 1866.

Schretter Hr. Joseph. Säng. **31**.

Schreyer Hr. Georg. R.; u. Reg; Fl. Schreyer Joh. Sent. L. Kinder R. Stephanie, Marie u. Anna S. Th. 1874.

Schröder Fr. Sophie Tragödin als S. v. Mch. **87**.

Schröter-Devrient Fr. Wilhelm. Säng als S. v. Dresden **90**, **101**.

Schröder Hr. Ch. T. 1832.

Schröfl Fr. Adagio Säng. 1. Klasse, aber schlechtes Spiel u. österreichischer Dialekt **60** 1795.

Schröfl Fl. Ch. Sop. v. h. 1830 u. 31.

Schropp Hr. Ch. R. Buchbinder v. hier 1840.

Schsplr. als Abkürzung für „Schauspieler" oder „Schauspielerin."

Schubert Hr. Char. R L. J. 1823.

Schubert Hr. Chargen; u l J. 1829.

Schubert Fl. Ch. Sop. 1834 u.35.

Schubert Hr. Kernst. Fl Schub Laura ernst M.; S. Th 1870. Die letztere auch als M. im S Th. **128**.

Schuch Hr. Karl zigt Rollbücher als Sch **102**

Schüler-Komödien S Schul'-comödien.

Schüller Hr. Helden; Chev.; Singt Bar.; u. tanzt Solo 1781.

Schüller Hr. Ch. T; ll. R. 1823.

Schütz Hr. Tiefer B. Eing. u. abg. 1822.

Schütz Hr. Karl Intriguant 1847.

Schützenhalle. Singspiel-Gesellschaft **131, 132.**

Schuhe Fr. (Fach?) 1807—9.

Schuhmacher in Kolmar als Mstr.-Säng. **7.**

Schul-Abstanten als Choristen verwendet **78.**

Schulden S. Bankrott.

Schule hohe d. Mstr.-Säng. **7**; S. Martins, Fecht- u Reit-, Pflanz-, Sing-, Ulrich-.

Schulkomödien. S theatralische Vorstellungen.

Schullehrer geben Gesang-Unterricht **12.** S Brunnenmaier, Schedlin **13**; Schulspiele u. -Theater **4, 9, 13, 14, 16.** S. a. Schul- u. Studenten-Komödien

Schultes Hr. seit L.; 1849.

Schultz Hr. Ch B. 1872.

Schulz Hr. C. W. Kom. B.; Fr. Schulz singt J. P. 1793.

Schulz Hr. (Schultz) gef L; u. s. Z. 1817 schon abg.; wieder eing. 1821 u. bleibt bis 1825. Unterdessen in Mch.

Schulz Hr. August, erste B.; hier gestorben 1862.

Schulz-Weida Hr. Jos Mus.-Dir. 1863.

Schulz Fl. Fanny Ch. Sop; R. u. P. Starb bald nachher; Fl. Schulz Julie Ch. Sop.; R. u. P Heirathete Dederich; Schulz Fl. Pauline Ch. Sop.; R. u P.; Später gute Soub Alle 3 Schwestern sehr gut 1868 u. 69.

Schulze Hr. (Fach?) 1790.

Schulze Hr. Bar. u s. Z. 1857.

Schunke Hr. Julius. Char. u Reg. Fr. Schunke ernste M. 1850 u 51; Fl. Schunke d. ä. machte hier ihren 1. Versuch. Fl. Schunke d j als Anf. G. v. Mch. **122.**

Schuster. S. Schuhmacher.

Schuster Hr. Fr. X (Künstler v. hier) trat als Kassier 26. Okt. für Macceri ein 1826 b. 29

Schuster Hr. Heinrich. Ernste B; S. Th. 1866.

Schwab Hr. L.; kom. R.; Serien Tänz. 1776 u. 80.

Schwab Fl Auguste. Soub. 1829 u 30. Heirathete hier.

Schwab Fl. Ch. Sop 1851 u 52.

Schwab Hr. Eduard 1. T 1875.

Schwabke Fr. Kom. M. 1812

Schwäbische Kaiser **5.**

Schwager Hr. gef L.; Fr. Schwager (Fach?) 1769. 1770.

Schwaiger Hr. Ch. B 1858.

Schwarz Hr. v. Beim Liebh. Th **50**; Mitvorstand d. 1. Komite **58.**

Schwarz Hr. Bediente Niedrig kom R.; Tänzer 1776. 1789.

Schwarz Hr. Ignatz Souffleur 1797

Schwarz Hr. Karl B. b.: ernste u kom. B 1807 b. 15.

Schwarz Hr. Adolph. Char 1854.

Schwarz Hr. Ch.B.; Fr. Schwarz Ch. Sop. 1864 b. 67.

Schwarz Hr. Gustav Kom B.; S Th. 1874.

Schwarzenbach Hr. Onofrio, Mstr Säng. in Agsbg. **8**

Schwarzenberg Hr. (Fach?) 1803; Fr. Schwarzenberg als Fl. Löser (Fach?, 1799. Heirathete hier und wurde auf dem Kobel getraut 1803.

Seidl Hr. Kl. R.; S. Th. 1861.

Seidl Hr. (oft auch Seidel) Joh. (Sgs-Kom.; S. Th.; Affenſpieler 1864 u. 71 b. 73.

Seidler Hr. Joſ. Var. 1795 — 97; 1800.

Seidler Hr. V. b. Kom.: Seidler Fr. (Fach?) u. Kind Nanette 1813.

Seidler Fr. (Ernſt-S.) S. Fr. Kurt.

Seifert Hr. Ch. V. nebſt einem Töchterchen für Kinder-N. 1852.

Seifert Fl. Ch. Sop. Vielleicht die Vorige 1861.

Seiltänzer. S. Gäſte. Bei Bodenehr **27**; verboten **28**.

Seipel Fl. L.; Anf.; n. k. Z. 1871.

Seipp Hr. (Seyp) Joh. Chriſtoph Dir; V.; Char.; auch fruchtbarer Theaterdichter 1780 u. 81; Fr. Seipp Sophie 1. L. in Luſt. u. Trſpl. auch Soub. 1780 u. 81.

Seitenzahlen d. Buches ſind im Regiſter alle Zahlen mit 1, 2 u. 3 Ziffern, die mit 4 Ziffern ſind Jahreszahlen.

Seitz Hr. Ch. T.; fl. N. 1817 b. 25.

Seitz Hr. 2. Garderobier 1833.

Seiz Hr. Friſeur 1790—93.

Sekretär ein von Jerrmann neugeſchaffener Poſten, den man früher nicht kannte. S. d. Mitgl.-Tab. wo auch Abſchreiber, Kopiſt u. Skribent zugezählt iſt.

Selar Hr. v. Louis 1. L.; Helden 1852. Als G. **108**.

Selig Hr. Ch. V.; Skribent u. Sekr. 1829 b. 41; dann 1843; v. Th. entfernt, ſchreibt er noch lange N. u. Noten dafür.

Selinsky Fl. geſ. L 1782.

Selns Hr. Char.; Kom. N.; S. Th. 1866 dann 68 u. 69.

Selzer Hr. Ch. T. 1829.—33. Kam zum Ch nach Mch.

Senf Hr. Karl Lud.; ſent L. 1816, dann 1818 eing. u. 19 ausg. Kam nach Hannover.

Sennfelder Hr. (Fach?) Vom Komite entlaſſen 1795.

Sennfelder Fl. (Fach?) 1802

Sent. Als Abkürzung für:

Sentimental wird beim Liebhaberfach gebraucht.

Serieux u. euſe für d. ernſten Charakt. im Ballet gebraucht.

Seſſelberg Hr. Karl Var. N. k. Z 1860.

Seſſelmann Hr. J. tiefer V. u. k. Z. 1835.

Setzer Hr. (Fach?) 1780 u. 90.

Seve Fr. L.; Char.; auch Koleratur-Säng. **51**. 1786

Sewaldt Fl. Lyr. Säng. u. k. Z. 1867.

Sgſpl. Als Abkürzung für „Singſpiel."

Shakeſpeare Trag.-Dichter. Wann ſeine zahlreichen Werke hier ſchon im vor. Jahrhundert in vielen Ueberſetzungen u. Bearbeitungen gegeben wurden, iſt nicht mehr zu ermitteln. Die folgenden ſind durch noch vorhandene Zettel verbürgt König Lear 1819 v. Eßlair **77**; Viola oder was ihr wollt **95**; der Sommernachtstraum **103**; d Widerſpänſtige bearbeitet unter dem Namen „Liebe kann Alles" v Holbein; von Schink 25. April 1819; von Deinhartſtein **109**; desgleichen die luſtigen Weiber v. Windſor als Operntert **109**; Heinrich IV. Grunert als Falſtaff **113**; Romeo u. Julie **117**; das Winter-Märchen **123**; Richard III. **133**

Spielzeit d. Wstr. Säng. v. Bartholmä
d. Jüngsten **19**, **33**. S. a. Anfang
u. Schluß d. Vorstellung u. Saison.

Spindler Hr. Franz Stanisl. geb.
Rgsbg. 1759. Mus. Dir., Th.-Dichter
u. komr. auch Opern u. Melodrame.
Laut einem Zettel (ohne Datum) hat
er hier seine Oper „Balders Tod"
(für Balssterz?) aufgeführt 1786.

Spitzeber Fl. Rolle gei. L. 1845.
Speller bekannt als Besitzerin einer
hsg. Dachner Bank.

Spohr Hr. Louis Komp.: Jessonda
95, Faust **112**

Spontini Hr. Komp.; d. Vestalin
89; Ferd. Cortez **91**.

Spozzi Hr. (Spocci) Ballet-Mstr.;
Geb.-Tag: U. R. 1743. Spozzi
Fr. Königinnen, ernste M.; tanzt
serieuse; Fl. Spozzi spielt u. singt;
tanzt grand serieuse 1783.

Sprung Hr. Hans berühmter Wstr.
Sänger von hier **8**.

Squarci Hr. Anton Helden u. Tyrannen;
1. B.; inscrirt, sarreprint, geb. zu
Rgsbg. 1779 u. 83. Fr. Squarci
Roma Joh. geb. Faenza, besonders
gut als F.; Souб. u. Säng.; hat
hier gastirret 1782 u. 83.

St. weil Sanct ob Saint benutzt bei
Kirchen u. Heiligen nachzulesen. In
Verbindung mit Th. = St Th. =
Stadt-Theater.

Staatstheater (Haupt u.) T. temporäre
Stück **30**.

Staatsgebäude S. Gelegen.

Stabel Komödien u. Wstr. Säng.
18; auch Primal Herrnsstabel gen. **31**
Regens Ceremonie **27**; Holzhauer,
Dr. Stegglast u. Lev. Mullrich El.
12 u. **17**

Stadien Bischof verbietet d. Geistlichen
d. Th. **9**.

Stadtbibliothek als Th benützt **16**.

Stadt-Garde als Statisten **45**, **57**;
silberne Reiter als Ordnungswache **52**.

Stadt Kommandantschaft. S. a.
Freiplätze **67**, **69**.

Städter Hr. (Stötter) Ch. B.; Po-
samentier v. b. 1834 b. 39 wo er starb

Ständige Gesellsch. zum Unterschiede
den reisenden

Stallungen a. d. Komödienstadel gemacht **26**.

Stand d. Th.-Vermögens. S. Almosen-
Amt u. Bankrott.

Stanko Fl. M. 1. Säng. 1855.

Starke Hr. gei. L.; Chev. 1780 u. 82;
Fr. St. Joh. Christ. 2 L. sig. 1782.

Starke Hr. Georg. 1. Chgb.-Kom.
1844. Als G. v. Hamburg **109**.

Starke Hr. Mus. Dir.; Fr. Starke
Ch. Sop. 1862.

Starkloff Fl. Jenny Anstands R. 1850.

Statisten. S Stadtgarde.

Statuten S Gesetze.

Staudt Fl. Else 1. Säng. 1851;
als G. v. Nürnberg **109**.

Stauß Fl. 2 Säng. 1849.

Stefanini Hr. Mathias, Direktor,
obskurer Zigeuner, nirgends genannt
65.

Steger Fl. 1. Säng. 1851.

Stegl Hr. Bauchredner als G. **102**.

Stegmann Hr. Karl Dav. T. b.;
komponirte auch mehrere Opern 1805.

Stegreif-Drama S. extemporirte
Komödie **30**

Stehle Fl. Sophie. Säng. als G. v.
M. **113**, **119**, **125**.

Steßlin Hr. Ch. T.; U. R. 1840.

Steichele Hr. Daniel Mstr.-Säng. v. Agsbg. **8.**

Steier Hr. Chor-Repetitor 1840.

Stein Hr. tiefer Baß 1829.

Stein Hr. Ch. B. 1858 dann 1862 u. 63.

Stein Fr. kom. M. in Sch. u Sgspl. 1868.

Steinau Fr. Rosalie Gast v. Stuttgart **74.**

Steinau Fl. G. v. Sturtgart **117.** S. a. Fr. Howitz-Steinau.

Steinbeck Hr. A. R. eing. u. abg. 1821.

Steinböck Fl. Ch. Alt 1859. Für 2. L. am S. Th. 1860.

Steinerner Mann u. stein. Reiter **54.**

Steingruber Fl. Nannette Kinder-R. wahrscheinlich v. h. 1807 b. 9.

Steinhardt Hr.-A. R.; Ch.; S. Th. 1870.

Steinmann Hr. (Stainm.) B. b.; Pedanten im Lust. 1787. Steinmann Fr. Königinnen; edle M.; singt auch. 1787.

Steinmüller Hr. Franz, Intriguants auch L. 1782 u. 94. Fr. Steinmüller L.; auch M; singt; nebst Töchterchen 1794.

Steinriegler u. Schöpfer Athleten u. Mimiker **99.**

Steinsberg Hr. v. (Karl Ritter v =) Sein wahrer Name ist Bar. Franz Albert Molek v Lerchenstein, ehem. russischer Offizier. Nannte sich auch einige Zeit „Rosenau." Spielt Helden, Bonvivants. Direktor in Prag und Karlsbad, dann hier 1799. Als Mitg. 1807 b. 9. Schrieb auch ein Stück Abällino.

Stella Fr. Tänz. v. Moskau als G. **119.**

Stengel Hr. Hof-Schsplr. als G. v. Wien **70.**

Stengel Hr. 2. B. 1829.

Stengel Fl. d. ä. A. L.; singt; Blos 1807 b. 9; dann 1815.

Stengel Fl. d. j. munt. L.; singt; Blos 1807 dann 1809 b. 14.

Stenglin Hr. Dr. Sein Stadel für Produktionen d. Mstr.-Säng. **12.**

Stentsch Hr. L.; Gecken 1859; B. u. Charg. 2 B. 1872 b. 75.

Stentzel Hr. Ch. Ten. 1873 u. 74. Auch S Th. 1874.

Stephanskirche Produktionen d. Mst. Säng. **12;** Stiftsgarten dabei als Platz d. röm. Th. **1.**

Stern Hr. Kl. R. 1782 u. 87.

Stern Fl. Karol. d. ä. als G. v. Stuttg. **80.** Als Säng. 1828 u. 29; Fl. Stern d. j. Ch. Sop. 1828 u. 29.

Stern Hr. Gsgs.-Kom.; S. Th.; n. f Z. 1873.

Sternberg Hr. Ch. T. u. A. R. n. f. Z. 1875.

Sternwaldt Hr. v. Louis B.; S. Th. 1863.

Sternwaldt Fr. v. ernste M.; Fl. Sternw. Sent. L. 1858.

Stetten Hr. v. d. ä. u. d. j.; der beiden sämmtliche Werke sind vielfach benützt in diesem Buche; S. a. Patrizier-Th. **50** u. Aktionäre d. 2. Komite **83.**

Stettmaier Fl. Frida, ernste L.; S Th.; tanzt auch 1868 u. 69.

Stettmeyer Hr. Tänz als G v. Mch. S. Th. **131.**

Steyerische Säng.-Ges. als S. **90.** S. Th. Abkürzung für „Sommertheater."

Stichel Hr. als Schnlabstant Ch. B. **78.** Von 1822 b. 25.

Stieber Fl. v. 1. dram. Säng. 1870.

Stiefel Hr. Eb. T. 1843—47.

Stieger Fl. d. ä Amalie. Soub. 1864 u. 66. Fl. St. b. j. Marie munt L. 1866. Im S Th. n l J. 1867.

Stierbetzen in der Fechtschule **27**.

Stierle Hr. Fr. Xav. Ballet-Mstr. u. 1. Tänz. 1769 u. 1780.; Stierle Fr. Mar. Henr. 1. Tänz. Portraitirt in Wien 1780.

Stiftsgarten. S. Stephanskirche.

Stiftung (Martins-) S Almosenamt u. Abgaben.

Stigelli Hr. Georg (Stiegele) 1. T. als S **106**.

Stillschweigende Komödie. S. Pantomime.

Stimmung Pariser. S. Orchester.

Stöbe Hr. Ch. V.; N R. 1840. Nebst einem Knaben Karl 1852.

Stöger Fl. Säng als S v. Mch. **112**.

Stöger Hr. 2 Garderobier 1863.

Stöger Hr. Lokal-Kom.; 1829. Auch Insp. 1831—34; Fr. Stöger 2. M.; Ch. Sop. u. ihr Kind Marie 1829, dann 31—34.

Stölzel Fl. d. ä. munt. L.; Stölzel Fl. d. j. Ch. Sop. 1849.

Stölzel Hr. Kl. R; Reg. d. Sch; Fr. Stölzel 1. L 1851.

Stöpsl Hr. Stabstrompeter beim hiesl. Chevauxleger-Regiment anshilisweise Mus. Dir. 1827.

Stötterer Hr. Georg. Kassier u. Sekr. 1864.

Stoffe biblische u. d. Sch **3**; weltliche **13** u. **14**

Stohn Hr. Karl Aug. Theo.; kam Bonleute, Sngt u. Fr. 1790 — 93. Fr. Stohn Henriette 1. L; Französinnen, ganz junge Mädchen u. ju-

gleich Char.; (Oberförsterin in den Jägern!) Später ernste M.; 1790 b. 93. 1805. Beide v. Nilson silhouettirt.

Stoll Hr. Ch. T. 1834.

Stolte Hr. Richard 2 sent. L.; 1830 u. 31

Storchenfeld Hr. (Storchinj.) 1. Tänz. Später Balletmstr.; Storchenfeld Fr. 1. Tänz. 1780.

Stotz Hr. Gigs.-Kom. S. Th. 1861.

Stotz Hr. Alwin. Kom; 1868 u. 69; Reg. d. Posse. In Koburg pensionirt stirbt hier Febr. 1870. Fl. Stotz dessen Tochter. Sent. L. 1874.

Straßburg Mstr.-Säng.-Schule **7**; Reisen d. Ges. **76, 88, 89.**

Straßer Fl. Mar. Ch. Sop. 1868 b.73.

Straßmann Hr. Julius Schsplr. als S v. Mch. **108, 113**; Straßmann Fr. Marie S. v. Mch. Als Fl. Damböck **109**; Als Fr. **113.**

Straßmeier Hr. Leop. munt. L.; T. b.; S. Th 1871 u. 72.

Strauß Fl. 1. Säng.; n l J. 1859.

Strauß Hr. Johann d. j. Komp.: die Fledermaus **133.**

Streb Fl. S. Fr. Roland Karl 2. Frau.

Streibich Hr. (Streibach) Musikus u. Kopist 1790 b. 93.

Streitigkeiten d. Bischöfe **3** u. d. Päpste. Auch Theaterstreit.

Streng Hr. Joh. Konrad Dir. **30.**

Stritt Hr. Naturburschen 1859 u. 60.

Strobel Hr. Bapt. erster engag. Ch. T; Von 1823 b 30. **78**

Strobel Hr. Franz Tiefer Baß u. L. b.; Cp. Reg. 1873.

Ströbel Hr. (Ströbl) Joh. Bapt. L.; Beim Komite Reg. **58**; Helden, L.; später eble Väter 1780 u. 82 1790 b. 93; 1796 b. 97;

Ströbel Fr. Klara Sonb. 2. Tänz. 1780 u. 82; 1790 b. 93; 1795 b. 97.
Ströbel Hr. Franz Sohn. Kinder-R. 1790 b. 93; Jug. L. 1795 b. 97.

Strömer Hr. 2. sent. L. 1852.

Strom Hr. Jakob d. ä. Intrigant, zärtl. V.; slugt; fig. 1777 u. 78; Strom Hr. Franz d. j. Pagen, tanzt. 1777 u 78.

St. Th. Abkürzung für „Stadttheater."

Stuart Hr. Pater Bernhard baut d. Jesuiten-Th. **25.**

Stubel Hr. sent L.; n k. Z. 1868.

Studenten-Theater bei St. Anna 1. **16, 28;** letztes **28.** An Studien-Anstalten im protest. Kollegium **17, 28;** Bei St. Salvator **16;** hören auf **26;** Ludi autumnales **24** b. **26.** S. Extemporirte St.

Stübecke Fl. dram. Säng. 1865.

Stüblin (Logen) **20.**

Stücke symbolische, allegorische u. extemporirte. S. Schauspiele, Theater u. neue Stücke.

Stühler Fl. munt. L.; sehr gute Altistin 1821 b. 24. Hier verheirathet. S. Fr. Scharrer.

Stürzer Hr. Ch. V.; Th.-Diener. Eine hier bekannte Persönlichkeit als Aufhalter auf Tanzböden 1840.

Stumme Komödie. S. Pantomime.

Sturm u. Drang-Periode 1. **42;** 2. **67;** Laien mag die Notiz nicht unwillkommen sein, daß dieser Name von dem Schauspiele „Sturm und Drang" eines genialen dramat. Dichters jener Zeit herrührt (Friedr. Max v. Klinger) durch dessen Kraft u. eigenthümliches Streben ein Umschwung in der dramatischen Literatur bewirkt wurde, ein Zeitpunkt der losgelassenen Genialität u. Excentricität. Seine zahlreichen Jünger nannte man die Stürmer u. Dränger, in deren extravaganter Manier auch noch Schillers Erstlings-Werke geschrieben sind, u. wohin auch Göthe's „Götz v. Berlichingen" gehört, der damit die ganze Fluth nachmaliger Ritterschauspiele verschuldete. Freilich erzeugte der große Luxus im Verbrauche von poetischer Kraft einen Heißhunger des Publikums nach Neuem u. Außergewöhnlichen, daß nach Erschöpfung dieses Reichthum's auch die Erschlaffung der Schaulust um so größer war.

Stuttgarter Anfänger **78;** Ballet **105** als Gast.

Stutzer als Fach mit d. munt. Liebhabern verbunden.

Subvention. S. Zuschüsse.

Sulzer Fl. Ch. Sop. 1852.

Sulzer Hr. Schsplr. als G. v. Mch **112.**

Suppé Hr. (Franz von) Komponist: Mus. z. Posse „Unter d. Erde" **104;** Flotte Bursche z. E. d. 21. Dzbr. dann 12 mal in diesem Winter. Zehn Mädchen kein Mann **118;** d. schöne Galathe 26. Okt. z. E. dann 13mal im ersten Winter; d. Pensionat **119;** Leichte Kavallerie; Franz Schubert **119;** Lohengelb S. Th. **132.**

Suspendu. S. Abonnement.

Sustentationen für den Sommer **84.**

Swoba Hr. Ch. T. auch Insp. Fr.
Swoba Ch. Sop. 1861 b. 64.

Sydow Hr. v. Theodor V. Deklamator u. Th. Dichter als G. **77.**

Symbolische Stücke. S. Moralitäten **24.**

Sympher Fl. Ch. Sop. 1865.

Te Klot Fl. munt. L. 1859.

Teller Hr. Gottl. Ephraim. (Fach?) 1785.

Teller Fl. (Fach?) 1809 b. 12.

Tenfof Hr. munt. L. 1841.

Tenor wird bezeichnet mit 1. u. 2.; hoher u. tiefer, Helden= u. lyrischer=, Spiel= u. buffo=.

Terenz v. Roswitha verdrängt **5**; über= setzt **9**.

Tetzlaff Hr. C. Char. Reg. b. Sch. 1866.

Teutsch Fr. Katharina, Herkulessin mit Jean Dupuis in Rappokünsten als G. **95**.

Tewissen Fl. Marie 1. Säng. Sang einen ganzen Winter lang sonst nichts als d. Rezia in Oberon 1828.

Textbücher der Studentenkomödien **24**.

Teyber Hr. Muf. Dir.; auch K. R. (Ob nicht Täuber?) 1794.

Th. Als Abkürzung für „Theater."

Thadae Hr. Hieronymus. Augsburger Dichter **20**.

Thabbädl (Thabbäus) S. Masken kom. Hr. v. Kurtz.

Thal Hr. Kom. B.; Fr. Thal Julie Kom. M; S. Th. 1866 nebst Kindern Kathi u. Karl.

Thalheim Fl. Adele, Säng. S. Th. 1873.

Thalia=Theater von Mch. **132**, **133**. S. a. Gärtner=Theater.

Thalia=Theater im Nördlinger Hof **131**, **132**.

Thate Fl. Hof=Schsplrn. v. Braun= schweig als G. **109**.

Thau Fl. Lyr. Säng. 1793, 95 b. 97.

Theater=Almanache d. vor. Jahr= hunderts, gedruckt in Gotha. Quelle dieses Buches. S. d. Vorrede. Th.=

Anfänge S. diese. Th. Bau S. Bau. Th.=Brand S. Brand. Th.= Dichter S. Dichter Th.=Diener S. d. Mitg. =Tab. Th.=Gebäude. S. Bau, Lokale für Th.=Vorstellungen u. Stabel. Th.=Gesetze. S. Gesetze.

Th. im Freien S. Ablaß Exercier= platz, Haunstetten u. italien. Nacht. Th.=Journal S. Journal. Th.= Komite. S. Komite.

Theater=Lexicon allgemeines oder Encyklopädie alles Wissenswerthen für Bühnenkünstler u. Dilettanten unter Mitwirkung der sachkundigsten Schrift= steller Deutschlands, herausgegeben v. Robert Blum, K. Herloßsohn u. H. Markgraff. Altenburg u. Leipzig bei H. A. Pierer u. Heymann 1839. 7 Bände. Sehr viel zu Rathe gezogen in diesem Buche.

Theater=Locale. S. Bau, Mstrsg., Baugarten, Gymnasium zu St Anna u. St. Salvator.

Theater=Meister. S. Maschinist u. Dekorateur bei d. Mitg.=Tabellen.

Th.=Preise S. Preise d. Plätze.

Theater römisches 1. zerstört u. ver= boten **2**; Th.=Schluß S. Schließen d. Th.; Th.=Skandal S. Pfeiffen.

Theater=Streit 1. **21**; 2. **29**. S. a Geistliche u. Eiferer. Th.=Zettel S. Zettel.

Theatralische Vorstellungen. S. Bauernspiele, Dankspiele, extemporirte, Feste, Geistliche, Gesellschaften bei d. Gästen, griechisch (satyrische) u. römische (Schenkenbühnen) Liebhaber=Th. Mei= stersänger, Moralitäten, Mysterien, Pantomimen, Passions=plastische, Pup= penth., Schul= u. Studenten=Th. bei St. Anna u. d. Jesuiten, stillschweigende,

Umbau. S. Schließ'sche Häuser bei Bau.

Ungar Fl. d. ä. jug. sent. L. 1852;
Ungar Fl. d. j. Soub. 1857.

Ungar Hr. Ch. B. (Obverwandt?) 1867.

Ungarische Tänz. als G. (94) Tänz.
Ges. als G. 102

Ungarn (Hunnen) zerstör'n d. Umgegend
Augsburgs 3.

Unger Fl. munt. L.; n. f. Z. 1860.

Ungewitter Hr. Ch. T.; 1855 b 57;
kam nach Dresden z. Chor.

Unheizbarkeit. S. Schließen d. Th.

Unter nur Chor weggelassen.

Unterhaltungen bei fürstl. Festen 5,
6, 10. S. a. Garbot.

Unternehmer. S. Direktoren, Entrepreneurs, Nobili, Prinzipal.

Unterricht. S. a. Fecht, Gesang u.
Tanz-Meister.

Unterstützung S. Zuschüsse.

Urban II. Papst, Schisma 4

Urban Hr. Vize-Hof-Schlr. v. Mch.
als G. 84, 86, 87. Hr. Urban
Vtr. 1. Sohn Ober u. Reg. d. Sch.
1857 b. 59, dann 1860 b. 61. Sein
Bruder 114 Hr. Urban 2. Sohn
munt. L. 1859; Hr Urban 3. Sohn
munt. L. 1862. Fl. Urban Chren
br. Chlsg. Soub. 1835 u 36. Fl.
Urban Sophie b. j. Kl. R. 1835 u
36. Beide gehen nach Braunschweig 91.

Urban Fl. Sent. L.; n. f. Z. Nicht
verwandt mit d. Ger. 1865.

Ursachen v. Verletzung d. Direktion
114 120

Uebersetzg. S. Stellg d. Schauspiele.

U. s. w. Als Abkürzung: „und so weiter."

Utler Hr. (Vater) geb. Agnes Barbara
geb. ?; Sept. d. mapp 1762. S. a
Inger u. Tochter.

Utensilien. Aushilfsrollen. Stets mit
„U. R." bezeichnet.

V kleines als Abkürzung für „von."
v. h. = von hier.

V große als Abkürzung für:

Väter-Rollen. Bei Schauspieler-
Namen bedeutet B. auch oft „Vater"
zum Unterschiede vom „Sohne" oder
der „Tochter," wenn dieselben gleichzeitig engagirt sind. Väterrollen heißen
nun entweder edle, zärtliche, tragische,
Helden-V.; oder launige, komische,
polternde. Sehr häufig spielen die 1.
Bassisten auch ernste V., sowie die
komischen meist von Baßbuffos gespielt
werden. Die guten u. besten aber nimmt
sich der Charakterspieler, der gewöhnlich
auch Regisseur ist.

Valentin Fl. d. ä. Babette. S. Fr.
Roland. Fl. Valentin d j. Charlotte.
S. Fr. Mauer. Nebst Valentin
Gustav, der schon 1805 hier starb.
Alle drei Kinder eines hies. Stadt-
Musikus u. Tanzmeisters.

Valesi Fl. 1 Säng. 1807. Ging schon
1808 ab Fl. Valesi munt. L. 1837.
Fl. Valesi S. Th. munt. L. 1861.
Drei Verschiedene.

Vallade Hr. Ch. T. Uebernahm hier
ein Kommissions-Bureau 1845.

Van Binst Fr. S. Fr. Fellner.

Van Brée Hr. Albert d. j. Char. 1845.
Van Brée Hr. Karl d. j. ernste V.
Reg. d. Sch 1846; Van Brée Fr.
gel. L 1846.

Van der Berge Hr. Sent. L.; n. f. Z.
1859.

Van Gülpen Hr. 1. tiefer V. 1858.
Nach Reg. d. Op 1862; Als G. am
S. Th. 113.

Van Hof Fl. Cäcilie Koloratur-Säng. 1873.

Vanini Hr. Anton Dir. **63**, **65**; Ernste V. 1803 b. 6. Als Reg. d. Sch 1816. Fr. Vanini Marie. Ernste M. 1803 b. 6; 1816. Akkordirt mit d. Gläubigern **65**. Vanini Hr. Sohn Eduard (Fach?) 1803 b. 6. Vanini Fr. Jos. dessen Frau. gef. L. 1803 b. 6; Vanini Georg starb hier 8. April 1804 u. wurde auf d. kath. Kirchhof begraben. Kinder: Johann, Karl u. 1 Mädchen 1803 b. 6; dann ein 2. Georg u. Karl Kinder-Rollen 1816.

Vanini Fl. als G. **106**

Varieté Theater, Gesangs- u. Tanz-Piecen abwechselnd mit equilibristischen Künsten. S. Adacker u. Francis.

Vaux halls. Frühere Benennung für Tanzabende, denn d. Wort „Ball" war noch nicht gebräuchlich **52**.

Veith Hr. Lyr. T. u. k. J. 1858.

Veltheim Hr. Magister u. Th. Dir **137**.

Veltheim Fr. Elisabeth (Veltheimin, Velthin. Ob Geldin?) **29**, **30**. Schon mit Anfang d. 17. Jahrhunderts fingen die reisenden Gesellschaften an, die meist aus Studenten bestanden, welche bei ihren Schulkomödien d. Lust zu diesem Berufe bekommen hatten. Das geniale Vagabunden-Leben, das sie führten, hat auf die Bühnen-Zustände jener Zeit eher vortheilhaft, als nachtheilig gewirkt u. hielt ihr Blut lebendig u. frisch. Die berühmteste dieser Ges. aus d. gebildetsten Leipziger Studenten zusammengesetzt, von denen Manche später wieder Doktoren u. Rektoren wurden, führte Veltheim. Ihr Hauptforce waren d. extemporirten Stücke (S. d.) die

zwar lange vor ihm schon existirten Man nannte diese Schauspieler u. zugleich Dichter des „Stegreif-Drama's" deshalb: Schausprecher.

Venderome Fl. S. Fr. Kraus.

Ventriloquisten. S. Bauchredner bei d. G. VI. E.

Veränderungen u. Verbesserungen. S. Bau d. Th.

Verbannen u. verbrennen d. Hanswurst. S. Neuber, Gottsched.

Verbindlichkeit z. Abonniren f. d. ganzen Winter **107**.

Verbot d. römischen Th. **2**; d. Sch. in der Kirchen **3**, **9**; d. Mönchskleidung bei Komödien **4**; v. Liebhaber-Th. **18**; d. Fechtschulen **27**; d. Jesuitenkomödien **26**; bei Landeskalamitäten **28**; bei Merz **29**; Advent u. Fasten **33**; bei kirchlichen Festen **15**, **32**; von d. franz. Stadt-Kommandantschaft **69**; d. Tabakrauchen im S. Th. **111**; S. a. „Hier verheirathet."

Verdi Hr. Komp. Ernani **108**; Nabukodonosor **109**; d. 1. Kreuzzug d. Lombarden **109**; d. Troubadour **110**; Rigoletto **112**; Aida **131** z. E. d. 17. Dezbr. 1874.

Vergünstigungen. S. Mstr-Säng. Privilegien.

Verhelst Hr., Buch- u. Kunsthändler hier, verlegte Silhouetten u. Kupferstiche von Schißlin. S. Portrait.

Verkauf. S. Bibliothek, Garderobe u. Dekorationen.

Verlust. S. Reduktionen u. Bankrott.

Vermählungen fürstliche mit theatr. Unterhaltungen. S. Feste fürstliche u. Entremets. Hier vermählt

Vermiethungen. S. Miethe.

v. Cremona **93**; d. Witzigungen **94**;
Ein Handbillet Friedrich II. **98**;
S. a. Fl. Hirschmann. Als Bewerber
um das Th. **92**.

Vogel Hr. Ch. T. 1837 b. 39.

Vogel Hr. Balletmstr. S. Th. 1866.

Vogel Hr. Ch. T. Später Insp. Israelite
v. hier. 1866. S. Th. 1867.

Vogel Hr. 1. T. als G. v. Mch. **122**,
125.

Vogel Fl. v. Koleratur=Säng. 1872.

Vogelweide (Walther von der=) **5**.

Vogt Hr. Peter d. ä. Balletmstr. u. 1.
Tänz.; Hr. Vogt Elias d. j. 1. kom
Tänz. 1780.

Vogt Fl. Philippine. (Ch Sop. v. hier.
1829 b. 46.

Vogtin Fl. Edle Rollen Auch Liebhbr.
u Stutzer **48** 1781.

Vohs=Werdy Fr. Hof=Schsplrn als G.
v. Dresden **77**; Fl. Vohs deren Tochter
1. trag. L. 1817. Abg. 1819.

Voigt Hr. Ch. B. 1854.

Volf Fl. jes. L. 1812.

Vollmar Hr. jug. L.; auch 2. T. 1817.
abg. 1819

Volksfeste. S. Feste.

Vollbrecht Hr. Bar.; Fr. Voll=
brecht Koleratur=Säng. n. l Z. 1822.

Vollenius Hr. Adalbert Bar. Oft auch
Follenius 1852. Fr. Vollenius als
Fl. Knecht d. ä. Ch. Sop. 1842. Als
Frau Soub. 1852.

Vollmer Fr. S. Mara=Vollmer.

Voltnau Hr. v N. R.; Ballet=Mstr.;
Tänz. 1780.

Voltolini Hr. Jos. Ballet=Meister
u. Tänz. (Pierrot) Kom. R.; Singt
Baß; Dir. v. 1790 b. 93; lebt nach
seinem Bankrott mit seinen Kindern
in Thorn, wo er einen Gasthof hält.

Seine Abreise u. sein Briefstyl **55**;
Wird mit d. ganzen Gesellschaft sil=
houettirt S. Portraits. Voltolini
Fr. Friedr. Marianne. Kom. M Trennt
sich von ihm u. geht nach Agsbg. Macht
Bankrott 1795 **57**; noch als Mitgl.
1807. Fl. Voltolini Nannette,
Soub.; tanzt. Und noch 1 Kind 1790
b. 93.

Vor. Als Abkürzung f. „Vorige."

Vorgerüste. Proszenium u. Vorhang im
Jesuiten=Th. **26**.

Vorhang **39**; Neu kopirt **96**; Zwischen=
Vorhang **108**.

Vorleser. S. Wiest u. Willibald b. d.
Gästen II. A S. a. Dellamater.

Vorrath in d. Kasse. S. Almosenamt.

Vorplatz (Flötz) S. Rathhaus=Flötz
u. Friedberger.

Vorschläge S. Bau-Proj.:te.

Vorstände, Vorsteher d. Mstr.Säng,
Büchsen=, Kronen=, Merk= u Schlüssel=
Mstr. **7**.

Vorstellungen. S. theatralische V.

Voß Hr. 2. T. u. l. Z 1859

Wabitsch Fl. 2. L. Lokal=R Singt 1842.

Wachtel Hr. Theodor 1. T. als G. v.
Hannover **110**, **112**.

Wacker Hr. Helden. N. l. Z. 1839.

Wacker Hr. Ch. T. 1837 b. 47.

Wacker Hr. Th. Diener 1846.

Wackwitz Hr. Ernste B.; 2. B. 1869.

Wagenbrunner Hr. B. S. Th. 1865.

Wagenhäuser Hr. Ch. T. 1844.

Wagenseil Hr. C. J. Versuch einer
Geschichte der Stadt Augsburg. 5 Bde.
Agsbg. b. Bäumer 1820. Oft citirt
in diesem Buche.

Wagenseil Hr. Joh. Christophori J. u. D. & juris publicae, linguarum orientalium in Academia Altdorfina (Altdorfi Noricorum) De Germaniae Phonascorum (von der Mstr.-Singer) origine, praestantia, utilitate et instituta Sermone vernaculo liber. Für d. Mstr.-Slng. benützt.

Wagenseil Hr. Christ. Jak. Kaufbeurer Th.-Dichter **21**

Wagenseil Hr. Bierbrauer hier. S. Eugen. Liebhaber-Th.

Wagner Fl. (Fach?) 1799.

Wagner d. ä. Karl Heinr. (Fach?) 1805 b. 6, dann 1807. Fr. Wagner Joh. Christ. Kom. M. 1807 u 1813. Wagner Hr. d. j. Karl David Sohn (Fach?) 1807. Fl. Wagner Tochter, Sent. L.; abg. 1807. Fl. Wagner Feder. Kinder-R. 1807. Als Fl. 1813.

Wagner Hr. Hof-Schsplr. v. Wien als Gast **70**.

Wagner Hr. Tiefer B. u. L.; Wagner Fl. Wilh. munt. L.; singt sehr schön Alt. Fl. Wagner Amalie Ch Sop. 1823.

Wagner Fl. Klara Soub. u. naive Mädchen, hier mit Hrn. Wolfram vermählt 1827 u. 28.

Wagner Hr. Joh. Valent. Ansbgr. Dir. Matthes führt Stücke auf; seine Witwe setzt sie fort **32**

Wagner Hr. Karl Alb. 1. L.; Fr. Wagner Elis. M. in Sch u Tp. Diese Eltern der nachmals berühmten Sängerin Klara Wagner. 1827 b. 30.

Wagner Hr. Ch. T. 1843.

Wagner Hr. Chas. Politischer Flüchtling von den Wiener Barrikaden 1849.

Wagner Hr. Richard Comp. Tannhäuser 6 März 1854, **108**, Lohengrin

28. März 1855 **109**; Rienzi **125**; b. fliegende Holländer **128**.

Wagner Hr. 1. T. 1868

Wagner Hr. Camillo ges. L.; singt auch; Fr. Wagner Henr. Soub. S. Th. 1873

Wagner Hr. B. b. 1870

Wahlmann Hr. Souffleur. Wahlmann Fr. Joh. Kom. M. u. Kind Eleonore 1847.

Bahr Hr. Karl, Helden; auch Th.-Dichter hier v. Nilson silhouettirt u. in Kupfer gestochen 1769 u. 70.

Baibl Fl. Emilie, Ch. Sop. v. h. 1864 b. 66. Hier vermählt Spielte später Rollen als G. **122, 123**. Im S. Th. **120, 123**

Baisenknaben zum Chor benützt **78**

Baitzmann Hr. Bar.; B. Nahe verwandt zu dem bekannten schwäbischen Volksdichter 1842.

Baizhofer Roman (Waizen u. Weizen-) Könige, Helden, Dir.; Fr. Waizhofer Soub. singt u. tanzt 1785. U. Kind

Bald Fl. Anna L.; n. k. Z. S. Th. 1874. Als G. **125**

Baldau Fl. Sent. L. 1864.

Baldenberg Fls. Fauna u. Flora Tänz. als G. **111**.

Baldmann Hr. Karl Helden 1830 u. 31. Immer krank 1832.

Baldmann Hr. Markus Dir. mit Rademin **30**

Baldow Hr. Ch. T. 1831.

Balent Hr. gef. L. S. Th. 1875.

Ballbach-Lanzi Sang. als G. v. Stuttgart **78, 93**. Ballbach Fl. ihre Tochter. Sent. L.; Anf. 1856.

Ballenreiter Fl. Ch. Sop. v h 1843 b. 47. Heirathete hier.

Walter Hr. Ignaz. Junge Helden, 1.V.; komp. Op. 1780 u. 82.

Walter Hr. kom. V.; Char.; Singt B. 1830 u. 31. Walter Hr. August, dessen Sohn. Gsgs-Kom. 1867.

Walter Hr. Violin-Virtuose G. v. Mch. mit Brüdern **110**.

Walter Hr. tiefer Baß 1849.

Walter Fl. Soub.; n.l.Z. S.Th. 1873.

Walther von der Vogelweide **5**.

Walther Hr. Ernst Char.; Dir. 1852. Sein Wirken **105** u. **114**.

Waltron (Graf) Militärisches Sch. besonders zum Aufführen im Freien geeignet **45, 57, 88**; Noch 1847 von Birch bearbeitet. S. b.

Walzer Hr. John Tief.Baß u. V. b. u. l.Z.; Fr. Walzer kom. M. in Op. u Sch. 1875.

Wandelnde Dekoration. 1. z. Zauberschleier **99**; dann 1869 zu Oberon v. Kühn in Mannheim **122**.

Wanderin Fl. (Fach?) 1770.

Wandernde. S. reisende Ges.

Wank Fl. Anna. Ernste M. Von Ende Novbr. an 1871.

Wannert Hr. Jakob. Bald Maschinist bald Dekorateur von 1830 an bis zu seinem Tode 1846.

Wartburg Sängerkrieg **5**.

Wartha Hr. Ch. B. 1861 u. 62. munt. L.; u. l. Z. 1871.

Waßmann Fl. munt. L.; n.l.Z. 1843.

Waßmann Fl. Heur. d. ä. Kom. M.; Fl. Waßmann d. j. Lina Soub. S. Th. 1863.

Wauer Hr. H. Helden 1843.

Wawrosch Hr. Char. 1782.

Wazl Hr. B. b. 1863.

Weber. Ihre Mstr.-Schule in Ulm **7**; Ihr Ende **35**; Hiesige **59**.

Weber Hr. Jug L.; tanzt 1778.

Weber Hr. ernste B.; singt; Chorrep. 1791 u. 92. Weber Fr. Heldinnen u. intrigante R; 1. Säng nur b. 1792.

Weber Hr. (Fach?) abg. 1807.

Weber Hr. v. Karl Maria. Sein 2. Opern-Versuch **63**. d. Freischütz 30. Augst. 1822 z. E. **77**; b. 50jährige Jubiläum wurde 1872 gefeiert; Preziosa **78**; Oberon d. 24. August mit erhöhten Preisen u. v. da an 12 mal mit glänzender Ausstattung **85**; Euryanthe **109**. Hr. v. Weber d. Vor. Neffe; Mus. Dir. 1839.

Weber Hr. Tiefer B.; Reg. b Op. 1832.

Weber Fl. Lyr. Säng. 1846.

Weber Fl. 1. Säng. 1858.

Weber Hr. Kom. R. 1860. Als B. 1871. S. Th. Fr. Weber Marie M.; deren Kinder Marie, Louise u. Wilhelm S. Th. 1871.

Wechsler Hr Ch. T. 1853 u. 54.

Wehrstedt Hr. Georg Friedr. Von 1818 an in Braunschweig, d. vortrefflichste Bassist seiner Zeit 1812 — 14.

Wehrtisch Fr. Ch. Alt 1867.

Weibezahn Hr. Kassier; Fl. Weibezahn Kontrolleurin 1834 b. 37.

Weichelberger Hr. Sent. L.; 1842 Als G. **98**.

Weichmann Fl. Ch. Sop. 1865.

Weichselbaum Hr. Friedr. 1 T. 1807 dann 1813 b. 16. Fr. Weichselbaum. S. Beck-Weichselbaum.

Weichselbaum Hr. Ch. T. (Ob Sohn d. Vor.?) 1850.

Weichselbaum Hr. Sohn Edmund Kl. R. u. P. 1861 u 66. Weichselbaum Hr. Sohn Kl. R. u. P. 1872. S. Th 1869. 1872.

Weichselbaum Fl Tochter Anna meist Anna Beck genannt. Trat 5. Febr 1851 zuerst auf als jug. munt. L; bis 1857 dann Sent. L. 1857 b. 61. Ihr Wirken **114.**

Weichselbaum Hr 2. T. 1826.

Weichselbaumer Hr. Gsg. Kom.; Fr Weichselb Soub S. Th. 1875

Weichselbaumer Hr. Ch. B. 1844 b. 47

Weichselsdorfer Hr. Ch. B.; U. R. 1859 b. 61; Fl B. Ch. Sop. 1858.

Weick Fl Anna munt. L. S. Th. 1867.

Weida Hr. S. Schulz-Weida.

Weidemann Hr. Karl 1. T. 1866. Als G. v. Zürich **122** Weidemann Fl Franziska. Kinder R. u. U. T. 1866.

Weidenbach Fl. Ch. Sop. 1851.

Weidenkeller Hr. Kom. B.; S. Th. 1868 Als G. v. Regensburg **123**.

Weidner Fl (Fach?) n. l. Z. 1823.

Weidner Hr. Jos. 1. B. 1842.

Weidt Hr. Vater. Mus. Dir. Früher Säng. Fr. Weidt Mutter, früher Säng Kom. M. 1838. Weidt Hr. b. ä. Sohn Karl. Als Ch. B. u. U. R. 1838. Als R. b. 1850 Auch Op-Reg 1865. Als G. v. Mch. **119** Weidt Hr. b. j. Sohn G. Ch. T. U. R. 1838. Fl Weidt Tochter Ch. Sop 1838. Auch mit 2 Kindern M. u. R. 1850 u. 53. Weidt Fl Fanny, Tochter d. B. b Bari; munt. L. 1861 b. 64.

Weigelt Hr. Ch B. u. b. 1856; Insp. vor Engel Fl. M. 1860; Insp. nach Eisenmann 1865; als G. am S. Th. **118**

Weigl Hr. Komp. Seine Opern vor 1817 b. S. **76** Wie auf „b. Dorf im Gebirge" **77.**

Weihrauch Fr. (Wey-) 1. Säng Viktorine 1809 abg 1810. Wieder eing. 1812 Fl. Weihrauch Soub. Ebenso.

Weil Hr. Ch. T. 1851.

Weill Hr. Kl. R. u. P 1813 b.15.

Weinbrenner Fl 1 L. n. l. Z. 1871.

Weinert Fl. 2 kom. Solo Tänz. 1780.

Weinhold Hr. (Fach?) 1803.

Weinlich Fr. S. Fr. Tipka-Weinlich.

A. Weinmüller Hr. Joh. Dir. das 1. mal 1829 b. 34; d. 2. mal 1837 b. 41, d. 3. mal 1843. Besorgte auch immer nebst seiner Gattin

B. Weinmüller Nannette, b. 1843 hier starb, die Kasse.

C. Weinmüller Fl Nannette Tochter. S. Fr. Rothhammer.

D. Weinmüller Hr Fritz b. ä. Sohn, Kinder R. v 1831 b 34, als Anf. U. R 1837 b. 41, dann 1843. Als G am S. Th. **112.** Als Kom. u Reg am S. Th. 1863, 65 u. 75.

E. Weinmüller Hr. Emil Sohn v. D. u. Enkel v A. u. B Naturburschen. Singt Vaß, Stdt. Th. u. S. Th. 1868 b. 70, dann 73 und 75.

F. Weinmüller Hr. Emil d. j. Sohn v. Johann u. Bruder v. D. Kinder R. v. 1831 b 34. Als Anf U. R. 1837 b. 41 dann 1843 Als Kom. u. Dir. b. S. Th. 1862 u. 63, dann 1865 u. 66, dann 1868 b 70. Sein Wirken **118** Als Dir. des Münchner Thalia-Theaters **132.**

G. Weinmüller Fr. geb Ens v. b. Mit dem Vor. hier vermählt. Ernste R; S. Th. 1862 u. 63; dann 1865 u. 66. Besorgte nur mehr d. Kasse 1868 b. 70.

Wenzig Hr. (Sänzig) Erste B.; Fl.
Wenzig Thekla, naive L.; Soub.;
1 Thr; e Wilson silhouettirt. Später
mit Dir. Schopf verheirathet 1776.

Wenzlawsky Hr Bar.; Fr. Wenzl.
Erste M. 1865

Werdy Fr. S. Fr. Bohs-Werdy.

Werner Hr. Zacharias. Seine Stücke
vor 1817. S S. **76**. Nur 1819,
Wanda, Königin d. Sarmaten **77** u.
1821 Martin Luther **88**.

Werner Hr 1. B. 1844.

Werner Hr. Gb. T. 1850.

Werner Fl. Sent. L.; S. Th. 1866.

Werner Fl. Auguste. Erste M; Chargen
1866; S Th. 1867.

Werner Hr. Gb. B.; fl. R 1869.

Werner Fl. Anna. Erste M.; singt
auch S Th. 1871.

Werth b. M. Garderobe u. Dekorationen
11, 84, 116

Werth Hr sent L. eng u. abg. 1824.
Fr. Werth als G **80**.

Werther Hr. 2 kom B.; 2. L; tanzt
1789, 1790.

Weß Hr. Kutro Ten u. B b 1853
b. 57. starb rasch in Wh.

Weß Fl. Sent. L.; 1855 u. 56; starb
als Fr. Long Herd. in Wh.

Wichura Hr. Erste B. 1765.

Wiedemeyer Hr. (mehr v. meyer)
Debutant u. Gastwirth gr. R.; tanzt
1777, 78 u. 81.

Wichel Fl. Sent. L. 1800 b. 14.

Weßl Hr. Wilhelm. mun. V; Singt
auch (1 halber Ausland) Kinder Fritz
u. Wilhelm Oster 1819 b. 25

Wenzlaw Hr. (Wsl) kom. T. 1845 u 46

Wegmann Hr. Karl (Wl) T fl. R. 1825

Widmann. S s. Wilmann.

Widmann Hr. Sent. L.; Fr. Widmann Ing. Gsgs.-P. 1844.

Wiedererwachen d. Wissenschaft in
Deutschland **9**.

Wiederhold Hr. (holct) Gb. B. 1841
b. 44 dann 1859.

Wieland Fr. u. Fl. Wieland Schlrn.
v. Breslau als G. **71**.

Wien Ban d. Th. **23**.

Wienrich Hr. Tänz. als G. mit Fls.
Köbich **108**.

Wiesböck Hr. (Wisb) Gb. T. 1856;
1867.

Wiesböck Fl. Tänz. als G mit Heinrich
109.

Wieser Hr. Jos.; Fr. Wieser Josepha
(Fächer l) 1799.

Wieser Hr. Kom.; T. b. 1817 b. 25;
1818 hier vermählt; Fr. Wieser
Henriette, geb. Pathe 2. L.; 3. B.;
ledig 1817. Verheirathet 1818 b. 25.
Kinder Wilhelmine u. Christiane
1822 b. 25.

Wieser Hr. lur. T. R. f. Z 1851.

Wiesner Hr. Richard. Gsgs-Kom. u.
Possen Reg. 1866.

Wiest Hr Dr Humoristischer Vorleser
als G. **96**.

Wieth Hr. Ulrich Wstr.-Säng. v. b. **7**.

Wigand Fl. Auguste (Wirgand) 1 Täng.
Heirathete hier Hrn. Pichler u. kamen
beide nach Dessau 1845 u. 46.

Wigold Liebel, Streitigkeiten mit Siegfried **4**.

Wilar Fl. Munt. L. 1871. Auch S Th.
u. f. Z. 1872.

Wilbrandt Hr Adolf. Sch. Dichter
Graf Hammerstein **125**; Jugendliebe
127.

Wild Hr. Geb kom. Schneider u. Wstr.-
Säng. hier **12**. Schrieb 12 Komödien

u. Tragödien nach geistl. u. weltl Historien. Hier gedruckt 1566. 8º.

Wilde Hr. Ch. T. 1846.

Wilhelm Hr. D. J. Leonh. Lizentiat u. Dichter v. hier **75**.

Wilhelmi Hr. (pseudonym v. Graßhof) Char. u. Reg. d. Sch. 1862;

Wilhelmi Fr. Antonie, Hofschsplrn. v. Stuttgart als G. **105**.

Wilke Hr. Hans 1. B. 1872.

Willi Hr. Eduard, sent. L. 1867.

William Hr. jug. munt. L; n. l. J. 1842.

Willibald Hr. Ernster Vorleser als G. **96**.

Willkühr französische **69**.

Wilms Hr. Op. Souffleur. Spielt kl. R. im Sch. 1787.

Wilna Hr. (meist Wlna geschrieben) Ch. B. 1866.

Willnecker Hr. Philipp Th. Friseur von 1835 bis zu seinem Ende Frühj. 1876. (Auch im S. Th von 1860 an.)

Wimmer Fl. Nannette Jos. Ch. Sop. 1827 u. 28.

Windwart 1. B. n. l. J. 1846.

Winkelmann Hr. Franz, Lyr. T 1874.

Winkelmann Fr. Kl. R.; Ch.; S. Th. 1873. Im Stdt. Th. u l. J. 1874.

Winter. S. Abonnement und Jahreskontrakt. Heizbarkeit.

Winter Hr. v. Peter. Seine Hauptopern vor 1817. S. S. **76**. D. Dorf im Gebirge **77**. Dann 1818 Armida u. Rinaldo Melodram **77**. Lenardo u Blandine **50**; 2. Theil Zauberflöte **65**.

Winter Fr. Franziska Taschenspielerin als G. **104**.

Winter Hr. munt. L.; Reg. d. Sch; Fr. Winter Ella Soub 1856.

Winter Fl. Mathilde sent. L. 1853 u l. J. 1855. 1858. Als Fr. Detlef trat sie Nvbr. ein 1871.

Winter Hr. Sent. L; S. Th. 1863.

Winterberg Hr. Lyr. T. 1865.

Wirsching Hr. Friedr abwechselnd v. 1827 b. 52. Bald Maschinist, bald Dekorateur. Starb Cholera 1854.

Wirsung Hr. Christ. v. h. übersetzt Celestina v. Cota **10**.

Wischen Hr. P. Ch.V. 1874 u. 75.

Wissenschaften deutsche, Wiedererwachen **9**.

Witte Hr. v. Theodor. Sent L; Später Dir. in Leipzig 1839 b. 41.

Witte Hr. Lyr. T u. l. J. 1870.

Wittel Fl. (Witell) Ch. Sop. 1873.

Wittich Fl. Sent L; n. l. J. 1841.

Wittmann Hr. Mathias. Dir. einer deutschen Schsplr. Ges. **31**.

Wittmann Hr. (Widmann) 2. T. u. T b. Chargen. 1816 durchgegangen.

Wittmann Hr. Maler v. h. 1827 u. 28; Wittmann Hr. Ludwig dessen Sohn 1868 b. 75. Dekoration z Aida **131**. Als Maschinist 1875.

Wittmann-Neuert Fr. Rosa. Possen-Soub. S Neuert 1872.

Witz Hr. Kaspar Vater. Spielt Char.; kom. B.; Reg. d. Sch. u. d. Op. Auch Th. Maler. Die Dekorationen zum Freischütz waren seine letzte größere Arbeit. Zuerst 1810 vom Februar b. April. Dann 1817 b. 23, wo er vom Schlage gelähmt, noch kontrakt hier lebte bis 14. Novbr. 1841 Fr. Witz Wilhelmine, geb. Nabehl (S. b) Anstands-R., Heldinnen. S. a. Männerrollen. Zuerst 1810 bei Dir. Müller.

Dann 1817 b. 25. Auch 1829. Starb hier irrſinnig; Witt Hr. Friedr. Aug. Kinder N. 1810 u. 17; nach d. Erwerbsunfähigkeit des Vaters d. Studien zu verlaſſen gezwungen, betrat d. Bühne als Auf. 1823 b. 27. Oktbr. b. 1825. Nach 3jähriger Routine in d. Schweiz, Naturburſchen, munt. L., Gecken, Dümmlinge 1829 b. 31. Auch Inſp. 1829. Als jug Kom. u. T. b. 1831 b. 45, wo das 25jährige Jubiläum **102**; auch Reg. d. Oper 1834 b. 37. Als kom. V. 1849 b. 76. — 1867 50jähr. Jubiläum als Kind **120.** Als Schſpl. **128.**

Wodraſchka Hr. (Fach?) Später eing. 1807 b. 9.

Böhner Fr. 1. Säng. n. l. J. abg. 1818.

Wohlbrück Hr. munt. L. 1813.

Wohlfarth Fl. d. 5. u Fl. Wohlfarth. j. Ob. Ser. 1866. S. Th 1867.

Wohlmuth Hr. L Dichter: Mozart **108**; deutſche Treue **110**; Eliſabeth v Baiern **110**; d. Zerſtörung von Jeruſalem. Ännchen v. Tharau **112**; d. letzten Hohenſtaufen **113**. Ich habe ihn zu den hieſigen Dichtern gezählt, weil er, obgleich in Landsberg anſäſſig, alle ſeine ſehr gelungenen Dichtungen hier zuerſt aufführte.

Wolf Hr. Paul Aler Dichter 1784 in Ngbg. geb. Verwandt mit d. hieſigen Buchhändler-Familie. Von ſ. Stücken ſind hier nur aufgeführt worden: Elfaria **77**; Proteſta, Pflicht u. Liebe **86**; d. 3 Gefangenen **88**.

Wolf Hr. Joh. Char.; Fr. Wolf Charlotte (Fach?) 1782.

Wolf Fr. Joſepha Aufwart-R. (Tr. d. Vorige?) 1793.

Wolf Hr. (Fach?) 1800.

Wolf Hr. Ch. P. von hier (erhielt hier Bedienſtung) 1846 b. 61.

Wolf Hr. Gr. N.; V.; S. Th. 1860 u. 62.

Wolf Hr. Chorrepetitor nach Altenbach 1868.

Wolff Hr. Heinr. Char. u. Reg. d. Sch. 1834 b. 37. Kömmt nach Berlin **(91.)**

Wolff Hr. Char. (Israelite) 1867.

Wolfram v. Eſchenbach **5.**

Wolfram Hr. Heinr. Bar. 1827 u. 28. Heirathete hier. Fr. Wolfram S. Fl. Wagner Klara.

Woller Hr. geſ. L.; S. Th. 1868 u. 69.

Wollrabe Hr. Ludw. Ernſte V.; giebt mit ſeinen Kindern Cecilie, Ferdinand, Amalie u. noch 1 Töchterchen Vorſtellungen 1850.

Wolof Hr. Bar. als S. **128.**

Wolſchowsky Hr. Aloys (Fach?) Fr. Wolſchowsky Franziska, geb. Kaſka (S. d.) Säng. 1793 Fl. Wolſchowsky 15 Jahre alt, Fl. Wolſchowsky, Peppi, 10 Jahre alt, wurden beide ſpäter gute L u. Säng.

Wülſiſen Fl. Marie. Sent. L. 1873.

Wünſch Fl. Emilie. munt. L. 1874.

Würth Hr. Adam. Gr. N. auch L.; kom. V. 1831.

Würzburg (Konrad von) letzter Minne ſänger **7.**

Würzburg Th. Bau **23**; verliert d. Zuſchuß **74.** S. a Dennerlein.

Wüſt Hr. Bonvivants u. munt. L. 1858.

Wüſtenberg Hr. (Fach?) n. l. J. 1852.

Z. als Abkürzung für „zum" in Verbindung mit B. z V. = „zum Beiſpiel" z. E. = „zum erſtenmal." k. Z. = kurze Zeit.

Zimmerl Hr. Karl (Zimmerle) T. b. Fr. Zimmerl Soub. munt L auch L. Grotesk. Tänz 1780.

Zimmermann Hr. Sent. L.; Fr. Zimmerm. Sent. L. 1851. Hr. Zimmerm. Sohn, munt L. 1874.

Zimmermann Fr. ernste M. S. Th. 1865.

Zimmler Fl. Marie. Ch. Sop. 1875.

Zink Hr. Mus. Dir. R. l. Z. 1807.

Zink Hr. Paul Helden; Fr. Zink Louise ernste M. 1875.

Zinker Hr. Louis. Sent L.; Gecken. Singt auch S. Th. 1860 u. 61; als Dir. d. S Th. Chor 1864 dann von 1871 b. 74; Fr. Zinker Rosa munt. L.; Soub. 1860, 61 u. 64 Kassierin 1871 b. 73.

Zinner Fl. Kl. R.; Ch. Sop.; S. Th 1874.

Zinngeschirr (Zinnfingen) als Preis f. Meist.-Säng. 11.

Zionkeil Hr. (Fach?) 1807 b 12.

Zinninger Hr. Kl. R. u. P. 1809 b. 12.

Zink. S. Wirthe.

Zitt Hr. Intrigant; Kom D.; Baß 1802

Zöch Hr. Komiker u. Reg. S Th 1875.

Zeller Hr. Ch. R.; Kl R.; Insp. 1872 u. 73.

Zottmayr Hr. Ludwig b. d. Par.; kam bald nach Weimar jetzt in Kassel 1854 u. 55. 107; Hr. Zottm. War b j Par T 1805 u 56.

Zaug Zwag (Beni-) S. Reuber Ehrensprüch

Zschocke Hr. Seine Stücke alle vor 1817. S S. 76.

Znaven Franz. Schsp. Ges als G. 110.

Zuccarini Fl (Fach?) 1801 b. 3.

Zürich. S. Reisen d. Ges. 88.

Zumpe Hr. Joh. Gottl. zärtl. B. ges R. 1784. Zumpe Fr. Christ. Wilh. Königinnen, ges. R.; starb 1789 zu Innsbruck u. wurde dort — als Protestantin von 4 katholischen Geistlichen begraben. NB. Unter Kaiser Joseph II.

Zunder Hr. Ch. B.; Gr. R u. Kl. P. 1865 u. 66.

Zunft d. Mstr.-Säng. 6 b. 8; d. englischen Schsplr. 20; d. Fastnachtspieler 22 S. a Gesetze.

Zunft-Zwang d Mstr.-Säng. (S. a. Privilegien) 18, 34

Zurückkunft d. Militärs aus Frankreich 72. NB Nach dem Kriege von 66 u. 70 war es Sommer.

Zuschauerraum Verschönerung. S. Bau. Faßt Personen 37 u. 38 Beschränkungen 38, 128.

Zuschüsse d. Staates für Würzburg u. Aschaffenburg 74

Zuschüsse d. Stadt für d. hiesige Theater: Ich wollte nicht unterlassen, dieselben hier zusammenzustellen, aber natürlich nur in so weit sie mir bekannt geworden u. in diesem Buche angeführt sind, das ist selbstverständlich lange nicht Alles, da mir nur wenig Material zu Gebote stand. Aber es soll dies auch nur einen allgemeinen Begriff von der approximativen Summe aller Verwendungen für d. hiesige Theater geben.

Zuschüsse der Stadt für das hiesige Theater.

Nro.	Jahrzahl.		Buch-Seite	fl.	kr.
1	1665	1. Stadelbau. Kosten nicht bekannt . . .	**18**	—	—
2	1731	Baureparatur-Kosten desselben	**18**	620	9
3	1776	2. Bau d. Almosen-Amtes . . . . . . }		21147	38
		Zuschuß d. Reichen	**36**	225	
4	1797	Namhafte Auffrischung von Dekoration	**60**	?	?
5	1807	Bau-Reparatur-Kosten desselben . . .	**41**	1200	—
6	1823	Die Miethe f. d. Bibliothek- u. Garderobe-Lokal wird auf d. Stiftung übernommen v. 1823 b. 34 (12 Jahre) à 50 fl. S. Nro. 12 . . .	**79**	600	—
7	1828	Zum 1. Defizit d. Komite	**84**	2500	—
8	1829	Ankauf d. Inventars v. Komite . . . (Was d. Direktion daran gezahlt? sehr zweifelhaft)	**84** **85**	10000	
9	1829	Gratifikation f. d. Fest-Vorstellung . .	**86**	200	—
10	1830	Außerordentlicher Zuschuß pro 1830 . . (NB. Auch v. d. Abonnenten) . .	**87**	1000 1600	— —
11	1831	b. 35 incl. S. d. nachfolgende Baurechnung Nro. 23 b. 25.	**89**		
12	1834	Aufgeben d. Miethe mit 5 fl. 30 kr per Vorstellung (S. 1807 b. 24) ungefähr 6 b. 800 fl. jährlich also durchschnittlich zu 700 fl. angenommen v. 1835 b. zum Neubau 1846 (11 Jahre) S. Nr. 27 b. 44	**68** bis **78** **90**	7700	—
13	1835	D. Miethe f. d. Schießl'schen Häuser wird übernommen v. 1835 b. z Neubau 1846 (wieder 11 Jahre) S. Nr. 5. à 75 fl.	**90**	825	—
14	1836	Baarer Zuschuß v. 600 fl. jährlich v. 1836 b. 42. (7 Jahre) S. Nro. 27 . . .	**90**	4200	—
15	1838	Außerordentlicher Beitrag	**94**	600	—
16	1838	Ankauf d. Schießl'schen Häuser v. d. Stiftung f. d. Kommune. S. d nachfolgende Baurechnung Nro. 30 u. 31 . . .	**94**		
17	1841	Baukosten S. nachf. Bau-Rchg. Nr. 32	**96**		
		Uebertrag		5241 7	47

Zuschüsse der Stadt für das hiesige Theater.

Nr.	Jahres-Zahl		Buch-Seite.	fl.	kr.
		Uebertrag		52417	47
18	1842	Erhebung des Zuschusses v. 600 auf 1200 fl. v. 1843 b. 52 (9 Jahre) S. Nro. 13 u. b. folgende Baurechnung Nr. 35 u. 45	**97**	10800	—
19	1843	Außerordentlicher Zuschuß über d. 1200 fl.		300	—
20	1844	Höherer Zuschuß an Lippert	**99**	?	?
21	1845	Gratifikation an Lippert wegen d. Lagers in Neusäß	**101**	600	
22	1848	Neue Zuschüsse	**98**	300	—
23	1848	Heizungskosten auf Stadt-Regie übernommen im Voranschlage von 500 fl. aber stets bedeutend höher. S. d. folgende Baurechnung Nro. 42 b. 46	**102**	—	
24	1849	NB. Auch die Beleuchtung wird v. d. Stadt übernommen. Von welchem Jahre ist nicht ermittelt, aber wahrscheinlich mit Einführung d. Gasbeleuchtung Auch diese Summe ist in der folgenden Baurechnung Nro. 43 b. 46	**102**	—	
		Diesen Berechnungen lasse ich nun hier d. Abdruck einer bei d. Th. Akten liegenden Zusammenstellung aller f. d. Th. von Seite der Stadt gemachten Ausgaben v. 1831 b. 42, die aus dem Bauamte gefertigt wurde, folgen:			
25	1831/32	. . . .		1779	—
26	1832/33	incl. 1200 fl. baaren Zuschuß an d. Dir.		2578	10
27	1833/34	von 1831 b. 35 nach u. nach	**89**	1653	54
28	1834/35	nebst Ankauf von Weinmüllers Dekorationen u. Renovirung älterer	**89**	1966	—
29	1835/36	Von hier an Holz d. Bauzuschüsse da nicht mehr inbegriffen		800	30
30	1836/37	. . . .		1434	37
		Uebertrag		74629	58

Zuschüsse der Stadt für das hiesige Theater.

Nro.	Jahrzahl.		Buch-Seite	fl.	kr.
		Uebertrag:		74629	58
31	1837/38	. . . .		1406	30
32	1838/39	Ankauf d. Schießl'schen Häuser . .	94	6300	—
		Andere Kosten		1771	21
33	1839/40	Nebenhaus d. Bäckers Maier . .		2000	—
		Andere Kosten		1513	29½
34	1840/41	Hochbauten vorne (4990 fl. 48 kr.) . .	96	5221	43¼
		Andere Kosten		3041	8½
35	1841/42	. . . .		2849	30
36	1842/43	. . . .		2201	57½
37	1843/44	. . . .		2511	8¼
38	1844/45	. . . .		2197	39
39	1845/46	. . . .		2272	39¾
40	1846/47	. . . .		2264	1¼
41	1847/48	. . . .		3092	2½
42	1848/49	. . . .		2459	47
43	1849/50	. . . .		2359	52
44	1850/51	. . . .		2963	6¼
45	1851/52	. . . .		3355	42
46		Hiezu Kosten d. Nothtreppe u. s. w. nachträglich laut Baurechnung d. 1847/48		6669	6
47	1852/53	Von diesem Jahre an bis Ende d. Buches 1876 (23 Jahre) sind bei der Oeffentlichkeit d. Magistrats-Verhandlungen alljährlich bei d. Sitzungs-Berichten in allen Blättern d. Ausgaben f. d. Th an Baar-Zuschüssen, Heizung, Beleuchtung, Direktionswohnung sowohl, als Baureparaturen angegeben die sich aller mindestens auf 5000 fl. beliefen, dies macht in 24 Jahren	106 121	120000	—
		und ergibt eine Totalsumme von . u. da dieselbe natürlich nur das repräsentirt, was mir bekannt geworden ist, u. auch dies nur gering angeschlagen ist, so mag man sich daraus einen ungefähren Begriff von der Höhe der Leistungen d. Stadt. Kasse für d. Theater machen.	125	251080	41¾